Nils Minkmar

Montaignes Katze

Roman

S. FISCHER

Aus Verantwortung für die Umwelt hat sich der S. Fischer Verlag zu einer nachhaltigen Buchproduktion verpflichtet. Der bewusste Umgang mit unseren Ressourcen, der Schutz unseres Klimas und der Natur gehören zu unseren obersten Unternehmenszielen.

Gemeinsam mit unseren Partnern und Lieferanten setzen wir uns für eine klimaneutrale Buchproduktion ein, die den Erwerb von Klimazertifikaten zur Kompensation des CO_2-Ausstoßes einschließt.

Weitere Informationen finden Sie unter: www.klimaneutralerverlag.de

Erschienen bei S. FISCHER

© 2022 S. Fischer Verlag GmbH,
Hedderichstr. 114, D-60596 Frankfurt am Main

Satz: Dörlemann Satz, Lemförde
Druck und Bindung: GGP Media GmbH, Pößneck
Printed in Germany
ISBN 978-3-10-397294-8

*»Als junger Mann wurde ich einmal gefragt, worin ich gut sei, falls mich einer in seine Dienste nehmen wolle.
›In nichts‹, antwortete ich. Denn ich kann nichts, was mich zum Sklaven eines anderen macht.«*

Michel de Montaigne Essais, Band III

I   Ein Amt ohne Namen – Februar 1584

1	Der Graue	11
2	Nicolas	28
3	Unbeschriebene Blätter	39
4	Drei Männer im Wind	71
5	*Diner en ville*	94
6	Gibet de Montfaucon	114
7	Der Guise	127
8	Catherine	141
9	*La grande halle*	166
10	Die Abreise	180

II   Leuchttürme – Mai 1584

1	Der Weg ans Meer	193
2	Rue de Rousselle	210
3	*Grosse Cloche*	218
4	Marguerite	227
5	Hugenotten	252
6	Navarre	264
7	Pau	278

III *Winterwald – Dezember 1584*

1 Rue de Rousselle   287
2 Melonen   317
3 Der Doppelgänger   326
4 Die Jagd   360
5 Brétanord   380
6 Fin   398

I

Ein Amt ohne Namen

Februar 1584

1

Der Graue

Seine Reise ist fast beendet. Er muss nur noch diesen Hügel hoch, aber der hat es in sich. Ein Winterregen hat das Tal der Lidoire im Griff, der Weg ist schlammig, sein Reisepferd kommt nur langsam hoch, und es ist schon spät. Die Häuser sind um diese Zeit wie kleine Festungen, aus denen das Licht nur aus wenigen Schlitzen dringt. Er sucht durch die Bäume die Umrisse des Schlosses, den Turm, aber es liegt gut versteckt. Von dort oben könnte man ihn andererseits jetzt gut sehen. Bloß, dass ihn niemand erwartet.

Er ist nicht das Tal der Dordogne entlanggekommen, sondern aus dem Norden. Von Tours aus ist er nach Süden geritten, und hinter Angoulême schien die Zivilisation zu enden. Ein Dorf hieß La Pendue, die Erhängte, und das passt, nur noch leere Landstriche und tiefe Wälder. Er hat auch Wölfe gehört. In Paris ist viel von ihnen die Rede, von den spontanen Überfällen auf Hirten und allgemein vom Krieg der Wölfe gegen die Menschen. Noch nie ist er so weit entfernt gewesen vom Leben am Hofe.

Er steuert sein Ziel nicht direkt an, sondern lenkt das Pferd um das Schloss herum, dann wieder leicht bergab ins Dorf. Er möchte noch mal fragen, auch wenn das sein

Risiko erhöht. Aber nichts wäre gefährlicher, als am falschen Schloss um Einlass zu bitten.

Der schmale, elegante Mann in den besten Jahren lässt das Tier ausschnaufen und schaut, ob ihm jemand gefolgt ist. Er zieht den Hut, lässt das Regenwasser abfließen und trocknet sein Gesicht mit einem weichen Tuch. Eines hat er auf dieser Reise gelernt: Man kann zugleich schwitzen und frieren.

Vorsichtig öffnet er die niedrige Tür einer kleinen Auberge. Nach Tagen im Sattel geht er leicht schwankend, wie ein Seemann.

Drinnen fegt eine junge Frau den schwarzweiß gekachelten Boden. Reste eines Feuers glimmen in dem gewaltigen Kamin, der säuerliche Qualm von Eichenholz brennt ihm in den Augen.

Der Mann trägt grau. Einen festen dunkelgrau, silbrig schimmernden Reisemantel, Stiefel aus grauem Leder und lange, dunkelgraue Handschuhe. Sein Gesicht wirkt müde, aber gepflegt durch Salben und Öle, und er schreitet leise, wie ein Tänzer. Er ist erkennbar nicht von hier, sondern aus dem Ausland, dem Frankreich nördlich der Loire, womöglich aus Paris. Sonst verrät seine Kluft nur, dass sie nichts verraten möchte. Kein Wappen, kein Abzeichen, kein Orden. Wer immer ihn beauftragt hat, scheut keinen Aufwand, um ihn derart unauffällig auszustatten. Er schaut sich anerkennend um, denn es duftet noch nach gebratenem Geflügel und schon nach dem Brot für morgen. Vielleicht hätte er gern Platz genommen, aber seine Zeit ist knapp.

Kinder tapsen im Nachthemd in die Stube und betrachten den Fremden durch den Kittel ihrer Mutter hindurch. Späte Besucher sind hier selten.

Die junge Frau stützt sich auf ihren Besen und bestaunt

ihn hemmungslos. Dann wischt sie weiter und blickt zu Boden: »Ein Überfall ist nicht zu empfehlen – wenn ich schreie, kommen sie hier lebend nicht mehr raus. Es ist ein kleines Dorf, und wir riegeln die Wege schnell ab.«

Der Graue hebt, scherzhaft überwältigt, beide Hände, »Was für Zeiten, wirklich« – geht dann elastisch in die Hocke und begrüßt die Kinder. »Ich suche den Sitz des Sire de Montaigne. Ist das weit von hier?«

Die Schar der halbwachen Kinder lacht frech und blickt sich an. Es ist genau gegenüber, am Ende der Straße. Wie kann man das nicht wissen?

Ihre Mutter wischt weiter und kommentiert: »Der Monsieur ist sicher nicht zu Hause, er muss ja dauernd nach Bordeaux, als Bürgermeister dort ... Da ist er dann oft – oder eben im Sattel ...«

Die Kinder blicken sie erstaunt an. Es ist offenkundig gelogen.

Der Graue bedankt sich, verlässt im galanten Rückwärtsgang den Saal, dann ruft eines der Kinder, aus der sicheren Deckung hinter den Beinen der Mutter: »Das ist ein Freund von Kannibalen aus der neuen Welt. Du wirst sein Abendessen!« Dann rennen sie auf nackten Füßen zurück in ihre Kojen.

Der Graue schüttelt amüsiert den Kopf und geht auf das Schloss zu, sein Pferd schlurft einfach hinter ihm her. Von seinem Besuch bleiben nur Pfützen. Dort muss noch mal gewischt werden, denn auf schwarzweißen Kacheln sieht man einfach alles.

Das Tor des Schlosses ist verschlossen, so wie er es erwartet hat und empfehlen würde. Im Land toben Bürgerkriege, sechs schon, weitere stehen bevor. Das Reich findet nicht heraus aus dem Labyrinth der konfessionellen Spaltungen, sie sind längst Machtfragen geworden. Spanien unterstützt die eifrigen Katholiken, angeführt von der Familie der Guise aus Lothringen. Sie sind verbündet mit, aber auch auf Distanz zur regierenden Dynastie der Valois, die sich aber selbst als verflucht, vom Pech verfolgt und oft krank beschreiben, worin ihnen niemand widersprechen würde. Ihre Macht ist schwach und beruht allein auf der Fähigkeit der Königinmutter Catherine de Medici, Zeit zu gewinnen, Ausgleich herbeizuführen und Ehen zu stiften.

Solch eine Verbindung war jene zwischen ihrer Tochter Marguerite und dem Thronfolger von Navarra, Henri de Bourbon – einem der wichtigsten protestantischen Prinzen. Es war eine gute Idee, aber sie ging fürchterlich schief. Die Guise wollten sich nach der Hochzeit an den Hugenotten für das Attentat auf ihren Vater rächen, dann fürchtet man wieder deren Rache – und Catherine ließ alle zur Hochzeit nach Paris angereisten Protestanten ermorden, es war die Bartholomäusnacht.

Der Krone von Frankreich fehlen nicht nur Ansehen und Vertrauen, sondern schlicht Geld. Sie ist hoch verschuldet, und Einkünfte sind nicht zu erwarten, denn die Steuern sind schon extrem hoch.

Die Angehörigen der Religion, die manchmal Hugenotten genannt werden, werden von England unterstützt, auch von deutschen protestantischen Fürsten, wenn sie auch lange nicht die Summe zur Verfügung haben, die die Guise bekommen. Aber für einige Scharmützel und große, kühne Pläne reicht es doch. Alle haben Truppen im Land, manchmal nur kleine Einheiten. Und kaum jemand weiß, wo sie stehen oder wer zu wem gehört.

Während der Kriege wurden viele Schlösser und Landsitze angegriffen, geplündert, die Bewohner ermordet. Darum ist selbst in solch einem kleinen, entlegenen Schloss mit bewaffneten Wachen zu rechnen oder, schwieriger noch, mit freilaufenden Wachhunden. Manche lassen, das erzählt man sich, auch Schweine oder Affen als Wachtiere durch die Höfe streunen, ihre Bisse sollen fürchterlich sein. Aber hier ist es völlig ruhig. Er sucht nach einer Kette, um sich bemerkbar zu machen.

Dann sieht er die kleine Tür neben dem Tor, sie steht offen und führt auf den schmalen Hof vor einem zweiten, dem eigentlichen Tor. Er betrachtet die Anlage mit einer gewissen Anerkennung. Alles sehr grob gebaut, aber solide. In diesem Vorhof ist ein Fremder der Inspektion durch die Wachen ausgesetzt, kann nicht vor und nicht zurück. Nur, dass das zweite Tor weit offen steht. Von Wachen keine Spur. Dahinter liegt einladend ein Innenhof, der mit grobem Sand ausgelegt ist.

Das Regenwetter behindert den Abzug des Kamins, im Hof riecht er den gleichen sauren Qualm wie in der Auberge. Er sieht ein warmes, goldenes Licht in den Fenstern und ahnt die Silhouetten dahinter, wie bei einer Laterna magica. Das ganze Schloss ist belebt, warm und ohne jeden Schutz.

Durch eine Tür des Stalls betrachten ihn zwei Esel. Sie haben seine Ankunft als Erstes bemerkt, wittern und wiehern. Dann nähert sich ein alter Mann, der mit einer Leuchte aus einem der Pförtnerhäuschen kommt und sich im Gehen eine zerschlissene, schwarze Samtjacke überzieht. »Monsieur, es regnet!«

»Das war mir nicht entgangen,« antwortet der Graue, »bald wachsen mir Kiemen.«

»Ein Reiter mit Kiemen und Flossen, das passt doch, Monsieur, in unsere Zeiten. Fehlt nur noch, dass es Blut regnet. Wen darf ich melden?«

»Bitte niemanden.«

»Ich verstehe.«

Sie gehen zum Haupteingang, der verschlossen ist und bleibt. Dann folgen sie einem kleinen, ausgetretenen Pfad, der hinter dem Schloss verläuft, zu einer Gartentür, die in eine große Küche führt. Unmittelbar daneben ist ein Stiefelraum, in dem der Graue die Reisestiefel abzieht, seine Füße trocknet und in seine weichen Oberschuhe aus Leder schlüpft, die er in einer Tasche im Mantel hat.

Er übergibt ihn und die Stiefel einer Haushälterin und bittet, dass man beides vor dem Feuer trockne.

In der Küche ist die Waschbrigade am Werk, auf einem Brett liegt schon der Teig für das Brot morgen früh. In einer Ecke des Herdes blubbert ein Topf mit Brei für das erste Frühstück. Die beiden Frauen unterbrechen ihre Arbeit kaum, mustern den Besucher müde aus den Augenwinkeln. Der Pförtner ist vorausgegangen und bleibt im Rahmen der Tür zu einem kleinen Salon stehen:

»Monsieur – ein Monsieur ist hier, ich soll niemanden melden.«

Der Graue muss blinzeln, denn in dem kleinen Zimmer ist es warm und hell, beides ist er nicht mehr gewohnt. Um einen dunklen, ovalen Tisch sitzen ein dreizehnjähriges Mädchen, ihre bald vierzigjährige Mutter und ein älterer, kleinerer Mann in Schwarz beim Kartenspiel. Seine Haare sind kurz geschnitten, auf dem Schädel sind, weil seine weiche Mütze auf den Hinterkopf gerutscht ist, nur noch Stoppeln zu erkennen, sein Bart ist mit weißen Flecken gemustert. Um die Augen und den Mund hat er deutliche Lachfalten, seine Haut ist dunkel und selbst am Ende des Winters wie von der Sonne gebräunt. Auf dem Tisch spaziert eine Katze. Alle vier blicken den nassen, grauen Mann amüsiert an.

Das Mädchen sagt als Erste etwas: »Man trägt jetzt grau in Paris?«

»Léonore«, sagt ihr Vater, »stell dich erst einmal vor, denn deine Eltern kennt unser Besucher bereits, auch wenn wir ihn noch nie gesehen haben und nicht einmal seinen Namen erfahren.«

Léonore lacht, steht auf und deutet eine Reverenz an.

»Léonore de Montaigne, Schülerin, Reiterin, Besitzerin dieser Katze und angehende Siegerin dieser Partie *condemnade*. Leider spielt es man es nur zu dritt.«

Montaigne lässt eine Karte aus der Hand auf den Tisch gleiten: »Ich bin der Kreuzbube, wie im Leben auch. Aber das wissen Sie ja längst. Monsieur, sicher sind Sie nicht zum Spielen hier?«

Der Graue verneint und hebt eine Augenbraue. »Mademoiselle, Madame, verzeihen Sie den unangekündigten Besuch. Darf ich Monsieur einen Moment unter vier Augen sprechen?«

Françoise de Montaigne erhebt sich ebenfalls, sie trägt ein elegantes, umbrafarbenes Kleid mit einem tiefbraunen Gürtel, an dem diverse Etuis angebracht sind. Ihre langen braunen Haare sind zu einem Zopf geflochten, darüber hat sie eine schlichte Pelzhaube gezogen. Sie blickt den Fremden spöttisch an: »Wir sind hier eine Voliere für alle Sorten von Vögeln, nicht wahr. Sie sind grau, wie ein Papagei – Ihre Unauffälligkeit ist sehr auffällig, sonst würde ich Sie gern bewirten und unterhalten, aber wir schließen, dass Sie in Eile sind.«

Dann pausiert sie und wendet sich ihrem Mann zu. »Verzeihen Sie meine Offenheit, aber Micheau, wir wissen doch gar nicht, wer das ist? Wie oft habe ich empfohlen, wenigstens einen Wachhund anzuschaffen? Ebenso kann er ein Spion und Türöffner sein für eine Truppe, die sich bereits sammelt, um den Überfall zu vollenden.«

Montaigne schenkt ihm Wein aus einem Krug ein, den

eine der Frauen aus der Küche hereingetragen hat. »Wenn unser Gast der Pionier einer Mörderbande ist, dann würde er sich nicht so viel Zeit lassen, dann wären wir längst tot, liebe Ehefrau. Was soll man dagegen machen?« Er betrachtet den Becher, den er vor seinen Gast stellt.

»Den probieren Sie mal, ist aus dem letzten Jahr. Meine Frau macht ihn, ich habe nicht das geringste Talent dafür.«

»Die Weine meines Mannes wären als Tinte besser geeignet, das stimmt.« Sie lachen.

»Léonore, jetzt geh in dein Zimmer und lies nicht ewig. Sperr auch die Katze aus, sonst weckt sie dich mitten in der Nacht.«

Léonore macht noch eine Runde um den Tisch, küsst ihre Eltern und die Katze. Als sie gegangen ist, erhebt sich Montaigne und geht durch das Zimmer. Françoise fragt freundlich, was den Grauen herführt, gerade in dem Augenblick, als er zum Becher greift. Montaigne macht eine beschwichtigende Handbewegung: »Trinken Sie in Ruhe, sonst verschlucken Sie sich noch. Und dann essen Sie mal eine Pastete, diese sind mit Wild gefüllt, jene mit Pilzen. Ich kann Ihnen aber auch etwas Richtiges auftragen lassen.« Dann wendet er sich seiner Frau zu: »Fanchon, während Monsieur zu Kräften kommt, kann ich an seiner Stelle zusammenfassen, was wir hier sehen: Grau in Grau, unser Gast hat die passende Tarnfarbe für diese Saison des Regens und der hohen Flüsse. In Paris heißen er und seine Kollegen *les grisons*. Gewöhnliche Politiker und Adlige wie ich, wir arbeiten mit Boten und Briefen, aber wenn es heikel wird an der Spitze unseres Reichs, dann kommt der Grison. Um dazuzugehören, muss man nicht nur alles beherrschen, was ein Sekretär kann, muss Soldat gewesen sein und vor allem über ein außergewöhnliches Gedächtnis verfügen. Es heißt, dass manche von ihnen die Bibel auswendig können ...«

Der Grison lacht und hebt beide Hände »Gnade! Mein Examen ist lange her ...«

»Ja, so weit habe ich mir das auch gedacht«, antwortet Françoise, »aber wer ist es, der ihn geschickt hat?«

Ihr Mann, plötzlich ernst, blickt sie ruhig an: »Wer wohl?«

»Monsieur, gehen wir?«

Mit einem Nicken entschuldigen sich die Männer bei der Dame des Hauses, die sitzen bleibt und sich noch ein Glas Wein eingießt.

Montaigne verzieht sich mit dem Mann in Grau in Richtung Küche, dann in ein sich windendes Treppenhaus zu einer langen Galerie über die Mauern des Schlosses zu einem der Türme – dem, der neben dem Eingang steht.

Sie treten durch eine sehr niedrige Tür ein, der Grison muss den Kopf einziehen, dann klettern sie flache Stufen hinauf in den zweiten Stock. Das Zimmer ist rund, der Boden mit rötlichen Kacheln ausgelegt und die Wände voller Bücher.

Montaigne stellt die Lampe ab und zündet eine weitere an. »Ich bin sonst nie in der Nacht hier, aber wenn niemand uns hören soll und wir nicht ausreiten können, um zu reden, ist dies der einzige denkbare Ort im Haus.«

Plötzlich wird laut gelacht, der Grison studiert eine Inschrift und hält sich den Bauch: »Madonna – Pardon, aber ich wette, jeder muss lachen, der das liest. Hier steht, Sie hätten sich mit siebenunddreißig aus den öffentlichen Geschäften zurückgezogen, um sich den Musen zu widmen? Haben Sie diese gewaltige Lüge schon gebeichtet?«

Montaigne fährt sich verlegen über den Schädel ... »Oh, ich habe ja meine Mütze vergessen ... nun, das war eine andere Zeit und ... so war damals auch meine Absicht. Es kam anders.«

Nun schaut er dem Besucher in die Augen und fragt leise: »Was möchte *sie* von uns?«

Der Graue spannt seinen agilen Leib an, dann lässt er wieder locker, bis er die optimale Haltung gefunden hat, um seine ganze höfische Gelassenheit auszudrücken. Er ruht nur auf einem Bein, die Hände wie vergessen auf seinem Gürtel: »Montaigne, Sie folgen mir nach Paris, begeben Sie sich sofort dorthin. Niemand darf davon erfahren. Um es nicht offiziell scheinen zu lassen, wird zur Tarnung Ihre Frau Sie begleiten. Ihr Logis in Paris ist schon bereitet, dort teile ich Ihnen die weitere Agenda mit.«

Montaigne nickt sanft und schaut aus dem Fenster über den Hof zum Wohntrakt des Schlosses hinüber.

»Sie werden mir ohnehin nicht mehr verraten, sollte ich unterwegs in Gefangenschaft geraten. Und in Bordeaux wird man annehmen, dass ich gar nicht mehr von meinem Landsitz herunterkomme. Aber ich, nein, wir kommen ... Habe ich eine Wahl?«

Der Grison antwortet nicht, sondern schaut ihn belustigt an.

»So sehe ich es auch. Eine Bitte: Ich kann keinen von meinen Leuten mitnehmen, es würde sich im ganzen Südwesten verbreiten. Bitte bemühen Sie doch in Paris meinen Schreiber Charles Poulain, genannt Carlo. Er hatte mich schon in Italien begleitet. Sie finden ihn über die Zunft. Soll ich es Ihnen aufschreiben?«

Der Grison lacht –

»Pardon, Sie leben davon, sich alles zu merken. Und überleben, indem Sie es wieder vergessen. Wie wir alle. Der letzte Schritt dieser Unterredung steht noch aus. Darf ich um das mündliche Siegel bitten?«

»Gatto scarlatino – die purpurne Katze.«

Montaigne seufzt. Bis eben hatte er noch die Hoffnung gehegt, dass es sich um eine Verwechslung handele, aber dieses Zeichen kennt nur eine Person.

Nun würde er nur noch seiner Frau beibringen müssen, dass sie ohne ihre Tochter auf eine gefährliche Reise gehen, deren Zweck und Dauer völlig ungewiss ist. Dazu wird morgen allerdings noch Zeit sein. Die Begegnung mit dem grauen Mann ist beendet, die Last seiner Botschaft hat er bei Montaigne deponiert. Der Graue ist mit den Gedanken schon bei der Rückreise, bleibt aber noch einmal stehen, als wolle er die Gelegenheit nutzen.

»Es geht mich ja nichts an, Monsieur, aber damals mit den ... «

Montaigne schmunzelt. »Den Kannibalen? Nach denen werde ich am meisten gefragt!«

Er deutet auf das Exemplar der *Essais* vor ihm auf dem Tisch, der mit Federn, Tinten, Wachstafeln und Zetteln aussieht wie die Werkstatt eines Urkundenfälschers.

»Haben die wirklich ... Menschenfleisch gegessen?«

Montaigne schlägt nickend das schwere Buch auf, blättert zu dem entsprechenden Versuch.

»Ich konnte mich am Rande eines königlichen Umzugs mit einem von ihnen unterhalten. Ja, wenn sie einen Gefangenen machen, dann pflegen sie ihn erst ein wenig, töten ihn später schnell und zerlegen dann die Leiche. Einiges wird an Ort und Stelle zubereitet und verzehrt, andere Teile werden zu Freunden geschickt.«

Der Graue reibt sich mit der flachen Hand über das Gesicht, als sei ihm unwohl. Dann bekreuzigt er sich.

»Madonna, dass Sie diesen Barbaren so nahe gekommen sind. Wie entsetzlich. Wie haben Sie das empfunden?«

»Ich finde, sie sind deutlich zivilisierter als wir, wenn

man von fehlender Kleidung absieht. Aber ob unsere Monturen immer so der Weisheit letzter Schluss sind?«

»Zivilisierter als ein christliches Begräbnis?« Der Graue schüttelt den Kopf, als habe sein Gastgeber den Verstand verloren.

»Jedenfalls können wir uns nicht über sie stellen. Wir reißen Männern bei lebendigem Leib ihr Fleisch aus dem Körper, quälen sie mit glühendem Eisen und lassen ihre Leichen im kalten Wind von Montfaucon hängen. Dann fressen sie Rabenvögel. Ich finde das nicht viel besser. Immerhin ist ihr Umgang mit dem Fleisch sorgsamer und liebevoller! Wie bei einem Kälbchen, das man hegt und pflegt und eines Tages sich schmecken lässt. Aber was wir tun, an Folter und öffentlicher Qual«, er ist nun erzürnt und biegt eine Feder in seiner Faust, »das tun wir alles im Namen der einzig wahren Religion, nicht wahr! Die Liebe und Frieden verkündet, aber schaut Euch doch einmal an, was in diesem Namen mit unschuldigen Menschen angestellt wird!«

Der Grison murmelt einige Worte von seinem weiten Ritt, dann verschwindet er, wie er gekommen ist. Montaigne greift wahllos nach einem der Bände und beginnt zu lesen, während er im Zimmer umhergeht. Er hat kaum eine Seite Caesar gelesen, da hört er das Pferd abreiten.

Für sich fasst er seine Beobachtungen zusammen: Sie muss wirklich verzweifelt sein, wenn sie nicht einmal ihren Geheimagenten traut. Die ohnehin schlimme Lage des Landes muss sich dramatisch verschlechtert haben, und er hat keine Ahnung, was er daran ändern könnte. Was sie eigentlich von ihm möchte?

Er setzt sich an seinen Tisch und nimmt sich das erste Buch seiner *Essais* wieder vor. Er muss es stets neu lesen, stets erweitern und weiterdenken. Zugleich ist es das beste Mittel, seinen Geist wieder einzufangen, wenn er ihm mal wieder durchgeht wie ein Pferd. Draußen vor dem Fenster kann er allein wenig, eigentlich gar nichts verändern, hier auf dem Papier hingegen alles.

Er beginnt solche Sitzungen am Buch immer mit derselben Frage: Soll sich der Hauptmann einer belagerten Festung persönlich hinausbegeben, um zu verhandeln? Wenn er dieses Problem löst, gibt es auch Hoffnung, das weiß er genau. Aber wie könnte es glücken? Wie lösen sich kriegerische Positionen auf? In der Szene liegt der Schlüssel zu den Sorgen ihrer Zeit. Aber wie muss er beschaffen sein? Er wischt sich mit der Handfläche über die Augen und flüchtet sich in sein Mantra. »Que sais-je?« – Was weiß ich schon.

Françoise, Léonore und die Hausdame Denise sind noch vor Sonnenaufgang in der Küche. Das Kind ist barfuß, die beiden Frauen in Nachthemden, Jacken und dicken Holzschuhen. Sie sitzen vor dem ersten Feuer und halten sich an einer Schale mit warmer Milch oder einer Suppe fest. Léonore parodiert die allzu auffällige Unauffälligkeit ihres abendlichen Gastes – »Pssst, Ihr sollt mich gar nicht sehen« –, sie schleicht auf Zehenspitzen herum und lacht. Draußen hat der Regen wieder eingesetzt, es ist immer noch nass und kalt.

Tropfend erscheint Bertrand, der jüngste Bruder des Hausherrn. Er trägt seine Berufskleidung, eine leichte Rüstung, denn er ist eben erst von einem Einsatz in den Hof geritten. Nun wärmt er sich in der Küche auf.

»Da bin ich einmal auf Nachtschicht, schon kommt ein reitender Bote unbekannter Herkunft, und ihr seid hier völlig ohne Schutz ...«

Françoise stellt ihm eine Schale mit Brühe hin, füllt Brei in eine andere.

»Ach du, er war unbewaffnet und nur kurz hier, irgendwas Geheimes mit Micheau.«

Bertrand nickt und isst, fasst dann zusammen, was er schon weiß: »Keiner der üblichen königlichen Geheimagenten jedenfalls. Die kennen wir ja alle, sind immer zu dick und schon seit Jahren unterwegs. Außerdem habe ich gehört, dass er in unserer Auberge angehalten hat, um nach dem Weg zu fragen – das hätte ein Mann des geheimen Fachs nie getan. Solche Fehler passen nicht zur Krone Frankreichs, da muss es irgendeine besondere Lage geben!«

Plötzlich klopft es an der Scheibe der Küche. Michel de Montaigne steht mit offenem Kragen vor dem Fenster, strahlt und scheint den Regen gar nicht zu spüren. Er tritt ein, strahlt sein schönstes Lächeln und präsentiert seiner Ehefrau mit Schwung einen Arm voller wilder Pflanzen wie einen Blumenstrauß.

»Was für ein herrlicher Tag!«

»Montaigne, es regnet, und das ist Gemüse für die Maultiere, was führen Sie denn im Schilde?«

»Ja, ich ... meine liebe Ehefrau, bevor ich zum Bürgermeister gewählt wurde, unternahm ich ja diese weite Reise nach Italien und das ohne Euch, nun dachte ich, wir könnten ... auch einmal eine Reise gemeinsam unternehmen ...«

»Micheau, haben Sie sich das die ganze Nacht überlegt? Rührend.«

Montaigne beugt sich zu seiner Tochter: »Wir könnten dir etwas mitbringen?«

»Ihr könnt mir schreiben lassen, ich habe noch nie Post bekommen. Und ich habe von den Papieren und Tinten, den Siegeln und Schriftarten der Pariser Schreiber gehört ...«

Françoise verlässt die Küche und tritt im Eingang unter die Treppe, winkt ihren Mann zu sich. In diesem Haus kann man nicht einen Moment ungestört reden. Sie schaut ihm in die Augen. »Eine Reise? Was soll das?«

»Hören Sie ... ich kann das nicht absagen.«

»Aber Ihr seid nicht gesund. Gerade hat man Euch zum zweiten Mal zum Bürgermeister gewählt, und Ihr habt ein zweites Buch veröffentlicht. Ich hatte gehofft, wir finden hier etwas Ruhe, für Léonore, wer weiß, wie lange sie noch einen Vater hat ... Seit Jahrzehnten arbeitet Ihr in diesen Mittlerdiensten, all diese Ritte nach Paris – und es ist eigentlich immer schlimmer geworden. Wer verspricht uns, dass es sich diesmal lohnt? Dass diese Mission irgendetwas heilt in diesem kranken Königreich?« Sie errötet, und Tränen treten ihr in die Augen.

Sie bleiben nicht lange ungestört. Ein Husten und Meckern kündigt Madame Antoinette, die Mutter des Hausherrn, an. Sie schleicht auf Hausschuhen die Treppe herunter, eine leere Schüssel in der Hand. »Ist mein Sohn erneut in Schwierigkeiten? Ein fremder Reiter war in der Nacht im Haus?«

»Bonjour, Maman. Es war völlig unangekündigter Besuch, bloß ein Bote oder so.«

»Ehrlich, hier finde ich noch mein gewaltsames Ende. Sind wenigstens meine jüngsten Söhne heute über Nacht hier gewesen? Die beiden verstehen es, ein Haus zu verteidigen, nicht nur mit Stift und Papier, meine ich. Micheau, du solltest deine Brüder um Beistand bitten, die schreiben keine Bücher, machen keine Politik, sondern führen ein ordentliches Leben und bekommen wenigstens keinen nächtlichen Besuch von solchen Mordbuben. Suche sie selbst auf, wohlgemerkt, und schicke nicht deine Gattin, denn damit haben wir ja bereits Erfahrung, nicht wahr?«

Françoise lacht anerkennend: »Tony, was für eine fabelhafte Bosheit! Und das vor dem Frühstück!«

»Maman«, fährt Montaigne fort, ohne sich um die Anspielungen zu kümmern, »Fanchon und ich müssen verreisen. Ihr bleibt hier als Frau des Hauses und regiert hier Schloss Montaigne, wie nur Ihr das vermögt!«

Tony gähnt theatralisch. »Die ebenso durchsichtige wie routiniert vorgetragene Schmeichelei eines Höflings. Traurig, was aus Euch geworden ist.«

Sie biegt in die Küche ein. »Das ist ein durch und durch fieser Brei. Gebt mir mal etwas Honig!«

»Ich miete eine Kutsche, das ist für Euch weniger beschwerlich, ich reite dann daneben.«

»Damit wir an Weihnachten ankommen? Ich reite auch, was soll das? Wir stellen eine kleine Gruppe zusammen. Ich bin nicht schwer von Begriff, mir war klar, auf was dieser Besuch gestern hinausläuft.«

»Wegen der Kleider dachte ich, dann können wir mehr Truhen mitnehmen und Eure Kleider in Paris vorzeigen!«

»Macht Ihr Witze? Die ganze Sache riecht nach Politik, nach Hof, und da trägt man schwarz, was auch sonst? Ich lege alles in eine einzige, schmale Truhe, und wir können morgen in der Frühe los.«

»Es wird vielleicht ganz schön. Sie ist ja auch Italienerin und ihre ganze Umgebung, die Küche, die Bilder, die Musik, selbst eine Truppe von Schauspielern – davon haben wir doch hier eher wenig.«

»Micheau, ich komme gerne mit, denn ich ahne, dass es um Politik geht, und von ihr können wir eher mehr gebrauchen, von Religion und Militär hingegen weniger – aber tut mir einen Gefallen und spart Euch den Versuch, mir das, was uns da bevorstehen mag, als angenehme Reise anzupreisen. Schließlich geht es nach Paris, wo, wenn die Dame, die nach uns schickt, es so möchte, nicht Schwäne und Boote, sondern Leichen auf der Seine treiben.«

2

Nicolas

Nicolas Poulain kommt zu spät. Er wird längst am anderen Ende der Stadt erwartet, doch er steht immer noch vor der Porte Saint-Victor in einer unübersehbaren Schlange.

Es ist ein kalter, nasser Februartag in Paris, und der Einlass in die Stadt dauert ewig. Ein Schäfer mit Herde möchte vor ihm rein, aber die Wachen haben schikanös jedes Tier einzeln aufgelistet und ihm einen schönen Aufenthalt in der erstaunlichsten Stadt der christlichen Welt gewünscht. Schafe sind die neue Mode. Essen alles, sind billig und nicht empfindlich, aber ihr Fleisch ist fettig, zäh und voller Sehnen. Die Leute sehen in ihnen ein Zeichen dieser schlechten Zeit.

Nicolas, der heute achtzehn geworden ist, war noch nicht oft in der Stadt. Er wohnt erst seit kurzem mit seiner Mutter, Freundinnen und Freunden von ihr in einer alten Mühle, besser gesagt den Resten davon, auf einem kleinen Hügel außerhalb. Er ist heute früh los, über einen Feldweg und dann den Hügel hinunter, in Richtung der Mühlen und Werkstätten der Familie Gobelin. Dann folgt er dem Lauf der Bièvre, es ist ganz einfach – immer dem Gestank nach. Es gibt Tage, da wird bei Gobelins rot gefärbt und dann hat dieser kleine Fluss die Farbe von Blut. Das sind stille Tage, denn die Älteren erinnern sich an die Sommernacht vor zwölf Jahren, als die Seine rot war vom Blut der massakrierten Hugenotten.

Nicolas hat heute am anderen Ende der Stadt einen Auftrag. Er soll für einen auswärtigen Würdenträger schreiben, aber weder weiß er, wer es ist, noch genau, wo er ihn trifft, und ein ordentlicher Schreiber ist er auch nicht. Vor allem ist er zu spät dran.

Nicolas hat Zeit verloren, als er sich anziehen musste für die Stadt. Im ganzen Haus war nichts mehr, denn alles, was bewegt werden konnte, war verpfändet, sogar Bettwäsche und Geschirr. Die Mutter und die anderen in der Mühle brachten, was verfügbar war. Am längsten dauerte es, das Handwerkszeug zu finden: Im allerletzten Moment drückte die Mutter ihm eine längliche, flache Kiste in den Arm – den »guten Kalmar«, das Schreibetui seines Onkels Charles: Der habe noch jedem Glück gebracht.

Nicolas hat ihn sich unter den Arm geklemmt, ist losgerannt und versucht nun, das Ende und die Geschwindigkeit der Schlange abzuschätzen. Bei den Fußgängern wird die Schlange immer länger. Nicolas friert und verzweifelt allmählich, noch vor Sonnenuntergang in die Stadt hineinzukommen.

Er schaut auf die zweite Schlange, in der Karren, Kutschen und Schlitten warten. Sie stehen manchmal tagelang draußen herum, aber heute scheint es schneller zu gehen. Offenbar herrscht Mangel in der Stadt. Nicolas erkennt einen der großen Wagen der Familie Gobelin, die gefärbte Stoffe transportieren. Seine Mutter ist seit langem verfeindet mit denen, die zu fragen erscheint ihm zwecklos. Er streift weiter, erkennt dann einen Nachbarn, der eine kleine Papiermühle aufgebaut hat. Er wartet mit seiner Tochter auf Einlass. Ihr Wagen wird von einem alten Maultier gezogen und hat nur eine Achse, aber etwas Platz ist da noch.

»Nachbar, darf ich aufsitzen? Ich muss dort rein und hab es furchtbar eilig.«

Der beleibte Mann, der neben dem Tier steht, grunzt und nickt. »Nach Paris rein ist leicht, wieder raus aber schwer.« Dann schweigt er wieder. Seine Tochter sitzt oben und ist eher zum Plaudern aufgelegt. Ihre Haare sind unter einem Tuch und einer Haube festgebunden. Sie trägt einen engen, schwarzblauen Umhang mit Kapuze und einen breiten Gürtel, auf ihrer Nase sitzt eine kleine runde Brille. Trotz des Winterwetters sind Sommersprossen zu sehen, ihre Nasenspitze ist rot von der Kälte.

»Du bist neu in der Mühle? Wir sehen immer deine Mutter, wenn sie die Schülerinnen und Schüler empfängt. Übrigens habe ich da früher auch gelernt, eine gute Lehrerin, deine Mutter.«

Er zuckt ein wenig, als die Frau so offen von der Schule erzählt, denn eigentlich hat seine Mutter keine Genehmigung dafür.

»Und was hast du in Paris zu erledigen? Eure Familie meidet doch die Stadt?«

Nicolas erkennt die Gelegenheit, etwas aufzuschneiden.

»Ich habe einen gutbezahlten Schreibauftrag, und da geben wir Paris eine Chance ...«

»Du bist Schreiber? Richtig in der Zunft? Die Prüfung ist doch echt schwer, und die Herkunft der Eltern ist wichtig. Ehelich und katholisch und so – nicht, dass es davon besonders viele in Paris gäbe, aber sie bestehen drauf!«

»Nein, nicht in der Zunft, aber ... «

Die junge Frau blickt alarmiert. »Dann ist das aber sehr gefährlich. Lass dich nicht erwischen. Wie bist du denn an diesen Auftrag gekommen, wenn es nicht über die Zunft lief?«

Langsam bewegt sich der Karren, der Vater hört aber zunehmend interessiert hin, was Nicolas erzählt.

»Ich schlief noch, aber in der Küche hörte ich eine unbekannte Stimme, ein älterer Mann, der ziemlich autoritär klang. Ich dachte, es ist die Polizei, wegen der Schule.«

»Aber das war es wohl nicht, sonst wärst du nicht auf freiem Fuß?«

»Es war ein Mann ganz in Grau.«

»Ein Grison?«

Nun dreht sich auch der Vater um und brummt: »Mach mir bloß keinen Ärger, hab schon genug.«

»Er suchte eigentlich meinen Onkel Charles, der ist amtlicher Schreiber. Ein auswärtiger Würdenträger möchte ihn verpflichten, sie kennen sich schon von einer Italienreise, nun soll er wieder für diesen Herrn arbeiten, aber Charles ist seit Wochen verschwunden.«

»Ja, wir haben ihn ewig nicht gesehen.«

»Also beschloss meine Mutter, mich zu wecken und statt seiner zu schicken, weil wir ja das Geld brauchen.«

Die junge Frau kichert. »Oh, und darum auch dieses – improvisierte Kostüm?«

Sie befühlt kichernd seine Klamotten: »Also da haben wir eine uralte braune Jacke, vielleicht noch von einem Kreuzzug übrig? Oder ein Sack, den eine findige Näherin umgearbeitet hat? Dazu eine grüne Hose wie von einem Förster und ein gelbes Barett – man hält dich so, wenn schon nicht für einen Schreiber, dann sicher für einen Künstler!«

Der Vater brummt: »Oh, Gnade!«

»Diese Strümpfe haben sicher einmal einer Frau gehört?« Sie lacht immer heller.

»Meine Schwester hat sie wohl vergessen.«

»Na ja, so genau wird man Euch wohl dort nicht anschauen und an den Füßen haben wir unvermeidlich – ja, unverwüstliche Holzschuhe, als wärst du eben vom Acker geflohen. Wenn du sie nicht durchs Schreiben überzeugst, dann haben sie an dir wenigstens etwas zu lachen.«

Der Posten am Tor bemüht sich um zügigen Verkehr. Sie werden noch kurz nach Tossard Pierre gefragt, und alle drei tun, als würden sie den Namen zum ersten Mal hören. Dann muss das Papier an viele einzelne Adressen geliefert werden, Nicolas springt vom Karren und bedankt sich. Zu Fuß kommt er schneller durch die Stadt, denkt er. Die junge Frau hält ihn an seiner Jacke fest. »Nicolas, eine Frage noch – du bist doch nicht Hugenotte oder so etwas?«

Er zuckt mit den Schultern. Er weiß es wirklich nicht.

In der Stadt weist Nicolas alles auf seine brenzlige Lage hin: Die Uhren an den Kirchtürmen, die Glocken und die Ausrufer geben einen raschen Takt vor. Alle haben es eilig in Paris, darum dauert alles länger. Karren bleiben stecken, Maultiere bocken im Gedränge, man muss sich vorbeidrängeln, aber das wollen alle anderen auch. Niemand kommt voran, alle fluchen und bewegen sich dennoch irgendwie.

Und als wäre die Stadt nicht Stress genug, überzieht ein kalter Regen Paris mit einem glänzenden Film, wäscht Kreidezeichen ab, macht aus Pflastersteinen Rutschbahnen und die Wege zu Schlamm. Es ist nicht der Schlamm, den er von den Feldwegen kennt oder vom Ufer eines Bachs, es ist ein zäher, stinkender Stadtschlamm, als würden die Häuser, Kirchen und Paläste die Schwärze der Seelen nicht mehr fassen können und auf diese Weise ausscheiden.

Er läuft geradeaus und hinunter in Richtung Fluss, eine immer breiter werdende Hauptstraße entlang. Sie biegt und windet sich, führt um die Ecke, so dass man ihren Ausgang nicht erkennt. Nicolas erscheint sie endlos. Den freien Blick gibt es in der Stadt nicht. Kirchen, Mauern und Gärten begrenzen die Sicht und verhindern eine Orientierung. Wenn Nicolas irgendwo einbiegt, gehen links und rechts wieder enge Pfade, Wege und andere Gassen ab. Schilder und Tafeln gibt es jede Menge, an jeder Ecke steht ein Pfosten mit Hinweisschildern und Richtungspfeilen. Heiler werden beworben, Nachhilfelehrer ausgewiesen und Prozessionen angekündigt – aber wo er nun genau hinmuss, kann er von dem Gewimmel an Buchstaben nicht erkennen.

Nicolas steckt bald in der Falle: Vorne kommt die verspätete morgendliche Müllabfuhr auf ihn zu, ein schwarzer stinkender Karren, den ein halbes Dutzend abgebrühter Reiniger begleiten, und von hinten drängelt ein Trupp von Eismännern. Sie ziehen die großen Eisblöcke auf Schlitten an eisernen Haken über das Pflaster und dulden kein Hindernis und keinen Stau. Bevor wegen dieser dummen, verspäteten Müllwerker ihr Eis schmilzt und die Kunden, die Blumenhändler, Küchen großer Häuser und Hospitäler den Schaden reklamieren, kommt es zu einer blutigen Klärung des Vorfahrtsrechts, und ihre Haken sorgen schnell für freie Durchfahrt. Nicolas findet gerade noch rechtzeitig das Tor zu einem schmalen Garten, der in eine Parallelstraße führt.

Obwohl die Zeit so drängt, muss Nicolas stehen bleiben, um in Küchen und Stuben zu schauen. Die Fenster sind mit Ölpapier bespannt, so dass er nur Schemen erkennen kann: Ein alter Mann schneidet sich eine Zwiebel in die Suppe, die er frühstückt. Ein krankes Kind spielt mit einer Katze. Drei oder vier Frauen besprechen, wie sie am besten Seife kochen. Und immer wieder Umzüge: Vor vielen Häusern sammeln sich die Körbe und Beutel, daneben stehen die Kinder und die Alten, bis jemand kommt, der schleppt.

Zur nächsten Wohnung bis zum nächsten Umzug. Aus dem Augenwinkel bemerkt Nicolas eine fröhliche Menge Studenten. Sie sammelt sich vor einem Laden, der Mittagessen verkauft und besonders beliebt scheint. Es gibt dort nur ein Angebot: Ein kleines Brett, darauf warmes, dunkles Brot, das mit langen Streifen Briekäse belegt ist, und dazu einen Becher Rotwein. Nicolas, den die Aussicht auf den Auftrag beschwert, hätte gern getauscht. Brie ist der König des Käses.

Weit kommt er dann nicht. Eine übellaunige schwarze Sau mit Ferkeln hat sich in der Gasse quer gestellt. Sie scheint nicht gewillt, Platz zu machen.

Nicolas weicht in einen Hauseingang aus. Plötzlich steht er neben dem Feuer einer alten Frau, die auf den warmen Steinen altes Brot wärmt. Sie bewacht den Zugang zum Hof und zeigt wenig Verständnis für die Störung. Ihr Gezeter wird durch das Echo in der Gasse noch lauter.

Zwei bewaffnete Sergents der Sorbonne kommen näher. Die Alte hat sie alarmiert und zu Nicolas geführt, der ihr rundherum verdächtig vorkommt, wobei er nicht mal widersprechen möchte, er kommt sich selbst auch so vor. Die Sergents sind gut zu erkennen an ihren bunten Strümpfen und Schuhen und ihrer Baguette am Gürtel, dem fiesen, biegsamen Stock, vor dem alle Studenten Respekt haben. Sie betrachten Nicolas, seinen Aufzug und befragen ihn unter arrogantem Heben des Kinns.

»Monsieur studiert?«

»Nein, ich bin erst vor kurzem aus Lothringen nach Paris gekommen und ...«

»Was ist denn da in dem Etui?«

»Ja, das nennt sich ein Kalmar, ich bin nämlich Schreiber und – jedenfalls heute ...«

»Sie kommen von der deutschen Grenze und schreiben?

Sind Sie von der reformierten Religion? Schreiber müssen jedenfalls in der Zunftrolle der Stadt Paris eingetragen sein ...«

Plötzlich sind die beiden Männer wach und zugleich erkennbar belastet von der möglichen Dramatik der Entwicklung: Haben sie hier einen hugenottischen Prediger, Drucker und Aufrührer vor sich, der die gute Ordnung der katholischen Universität untergraben, die Studenten anstiften wird und einen Aufstand anzetteln möchte? Das Protokoll dazu kennen sie auswendig: Der Mann muss festgenommen, eingekerkert, dann öffentlich hingerichtet werden, und zwar schleunigst. Es sei denn, die Hugenotten würden wieder toleriert, aber wie es in dieser Hinsicht steht, ändert sich täglich. Sie müssten sich erkundigen und allein das wäre unangenehm, weil sie es ja wissen sollten, als Sergents.

Dann schrecken sie auf, ein Gespann fährt vor. Vorne steht die junge Frau mit der Brille – »Schreiber, aufsteigen. Meine Sergents, einen Augenblick bitte!« Nicolas geht rückwärts zu dem Wagen und behält die Männer im Blick, ohne ihnen in die Augen zu schauen – so, wie er es im Wald tun würde, wenn er Bären oder Wildschweinen begegnet. Die Frau beugt sich zu ihm herunter und flüstert:

»Sergents sind faul, sie würden dich sicher gern in Ruhe lassen, aber du musst ihnen irgendeinen Zettel zeigen. Wenn du irgend etwas dabeihast, um dich auszuweisen, dann ist das jetzt der Moment dafür.«

Nicolas hat das Dokument ganz vergessen, das ihm der Grison in der Frühe zugesteckt hat. Er greift vorsichtig in seine Rocktasche und überreicht es den beiden Beamten. Es ist ein viermal gefaltetes Blatt ohne Siegel oder Kordel, mehr als ein Satz steht dort gar nicht, darunter ein kleines Zeichen. Sie studieren es, dann geht alles schnell.

Die Agenten der Universität verfallen in einen trabartigen Laufschritt, schwitzen sofort und winken der Frau, ihnen im Wagen zu folgen. Unter Einsatz der langen, zischenden Baguettes öffnen sie die Gasse unter lauten und unverständlichen lateinischen Rufen.

Karren werden zur Seite geschoben, Körbe eingesammelt und Tiere gescheucht, niemand scheint in die Bahn dieser Amtsmänner geraten zu wollen. Wer zu langsam ausweicht, wird mit sparsamen, aber kräftigen Bewegungen zu Boden gestoßen. Sie kürzen den Weg ab, kennen Gassen, die durch Gebäude hindurchführen – Flügeltore werden aufgerissen, sie rennen durch, der Karren hinterher, die Frau an den Zügeln amüsiert sich über die wilde Jagd mit dem fremden Mann in dem seltsamen Kostüm an ihrer Seite.

Bald sind sie auf einer Hügelkuppe angekommen, und man ahnt schon das andere Ende der Stadt. Die beiden Sergents verbeugen sich und bitten, sie an höherer Stelle zu empfehlen. Nicolas bleibt verwirrt zurück, steigt langsam vom Wagen ab.

Die junge Frau lacht. »Was für eine Lektion an deinem ersten echten Arbeitstag! Nie von Sergents in ein Gespräch verwickeln lassen, immer mit Papieren kommen, egal welchen. Oh, da scheint jemand auf dich zu warten.«

Der Grison ist auf der anderen Seite des Stadttores zu erkennen und winkt von seinem Pferd, dass er sich beeilen soll.

Nicolas hat es nun eilig, möchte aber wenigstens den Namen erfahren der Frau, die ihn heute gerettet hat –

Sie lacht – »Geh nur, mich findest du leicht, mein Vater und ich verkaufen nicht nur Papier, wir betreiben einen Buchladen, direkt an der Stadtmauer im Süden ... nicht zu verfehlen, ein fetter grauer Hund liegt immer davor ... Besuch mich mal, dann reden wir auch über den 13. Dezember.«

Auf dem Ritt wieder aus der Stadt wird es Nicolas mulmig. Was, wenn er in einen Hinterhalt gerät, der mit dem verwickelten Leben von Charles zu tun hat? Wann und wie findet er heute wieder nach Hause? Wo wird er heute Nacht schlafen? Zugleich möchte er sich seine Beklommenheit nicht anmerken lassen, sondern bemüht sich, einen Plauderton zu treffen.

»Wer erwartet uns denn?«

Sein grauer Begleiter antwortet nur so viel, wie er unbedingt muss. »Der Bürgermeister einer Stadt südlich der Loire, fast in Spanien. Also ein Gascogner –«

Gascogne – Nicolas hatte von denen gehört. »Sind das nicht die, die dauernd reden, viel essen und viel trinken, deren liebste Beschäftigung der Waffengang ist? Und immer schick angezogen?«

Der Graue gähnt, wenig beeindruckt: »Dieser kleine Mann trug einen alten schwarzen Mantel, und den auch nur auf einer Schulter, bloß eine Wollmütze auf dem kahlen Schädel, die war auch noch verrutscht. Waffen habe ich gar keine gesehen, obwohl sie ja bei Reisen durch die Umgebung von Paris vorgeschrieben sind. Er behauptete, die seien hinten im Gepäckwagen.«

Nicolas versucht, sich einen Reim auf diesen Bürgermeister zu machen, der so wenig darstellt und doch so wichtig scheint.

»Was wird er für Schriftstücke von mir wollen? Einladungen für galante Treffen?«

Der Graue verneint: »Monsieur wird von seiner Gattin begleitet. Offiziell ist er gar nicht hier. Ich habe es nicht ganz verstanden. Der Bürgermeister bleibt in Bordeaux, doch Montaigne ist in Paris, so ungefähr hat er es mir erklärt. Kein Wort verstanden.«

»Vielleicht kommt er, um etwas zu verkaufen?«

»Ein Buch hat er dabei – selbst geschrieben!« Der Graue klingt spöttisch. »Geht angeblich darüber, wie er in einem Turmzimmer sitzt und was er so liest.«

Nicolas atmet tief durch, sie nähern sich schon ihrem Ziel. Die Erläuterungen des Grauen haben ihn nur noch mehr verwirrt. Plötzlich lacht der Graue, als sei ihm noch etwas eingefallen.

»Er schreibt auch über Menschenfresser. Findet sie weniger barbarisch als uns in Paris!«

Nicolas wird flau im Magen. »Na, hoffentlich will er mich nicht aufessen!«

»Du bist etwas dünn für so was. Aber deine Mutter sagte, du bekämst das mit dem Schreiben schon hin, vor allem, weil du das Etui vom Onkel dabeihast. Mit seinem Werkzeug soll jeder Wunder wirken können.« Er lacht. »Jedenfalls musst du vergessen, wohin wir gehen und was du dort erfährst, sonst« – er blickt den Jungen besorgt an.

Sie erreichen eine schöne Gegend, man kann die Reste von Äckern erkennen, die nun neuen Villen weichen. Nicolas nutzt die Pause, während sie absteigen und sich ankündigen lassen, und nimmt den Kalmar in seine Hände. Er ist erstaunlich leicht und kompakt, nichts bewegt sich oder lärmt, wenn man ihn schüttelt. Bevor sie an dem Haus angekommen sind, tritt er rasch zur Seite, um sich den Inhalt zu besehen, und fummelt dazu am silbernen Ziehknopf. Der Kalmar ist leer.

Er ringt um Fassung und antwortet dem Grison heiser: »Ich werde es versuchen!«

3

Unbeschriebene Blätter

Das Haus ist ein Palast, der allerdings noch nicht ganz fertig ist. Ein hölzernes Gerüst verdeckt einen Teil der Fassade, dennoch sind die eleganten Proportionen, die geschwungene, oben spitz zulaufende Form der Fenster und Türen und die geraden Linien gut zu erkennen. So hat man ihm immer die Villen in Italien beschrieben, und er hat heute, beim Aufstehen in der halb zerfallenen Mühle nicht für möglich gehalten, noch am selben Tag vor so einem Haus zu stehen. Vor dem Haus ist ein Garten zu ahnen mit allerlei seltsamen Pflanzen. Manche sind noch Setzlinge, andere in Töpfen und unter kleinen Dächern, aber die meisten sind einfach schwarz und kahl. Der Eingang ist schon erleuchtet, so trüb ist dieser Tag. Vor dem Eingang stehen einige Posten in Zivil. Sichtbare Waffen tragen sie keine, aber sie meinen es ernst.

»Ihr seid ganz schön spät, was soll das?«

Der Grison schnauzt sie an: »Wenn Ihr Euch mal in die Stadt begeben würdet, hättet Ihr eine Ahnung vom Verkehr in Paris.«

In letzter Zeit hat es Überfälle auf solche Häuser gegeben, Banden von Söldnern, die in ledernen Masken die Tore stürmen und alle bedrohen, Geld und Gold und Schmuck stehlen, den Wein mitnehmen und alles verwüsten. Nicht selten sind es sogar maskierte Adlige, die das Kriegshandwerk gelernt haben. Profis im Öffnen von gesicherten Türen, im Einnehmen von Gebäuden, im Sprengen, Töten und Brandschatzen und die nun schon Monate auf Lohn von der Krone, von welcher auch immer, warten.

Nicolas friert und ist schon richtig nass, als er endlich eintreten darf. Vom Nebeneingang geht es eine Treppe abwärts in die Stiefelkammer. Hier tauscht er die müden Holzpantinen gegen weiche Schlappen aus Leder, die er wiederum auf eine Sohle aus Kork schnallt. Auf ihnen gleitend, wird er in einen größeren, warmen Saal, eine geschäftige Küche und Werkstatt geführt. Ein halbes Dutzend Personen arbeiten konzentriert an ihren Stationen, die Vorgesetzten des Haushalts reden mit italienischem Akzent. Sie blicken aus den Augenwinkeln auf seine improvisierte Kluft, sagen aber nichts dazu. Ein älterer Mann tritt näher und sagt, dass er ihn jetzt nach Waffen durchsuchen werde. Was er mit sich führt, soll er in diesen Korb legen. Sein Schreibetui wird nicht geöffnet, und da er sonst nichts hat, geht es rasch weiter nach oben, wo seine neuen Auftraggeber schon auf ihn warten.

Es geht in ein enges Treppenhaus aus Holz und dann durch lange, niedrige Flure. Unmöglich, sich zu orientieren. Der Boden ist frisch geölt und mit Matten ausgelegt, die Beleuchtung gewählt warm, nicht zu grell. Ein Diener geht mit einer Leuchte voraus, bleibt dann einen Moment vor einer niedrigen, aber schweren Tür stehen. Er atmet ein und öffnet schwungvoll im Ausatmen die Tür und ruft: »Schreiber Poulain für Euch!«

Der Raum ist so groß wie die ganze Mühle. Er ist angenehm warm, obwohl man den Kamin zunächst nicht erkennt. Die Wände sind mit kornblumenblauer Seide bespannt, die Fenster reichen fast bis zum Boden und sind aus gelbem, rotem und violettem Glas. Der Fußboden ist von Wand zu Wand mit einem Flechtwerk aus getrockneten Blumen und schönen Gräsern ausgelegt. Es wirkt hell und farbenfroh, wie ein Versprechen auf den Frühling. Zwei Truhen sind zu sehen und, auf einem kleinen Podest, zu dem zwei breite Stufen aus Holz führen, das große Bett. Dort finden leicht sechs Personen Platz, sowie diverse Hunde oder Katzen.

An der Wand steht ein schmaler, langer Tisch, auf dem Erfrischungen serviert wurden. Nicolas sieht noch Becher, Bretter mit Schinken und Käse sowie Obst und einen Korb mit Brot.

Ein kleiner Mann in Schwarz geht auf und ab, auf dem Bett sitzt an einige große Kissen gelehnt seine wesentlich jüngere Frau. Sie isst ein Biscuit, beachtet aber sonst niemanden weiter und blickt zum Fenster. Die eine Hälfte des Bettes ist mit einem großen Buch und sehr vielen Blättern und Zetteln, mit Reisetintenfass und vielen Federkielen übersät. Nicolas steht noch stumm in der Tür, denn die beiden Gäste sind in einer Diskussion befangen. Der Mann hält eine Schale Oliven in den Händen, die er seiner Frau anzupreisen versucht. Vergeblich, denn sie scheint zornig.

»Bitte beleidigen Sie nicht meinen Verstand mit diesem Italienthema, in dem Sie mich auf tausend Einzelheiten hinweisen, die aus diesem Land importiert worden sind. So gern ich einmal nach Italien reisen möchte, so sehe ich doch, dass Paris in dieser Saison nichts Leichtes, Angenehmes oder Kultiviertes hat – schauen Sie doch bloß hinaus. Alle leben in Angst, schleichen an den Häuserwänden entlang, weil sie um ihre Unversehrtheit fürchten müssen.

Und die vielen Wachen in diesem Haus, das in Wahrheit doch eher ein geheimer Palast ist, verstärken nicht mein Sicherheitsempfinden, sie verringern es. Wir sind hier wegen Ihrer höllischen Politik, mein Freund, und nicht, um mit mir hier eine Italienreise nachzuholen. Denn die würde, wie der Name schon sagt, kaum nach Paris führen, sondern nach Italien.«

Der kleine Mann betrachtet verlegen seine Schale Oliven, sucht ihren Duft.

»Manchmal ist es schön, sich vorzustellen, du wärst an einem anderen, warmen Ort voller Farben, doch im nächsten Augenblick kann dich derselbe Gedanke auch wieder betrüben, denn eine Regung des Körpers, vielleicht nur ein Niesen oder ein Juckreiz, ruft dich zurück, und die Last der Gegenwart wiegt dann umso schwerer.«

In diesem Moment fällt ihm Nicolas auf, der in der Tür wartet. Er fragt sanft, wie er ihm denn helfen könne. Dabei spricht er auffallend laut und so, als würde er singen.

Nicolas fällt keine gute Antwort ein, schließlich haben sie ja ihn gerufen, und heute ist schon ziemlich viel neu gewesen. »Meine Mama sagt, weil der Charles verschwunden ist, soll ich hier schreiben ...«

Der kleine Mann kommt näher, während er in Gedanken woanders ist. »Ist Charles der Name Ihres Vaters? Sind Sie ein Waise, der Unterstützung braucht? Fanchon – der junge Mann hier scheint also für Sie gekommen zu sein ...«

Nun sagt die Frau auch etwas:

»Micheau, das ist der Schreiber, den Sie selbst bestellt haben. Bitte entschuldigen Sie. Mein Mann würde noch am Tag seiner Hinrichtung fragen, was wohl dieser Henker dort von ihm möchte.«

Ihr Mann lacht ... »Ah ja, das stimmt. Es sollte eine Überraschung sein. Aber ich erwarte einen Weggefährten, den

Sekretär, der mich bis nach Italien begleitet hat, er nennt sich – ach ja, Charles!« Nun lacht er auf. »Ich verstehe. Was ist mit ihm geschehen? Bitte setzen Sie sich, hier ist ein Hocker, ich muss etwas herumlaufen.«

»Charles ist der ältere Bruder meiner Mutter. Er hat nach der Italienreise wieder hier in Paris geschrieben, sich aber nie richtig eintragen lassen wollen bei der Zunft, und so arbeitet er vor allem außerhalb. So ganz genau weiß das niemand, er lebt immer allein. Zuletzt hat meine Mutter ihm einen Alkoven eingerichtet, aber da hat er sich auch nicht mehr blicken lassen. Er ist verschwunden ...«

»Charles war uns schon immer ein wenig voraus. Ich bin nun zum zweiten Mal zum Bürgermeister gewählt worden und habe zwei Bücher geschrieben. Ich wünschte auch, mich gäbe es zweimal, um alles zu schaffen. Hier in Paris bin ich, um – na, das werden Sie ja noch sehen. Jedenfalls träume ich nachts davon, wieder im Wald zu leben, in einem bestimmten Wald, und alle nennen mich nicht Sire oder mit dem Namen meines Landsitzes, sondern so, wie ich als Kind hieß. Ohne dass jeder schon eine Meinung über mich hat.«

Seine Frau lacht hell auf. Sie schlägt das neben ihr liegende, große und schwere Buch ganz vorne auf, kniet sich vor die weiten Seiten und trägt vor: »›O Leser – ich zeichne mich hier selbst, meine Fehler werden lebendig und du siehst meine ursprüngliche Verfassung. Würde ich noch wie die ersten Völker leben, nach den Gesetzen der Natur allein, so versichere ich, dass ich mich ganz nackt gezeigt hätte!‹ Kennst du das, Micheau? Ist aus einem erfolgreichen Buch namens *Die Essais des Herrn von Montaigne*. Wie heißt es dort auch noch so schön, ›Alle schauen nach vorne, nur ich sehe in mich hinein‹? Und dank unserer modernen Medien tun dies nun auch alle, die es möchten und lesen können. So dass nun Leute eine fundierte Meinung über Sie haben können, die Sie noch nie gesehen haben. Alles dank der *Essais*, eines Buchs, wie es noch keines gegeben hat. Und das passt ja, denn Ihr, mein lieber Ehemann, seid ja auch einmalig – ein wahres Original. Wirklich, das muss man erst mal schaffen! Jedenfalls: Unterstehen Sie sich, dort etwas über mich zu schreiben. Ich möchte in Eurem Buch keinesfalls vorkommen … Ich bin schon froh, wenn die Frauen vom Markt mich nicht jedes Mal damit aufziehen, ob es bei uns wieder was für unsere Freunde, die Kannibalen, gibt!«

Montaigne seufzt und wendet sich wieder dem jungen Mann zu: »Haben Sie Ihr Handwerk dann bei Charles gelernt? Sind Sie eigentlich durstig oder hungrig?«

Nicolas zögert …

»Ehrlich gesagt habe ich ihn nur als kleiner Junge noch erlebt. Meine Mutter musste früh weg, und ich blieb in unserer Heimat in Lothringen … ich kam erst vor wenigen Wochen hierher und bin heute erst das zweite Mal überhaupt in der Stadt.«

»Was ich möchte«, erklärt die Dame vom Bett aus, »ist nicht besonders umfangreich. Einen Brief an unsere Tochter, mit Schmuckpapier, Siegel und in italienischer Cancellesca mit Sepiatinte von ›petite vertu‹. Dann einige Billetts an Nachbarinnen und Freundinnen sowie an einige junge Frauen in komplizierten Situationen, hier reicht uns einfaches Hadernpapier mit blauer Tinte, aber bitte auch in italienischer Schrift. Sie haben es sich gewünscht. Habt Ihr von dem Siegelwachs, das duftet, wenn man es bricht, und parfümiertes Papier? Ausführlicher bitte ein Brief, in dem ich meinen Besuch in einigen Häusern zu guten Werken ankündige, bei der Armenkasse und in den Waisenhäusern. Wenn Sie das haben, machen Sie eine Liste unseres

Gepäcks und ein Inventar der Truhen, besonders der Bücher und der Wäschestücke, auf der Reise scheint mir einiges abhandengekommen zu sein, insbesondere Mützen und Handschuhe meines Mannes könnten Sie bitte prüfen, anschauen und aufschreiben. Zuletzt zwei oder drei Dankesschreiben für die freundliche Aufnahme in diesem Hotel, das geht dann an ...«

Montaigne schreitet ein: »Ja, meine liebe Ehefrau möchte der ganzen Welt schreiben, und dort, wo wir wohnen, ist das eigentlich auch sorglos möglich, wenn man sich auch am allerbesten persönlich trifft. Aber – wir können diese Schriftstücke alle gern diktieren, ausfertigen lassen und auch sofort in bar bezahlen, aber verschicken, das können wir sie leider nicht ... Wir sind nur sicher, wenn wir uns selbst versichern. Niemand weiß, dass ich nun in Paris bin, und so muss es auch bleiben.«

»Du hast es unserer Tochter versprochen, sicher macht sie sich schon Sorgen, wenn sie nichts hört.«

»Der junge Schreiber hier wird uns schöne Dinge ausfertigen, die wir behalten und ihr mitbringen. Und er könnte eine Art Chronik diktiert bekommen, wie mein Vater und später ich selbst sie in Italien hatten. Diese Tage werden etwas Besonderes, glaube ich, und ich erinnere mich doch so schlecht ...«

»Wenn Ihr von dieser Erfahrung in einem weiteren Buch berichten könntet, wäre es die Mühe wenigstens wert – und wenn das Land politisch davon profitiert.«

»Von der Erfahrung ... mal sehen. Nicolas, zeigt Ihr mir den Kalmar? Ich erkenne diese Schachtel. Einmal diktierte ich Charles, während die Pferde ihr Wasser soffen, und es fiel ihm in die Tränke, die Pferde wieherten, als ob sie lachten ... Darf ich ihn mal öffnen?«

Erneut öffnet sich die Tür, nicht gedämpft wie vorhin, sondern mit einem energischen Zug. Der Diener tritt als Erster ein, mit einem grauenvollen Gesichtsausdruck. Hinter ihm steht ein kleingewachsener, aber massiger Krieger, ganz in Schwarz, das Gesicht hinter einer ledernen Maske verborgen. Er hält ihm einen soliden zweischneidigen Dolch an die Schlagader. In seiner Linken hält er eine geladene und gespannte Hakenbüchse, und an seinem Gürtel sind Granaten zu sehen.

Alles geschieht nun langsam und lautlos, wie wenn man sich unter Wasser bewegt. Françoise verschwindet in der kleinen Lücke zwischen Bett und Fenster. Der Krieger sieht gar nicht hin, sondern bewegt sich mit dem Diener in die Mitte des Raums.

Der Mann in Schwarz nähert sich, ohne zu zögern, und beginnt zu sprechen, ohne die Stimme zu erheben: »Danke, lieber Diener, dass Sie unseren Gast zu mir geführt haben. Ich denke, wir können Euch nun entlassen, damit wir unter uns sind, nicht wahr?«

Der Krieger stößt den Diener zu Boden, der sich wie eine Katze abrollt und lautlos aus dem Zimmer verschwindet. Nicolas Poulain bewegt sich langsam rückwärts in Richtung Wand und schaut sich die Ausgänge an, die ihm bleiben. Zur Tür ist es zu weit, zum Fenster ebenfalls. Möglicherweise gibt es noch andere Türen hinter den Tapeten oder eine Bodenklappe, aber erkennen kann er nichts davon. Würde der Diener nun Hilfe holen? Oder ist dies eben einer der vielen Überfälle und Massaker in den großen Häusern? Und wie wird seine Mutter von seinem Schicksal erfahren?

Montaigne redet weiter: »Es ist doch wirklich verblüffend, wie unser Geist uns Streiche spielt. Eben fragte ich mich, welches Geld ich Euch wohl anbieten könnte, dabei ist Eure Ausrüstung mehr wert, als ich besitze. Ihr seid nicht wegen unserer Religionskriege hier, aber andererseits habt Ihr erfahren, dass Ihr mich hier treffen könnt, also hört Ihr, was bei Hofe geredet wird. Und Ihr geht mit Waffen meisterhaft um, seid von Statur und Bewegung her – einfach ein Gascogner und also einer der 45 Krieger, die unseren König schützen. Ein Freund und Nachbar!« Der Mann zittert vor Zorn, lässt aber langsam seine Waffen sinken. Dann gibt es einen Knall, und die Funken fliegen, sofort hebt der ungebetene Gast seine Waffe in Richtung des Kamins. Nicolas glaubt, eine Bombe sei explodiert. Der Kamin leuchtet strahlend hell auf, ein großes Holzscheit ist in der Mitte durchgebrochen, und Funken landen auf der Steinplatte davor, und einige auch auf dem Blumenteppich, entzünden ihn aber nicht.

Langsam lässt der Krieger seine Arme sinken und schaut ins Feuer. Plötzlich fängt er an zu murmeln: »Seit dem Tod meiner Frau geht alles entzwei. Ich muss es herausfinden.«

»Der beste Weg zur Erinnerung, finde ich, führt über die Schrift – wollen Sie mir nicht erzählen, was Sie beschäftigt, und schauen Sie, hier ist mein Schreiber, ich denke, er könnte aufnehmen, was Sie zu sagen haben, mögen Sie ihm nicht berichten, wie sich die Dinge ereignet haben?«

»Niemand wird mir glauben ...«

»Wenn Nicolas es schreibt, dann glaubt man Ihnen, denn seine Worte werden Dinge. Ich selbst habe ein Buch geschrieben, die *Essais*, und – ja das wissen Sie schon. Sind Sie deswegen hier? Weil Sie es gelesen haben?«

»Unser Reich hatte eine Religion und einen König, nun sind es zwei Religionen und drei Henris, alle miteinander verfeindet: der König Henri Valois, der Herzog von Guise, das Narbengesicht, und der dritte, Henri, König von Navarra. Aber bei mir zu Hause waren wir ein Paar und nun sind wir drei ... Kommt es vor, dass aus einem Paar ein anderes wird?«

»Nichts ist so merkwürdig wie etwas Vertrautes, das wir in neuem Licht betrachten. Haben Sie das aus der Nähe beobachtet? Welches Ehepaar kennen Sie denn so gut, vielleicht waren Sie ein Teil dieses Paares?«

Der Mann zieht seine lederne Maske ab, aber sein Gesicht ist durch die Wärme, den Schweiß und nun auch die Tränen nicht besser zu erkennen.

»Ich bin froh, dass Sie, als Gascogner, als Gascogner Edelmann hier zu mir gefunden haben, denn mich war es doch, den Sie anzutreffen hofften.«

Ein schwaches Nicken.

»Sie haben sehr gut daran getan. Meine Frau und ich«, er blickt in Richtung des Bettes, wo freilich niemand mehr zu sehen war, »ja wir fühlten uns gerade etwas einsam in Paris ...«

»Seit ihrem Tod lässt mir das keine Ruhe. Überall sehe ich einen Riss zwischen den Dingen.«

»Ihre Frau lebt also nicht mehr? Wer ist noch in Ihrer Familie?«

»Mein Bruder ... er war immer«

»Ich habe auch einen Bruder verloren. Nicht im Krieg oder durch die Seuche, sondern beim Ballspiel.«

Der Mann wird immer nervöser, windet sich gequält zu bedrückenden Gesten.

»Darf ich einmal Ihre Gedanken lesen? Sie vermuten, dass Ihre Frau und Ihr Bruder, während Sie für König und Christentum im Feld waren, zusammen waren – aber nicht wie Freunde, sondern als Liebespaar, nicht wahr? Die Funken flogen zwischen den beiden, während Ihre

Ehe zerbrach, das haben Sie da gesehen? Nun ich kenne solche schmerzlichen Geschichten und meine Frau auch, nicht wahr, Françoise?«

»Das ist nun kaum der Moment«, zischt es aus der Lücke hervor ...

Der Krieger hebt eine der schweren, aus Eichenholz gefertigten und mit Eisen beschlagenen Truhen, als sei sie aus Papier. Er setzt sich drauf und scheint in sich zusammenzufallen.

»Es ist gut, dass Sie nun zu mir gekommen sind. Sie wissen, dass wir nicht in Paris sind, um die Foire Saint-Germain zu besuchen, sondern dass ich mit wichtigen Menschen reden werde. Ich pendele wie ein Weberschiffchen zwischen den Leuten. Die einen erzählen mir dieses Geheimnis, die anderen jenes. So weiß ich irgendwann ziemlich viele Geheimnisse, denn wenn einmal eines sicher wohnt bei jemandem, dann gesellen sich viele andere hinzu. Und dann landen irgendwann alle dort. Zum Krieger wie Sie habe ich es nie bringen können, wie Sie sehen, bin ich nicht groß genug gewachsen, und solche schönen Waffen, wie Sie sie führen und sicher auch benutzen können, dazu bin ich viel zu ungeschickt, ich würde mich nur selbst verletzen. Ich stelle mir das sehr schwer vor. Vor allem muss der Sinn ruhig sein. Wenn Sie immerzu an zerbrechende Holzscheite, an Ihre Frau und Ihren Bruder denken müssen, dann haben Sie keine ruhige Hand, sondern zittern – und dann können Sie ja gar nicht richtig Ihren Beruf ausüben.«

Der Mann hört ihm aufmerksam zu, schaut in den Kamin und nickt ab und zu.

»Nicolas, schreiben Sie doch mit, wir machen ein Dokument, um den Seelenfrieden unseres Besuchers abzusichern.«

Nicolas fummelt aus den Tiefen seiner Taschen ein altes

Stück Packpapier, in dem vor Urzeiten ein Brot eingepackt gewesen war. Das faltet und knickt er wie ein echter Kontorist und verbindet es mit etwas Faden vom Ärmel der Jacke zu einer Art Rolle.

Montaigne denkt nach, dann blickt er dem Bewaffneten in die Augen:

»Ich bin das ganze Jahr zu Pferd, treffe Katholiken und Hugenotten, Könige und Königinnen, Adlige und Priester, Bauern und Bedienstete – und wenn Ihr verstorbener Bruder der Geliebte Ihrer verstorbenen Frau gewesen wäre – ein himmelschreiender, funkenschlagender Skandal –, davon hätte ich gehört, so wie ich vom Fall des Martin Guerre und der Marie Germain gehört habe, die durch einen Spagat zum Mann wurde. Und wovon ich ja auch in meinem Buch berichte. Aber, mein Freund« – er berührt ihn sanft an der Wange und am Nacken –, »ich habe nichts dergleichen gehört. Nicht im Königreich Navarra und nicht in Frankreich, nicht in Deutschland, nicht in der Schweiz und auch nicht in Rom. Ich war dort in einer Bibliothek, so groß wie ein ganzes Schloss. Und dort landen alle Bücher irgendwann – die erlaubten wie die verbotenen, die griechischen wie die lateinischen. Nirgends steht etwas davon, niemand weiß etwas davon. In keinem Buch steht es und in keinem Brief. Also wenn ich nichts davon weiß, dann hat es auch nicht stattgefunden. Wirklich, mein Freund – es ist gut, dass Sie damit zu mir gekommen sind und dass wir diese wichtige Frage hier klären konnten. Nicolas hat alles dokumentiert, mit Siegel und Kordel versehen und – was sollen wir mit diesem Protokoll am besten machen?«

Der Krieger zuckt mit den Schultern ... »Ich möchte nicht, dass jemand davon erfährt – auch nicht in Ihrem Buch, ja?«

»Dann, auch eine sehr gute Idee, befehlen wir unserem

Schreiber nun, die geheime Information den Flammen zu übergeben, wo sie ja gewissermaßen auch herkam.«

Nicolas nähert sich dem Kamin, aber der Mann verlangt plötzlich doch nach dem Brief – mittlerweile war es düster geworden im Zimmer, nach der Aufregung hatte sich eine Mattigkeit breitgemacht. Der Krieger nahm das Bündel an sich, hatte aber erkennbar nicht mehr die Energie, es aufzuschnüren und zu studieren. Er staunte, dass die obere Seite leer war …

Montaigne improvisiert weiter: »Nicolas arbeitet mit geheimsten Tinten, nur falls unbefugte Augen dies erblicken sollten. Nur Eingeweihte können das lesen!«

Dann wirft der müde Krieger es in einem schlappen Bogen in die Flammen, wo es bald aufging – das Bienenwachs des Brotpapiers beschleunigt den Konsum.

Ohne zu zögern, erhebt sich der Krieger, richtet unbeholfen, was er im Zimmer zerstört hat, schaufelt mit dem Stiefel Späne und Scherben zur Seite, murmelt in Richtung des großen Betts –

»Madame, bitte entschuldigen Sie, was aus mir geworden ist, und den Schrecken – ich wünsche Ihnen noch eine schöne Zeit in Paris.« Er zieht kurz seinen Hut und verschwindet, schwer und leise.

Kaum hat er das Zimmer verlassen, taucht Françoise wieder auf und umarmt ihren Mann: »Uff. Ich hatte dein Schwert neben mir, wäre er mir in die Lücke gefolgt, hätte ich ihn damit aufgespießt!«

Montaigne lacht. »Besser erschlagen, das gute Ding habe ich noch von meinem Vater, es ist völlig stumpf.«

Ein halbes Dutzend der Leute des Hauses stürmen herein, um zu sehen, ob es keine Verletzten gibt, und entschuldigen sich, dass sie so feige gewesen waren. Der Mann schien sich auszukennen, lief einfach an den Posten vorbei, und von seiner Erscheinung her schien er zum Louvre zu gehören, zur Garde des Königs – die hält man nicht auf.

Sie versprühen Duftwasser, richten das Bett neu, erfrischen die Kissen und bringen neuen Wein und Gläser. Die Hausdame lädt Françoise ein, die neue Vorrichtung aus ihrer Heimat zu versuchen, *la doccia*. So eine sei hier eingebaut worden und man habe das Wasser sogar schon gewärmt.

»Fanchon, das musst du versuchen, ich habe doch davon erzählt, in Lucca habe ich das gemacht: Erwärmtes Wasser wird über eine Pumpe in Röhren geführt und fällt dann von oben auf Kopf und Körper.«

»Wie wenn ich die Armen besuche, ihr Dach ist undicht und es regnet?«

»Weicher und wärmer, Signora.«

»Verrückte Maschine, aber warum eigentlich nicht? An so einem Tag sollte man alles versuchen. Tragt Ihr mir meine Sachen dorthin? Micheau, bis später.«

Montaigne lässt nach dem Diener rufen, der zuerst bedroht wurde, und fängt ihn auf.

»Sie sind Zeuge, Zeuge unserer schlechten Zeiten. Unserem Land geht es nicht gut. Das Zerbrechen, von dem der arme Krieger besessen war, das ist ganz real. Was uns Halt geben sollte, hier und im Jenseits, ist zur Ursache der größten Unruhe geworden, die unser Land je erlebt hat. So verläuft der Graben zwischen Freund und Feind mitten durch uns selbst, durch jeden.«

Der Mann hat vier Kinder, erklärt er tapfer, als Majordomus in den Diensten von Madame sei er so schnell nicht zu erschüttern. Wichtigste Frage sei nun, wann und wo das Essen eingenommen werden solle.

Montaigne dankt ihm, aber er macht einen anderen Vorschlag: Man möge seiner Frau und ihm nur etwas Käse,

Brot und Wein hochbringen – sie aber mit Personal zum Auftragen und Nachschenken verschonen.

»Ja, dürfen es auch Trauben sein dazu und Birnen? Oder Kirschen?«

»Wir sind im März, also, ich bin zwar nicht der große Gartenkenner, aber selbst ich weiß, dass dies nicht die Saison für Kirschen ist.«

»Aber wir sind in Paris, Monsieur – lieber helle oder dunkle? Darf man auch eine warme Pastete im Brotteig hinzufügen und warme Goldammern? Zuvor eine klare, saure Suppe von Süßwasserfischen, und wie steht es mit Flusskrebsen und Bällchen, aus einem Hecht geformt? Dann richten wir Ihnen alles in einem Korb, darin Messer, Brot und Butter, der Korb dient auch als kleiner Tisch.«

»Danke Ihnen allen, für heute sind Sie entlassen und entpflichtet – ich wäre Ihnen allerdings dankbar, wenn einer von Ihnen auf der Schwelle dieses Zimmers schlafen könnte.«

Nicolas löst sich langsam vom Schatten in der Wand, sucht seine Sachen, auch den leeren Kalmar. Er verbeugt sich und geht rückwärts zur Tür, leise.

Françoise kehrt zurück, noch benebelt vom Bad.

»Brrr, es ist, als würde man im Gewitter erwischt stehen in einer Sommernacht – Micheau, bitte, ich möchte keine Leute mehr im Zimmer haben. Und sagt einmal, Micheau, als Sie das vorhin erwähnt haben, die Affäre der Frau mit dem Bruder, spielten Sie doch nicht etwa auf die Goldkette an, die Moment mal – Nicolas?«

»Madame?«

Die Dame nähert sich einer Kassette aus Metall und entnimmt einige Münzen –

»Micheau, wirklich ... mein Mann lebt in seiner eigenen Welt, bitte entschuldigen Sie ihn. Sicher wartet Ihre Mutter heute Abend auf den Lohn, sie kann ja nicht ahnen, dass wir diesen Besuch hatten, und das ist auch besser so, sie käme ja um vor Sorge. Hier ist Ihr Honorar für heute, auch wenn Sie nichts schreiben durften. Mein Mann braucht noch weitere Begleitung, und mir hat es gefallen, wie Sie aus nichts ein Bündel Papiere für unseren armen verwirrten Gast machten.«

Sie gibt ihm zwei große Münzen zum Aufbewahren und mehrere kleine, um Essen zu kaufen.

»Wissen Sie, wo Sie morgen hinmüssen?«

»Ich komme gern – aber ich kenne mich nicht sehr gut aus in Paris, also müsste ich jemanden treffen, der mich hinführt.«

»Oh«, lächelt Montaigne, »wo ich morgen früh hinmuss, das ist nicht besonders kompliziert zu finden ...«

»Jetzt sei doch nicht so umständlich: Nicolas, seid morgen früh um acht Uhr am Louvre. Selbst Ihr könnt diesen Ort nicht übersehen, er ist so groß wie die halbe Stadt. Ach, und Nicolas? Kommt nicht zu spät.«

Zurück wählt Nicolas den Weg an der alten Stadtmauer entlang. Durch die Stadt hindurch traut er sich nicht mehr, ein Schock am Tag genügt ihm. Keinen Punkt, keine Linie und keine Zeile hat er heute zu schreiben gehabt, und der Lohn war nicht selbst verdient, eher eine großzügige Spende. Er ist nass geworden und wäre beinahe bei diesem Irren ums Leben gekommen. Nun kann er froh sein heimzufinden, ohne abermals überfallen zu werden. Der Schreck, der Anblick des Dolches und der Ausdruck des Dieners in Todesangst, das wird ihn verfolgen. Um sich abzulenken, hält er an einem Stand, an dem Wein ausgeschenkt wird. Zum ersten Mal hat er etwas Geld bekommen, und offenbar macht man das in der Stadt so; man kauft sich die Dinge zu essen, zu trinken und um sich anzuziehen, während überall sonst nur das zur Verfügung steht, was man selbst aus dem Boden klaubt oder sich zurechtbastelt.

Er kann sogar Brot mitbringen und eine andere Sorte wählen als das feste graue Zeug, das in der Mühle den Proviant für den Tag darstellt. Die Regale sind um diese Zeit allerdings leer gekauft. Nur noch ein schwarzes deutsches Brot bekommt er noch, besonders fest, besonders billig, und zur Not könnte er sich damit verteidigen.

Nicolas lebt erst seit einigen Wochen bei seiner Mutter in einer Mühle auf einem kleinen Hügel im Süden der Stadt. Sie sind allerdings keine Müller. In ihrer ruinierten Mühle drehen sich nur Gedanken – um Geld und um Politik. Sie bewohnen den Anbau, der früher vielleicht ein Lagerraum und die Werkstatt war, jetzt aber unterteilt ist in viele Nischen und Alkoven. Die Mutter wohnt dort schon länger, obwohl man das nicht merken würde, alles ist verpackt und der Rest verpfändet. Hier kommen Freunde hin, zum Schlafen, manche zahlen der Mutter etwas oder bringen etwas mit. Einmal gab es ein kleines Fass mit eingelegten Heringen, von denen sie wochenlang aßen, ein anderes Mal war es eine fleischfressende Pflanze von einem Schiff oder ein Korb voller Kaninchen. Weil niemand sich traute, sie zu schlachten, vermehrten sie sich, bis sie alle rausschaffen mussten. Nun hoppeln sie um die Mühle, werden von alten Hunden und Frettchen gejagt.

Seine Mutter ist stolz darauf, dass sie nicht nach Paris muss, sondern dass Paris zu ihr kommt. Stolz, dass ihre Tür immer offen ist und dass sie diesen verlorenen Seelen eine sichere Zuflucht bieten kann. Was immer geht, sind Bücher, Flugschriften oder Wandzeitungen. Nicolas hat nicht erkennen können, welche Linie, Konfession oder

Partei seine Mutter eigentlich stützt, nicht einmal, welcher Konfession sie angehört. Auf Fragen kann sie lange Vorträge über die theologischen Unterschiede halten, über Propheten und Autoren wie Calvin und Erasmus, nur, was sie selbst glaubt, das bleibt ihr Geheimnis. Sie schreibt sich die Fähigkeit zu, aus den gequälten krummen Kinderseelen einigermaßen gerade Menschen bilden zu können, ihr Unterricht kommt ohne Prügel aus. Daher ist die Mühle oft die letzte Zuflucht für Kinder, deren Eltern den Faden verloren haben. Es war ebenso illegal, eine solche Schule zu betreiben, wie all diese Schriften im Hause zu haben. Die Mühle war ein einziges Rätsel: Während kaum jemand sich in Paris die Miete leisten konnte, überstand sie alle Krisen. Und wo selbst die Buchhändler zitterten, wenn sie eine halbwegs brisante Schrift im Hinterzimmer hatten, breitet seine Mutter die Sachen mitten in der Küche aus und diskutiert sie mit Besuchern und Schülern. Einmal hat er sie auf die Gefahr aufmerksam gemacht, und sie antwortete erbost, das wäre ja noch schöner. Und was sie da für einen katholischen Angsthasen und Jasager zum Sohn habe.

Nicolas weiß nie genau, auf wen er am Morgen treffen wird. Heute war Said da, ein Mann, den seine Familie aus dem Orient nach Paris geschickt hat, damit er den Händlern und Gelehrten hier die Kunst des Rechnungswesens beibringt, aber er verzweifelt oft über dieser Aufgabe und war lieber mit seinen eigenen Papieren und Berechnungen für sich. Manchmal bringt er Melonen aus der Stadt, und wenn es ihm gutgeht, erzählt er noch mal Geschichten von Tausendundeiner Nacht.

Es gab Inga, die in der Stadt als Wäscherin arbeitet, nun aber bei der Familie Gobelin eine Stelle gefunden hatte. Sie hatte eine Tochter, die sie manchmal mitbrachte, aber sonst froh war, sie im Haus der roten Mädchen untergebracht zu haben, worüber sie sich immer sehr erleichtert zeigte.

Ein weiterer Gast war Hans, ein katholischer Priester aus Deutschland im Alter seiner Mutter, der nicht im deutschen Haus schlafen wollte, sondern lieber die ganze Nacht durch über die Stadt, die Politik und das große Ganze streiten möchte.

Wenn er spät einschläft, hört er immer noch die Diskussionen für eine bessere Welt, eine ehrlichere Christenheit und ein reformiertes Königreich, in dem mehr geboten wäre als Krieg, Armut und groteske Adlige, vom König ganz zu schweigen. Und über den Fall Pierre Tossard, besonders die Frage, ob man ihn verstecken soll, wenn er anklopft, oder ob man eher die Behörden verständigt. Es gab eine stattliche Belohnung, aber niemand in der Mühle würde so tief sinken.

Die Mutter hat Nicolas früh bekommen, früh ihre Eltern verloren. Er hat eine ältere Schwester, die wohnt aber schon längst unten in Paris, man hört wenig von ihr. Zu dritt waren sie nie. Nach dem Tod der Großeltern schlug sich jede und jeder irgendwie allein durch. Die Familie wurde früh von einem Schicksalsschlag getroffen, und nun ist nicht mehr viel davon übrig – das immerhin hatten sie mit den Valois gemein, die gerade die Könige stellten. Nicolas stellte sich diesen verfluchten Tag, er lag noch vor seiner Geburt, vor wie den Ausbruch der Pest. Eben noch saßen alle friedlich zusammen, dann rennt jeder um sein Leben. Mit dem Unterschied, dass die Seuche der Gewalt von Menschen gemacht worden war.

Nicolas ist daher nicht bei seiner Mutter groß geworden, sondern erst in einer Pflegefamilie in der alten Heimat, dann in einem Collège und später in Deutschland. Dort war es zuletzt kompliziert gewesen, also versuchte er, in Paris Fuß zu fassen.

Er streift die alte Stadtmauer entlang, die in einem erbarmungswürdigen Zustand ist. Aber tatsächlich, vor einer der Hütten liegt ein grauer, dicker Hund. Dort werden Flugschriften, Broschüren, Prospekte und sogar Bücher verkauft. Er bleibt kurz stehen, um zu sehen, ob etwas von seinem neuen Herrn im Angebot ist. Aber da sind nur Gruselgeschichten: von Martin, dem Korrumpierer der Christenheit, Kalender, Kochbücher, Bücher, die die Zukunft weissagen, Bücher für den Garten, und wie man durch die Zucht von Hühnern reich wird. Im Türrahmen erscheint die junge Frau vom Vormittag. Es scheint ihm länger, fast Wochen her.

»Na, unser Schreiber. Bonjour. Ich habe etwas für dich, aber du musst schon reinkommen, auch wenn dich keine Sau dazu zwingt.« Sie lacht. Sie sieht sich rasch um, ob niemand ihm folgt. In der Hütte steht alles voller Papiere, Bücher, Devotionalien und Talismane. Es gibt einzelne Karten mit Zauberformeln und Gebeten, die man sich über die Tür hängen soll, sowie Amulette aus heiligen Schriftstücken und Wecker, die einen alle halbe Stunde an das Gebet erinnern. Nicolas versucht, sich einen Reim darauf zu machen, welche Linie hier genau vertreten wird, aber es geht ihm da wie mit den Leuten in der Mühle, so ganz passen die einzelnen Elemente nicht zueinander.

Sie nimmt den schweren Hund am Halsband und schleift ihn wieder nach draußen, so dass er quer vor der Türschwelle liegt. Danach sucht sie ein Blatt aus dem Einband eines Bands über Flaggenkunde und zeigt, dass er mal näher kommen soll.

»Interessierst du dich für die Kräfte, die in der Welt walten? Es gibt nicht nur Politik oder Religion, weißt du?

Mein Vater war ein Bekannter von Michel Notredame aus Lyon, dem Seher der Königinmutter. Hier geht es um diesen Sturm, von dem ich erzählt habe, am 13. Dezember letzten Jahres.«

Als er in Flüsterweite war, las sie ihm aus einem schon arg abgenutzten Flugblatt vor:

»Der Wind wird alle Kirchen Frankreichs verwehen, überall dort, wo der König noch herrscht. Das Fundament dieses Staates wird erschüttert, nämlich das salische Gesetz. Aber die Pfeiler, die schon entzweit sind, werden wiedervereint. Herodes und Pilates werden sich einigen, um Christus zu verfolgen und sich über ihn zu erheben. Aber er wird ihnen zeigen, so sagt es der Prophet, dass weder aus dem Osten noch aus dem Norden die Freude kommt, auch nicht von lebenden Menschen, sei sie noch so groß, denn er erhebt und erniedrigt, wie er möchte.«

Nicolas kommt nicht ganz mit, zur Hälfte hört er eine Prophezeiung und zur anderen Hälfte eine politische Kampfschrift, die sich sowohl gegen die Katholiken wie gegen die Protestanten richtet. Sie holt kurz Luft, deklamiert dann aber ruhig und flüssig weiter:

»Deutschland wird schwanken und tritt auf die fetten Weiden voller Lilien, um den Guten, den Ärmsten ihre Befreiung von dem Joch zu verkünden, das auf ihrem Gewissen lastete. Dann Unglück auf Unglück für die Priester und ihre Messen.« Nun erhebt sie die Stimme wieder:

»Gott selbst wird das Horn der Bösen senken, die nun nicht mehr so groß tönen wie einst, er wird sie besiegen, denn sie werden ihre Hände nicht finden, um zu kämpfen. Gott wird ihre ganzen Apparate, die Harnische und Schilde zerstören und grausamer sein, als die Bösen es sind. Der Frieden wird durch einen Mittler kommen, Gott wird den Wütenden seinen Wein bis zur Neige zu trinken geben, dann folgt Unglück auf Unglück für den Kriegsherren und den, dessen Namen sich Vilain Herodes liest.«

Sie blickt bewegt auf. »Vilain Herodes – na, wer ist das wohl, Herr Schreiber?« Sie zieht eine Schachtel mit Buchstaben aus Holz zu sich und legt flink diese drei Worte: der böse Herodes. Dann blickt sie noch mal zur Tür und arrangiert sie blitzschnell um, als würde sie das in jeder freien Minute tun. Ihre Hände weisen keine Spuren von Arbeit auf, außer einer leichten Stelle an Daumen und Zeigefinger rechts, wo die Feder zu halten ist. Sie dreht ihm die Leiste mit den Holzbuchstaben zu, und er liest den Namen des Königs – HENRI VALOIS.

Nicolas beginnt zu zittern, der ganze Tag entfaltet sich wie ein ganz komischer Traum.

»Ist es dir nun klar?«, zischt die junge Frau und schlägt ihm, plötzlich zornig, mit der flachen Hand auf die Wange. Nicolas muss vor lauter Schmerz, Überraschung und Anspannung weinen, weicht zurück und verlässt panisch die Holzhütte. Dabei stolpert er fast über den Hund, der plötzlich knurrt und glühende Augen zu haben scheint.

Er rennt an der Stadtmauer entlang durch die Zelt- und Hüttenstädte der Vororte, ausgedehnte Gärten und über Äcker. Unter dem Arm trägt er einen Beutel mit dem deutschen Brot und den leeren Kalmar.

Als er sich der Mühle nähert, toben dort schon heftige Diskussionen. Seine Mutter steht mit Hans, Said und Inga vor dem Gebäude, und sie reden in einem dissonanten Chor auf drei Polizisten ein. Sie suchen Pierre Tossard, einen jungen Mann, der sich irgendwo in Paris versteckt halten soll und zu dem jede und jeder eine Meinung haben. Da kaum jemand weiß, wie er aussieht, wird er dauernd irgendwo erspäht. Offenbar haben die Nachbarn oder die aus der Werkstatt sie angezeigt, Tossard könnte sich unter die etwas disparate, häufig wechselnde Menge in der Mühle gemischt haben, und so ganz falsch lagen sie damit nicht. Seine Mutter erklärt, Tossard sei ein feiner Kerl und sie würde ihn tausendmal lieber beherbergen als einen Polizisten. Hans erläutert, dass auch der Polizist an sein Gewissen gebunden sei und sie sollten sich als gute Christen ruhig einmal selbst prüfen, ob es wirklich im dringendsten Interesse der Allgemeinheit liegt, diesen Jungen zu jagen. Und Inga meint, der sei längst auf dem Schiff unterwegs nach London, das wisse doch jeder. Er sei dort ein Held der Jugend und gehe bei der Königin ein und aus.

Als Nicolas sich nähert, gibt das Trio der Ordnungshüter schon ermattet auf, bekommt aber Zweifel, ob es sich bei dem zerzaust wirkenden Schreiber nicht um den gesuchten jungen Mann handelt.

»Das ist mein Sohn, meine Herren, und nun guten Tag!« Seine Mutter stellt sich zwischen die Polizisten und Nicolas, als könne sie deren Gedanken lesen. Der Trubel kommt ihm ganz recht, so fragt niemand, wie sich sein Auftrag gestaltet hat. Nicolas stellt das Brot und den Wein auf den Tisch und gibt seiner Mutter das Geld.

Alle sind erleichtert, dass es nur um Tossard und nicht um die Mieter der Mühle ging, denn es ist ein ständiges Thema unter den Bewohnern der Mühle – woher kommt ihr Geld für die Bleibe? In Paris müssen alle immer umziehen, nämlich immer dann, wenn die Mietschulden zu hoch werden. Seine Mutter duldet dazu aber keine Fragen und gibt auch keine Auskunft. Aber Räumungen sind erst wieder in den Sommermonaten zulässig.

Die stummen Männer sind dann einfach wieder verschwunden, aber nun treibt alle die Sorge um, dass sie in der Nacht wiederkommen. Sie vereinbaren, Wache zu halten und stellen Balken in die Tür.

Nicolas übernimmt die erste Schicht, der Priester Hans leistet ihm Gesellschaft. Er musste ohnehin noch Linien und Schwünge üben, das Material richten, falls er je als Schreiber schreiben soll.

Nachdem alle ihre Suppe gegessen und mit Brot aufgetunkt haben und der Tisch gereinigt worden ist, ziehen sich die meisten auf ihre Matten zurück und den Vorhang zu. Nicolas bleibt am Tisch.

An Carlo kann sich Nicolas so gut wie nicht erinnern. Einmal hatte der ihn im Collège besucht, da war er auf dem Weg nach Italien. Er saß in der Halle, ganz schwarz und elegant und sagte kaum etwas, betrachtete ihn nur, während Nicolas von seinen Mitschülern erzählte. Manche seien so dumm, sie würden ihre tägliche Tracht Prügel wirklich verdienen. Carlo fragte nach der Mutter, der Schwester, aber dazu hatte Nicolas nichts sagen können, bis der Onkel ihre Namen erwähnt hatte, hatte er ewig nicht an sie gedacht. Das Mitbringsel war nicht etwa etwas zu essen oder ein warmes Kleidungsstück, sondern eine winzige Flasche Tinte. Die sei von einem Händler, der habe seinen Laden auf einer Brücke in Paris. Nicolas hatte in der folgenden Nacht von einem Fluss aus Tinte geträumt.

»Hans, du bist doch schon lange hier. Was war eigentlich seinerzeit mit Carlo los?«

»Er erlebte einen verfluchten Tag, Nicolas. Viele andere Schreiber der Zunft von Paris hatten an jenem Morgen abgesagt, Carlo tat es einem alten Kameraden zuliebe. Der Kommandant der engsten Garde des Königs hatte ihn abholen lassen, sie kannten sich noch aus den Feldzügen. Er bekam ein Pferd, eine Eskorte und ziemlich viel Geld, um zu vergessen, was er noch gar nicht erlebt hatte. Dann ritten sie zum Flussufer hinunter, und dort entlang am Louvre vorbei zum Garten dahinter.«

»Woher weißt du das denn alles?«

»Er konnte nicht mehr aufhören, von dem Tag in allen Einzelheiten zu berichten. Vor der Menagerie hatten sich Soldaten versammelt, einige erkannte Carlo schon von weitem. Aber es gab nichts zu trinken, und um die paar Feuer standen alle schweigend herum, nicht mal ein Kartenspiel war im Gange. Die besten Krieger des Königs, seine Garde der 45 Gascogner, liefen zwischen den Männern nervös hin und her. Ihre Mission an jenem Tag ging auf einen Traum Henris zurück: Der König hatte sich im Januar 1583 nach Nigeon ins Kloster der Bonhommes zurückgezogen. Dort träumte ihm, dass ihn die Löwen, Bären und Doggen seines privaten Geheges überfallen und zerfleischen. Henri wusste, dass damit ganz andere Sorgen ihre Darstellung fanden, der König hat viele Probleme, manche mit den anderen, viele mit sich selbst. Aber er ist klug. Seine schweren Träume bespricht er nicht allein mit seiner Frau, den Freunden oder seinen vielen geistlichen Beiständen, sondern auch mit einem Arzt. Dieser LePaulmier half ihm, seine Ruhe wiederzufinden.

Dennoch hielt er es nicht aus, diese Tiere in seiner Nachbarschaft am Leben zu lassen. Sie waren schon lange bei ihm, aber nicht zutraulich wie die Affen, Papageien und die vielen Hunde in seinen Gemächern, sondern auf den Wettkampf hin gezüchtet. Sie waren das Sinnbild der Macht Henris. Nun wurde er das Bild nicht los, wie er das Gewicht der Viecher auf ihm nicht wegdrücken kann und jede Bewegung zu mehr Bissen und Blutverlust führt. Am schrecklichsten war der Lärm, den seine Haut und Knochen beim Zerbrechen machen, wenn er die Szene vor Augen hatte. Gleich nach seiner Rückkehr hatte er den Befehl gegeben, die Menagerie zu schlachten, es sei eine Frage der Sicherheit der Krone. Die Tiere waren plötzlich potenzielle Agenten. Aber wer sollte sie schlachten? Und wie?

Carlo hatte seine Schreibsachen ausgepackt und eine Rolle Papier aus der Tasche gezogen, vorsichtig auf dem mittelgroßen Brett entrollt und befestigt, das er für solche Aufträge ohne Tisch nutzte. Er konnte so auch zu Pferd schreiben. Sein Auftrag war es festzuhalten, wie viele Tiere es waren, wie schwer sie waren und wie lange das alles gedauert hatte. Und dann die Kosten aufzulisten. Es waren Notizen als Vorlage für die amtlichen königlichen Schreiber, die aber nicht außerhalb arbeiteten. Außerdem wurde dieser Auftrag politisch gedeutet, wie alles am Hofe und in Paris. Der König, so hatten eigentlich alle das gedeutet, hatte von den Guise geträumt, seinen Rivalen. Und wer nun an dem Tiermassaker mitwirkte, konnte die Guise damit provozieren.

Aber wie ging man denn dann vor?

Die Biester waren zum Kämpfen und zum Darstellen geboren und erzogen worden. Ihre Pfleger weinten wie Kinder, als sie den Befehl lasen. Papier vermag viel, aber durch den Befehl allein sind die Viecher noch nicht tot. Der Hof hatte erst die Jäger des Königs einberufen und beratschlagen lassen. Von denen gingen keine zur Jagd, es war ein Titel, den man kaufen konnte. Es war ehrbaren Jägern auch nicht erlaubt, Tiere im Gehege zu erlegen, sie lehnten ab. Die Zunftmeister der Metzger der Hallen waren die nächsten Gäste, die vor den Gehegen auf und ab gingen, um zu prüfen, wie nahe sie den Tieren kommen konnten. Aber die waren schon wach und nervös geworden, undenkbar, ihnen eine Leine anzulegen, um mit dem Beil, dem Degen oder dem Knüppel vorzugehen. Unterdessen hatten es die schottischen Bogenschützen versucht, teils um die Tiere schneller zu erlösen, teils um zu beweisen, dass auch ihre Kunst effektiv sein konnte in ihrer Lautlosigkeit. Schließlich sollte der ganze Vorgang nicht den Eindruck vermitteln, Paris befinde sich im Bürgerkrieg, obwohl das nicht so falsch ist. Die Pfeile hatten die irre in den Gehegen rumrennenden Tiere nur ein wenig verletzt, dafür in helle Panik und Kampfmodus versetzt.

Die Feinde auf vier Beinen mussten mit der Artillerie erledigt werden. Die Hakenbüchsen der königlichen Scharfschützen wurden aus dem Arsenal geholt und in Stellung gebracht.

Selbst in den kleinen Gehegen konnte das die großen Stiere, Löwen und Bären nicht töten. Man braucht schwere Geschütze, währenddessen bluten die Tiere und brüllen. Bis die Geschütze da waren, gab es auch Bedenken, man konnte nicht mitten in Paris Kanonen abfeuern, die Bürger würden an einen Bürgerkrieg denken, die Lage war angespannt genug. Mittlerweile waren die Tiere panisch und wütend. Der Tag dauerte nun schon über zwölf Stunden, auf wehrlose Tiere zu schießen war gegen die Ehre der Soldaten. Jäger waren solche großen Biester nicht gewohnt. Jemand schlug vor, schon eine Meute Hunde in die Umkreisungen zu jagen, aber kein Adliger wollte den Verlust seiner Meute riskieren und so ein Vermögen verlieren.

Carlo führte Protokoll, zählte jeden Schuss und jeden Versuch. Man sah den König an der Galerie auf und ab schreiten, immer neue Boten schicken und empfangen. Siebenundvierzig waren bei ihm.

Dann rückten die Schotten an. Sie hatten noch alte Langbogen und sich einige Armbrüste aus Deutschland beschafft. Sie verfehlten ihr Ziel nicht. Man hörte bald nur noch die Männer schluchzen, Schotten und Gascogner und Italiener, ein See der Tränen. Der König war nur noch ein weinender Haufen. Das Blut der Viecher sammelte sich und zog eine Spur zur Seine hinunter, die sich von da an rot färbte, wie in den Tagen des Sommers 1572. Carlo schrieb so viel und so schnell, dass seine Hand zitterte. Sie hörte nicht mehr auf damit und es wurde unmöglich, Linien zu führen, zu messen und zu schwingen.«

Plötzlich hören sie ein Fuhrwerk vor der Mühle heraufahren, zwei Pferde und einen Karren. In der Dunkelheit und im Regen ist bloß eine Gestalt in einem Ledermantel zu erkennen, die mit einem Satz vom Kutschbock sprang und die Treppe zur Mühle hochstürmte. Hans und Nicolas sehen sich an, sie fürchten sich sofort und haben weder Plan noch Waffen, um die Mühle irgendwie zu schützen. Nicolas denkt an den Krieger vom Nachmittag – auch er war blitzschnell eingedrungen, ohne Widerstand zu erfahren. Sie suchen nach abschreckenden Küchengeräten, aber da klopft es donnernd an der Tür, dahinter springt der Hund auf und ab.

»Hier ist Pierre Tossard, öffnet im Namen des Widerstands gegen die Tyrannei!« Hans bekreuzigt sich rasch – was sie so lang besprochen hatten, realisiert sich, nun ist die Stunde seiner Prüfung gekommen.

Nicolas entfernt den Balken hinter der Tür und öffnet.

Unter einer nassen, schwarzen Lederkapuze grinst ihn seine Schwester Judith an. »So, Brüderchen, du bist unter die Schreiber gegangen? Wir haben noch einige Stunden bis Sonnenaufgang, das sollte reichen, um dir das Wichtigste beizubringen, selbst für einen langsamen Lerner, wie du einer bist.«

Erst suchen sie Sand, erwärmen ihn in einem Topf auf den Resten der Glut. In den stecken sie die Gänsefedern, eine ganze Weile lang. Dann beginnt das Heikelste: die

Federn zurechtzuschnitzen. Ein Schnitt zum Leeren des Schafts, einer zum Belüften, dann der entscheidende, durch den die Tinte fließt. Er hat seine Federn zu hastig oder zu langsam bearbeitet, Judith ist aus dem Lachen gar nicht mehr herausgekommen. In ihrer Arbeit hängt viel davon ab, schnell und korrekt zu schreiben, sie ist Mittlerin, handelt mit Schecks, Zetteln und Verträgen für Termine. Die Pariser Händler sind stolz darauf, jedes Gemüse und jedes Obst zu jeder Zeit vorrätig zu halten oder beschaffen zu können, und sie hilft dabei, obwohl sie kaum je irgendetwas davon zu Gesicht bekommt. Dazu ist sie fast ununterbrochen unterwegs. Mann und Kinder – danach traut sich niemand zu fragen.

»Die ganze Woche musste ich Daunenfedern nach Paris schaffen lassen«, erzählt sie, während sie Nicolas Schwung- und Linienübungen machen lässt. »Die Schneiderinnen haben einen neuen Großauftrag von verschiedenen Höflingen – falsche Hintern und Bäuche. Die ganze Zeit wollte der König diese feinen, mädchenhaften Silhouetten mit ausgeprägtem Latz, jetzt hat er angeblich gesagt, er hätte gern wieder mehr gemütliche Männer und Frauen um sich herum. Also drehen die Höflinge durch und bestellen eine Art Kissen, das man sich vor den Bauch oder über den Po schnallt.« Sie lacht, wird aber strenger, wenn er seine Buchstaben auseinander und schwer statt zusammen und flüssig hinbekommt. »Streng dich an, damit es nicht so aussieht, als hättest du dich angestrengt!«

Nicolas macht mit der Breite der Feder am oberen Ende des Bogens das Schachbrettmuster aus schwarzen und weißen Flächen, die Skala, an der sich Groß- und Kleinbuchstaben ausrichten. Während er Schwünge übt und Bögen probt, wechselt Judith das Thema.

»Dein neuer Chef, dir ist doch klar, wer das ist, oder?

Ich meine, nicht mal du kannst Montaigne nicht kennen.«

»Er ist Bürgermeister oder so etwas, in Bayonne?«

Judith schüttelt leise den Kopf.

»Das Amt ist unwichtig, es geht um den Menschen, den Mann.«

»Aber woher kennst du ihn denn so gut?«

»Du Höhlenbewohner hast noch nicht die *Essais* gelesen? Ganz Paris kennt sie, der König selbst hat sie studiert und empfohlen. Es ist das einzige Thema, bei dem er und seine Schwester Marguerite sich einig sind, sie war eine frühe Förderin von Montaigne.«

»Was macht das Buch denn so besonders?«

»Er schreibt klar und deutlich wie Jean Calvin, allerdings geht es nicht um Theologie, Moral oder Geschichte, sondern um ihn, um uns alle. Und er ist auch keiner der gebildeten Langweiler, deren Anspielungen kein Mensch mehr versteht.«

»Und welche Positionen vertritt er?«

»Wenn du so willst, beginnt das Buch mit dem Gedanken, dass der erste Schritt ist, sich mit dem Tod zu beschäftigen.«

»Na, klingt ja sehr aufheiternd, gerade hier, wo die Leute sterben wie die Fliegen.«

»Bei ihm liest es sich, als würde man ein leidiges Problem lösen: Wo der Tod ist, bist du nicht, und wo du bist, ist kein Tod. Wenn du liest, sein Buch liest, dann lebst du – und nur darum geht es.«

Nicolas schreibt es hin: »Philosophieren lernen heißt sterben lernen.«

»Was steht noch drin?«

»Es geht um Kindererziehung, um kuriose Tiere, antike Abenteuer, auch um Geschichten und sogar Witze stehen drin. Berühmt ist seine Geschichte von Delinquenten, die noch auf dem Weg zur Hinrichtung ihre Scherze machen oder den Henker bitten, sie nicht am Hals zu berühren, weil sie da so kitzelig seien.«

»Unglaublich, wie kann man in Zeiten, wo sie viel los ist, nur auf solche Gedanken kommen ...?«

»Er begann mit dem Schreiben, als sein bester Freund im Sterben lag und er seinem Vater davon berichtete. Später war es wie ein Ersatz für die Gespräche mit dem toten Freund. Daher springt er in den *Essais* auch herum oder zitiert wild, endet ganz woanders, als er angefangen hat.«

»Und was sagen die Theologen? Ohne deren Meinung geht doch nichts.«

»In Paris hätte er es nicht veröffentlichen können, glaube ich. Die Sorbonne hätte es sicher verhindert. Es geht kaum um Religion, also auch nicht um die Protestanten, mehr um uns Menschen. Richtig aufregen kann er sich wegen der unmenschlichen Behandlung anderer, seien es Schüler, die geschlagen werden, Ureinwohner, die verachtet werden, oder eben Verdächtige, die man foltert.«

»So ganz kann ich mir keinen Reim machen, so ein Buch habe ich nicht gelesen, offenbar.«

Judith nickt. »Das geht vielen so. Es ist eher wie eine Freundschaft, die du eingehst. Aber wer weiß, wie er als Chef ist? Ach, und über Kindererziehung hat er auch geschrieben, unsere Mutter liebt es.«

»Davon hat sie mir nie etwas gesagt!«

Judith lacht. »Und das wundert dich? Er schreibt darüber, Kinder nach ihren natürlichen Anlagen her zu erziehen, ihnen freie Bahn zu lassen, sie aber nie zu züchtigen. Damit ist klar, lieber Bruder, dass er einen wie dich nicht kennt! Jetzt schreib schon, das sieht ja aus wie ein Oktopus, der über einen Bogen Papier robbt.«

Irgendwann sind sie beide am Tisch eingeschlafen. Als er aufwacht und schnell losmuss, sind Judith und ihre Kutsche längst fort. Sie vermied es, ihre Mutter zu treffen.

4

Drei Männer im Wind

Noch vor Sonnenaufgang geht er eilig hinunter zum Fluss und folgt dem Ufer stadteinwärts. Sein Weg führt an den Anlegestellen der Fischer vorbei. Eigentlich sind es Spediteure zu Wasser: In ihren breiten, flachen Schiffen sind Wasserbecken montiert, in denen die Fische für Paris schwimmen. Es gibt Behälter mit Süßwasser für die Zuchtkarpfen, Forellen und die wild gefangenen Hechte und welche mit Meerwasser für den Nachtfang, sowie für Austern und Schalentiere. Es ist wie ein nasser, lauter Markt, in dem Vermögen schnell gemacht sind und schnell wieder verschwinden. Zwischen den Kisten, Karren und Booten wuseln kleine Kinder und alte Menschen hin und her, um den einen oder anderen weggezappelten Fisch aufzulesen und gleich zu frühstücken. Viel geschlafen hat er nicht. Judith hat sich als unerbittlich erwiesen.

Heute ist der Fluss angeschwollen und scheint die Stadt besuchen zu wollen.

Auf der anderen Seite folgt ein Posten auf den nächsten. Es gab in der Nacht wieder Meldungen von Männern oder ganzen Familien, die sich nach Paris eingeschlichen haben. Die Wachen sind unsicher, denn der König selbst ist in jenen Tagen oft verkleidet unterwegs in der Stadt, und niemand möchte es riskieren, den König von Frankreich nicht in den Louvre einzulassen. Die Gefahr ist allerdings überschaubar, da Henri auch als verkleideter Mann in den Gassen von Paris von seiner Garde umgeben ist, von den Mignons mit ihrer Entourage, den Rittmeistern und Mundschenken, es ist immer eine gewaltige Kompanie, und auch wenn die Männer als Anwälte, Geistliche oder Bauern verkleidet sind – die starken und hohen Pferde der Ställe des Louvre hätte man im ganzen Reich als königliche Montur erkannt.

Die Angst hat die Stadt fest im Griff. Die Seine ist mit Ketten und Wehrbooten gesichert, aber in der Vorstellungskraft besorgter Bürger gibt es keine wirksamen Hindernisse gegen fatale Gewalt von außen. Und nach innen erst recht nicht. Jede Woche bringt neue Gerüchte: Von spanischen Soldaten, die den Guise zur Macht verhelfen wollen und mit grausamen Affen kämpfen, oder von niederländischen und deutschen protestantischen Truppen, die über den Fluss die Stadt in ihre Gewalt nehmen möchten.

Die Papiere, die Nicolas mit sich führt, sind vielfältig. Er hat aus der Begegnung mit den Sergents gelernt und eingepackt, was auch immer nach amtlichen Papieren aussieht – hinterlassene Schriftstücke seines Onkels sind dabei, dazu eine Wohnbestätigung seiner Mutter und eine Seuchenfreiheitsbescheinigung von einem Schiffer aus den Niederlanden, der sie bei ihnen vergessen hat. Wichtig ist nur, dass auf allen dieselbe Adresse und ähnliche Namen stehen. Papiere werden nicht mit ihrem Träger, sondern mit den anderen Papieren abgeglichen, hat ihm Judith noch mal erklärt: je mehr Siegel, Stempel und Schnüre, desto besser.

Der Louvre schüchtert schon durch seine Ausdehnungen und Befestigungen ein, ein dunkler Ort. Man hat Nicolas als Kind oft von den Krokodilen erzählt, die dort in den Kanälen und Gräben leben, und Jahr für Jahr größer und länger werden. Nicolas hätte nun gerne nachgesehen, wie groß die Echsen inzwischen wären, aber er kann keines von den Tieren erkennen.

Obwohl es noch so früh ist, bilden sich vor dem Haupttor in der Rue de l' Autriche lange Schlangen. Manche machen sich trotz Verbot ein Feuer, um die Zeit angenehmer zu verbringen. Händler haben sich eingefunden und bringen Brot, Brei, warmes Wasser und in Bechern den ersten Wein des Tages. Viele greifen zu und scheinen ihn auch wirklich zu brauchen. Diverse Sekretäre spazieren in lange, feine Mäntel gewickelt an der Schlange vorbei, ohne die Wartenden zu beachten. Über der Schulter tragen sie die Ledersäcke mit den anliegenden Verfahren, denn über Nacht werden die Akten eingenäht. Die anmutigsten Beamten tragen allerdings gar nichts, sondern legen eine amüsierte, leicht ironische Miene an den Tag und pflegen einen fliegenden Schritt. Nicolas sieht in ihnen ein Sinnbild für das gelungene Leben hier in Paris und am Hofe – er und die vielen Dutzend anderen Wartenden sehen ihnen zu wie müde Feldarbeiter den Vögeln.

Es gibt eine eigene Pforte für diplomatische Missionen und Gesandte anderer Länder, aber da finden sich an diesem Morgen nur wenige ein. Dies ist keine Reisezeit, und das Interesse an diesem König hält sich in Grenzen. Besser sollte man am Himmel nach Greifvögeln suchen, die über dem Louvre kreisen, um später die Reste des Königsreichs an ihre Jungen zu verfüttern.

So viele Menschen wollen hinein, es scheint Nicolas völlig unmöglich, um halb acht im Louvre zu sein. Aber noch mal zu spät kommen – da würde er endgültig zur Witzfigur. Er fragt den Typen vor ihm, ob man das hier nicht irgendwie beschleunigen kann?

Der beruhigt ihn ein wenig: »Viele hier müssen so tun, als wollten sie hinein, fürchten sich aber davor. Die bewegen sich bis heute Abend nicht, sondern genießen hier die Gemeinschaft der Besorgten. Und den Wein gibt es billiger als in manchem Lokal. Wenn du wirklich hineinwillst, musst du einen der Mittler hier dafür bezahlen.«

»Woran erkenne ich sie denn?«

»An den kleinen gelben Hunden. Der König verschenkt gern solche Welpen, wer einen Hund hat, hat auch Zugang zum Louvre, heißt es. Oder du schließt dich einfach der Truppe von Guise an. Er kommt fast jeden Tag und führt immer eine größere Menge an, er ist stolz auf seine Beliebtheit.«

Nicolas hat ein Problem: Seit er heute früh aufgebrochen war, hatte er gegen die Müdigkeit Kräuterwasser mit Honig getrunken und unterwegs an einigen Brunnen gehalten, um sich zu erfrischen. Jetzt müsste er dringend pinkeln, aber er konnte den Louvre schon sehen und wollte nicht wie ein Bauer einfach in die Büsche pinkeln. Er braucht eine dunkle Ecke hinter einer Mauer, aber jemand muss seinen Platz in der Schlange halten. Nicolas sah sich um. Hinter ihm sind zwei Schwestern aus Orléans, sie wollten eine Audienz bei den Dolmetschern, beherrschten perfekt Englisch und Italienisch.

Plötzlich bewegen sich alle, Tempo kommt in die Szene: Eine lange Formation von Reitern öffnet den Weg über die große Straße zum Haupteingang, vorne die Fahnenträger, dann Wachen in Farben und Wappen, ein Versorgungskarren und dann auf einem bedeckten und geschmückten Hengst der Herzog von d' Épernon, heute in einem grünen und goldenen Mantel, auf dem sich die Morgensonne spiegelt. Sein Gesicht ist unter einer goldenen Maske verborgen, aber die Ausrufer und ihn begleitenden Knechte rufen, Platz zu machen für d'Épernon.

Er ist nach dem König der mächtigste Mann des Reiches, aber heute morgen, da muss er eben zum Dienst wie alle anderen auch. Es dauert, bis sein Zug an ihnen vorbei ist, obwohl niemand ihn aufhält oder gar kontrolliert. Schon beginnt in der Menge die Wette, wann der Zug von Joyeuse eintreffen würde, dem zweiten Mignon.

Mitten in diesem Zirkus spürt Nicolas eine Hand an seinem Rücken, dreht sich um, sieht aber niemanden. Er muss tiefer schauen, um seinen Auftraggeber von gestern zu erkennen.

Montaigne trägt immer noch schwarz, wirkt dabei aber, als habe er sich für den Besuch im Louvre besonders nachlässig angezogen. Sein Mantel hängt nur über einer Schulter, der Kragen flattert, und sein Hemd ragt auf einer Seite über den Bund der Hose. Seine Augen blitzen amüsiert.

»Haben Sie hier einen Termin junger Mann? Was für ein Andrang ...«

»Sire – ich bin schon lange hier, aber ich weiß nicht, wie wir es pünktlich schaffen sollen, vielleicht versuchen wir es über den Eingang für auswärtige Würdenträger, als Bürgermeister – «

Montaigne legt den Zeigefinger auf seine Lippen: »Der Bürgermeister und ich, wir reisen nicht immer zusammen!« Er kichert und scheint an etwas anders zu denken. »Enfin, jetzt lassen Sie uns mal gehen.« Er schlägt den Weg ein, der vom Eingang weg und in Richtung des Flusses führt. Sie spazieren am Ufer entlang westlich, ohne sich zu beeilen. Dann bleibt Montaigne stehen, wendet sich der Seine zu und atmet tief ein. »An dieser Stelle mache ich immer eine kleine Pause, um zu pinkeln. Nutzen Sie doch auch die Gelegenheit. Im Palast ist das immer ein kompliziertes Verfahren, und man geht am besten ohne Erwartungen oder Bedürfnisse in den Louvre, und seien es die elementarsten.«

Endlich erreichen sie eine eiserne Tür, so schlicht, dass man sie fast übersehen kann. Montaigne stellt sich ruhig davor. Es gibt keine Kette und keinen Klopfer, hier muss man erkannt und erwartet werden.

Drei schottische Wachtmeister öffnen, bewaffnet wie für einen Gang ins Feld. Sie wirken nervös und drängeln sich im Türrahmen. Endlich erscheint eine imposante Hausdame, eine Ordensschwester, der die Soldaten ausweichen und die mit italienischem Akzent spricht, so wie gestern die Angestellten im Haus.

»Bene, bongiorno«, flüstert sie. »Montaigne, entschuldigen Sie, wir müssen die Schotten nun an jeder Luke und jeder Tür postieren, er ist gerade wieder sehr unruhig. Wer ist denn Ihr junger Begleiter?«, fragt sie freundlich.

»Ich konnte schlecht einen meiner Leute aus Bordeaux mitnehmen. Wenn ich fehle, geht es ja noch, aber wenn unsere Schreiber und Sekretäre nicht kommen, das riecht nach Aufstand. Nicolas ist der Neffe meines italienischen Sekretärs, und obwohl ich ihn erst seit gestern kenne, hat er schon beinahe sein Leben an meiner Seite verloren.«

Beide lachen: »Es sind wirklich elende Zeiten.«

Die Dame führt sie in ein Treppenhaus aus schwarzen und hellen Steinen, es ist leise hier, hell und sauber. Alles scheint wohl ausgestattet, fast, denkt Nicolas, wie in einem Schloss. Aber da sind wir ja auch. Nicolas gerät eher aus der Puste als die beiden älteren Personen, die vor ihm die Stufen hochklettern wie zwei Bergziegen.

Sie erreichen eine weitere Tür, die wieder von zwei

Schotten bewacht wird. Als sie aus dem Treppenhaus treten, kommt Wind auf. Nicolas fasst sein gelbes Barett und Montaigne zieht seine Mütze aus schwarzem Pelz fester. Sie kommen auf eine lange und offene Terrasse, die rechtwinklig zum Fluss verläuft, von der man freien Blick auf das Ufer, die Seine, die Stadt und den Palast hat.

Montaigne sagt: »Obwohl uns jeder sehen kann, ist dies der geheimste Eingang überhaupt, denn in Paris hebt niemand den Kopf.«

Die Italienerin lacht leise: »Monsieur de Guise wartet mit seinem sehr großen Gefolge auf Einlass am Haupttor ...«

Während sie die Terrasse in Richtung des Gebäudes entlangspazieren, erläutert die Dame die Launen des Königs: »Niemand weiß mehr, wie es ihm geht, es wechselt schneller denn je. Übrigens möchte er neuerdings Majestät genannt werden, nicht mehr nur Sire ...«

Ganz am Ende der weiten, windigen Promenade geht es plötzlich nach rechts, zu einer Art Brücke. Auf ihr stehen drei schmale Männer, deren Hutfedern und kurze Mäntel im Wind flattern. Nicolas beunruhigt eine Frage, die er völlig vergessen hat. Er ist noch nie einem König begegnet und kennt auch niemanden, der je einem begegnet ist. Er beugt sich vor und flüstert: »Wie rede ich ihn denn an? Muss ich mit der Hand wedeln, mich hinknien und den Kopf neigen?«

Montaigne lacht: »Mit meinem Leiden wäre das eine etwas gewagte Akrobatik. Wie begrüßt du denn sonst einen Herrn?«

»Mit Bonjour, Monsieur.« – »Na, dann sollten wir das hier genauso machen.«

Sie bleiben einen Moment in respektvoller Entfernung stehen. Der König redet auf Joyeuse und d'Épernon ein, gestikuliert und ereifert sich. Niemand bemerkt die beiden

Gäste. Irgendwann nickt die Hausdame ihnen zu. Sie können jetzt näher treten. Montaigne betrachtet sich die Szene mit Vorsicht und Interesse und gleitet dann in diese Gesellschaft wie eine Ente in den Teich: »Bonjour, Messieurs ...«

In zwei, drei hüpfenden Schritten ist der König von Frankreich bei ihnen, lautlos auf seidenen Schuhen, leichter als eine Tänzerin und ebenso nervös.

Jede Passantin, die den Kopf von alltäglichen Besorgungen in Richtung des Pavillons im Louvre gehoben hätte, hätte nun die Silhouette ihres Königs ausmachen können. Er scheint wie eingenäht in eine Kluft aus grünem Samt, trägt einen schmalen Hut mit grüner Feder, einen feinen Ledergürtel, an dem nachlässig ein Dolch baumelt, und passende Strümpfe. Heute hat er nur einen einzigen Perlenohrring angelegt und ist noch nicht geschminkt. Die beiden anderen Männer neigen unmerklich den Kopf und scheinen, obwohl es noch früh ist, heute mit ihrer Majestät schon einiges mitgemacht zu haben.

»Montaigne, endlich. Ich habe ein Dekret erlassen, um Sie hierher zu bewegen, ist Ihnen das klar? Sie lassen sich immer ewig Zeit, als könnten Sie mich nicht leiden.« Er verzieht schmollend seine Miene.

»Majestät, ich war vor dem Tag des Dekrets schon auf den Straßen. Von Schloss Montaigne bis Paris war es kein Problem, aber der Verkehr in dieser Stadt ...«

»Ich ... ich habe etwas vorbereitet«, kräht er glucksend. »Montaigne, sehen Sie – diese beiden hier, Sie kennen ...« Der König war so aufgeregt, dass er zeitweise nur auf einem Bein stehen konnte. »Sie kennen doch diese beiden?«

»Salve, la Vallette Herzog, guten Tag, Joyeuse –«, doch der König unterbricht ihn.

»Oh – da ist ja noch jemand. Montaigne, wer ist diese Person?«

Plötzlich verändert sich das Gesicht von Henri, sein Übermut weicht der Furcht, zu viel geredet zu haben.

»Nicolas, ein guter junger Mann, der seinen König verehrt und mich heute begleitet, um Zeuge zu sein und zu helfen, falls Majestät mir etwas diktieren möchte.«

»Woher kommt deine Familie?« Henri verfällt in einen leisen Verhörton, die beiden anderen treten ebenfalls näher.

Nicolas ist so aufgeregt, dass ihm nichts als die Wahrheit einfällt: »Meine Großeltern waren aus – Mutter kommt aus Wassy in Lothringen.«

Die beiden Männer und der König werden aufmerksam: »Das hugenottische Dorf mitten im Gebiet der Guise, das ist ja perfekt!« Er beginnt, kurz hell zu lachen. »Montaigne, wie lange kennen Sie diesen Mordbuben? Die Geschichte ist voller Könige, die von jungen Sekretären erdolcht werden.«

Montaigne antwortet sofort: »Erst seit gestern, und ich habe auch seinen Kalmar nicht untersucht. Aber jeder Ihrer Feinde hätte sich, nachdem er sich mein Vertrauen erschlichen hat, eine bessere Legende ausgedacht als ausgerechnet diesen Geburtsort all unserer Sorgen.«

Nicolas wusste, im Gegensatz zu diesen Männern, kaum etwas über Wassy und die Geschichte seiner Familie. Er folgt dem Dialog wie einer Partie Jeu de Paume, deren Ball und Einsatz sein Kopf ist.

Montaigne setzt nun auf Ablenkung: »Majestät, Sie erwähnten einen Jux, den Sie mir spielen wollen?«

Henri jagt dem Gedanken hinterher wie ein Hund einem Vogel. »Ja, also Joyeuse und d'Épernon hier, die kennen Sie ja – nun gehen Sie einmal hin, und begrüßen Sie sie ...«, er musste kichern, »treten Sie doch etwas näher ... nicht so distanziert.«

Montaigne gleitet näher, die beiden Männer halten still,

verbergen mühsam ihre Ungeduld, diese kleine Inszenierung nun hinter sich zu bringen.

»Mein lieber La Vallette«, sagt Montaigne theatralisch laut, »da haben Sie aber einen sehr schönen Anzug an und ein besonders edles Schwert. Oh – aber Sie haben sich verändert, Sie gleichen sehr dem ...«

»Montaigne!« Der König hält es nun nicht mehr aus: »Der Joyeuse hat sich als d'Épernon verkleidet, und vice versa!« Er klatscht in die Hände, springt und quiekt, läuft zur Brüstung der Terrasse und wieder zu ihnen. »Montaigne, sagt, habt Ihr es wirklich geglaubt? Hättet Ihr hier im Louvre zum Beispiel den Herzog von d'Épernon ansprechen wollen, aber in Wahrheit ist es der Joyeuse gewesen?« Er klatscht vor seiner Brust und stellt sich die Szene vor. Aber binnen Sekunden wird der König wieder ernst.

»Der Herzog d'Épernon und der Herzog Anne de Joyeuse, meine Mignons, mit denen wir das Reich endlich besser regieren werden als durch die sogenannten Familien, die immer an sich, nie an mich denken – na, Sie kennen meine Probleme, Montaigne. Und weil wir doch Karneval hatten, kam ich auf diese Idee. Oh, warum waren Sie nicht hier, wir hatten so viel Zerstreuung ... Es geht Ihnen doch gut? Ich habe Sie das gar nicht gefragt. Mein Gott, ein unhöflicher König, mein armes Vaterland! Wie geht es Ihrer Gattin? Der Tochter ... wie hieß sie schnell wieder? Léonore?«

Montaigne nickt stumm, wohl ahnend, dass der König nun an Details nicht interessiert ist. Henri hat dann schlagartig genug, sein Ton wechselt wie das Wetter am Meer.

»So, nun lassen Sie uns hineingehen, wir werden ja zur Zielscheibe, außerdem friere ich schon den ganzen Tag.«

Der König geht mit überraschend schnellem Schritt auf den Louvre zu. Die Brücke führt unmittelbar in den Salle du Conseil, wo Frankreich regiert wird. Dann hüpft er eilig die Stufen hoch, auf seinem Weg berühren Wachen und Adlige mit einem Knie den Boden, Henri beachtet sie nicht. Einige gehören zu den 45 Gascognern, die die engste Leibgarde des Königs bilden. Sie nicken Montaigne als ihrem Landsmann zu, der antwortet mit der Geste des Zeigefingers auf den Lippen. Sie steigen bis in den vierten Stock, wo Henri etwas Neues bauen ließ. Nun betreten sie einen hellen Salon mit neuartigen Fenstern, dessen Fensterscheiben die ganze Laibung einnehmen. Wenn man davortritt, reicht der Blick über den Louvre, die Seine, die Stadt und ganz Frankreich.

Henri ergreift, kaum dass die Saaldiener die Tür hinter ihnen geschlossen haben, sofort das Wort: »Montaigne, wie siehst du die Dinge?«

Montaigne stellt sich lässig auf ein Bein und trägt vor, als falle es ihm in diesem Moment ein. Er braucht nur wenige Sätze, um darzulegen, in welchem vollkommenen Schlamassel König und Reich stecken: »Majestät, Ihr kennt das alles mit Gewissheit. Der spanische König finanziert mit dem Gold aus der neuen Welt Eure Feinde, die Guise. Sie haben im Sinn, eine katholische Liga zu bilden, um Euch vom Thron zu stürzen und die Hugenotten zu bekehren oder aus Frankreich zu vertreiben. Die Hugenotten, angeführt von den Bourbonen und eurem Cousin Henri de Navarre, werden aus England und Deutschland unterstützt, haben einige wichtige Plätze und Regionen, sind aber weit entfernt, Euch vom Thron stoßen zu können, obwohl sie es möchten. Die Bürger und Bauern haben Hunger, die Kassen sind leer, und es tobt schon der sechste Bürgerkrieg. Alle würden beten und danken, wenn Ihr Euren Zugriff auf die Herrschaft festigen, Euer Reformwerk fortsetzen und eine Dynastie mit besserer Zukunft fortführen würdet.«

Henri geht ans Fenster, zuckt still mit den Schultern. Tränen fließen über seine Wangen: »Seit Papa tot ist, gelingt uns nichts mehr, gar nichts mehr.«

»Ja, der Unfall Ihres Vaters beim Reitturnier war ein schwarzer Tag für ganz Frankreich. Ich habe oft mit Eurer Schwester, der Königin ...«

»Bitte nicht auch noch die Marguerite erwähnen, sonst muss ich wieder weinen ... Mein Bruder Charles war erst ein Kind, meine Mutter überfordert. Und ich bin nicht gerade ein Glückspilz. Mein Bruder vielleicht schon, ich gebe es zu, aber dann kam Antwerpen, das Desaster. Es ist schrecklich ...« Er weint einen Moment, dann wird er zornig, wendet sich den beiden Mignons zu: »Montaigne sieht es, wie es ist. Nicht wie Ihr beiden, Ihr habt nur Jux und Witze im Sinn. Montaigne, kommen Sie doch zu mir, regieren Sie dieses Land mit mir. Sie sind doch kein Hugenotte geworden?«

Montaigne lacht: »Gelesen habe ich diese Schriften natürlich, wie Ihr ja auch in der Jugend. Aber ich bringe es nicht über mich, obwohl ich mir bald vorkomme wie der letzte Katholik der Familie. Apropos Familie, wie geht es dem Prinzen von Anjou?«

»Anjou, stimmt ja. So heißt er ja jetzt. Jahrelang wurde er d'Alençon genannt und ich Anjou. Wir haben irgendwie gar keine Namen. Als König werde ich Henri genannt, aber geboren wurde ich unter einem anderen Vornamen. Manchmal weiß ich gar nicht mehr, wer ich bin.«

D'Épernon und Joyeuse werfen sich Blicke zu, offenbar teilen noch andere die Zweifel an der wahren Identität des Königs.

»Er war jetzt die letzten Tage hier. Die Mamma hat ihn rausgelockt aus seinem Château-Thierry.«

Joyeuse fügt etwas an, um die Stimmung zu lockern: »Majestät hatte da immer einen guten Witz, Sie nannten ihn nach dem Debakel von Antwerpen doch immer ›Mein Bruder, dieser Held‹, das war wirklich sehr lustig.«

Henri zieht die Augenbrauen zusammen, diese Erinnerung ist ihm nicht willkommen.

»Jedenfalls vor Mamma haben wir uns umarmt und nur geweint, wegen der langen Jahre des Streits. Am Abend ging es ihm gut. Wir konnten ausgehen, oder, Joyeuse?«

Der beeilt sich, die Szene zu beschreiben und zu loben: »Oh, es war so festlich. Wir waren im Stadthaus einer Dame, deren betagter Ehemann große Gesellschaften gibt, damit sie sich nicht langweilt. Es war nicht weit, über die Seine, glaube ich und – jedenfalls besitzt sie die unglaublichste Garderobe. Sie lässt Stoffe aus Antwerpen kommen und hat eigene Näherinnen. Ihr Mann handelt mit Austern, offenbar kam da ein ordentliches Vermögen zusammen – sie sind keine Leute von Adel, aber sehr große Freunde ihres Königs. Wir durften alles anprobieren, und wirklich, Majestät kann die Kleider eines jungen Mädchens tragen – also, ich meine, wenn wir einmal fliehen müssen oder so.«

Henri sind diese letzten Sätze unangenehm, er unterbricht ihn voller Ungeduld: »Wir wollen Montaigne nicht langweilen, und ich muss langsam zum Rat hinunter. Montaigne, kommen Sie doch mit. Dann sehen Sie mal, welches Elend es bedeutet, Frankreich zu regieren.«

Montaigne verneint mit einer kleinen Kopfbewegung. »Ich bin doch gar nicht hier, Sire.«

»Gut, also der Bürgermeister von Bordeaux sollte uns dort einmal erleben. Wir haben alles neu geordnet, nicht wahr, d'Epernon? Der Hof ist völlig neu organisiert. Ich habe mir alles ausgedacht, nichts erinnert mehr an die Zeiten meiner Mutter. Früher, da kamen die Adligen und fassten meinen Stuhl an. Vorbei! Der König, also ich, wir dürfen nicht mehr berührt oder angesprochen werden. Es sind immer Hunderte von Edelleuten und Gesandten, und immer saß einer davon auf der Lehne meines Sessels oder stand hinter mir. Das haben wir geändert. Nun soll jeder vortragen, d'Épernon und Joyeuse dirigieren, wer wann spricht, und danach befinden wir. So kann das Reich wieder zu neuer Blüte erwachsen, wenn mir niemand mehr auf der Armlehne sitzt, als wäre ich ein Kind. Joyeuse, was tragen meine Untertanen heute so?« Nun kommen sie auf ein ihnen weit genehmeres Thema.

»Sie sind nicht elegant genug, finde ich. Paris ist so traurig. Majestät, das Land braucht mehr Elan, und das fängt schon optisch an. Wenn ich mir unseren Adel so besehe, die müden Jacken, die schleppenden Kleider, all das muss wesentlich schicker werden!«

Der König unterbricht ihn abermals: »Montaigne, haben Sie eigentlich verstanden, warum ich nach Ihnen schicken ließ?«

Nun eilt der Herzog von d'Epernon näher und erhebt seine Stimme: »Majestät, ich denke, wir waren schon deutlich genug. Montaignes Reich ist nicht das Ihre, er lebt in Gedanken und Büchern, wir sollten seine Flügel nicht mit dem Pech der Politik beschweren ... «

Montaigne nickt: »Eine schöne Formel, La Valette, könnte von Brantôme sein. Schreibt er nicht Eure Reden?«

Der König schüttelt sich, als würde er gerade wach werden. »Montaigne, manchmal schwirrt mir der Kopf wie so ein Karussell. Wollen wir gleich noch Karussell fahren, ihr beiden?«

Er steht auf, in Richtung des Treppenhauses, um in den Salle du Conseil zu gehen. Sekretäre gehen auf die beiden Mignons zu und zeigen ihnen Aktenmappen, die Agenda der Sitzung. Montaigne nutzt den Umstand, dass beide beschäftigt sind, und gleitet neben den König.

»Henri, du hast doch eine Mission für mich, welche ist es?«

»Besuchst du bitte die Mamma? Ich glaube, mein Bruder, der Thronfolger, stirbt. Dann wird unser Freund Navarre der zukünftige König. Da musst du etwas machen, Montaigne, ihn darauf vorbereiten, sonst klappt das nicht. Du kennst ihn ja, zerstreut und faul, wie er ist, aber lieb. Da fällt mir ein: Wir haben tolle Welpen. Wenn Ihr den Palast verlasst, geht noch bei dem Hauptmann der Hunde vorbei, dann bekommt Ihr Welpen.«

Der Weg zurück kommt Nicolas kürzer vor, weil sein Bewusstsein noch ganz dort in diesem Raum ist. Wie nach einem schweren Traum fühlt er sich benommen. Montaigne und er sind schon fast wieder am Ufer der Seine, das beide zu überqueren haben, um wieder nach Hause zu kommen. Sie gehen zu Fuß über den Ponts des Arts, längst herrscht hier Gedränge und Hochbetrieb. Beide schweigen. Mitten auf der Brücke hält Montaigne vor einem Laden, das Schild zeigt ein Rätsel: in Kleinbuchstaben und grüner Farbe. »Sagt dir das etwas?«

Nicolas stutzt, irgendwie fiel ihm nicht ein, wo er davon schon mal gehört hatte – »la petite vertu – ein Laden für Schreibbedarf!«

Montaigne tritt leise ein. Es ist eingerichtet wie eine Apotheke, eine Zoohandlung und ein Wäschegeschäft in einem, samt Waffenabteilung. An Schnüren sind die Bögen von Papieren der unterschiedlichsten Arten zum Befühlen ausgestellt. Der Inhaber erklärt gerade die Vorzüge seiner neuesten Lieferung aus den Niederlanden, indem er ein Blatt rollt und mit dem Finger dran schnippt. Hell muss es klingen, satt und geschmeidig. Ein Regal ist mit Tintenfässern unterschiedlicher Farben und Größen ausgestattet. Manche, erzählt man sich, lässt die Königinmutter aus Italien kommen, und manche ist so giftig, dass jene Person, die den Brief mit schwitzenden Fingern in die Hand nimmt, unter Krämpfen stirbt, wenn sie bei der nächsten Mahlzeit die Finger zum Mund führt. Es gibt Tinten, die ihre Leser in den Absender verliebt werden lassen, die sie in den Wahnsinn treiben, und solche, mit denen es unmöglich ist, eine Lüge zu schreiben.

»Monsieur, wir brauchen etwas Material für eine längere Mission, mein Schreiber wird mit mir reisen und viele Menschen treffen, er soll notieren, aber ohne dass es auffällt«, trägt Montaigne vor, neugierig auf die Angebote des Fachhändlers. Der scheint besondere Anfragen gewohnt:

»Ja, da haben wir eine Schreibkassette in eine Bibel eingearbeitet, mit beschnittenem Pergament innen und losen Zetteln, die augenblicklich wieder im Buch verschwinden. Tinte und Stilus sind auch eingearbeitet, eine Arbeit aus Venedig, von der es nur zwei Exemplare gib, das zweite – «

»Hat bestimmt der Herzog von d'Épernon, und es würde mich nicht wundern, wenn er auch noch eine kleine Waffe hat einbauen lassen?« Montaigne lacht: »Ich bin nicht d'Épernon, und mir ist das viel zu teuer. Was haben Sie denn sonst noch im Angebot?«

Der Schreibwarenhändler lacht und sucht etwas in einer Kiste unter seiner Theke.

»Diese englischen Dinge sind gekommen, die sind billig.« Es sind einfache Holzhüllen, in denen ein dunkles, gehärtetes graues Pulver steckt. »Dann versuchen wir die und etwas von dem festen Papier.« Montaigne reicht die Stäbe und die Zettel an Nicolas weiter: »Schreiben die Dinger denn? Und könnten Sie vielleicht tatsächlich etwas für mich notieren: Sein Erkennungsmerkmal ist seine Unkenntlichkeit – haben Sie das, Nicolas? Und zahlen Sie das für mich? Ich habe nie Geld bei mir, schon gar nicht, wenn ich zu …«, er hält inne, »na, zu ihm gehe.«

Nicolas verneint verlegen.

»Ich verstehe – dann kommt später einer meiner Leute –, nein, ich bin ja ohne alle hier. Also schickt die Rechnung doch an unsere Unterkunft. Das ist – wie nennt sich das eigentlich, wo wir da wohnen? Ein neuer Palast, jedenfalls …«

Der Ladenmeister schaut schon skeptisch.

»Was kostet das denn?«

»23 Sous, Monsieur.«

»Nicolas, besitze ich überhaupt so viel? Ich halte mich aus den Geschäften ja raus.«

Nun muss sogar der Ladenmeister lachen.

»Kommt einfach später wieder. Oder ich schreibe es auf das Konto des Herzogs von d'Épernon.«

Sie betreten wieder den Verkehr der Brücke, die Sonne steht schon tief. Die Menschen in Paris gehen ihren Sorgen und Beschäftigungen nach und ahnen nichts von der bereits angebrochenen Krise, der Unsicherheit in der Thronfolge und dem Spiel der Mächte, das sich hier entfalten wird. Ob es einmal, wenn auch in zehn Jahren, Frieden geben wird, ob Paris als strahlende Hauptstadt eines großen, geeinten Landes bekannt wird, ob sich noch mal ein König findet, der nicht ängstlich im Louvre verschanzt leben muss – das hängt an zwei Männern, die sich in der Menge des beginnenden Nachmittags verlieren, der eine mit einem Bündel Bleistifte in der Hand.

Montaigne geht zu Fuß zu seiner Unterkunft zurück, was er bald bereut, denn in dem Schlamm kommt er kaum voran, zumal er keine Stiefel anhat. Als er den Hang hochstapft, erblickt ihn schon das Personal und kommt ihm mit einer Sänfte entgegen.

»Ein Maultier hätte es auch getan, aber danke.« Er zieht die Vorhänge zurück und schließt die Augen, gibt sich dem leichten Schwindel hin, der ihn von seiner Sorge ablenkt: Wie soll er das seiner Frau beibringen?

Françoise ist noch nicht zurück, er kann noch etwas auf und ab gehen. Dann schaut er aus dem Fenster, alles ist angelegt wie in Italien, doch nichts hier hat die Anmut italienischer Städte. Paris wirkt windig und durchdringend kalt.

Nach einer halben Stunde bewegt sich der Posten vor dem Haus, und Boten melden die Ankunft seiner Ehefrau. Françoise kehrt aber nicht in einer Sänfte zurück, sondern hat sich ein hohes Pferd organisiert. Montaigne fürchtet kurz, sie habe es gleich gekauft. Sie stürmt die Treppen hoch, gleichermaßen müde wie zornig.

»Was für ein Karneval. Ich wurde von Italienerinnen herumgeführt, die mich in Läden drängten, um mir Blumen und Stoffe und was weiß ich zu zeigen. Eben das perfekte Bild für eine Frau aus der Provinz. Ich dachte, ich platze. Irgendwann konnte ich nicht mehr weiter höflich bleiben und wandte mich an die Chefin der Truppe und sagte, hier läge wohl ein Missverständnis vor. Ich sei nach Paris gekommen, um zu lernen, wie sie hier mit der Armut von Kindern, von Müttern zurechtkommen. Nicht, um selbst Geld auszugeben für Dinge, derer ich gar nicht bedarf. Erst tat sie, als habe sie nicht verstanden, und zog mich zu einem Laden, in dem alle Früchte aller Jahreszeiten zu kaufen waren, und wenn man sie berührte, waren sie kristallen, kühl und fest. Man hatte sie ganz mit Zucker getränkt und ewig haltbar gemacht. Na ja, wir fuhren dann noch zum Haus der blauen Kinder. Während die Eltern in der Klinik behandelt werden oder sich ausruhen, können sie dort ein christliches Leben führen und ein Handwerk lernen. Sie verhungern nicht und müssen nicht durch die Straßen irren. Es ist allerdings arg streng verfasst, und das Essen schien ehrlich widerlich. Ich sprach mit einem Mädchen, die unbedingt Metzgerin werden sollte ...

Es ist eine riesige Unternehmung. Ich wollte nicht die Kinder sehen, es ist ja kein Jahrmarkt, aber ich konnte mir die Werkstätten anschauen und mit den Verwalterinnen über ihren Haushalt reden, wie viel Geld sie benötigen. Oh, und ich glaube, ich habe Guise gesehen, der gerade abfuhr ... aber ich bin mir nicht sicher. Und wie war Eure, sagen wir, Unterredung?«

Montaigne sucht nach einer klugen Formel, die seine Frau amüsieren und ablenken soll vom heiklen Wesen der Lage. »Ach, er war wie immer sehr nett, etwas kindisch. D'Epernon musste sich als Joyeuse verkleiden und vice versa.«

»Die Näherinnen erzählten, dass sich nun alle am Hofe künstliche Bäuche und derrière schneidern lassen, weil der König all der dünnen Menschen überdrüssig geworden ist und sie ihn traurig stimmen. Man schnallt die sich dann so um.«

»Ja, und er fragte, ob« – Montaigne suchte nach einer eleganten Formel, um seine Frau über das Heikle der von ihm verlangten Mission hinwegzutrösten – »sagen wir, ich werde in einer Frage der Erbnachfolge zu Rate gezogen, wie in einer ganz normalen Familie. Völlig, völlig normal!«

»Micheau, hören Sie auf. Sie treffen seit Jahren keine gewöhnlichen Familien mehr und in Paris schon gar nicht, denn hier ist kein Mensch mehr normal. Welches Erbe könnte so bedeutend sein, dass man nicht einen örtlichen Notar bemüht, sondern Sie aus Bordeaux kommen lässt?«

Françoise verstand in dem Moment, als sie es aussprach.

»Ist d'Alençon krank? Dann bräuchte das Land einen König, denn die Valois halten nicht lange durch auf dem Thron, und der jetzige hat keine Kinder – und das müsste dann unser Henri werden. Aber das ist natürlich unmöglich!« Sie lacht hell wie ein Mädchen. Montaigne entgegnet, leicht pikiert: »So, warum denn?«

»Unser Henri, mein lieber Freund, hat sich bislang nur für den weiblichen Teil seiner Untertanen interessiert, dies allerdings gründlich und gewissenhaft. Spezialgebiet Nummer zwei sind jene Seelen, die Federn oder Fell haben und sich über Holzfeuer garen lassen, damit hätten wir allerdings auch die Summe seiner Neigungen und Interessen vollständig und ausführlich erfasst.«

»Das ist etwas übertrieben!«

»Ach, stimmt, die dritte Eigenschaft, die die beiden ersten zusammenfasst und in einer Synthese aufhebt, ist seine Freiheit. Welcher Essayist und Bürgermeister formulierte es so treffend: Man kann Gefangener seiner eigenen Freiheit sein.«

Micheau betrachtet nun interessiert seine Füße.

»Ihr sollt den Mann erziehen, bei dem seine eigene Mutter, eine Königin, seine Ehefrau, eine Königin, Tochter und Schwester eines Königs, und seine Schwiegermutter, die Königin, allesamt versagt haben? Bitte sagt nicht, dass wir nach Paris gereist sind unter Umständen der Geheimhaltung, damit Ihr diesen Auftrag annehmt? Hätte es nicht wie üblich um den Trost unehelicher Mütter und die Beendigung von Affären gehen können?«

»Françoise, ich habe noch nicht zugesagt natürlich. Außerdem schien mir, dass d'Épernon sich der Aufgabe annehmen möchte.«

»La Vallette? Dann kann man Frankreich gleich zwischen

Spanien, England und den deutschen Protestanten aufteilen ...«

»Erst einmal könnte ich Henri ja mal schreiben.«

»Micheau, Ihr seid krank und in dem Alter, in dem Euer Vater seine Gesundheit verlor. Ihr habt das zweite Buch veröffentlicht und seid zum zweiten Mal gewählt worden und habt mehr erreicht, als je bei Eurer Geburt in Aussicht stehen konnte. Ihr wisst, warum.«

»Bitte nicht dieses Thema schon wieder.«

»Und denkt auch an Eure, an unsere kleine Familie aus drei Personen und einer Katze. Wir haben so viele Kinder verloren, bis heute sind wir aber zu dritt beisammen. Spielen abends Karten und die Zeit ist begrenzt. Was wollt Ihr sie mit Politik vergeuden? Diese ewigen geheimen Missionen, die weder entlohnt werden, noch dürft Ihr darüber schreiben. Henri aus den Tälern und Wäldern des Südwestens zu pflücken, ihn herzurichten und dafür zu sorgen, dass er nicht von seiner eigenen Schwiegermutter vergiftet wird, es wäre schon ein Wunder, und für so etwas seid Ihr nicht katholisch genug.«

Françoise geht aufgebracht um das Bett herum.

»Nichts ist dem Mann je gelungen! Als er heiraten wollte, folgte daraus das schlimmste Massaker unserer Geschichte. Ihr selbst habt tagelang danach nur gezittert. Seine Ehe ist ein Drama und eine Komödie, Erben hat er auch keinen hervorgebracht, jedenfalls nicht mit seiner Ehefrau.« Sie bleibt stehen, verarbeitet einen Gedanken. »Steckt sie hinter diesem kühnen Plan? Denn ich kenne Euch, es muss einen Grund haben, weshalb Ihr nicht lachend aus dem Saal gestürmt seid.«

»Nun, es gibt Wachen im Louvre.«

»Seit wann würden Euch Gascogner Wachen aufhalten, wenn Ihr aus dem Louvre eilen möchtet?«

»Ihr habt ja recht mit allem. Ich vermute, es war der neue Raum, in dem wir miteinander sprachen, der meine Gedanken beflügelt hat. Der König hat oben im Pavillon du Roi die Fenster verändern lassen. Die Scheiben nehmen die ganze Laibung ein, als würde man über Paris fliegen. Wir schauten auf den Fluss, und ich dachte, es muss doch nicht immer so sein, so elend und arm und misstrauisch. Von hier oben könnte man Paris verwandeln, wenn ein wohlwollender Geist auf all das schaut. Ein besseres Land ist möglich, und vielleicht gelingt es, Henri zu so jemandem zu machen, dass er Paris und Frankreich auch so sieht wie ich in diesem Moment.«

»Habt Ihr Fieber, mein Freund? Fühlt Ihr Euch so weit wohl?«

»Ich sehe so klar wie noch nie. Er könnte, wenn er den Unsinn der konfessionellen Spaltung beendet, auch nur einige wenige Entscheidungen und Prinzipien beherzigt, der größte König werden, den Frankreich seit dem heiligen Ludwig hatte. Stellt Euch vor, irgendwann stellt man ihm eine goldene Statue mitten auf die Seine, zu Pferd, benennt Häuser und Schulen nach ihm!«

»Eher Hotels für untreue Ehemänner und Jagdstuben für Faulenzer. Henri de Guise wird seine Chance wittern. In ganz Paris ist nur von ihm die Rede. Von ihm oder einem Pierre Tossard, wer auch immer das sein mag.«

»Ja, es fällt schwer, Guise zu widerstehen. Genau genommen finden alle ihn gut, außer er selbst.«

Im Hof vor dem Haus fährt ein Gespann vor, eine tiefgelegene schwarze Karosse mit vier schwarzen Pferden. Montaigne und seine Frau blicken erstaunt hinunter.

»Ja, wir müssen zu unserer Einladung, darum hatte ich um einen Wagen gebeten, aber nichts so Auffälliges.«

Montaigne flucht leise: »Sie muss immer mit Pomp und Luxus übertreiben!«

»Es ist immer noch der sicherste Weg. Niemand vermutet uns dort, und niemand wird je davon erfahren. Darum wohnen wir auch in diesem Bankiershotel – unser Name oder Wappen taucht nirgends auf. Und nun los, ich möchte mal den berühmten Julien kennenlernen.«

Als sie unten sind, nicken der Fahrer und sein Adjutant schon, bereit zum Aufbruch.

Nicolas Poulain kommt im Laufschritt an, als sie gerade losfahren wollten.

»Nicolas – was führt Euch denn wieder her?«

»Ihr sagtet, bis später, und da dachte ich, Ihr möchtet mir diktieren, was wir heute so erlebt haben?«

Montaigne lacht. »Nein, das lassen wir. Aber steig hinten bei einem der Wächter auf.«

5

Diner en ville

Sie fahren zum Fluss hinunter und über die Île de la Cité. Links und rechts bleiben die Passanten stehen. Diese Karosse wird erkannt. Manche regen sich auf, andere versuchen, durch die Scheiben und Vorhänge zu blicken. Als sie in voller Fahrt über die Brücke die Seine überqueren, kann man im Mondlicht erkennen, wie angeschwollen und unruhig der Fluss in der Stadt ist, als sei er hier, zwischen Louvre, Châtelet und Notre-Dame, durch einen unguten Zauber gefangen.

Sie schweigen – es ist nicht einfach, einen Abend unter Freunden zu verbringen, wenn man zu viel weiß.

»Micheau, woher kennt Ihr eigentlich unseren Gastgeber, den Docteur?«

»Matignon hat ihn mir vorgestellt, als wir zusammen vor La Fère lagen, als ich meine Reise begann. Er hat zuvor unseren armen König Charles behandelt. Aber dann erinnerten wir uns, dass wir uns schon mal früher getroffen haben, als ich in Paris studierte. Dann haben wir uns aber wieder aus den Augen verloren.«

»Wie ist seine Frau?«

»Er hat großes Glück. Nachdem seine erste Frau plötzlich gestorben ist – sie wurde eines Morgens nicht mehr wach – und er mit den Kindern allein war, konnte eine neue Partie arrangiert werden. Sie ist viel jünger, sehr belesen, aus guter Familie. Und ich weiß nicht, andere sagen – nach allem was ich höre, eine echte Schönheit.«

»Dann ist mir auch klar, warum wir Einladungen in den größten Häusern absagen, diese aber annehmen.«

Sie blicken aus den Fenstern, mittlerweile hat die Karosse eine beträchtliche Geschwindigkeit angenommen, und Montaigne ist auffällig still.

»Ihr seid ganz weiß im Gesicht – habt Ihr Schmerzen?«

»Es ist – die Fenster lassen sich nicht öffnen. Diese teure Königinnenkutsche – ich werde seekrank in diesen Dingern.«

Sie sahen etwas weiter die Seine hinunter das Rathaus, fuhren an Saint-Jacques vorbei und bogen bei der Kirche Saint-Merri nach rechts ein. Manche Ecke scheint fast zu schmal für den ausladenden Wagen und das Gespann, aber die Fahrer sind routiniert und schaffen jeden noch so engen Winkel. Die Rue de la Verrerie ist schmal und lang, verbindet Marais mit der Innenstadt. Vor einem hohen, wenig einladenden Wohnhaus zwischen gewöhnlichen Geschäften und Kneipen kommen die Pferde zu halten. Ein bewaffneter Pförtner tritt vor das Tor und fragt durch die Luke, wer da sei und wie der Code lautet.

Die vermummten Fahrer sind leicht als königliche Elitesoldaten zu erkennen, die es nicht mögen, vor bürgerlichen Häusern oder sonst irgendwo zu warten. Sie antworten ihm nicht, sondern begnügen sich mit einer kleinen, scheuchenden Geste.

Die beiden schweren Türen bewegen sich gut geölt, fast ohne Geräusch. Die Karosse fährt in einen Innenhof und kommt vor einem verborgenen Herrenhaus zum Stehen. Der Kutscher hat so geparkt, dass sie auf die festen Stufen treten können, ohne den matschigen Boden berühren zu müssen. Noch bevor sie an der Tür sind, öffnet sie sich, und eine neugierige Schar Kinder drängelt sich hinter einem betagten Diener, der erkennbar Mühe hat, ihren Überschwang im Zaum zu halten und ein elementares Protokoll aufrechtzuerhalten.

»Macht Platz, ihr Kleinen, die Gäste können ja gar nicht herein. Willkommen, die Kinder freuen sich schon seit Stunden, sie haben noch nie Ausländer von südlich der Loire gesehen ... darf ich Ihnen mit den Stiefeln behilflich sein?«

Eines der Kinder flüstert: »Sind das Hugenotten?«

Montaigne legt ihm die Hand auf den Unterarm und verneint leise, weist dann mit dem Kinn auf den Hintergrund des Eingangsbereichs, wo sich ein großer, korpulenter Mann mit langen, wehenden Haaren nähert. Er trägt noch seinen Reisemantel, als sei er eben erst zu einer anderen Tür hereingekommen. Sein Mantel ist dunkelblau, ebenso das Wams und die Hose, seine Strümpfe sind weiß, der Kragen ist locker und flattert. Mit seiner breiten rechten Hand winkt er schon, als fürchte er, in völliger Unkenntnis seiner raumgreifenden Gestalt, irgendwie übersehen werden zu können. Sein Gesicht ist rot, und er scheint müde, spricht aber in einer Lautstärke, die an das Kommandieren auf freiem Feld angepasst ist.

»Neu gewählter Bürgermeister von Bordeaux, ordentlicher Offizier der Könige von Frankreich, Navarra und Träger des Ordens des heiligen Michaels, kurz: mein Micheau – wie schön, dich lebend zu sehen und hier empfangen zu dürfen ... aber du bist unterdessen öfter in Paris als ich, und ich wohne hier – aber gut so –, wir können wahrlich jede Hilfe brauchen, die wir kriegen können ...«

Er kommt auf den kleineren, jüngeren Montaigne zu und umarmt ihn lange, streichelt seinen Kopf und die Wangen und massiert seinen Nacken.

»Was machen deine Steine? Du musst mir mal berichten, was dir am besten geholfen hat!« Dann kniet er sich langsam hin, umfasst seine Oberschenkel, legt ihm den Kopf auf den Bauch und schließt die Augen. »Schön, dass du hier bist.«

Nun erst entdeckt er Françoise, umarmt auch sie hemmungslos und hebt sie vom Boden mühelos in die Luft, bevor er ihre Wangen küsst.

»Madame – ich kenne Ihren Mann nur als zögernden Soldaten, kein Wunder, dass er am Leben bleiben wollte, wenn in seinem Leben solcher Glanz strahlt. Und dass es ihm gelang, Euch zu so einer garstigen Jahreszeit in diese garstige Stadt zu führen – Ihr müsst wirklich eine gute Ehefrau sein, so etwas mitzumachen. Habt Ihr keine Stiefel zum Ausziehen?«

»Julien, wir sind – mit dem Transport von Ihr gekommen, da macht man sich nicht die Schuhe dreckig.«

»Oh, ich verstehe. Ich bin selbst erst angekommen aus – na, das ist ja egal … Ich ziehe mich kurz um und komme gleich wieder.«

Der Diener führt sie einen schmalen, langen Flur entlang zu einem Zimmer, in dem der Tisch gedeckt ist. Hier ist der Boden schwarz und weiß gekachelt, die Einrichtung so sparsam, dass das Ehepaar Montaigne kurz erschrickt. Es war, als habe man alles geleert und nur noch wenige, bedeutende Gegenstände zurückgelassen.

Die Frau des Hauses, Marguerite, nähert sich auf flachen Sohlen, gefolgt von den Kindern. Sie trägt eine kornblumenblaue *vertugade* und ein weites Kleid in der gleichen Farbe, über den Schultern einen Schal wie aus gewebtem

Silber. Ihre Haare sind hellblond, der Teint etwas dunkler und auf der Nase trägt sie eine runde Brille.

»Ich habe Familie in den Niederlanden, dort achtet man auf eine sparsame Einrichtung, und das haben wir dann auch hier in Paris für uns so gewählt. Es klärt den Sinn, auch wenn ich immer erschrecke und denke, Räuber haben meinen ganzen Besitz entwendet.« Dann stellt sie sich in geringem Abstand vor Montaigne und legt ihre Hände auf seine Unterarme.

»Monsieur, jede, die Ihr Buch gelesen hat, kennt auch Sie. Ich freue mich, dass Sie und Ihre Frau bei uns zu Gast sind.« Sie nickt ihm zu, streift kurz seine Hand und wendet sich dann Françoise zu, nimmt sie an beiden Händen, sieht ihr in die Augen: »Ich bewundere Ihren Mut, so eine Reise zu uns barbarischen Hauptstädtern. Wenn Sie wenigstens zu uns in die Normandie gekommen wären.«

Françoise lacht leise und bedankt sich für die Einladung. »Bitte nennen Sie mich Fanchon, wie die gesamte Familie und meine Freundinnen. Mir war einmal danach, diese große Stadt kennenzulernen, ich lebe ja sonst auf dem Land und höre immer nur von den Dingen der Politik. Und nun – sind wir mittendrin!«

»Nach dem Essen musst du mit auf mein Bett kommen, dann erzähle ich gern noch mehr von dem seltsamen Leben hier in Paris.«

Als alle auf den beiden Bänken Platz genommen haben, jeweils die Frauen und Männer einander gegenüber, die Paare nebeneinander, eilt Julien LePaulmier verspätet hinzu. Er trägt nun ein langes Hemd über seiner kurzen Hose und den Strümpfen, darüber einen dünnen, tiefroten Hausmantel. Sein Gesicht und seine Hände sind tropfnass und riechen stark nach Lavendel, denn er hat sich eilig gewaschen und parfümiert. Er ist rot und wirkt aufgebracht.

»O Gott – wie lange noch dieser Wahnsinn? Es ist gut, dass du nach Paris gekommen bist, diese Stadt wird langsam, aber sicher verrückt, und es wird immer schlimmer. Es wird hier bald sehr kompliziert. Ich kann schon keinen klaren Gedanken mehr fassen.«

»Julien«, erläutert es Marguerite, »arbeitet mehr denn je, als könne er die schlechten Zeiten ganz alleine kurieren.«

»Was hilft mir?« Er weist auf die Getränke, die an einer Wand aufgestellt wurden. »Der Cidre hat mir schon immer geholfen. Etwas in ihm belebt und stärkt, bekämpft die Schwere des Lebens.«

Ein junger Mann tritt näher, auf einem Tablett bringt er einen Krug und ein Glas, das mit einer Serviette bedeckt ist. Er bietet es Françoise an, die sich ein wenig von dem Cidre einschenkt, alle Blicke achten auf ihr Urteil. Sie zieht ihr Gesicht zusammen wegen der unerwarteten Säure und kichert wegen der Bläschen auf ihrer Nasenspitze. Sie nimmt einen Schluck, dann noch einen, und schon wird das Glas ausgewechselt, und ihr Mann darf es probieren. Er neigt den Kopf zur Seite und bemüht sich um ein diplomatisches Urteil: »Oh, es regt an und ist angenehm süß, unsere Tochter würde es sicher gern mögen ...«

Sein Freund und Gastgeber hört die leichte Reserve, lässt sich aber nicht entmutigen. »Cidre ist der Haferbrei unter den Getränken: von Alt bis Jung, Reich und Arm, jeder kann es genießen, und es mögen auch alle. Ich bin manchmal versucht, die Seine damit zu fluten, damit diese Stadt sich einmal freut. Oder gleich Apfelbäume hier zu pflanzen, am Ufer und in den Gärten – es würde die Menschen beschäftigen, erfreuen und sattmachen im Herbst. Aber wir spielen ja, Paris liege in Italien. Den Norden, diese Himmelsrichtung kennt unsere Regentin nicht. Na, ich spotte, aber es geht ihr derzeit nicht gut.«

Nachdem alle Cidre getrunken haben, wird ein Wagen mit Speisen hereingerollt. Vor jeden Platz ist ein Brett aus Eichenholz gedeckt, daneben liegt ein Messer mit Perlmuttgriff für die Damen, Horn für die Herren. Kleine Stücke Brot liegen in einem Korb, auf großen Platten werden Teile von Hühnern, Kalbfleisch und Rind aufgetragen. In einer Schüssel sind gebratene Äpfel, dann eingelegter Fisch und ein Brett mit einem weichen, weißen Käse, Nüssen und Birnen.

Während alle sich bedienen und ihre Teller anrichten, fragt Montaigne: »Wie steht es denn in Château-Thierry?«

Julien verneint mit vollem Mund. »Ich darf nichts darüber sagen, wenn wir nicht morgen früh mit dem Kopf nach unten tot im Wind von Montfaucon hängen wollen. Und sie hört wirklich alles, was jemand hier in Paris so redet, es ist unglaublich.«

Françoise unterbricht ihren Mann, bevor er antworten kann: »Micheau, an manchen Abenden seid Ihr wirklich noch schwerer von Begriff als ohnehin schon. Wenn es Hoffnung gäbe, würde Julien nicht hier mit uns sitzen, sondern an der Seite des illustren Kranken um dessen Leben ringen.« Alle nicken.

Sie fährt fort: »Docteur, es gibt eine Frage, die mich schon lange beschäftigt: Wie ist es Ihnen damals gelungen, unseren König Charles von seiner Schlaflosigkeit zu kurieren, nach jener schrecklichen Nacht?«

Julien nickt zum Zeichen, dass er über den Fall des verstorbenen Königs gern etwas sagen möchte. »Er ist ja tot und vergessen. Ich erzähle es Euch wie den Studenten von einem Lehrfall. Also, lange war es ein wirkliches Ringen um diese Seele. Er hatte in jener Augustnacht erst überhaupt nicht verstanden, was er da befiehlt – Montaigne, Sie haben es am besten formuliert: ›Unsere Könige geben manchmal vor zu wollen, was sie müssen.‹ Doch als es ihm klar war, erschrak er dermaßen, dass sein Verstand ihn verließ. Vor allem fand er keinen Schlaf mehr aus Furcht, in der Nacht ermordet zu werden. Die Qualen hatten den Jungen so fest im Griff, dass wir uns behelfen mussten.«

Françoise folgt der Schilderung mit zunehmendem Interesse: »Wie gelangt man in die Seele eines Königs?«

Julien nimmt einen Schluck Cidre. »Jeden anderen Jungen hätte ich den ganzen Tag an der Luft beschäftigt, aber das war hier nicht möglich. Also musste ich nachts an ihn heran. Ich habe mich wie ein Chirurg gefragt, was der kürzeste Weg in den Sinn ist, dort, wo diese Albträume sitzen, die ihm den Schlaf rauben ... und da kam mir der Gedanke, eine Zuführung zu legen, wie wenn man – entschuldigen Sie, dass ich es beim Essen erwähne – Eiter abfließen lässt. Nur eben umgekehrt.« Michel und Françoise stutzen, das Bild wirft mehr Fragen auf, als es Antworten gibt.

Julien lacht, als er in ihre verwirrten Mienen blickt, und kürzt ab: »Jedenfalls lieh ich mir bei der Wache eine Sarbacane, so ein Blasrohr. In der Nacht bauten wir uns im Nebenzimmer des königlichen Betts auf, zwischen den Kupferbecken zum Wärmen der Laken und der Ersatzwäsche, und wenn er kurz eingeschlafen war, denn jeder Mensch schläft, wenn auch kurz, flüsterte ich ihm direkt in sein Ohr.«

»Wurde er nicht wach davon?«

»Dadurch, dass es so nah war, konnte ich einfach flüstern. Vielleicht dachte er, er träumt?«

»Was sagte die Stimme denn?«

»Dass er ein besserer Mann ist, wenn ihm all diese Toten etwas ausmachten, und dass er so handelte, um sein Leben und die Krone zu retten.«

»Und wenn er wach war?«

»Beschränkte ich mich darauf, ihn wieder müde zu bekommen, meistens durch Ballspiel oder Nachlaufen in den Fluren des Louvre. Er war in vieler Hinsicht wie ein Kind geblieben.«

Marguerite, die all diese Geschichten schon kennt, kürzt ab: »In dieser Familie ist jede und jeder dermaßen verschieden, alle haben aber eines gemeinsam, ihre leibliche Schwäche. Sie sind wie Kerzen im sommerlichen Mittagslicht, neigen sich zu jeder Seite, ohne inneren Halt. Heftig brennen und scheinen, das können sie, aber nicht lange. Und bald erlischt diese Familie.«

Julien blickt sich um, erkennbar darum bemüht, das Thema zu wechseln und selbst wieder besserer Stimmung zu werden. »Ich habe etwas vorbereitet, weil ich mich so gefreut habe, euch zu sehen. Ich habe auf dem Land einen Jäger, und er hat mir ein Netz voller Goldammern geliefert!«

Die Diener tragen nun vier Schüsseln auf, die mit einer großen Leinenserviette bedeckt sind. Es duftet nach warmem Branntwein.

»Inhaliert mal, und dann taucht Ihr unter dem Tuch ab und lasst mir möglichst nichts mehr übrig, jeder Krümel ist köstlich.«

Françoise folgt dem Vorbild des Gastgebers, nimmt einen tiefen Zug von den warmen Dämpfen und knuspert Haut und Fleisch des kleinen Vogels, es ist wenig mehr als ein Bissen. Sie schließt die Augen. Unter dem Tuch, in der Wärme und mit dem Duft der Soße vergisst sie einen Moment die Gastgeber, die Einladung, die Stadt und träumt, sie wäre ausgeritten an einem sonnigen Tag, dann unter einem Baum mit reifen Äpfeln eingedöst und im Traum davongeflogen. Als sie von ihrem Traum im Traum wieder hervorkommt, sitzt da nur noch Julien, der unter seiner Serviette Vogel auf Vogel zerknuspert. Ihr Mann und Marguerite sind nicht mehr im Zimmer. Sie steht auf und schaut sich um, erblickt die beiden dann in der Bibliothek, vertieft in ein angeregtes Gespräch. Sie tritt interessiert näher. »Störe ich?«

Beide zucken zusammen, wie ertappt, ihre Wagen sind gerötet.

»Alle Leserinnen und Leser lieben Montaigne, daher gibt es uns etwas Hoffnung, ihn hier in Paris zu sehen.«

Montaigne lächelt. »Ich habe Marguerite geraten, auch etwas zu schreiben, sie hat ja so viel schon erlebt. Wäre es nicht sehr interessant?«

»Mächtig interessant«, bemerkt Françoise spöttisch und wendet sich dann ihrer Gastgeberin zu, »ich habe mich, liebe Marguerite, ehrlich gesagt schon gefragt, wie mein Mann es anstellt, Sie einen Moment lang zu entführen, und hätte mir Sorgen gemacht, wenn er nichts unternommen hätte. Er kann ein großer Verführer sein – «

Marguerite lacht hell: »Meine Güte, ein Mann genügt mir. Aber wir reden ja über Bücher, nicht wahr? Über was würde ich denn schreiben? Mein Mann schreibt über Wunden und Krankheiten, Sie sind Montaigne, aber ich ...«

»Über das, was Ihnen wichtig ist, Madame – ich habe das auch unserer Freundin der Königin gesagt, schreibt, wann immer Ihr einen Moment habt ... Ich würde mich freuen, Ihnen bei dieser Übung näher zu assistieren und ...«

Nun entdeckt sie auch Julien, tritt mit rotem Kopf hinzu. »Hier habt Ihr Euch versteckt.« Er hält eine Flasche Apfelschnaps in der Hand und entführt Montaigne in ein kleines Zimmer, das über den Hof geht. »Marguerite, warum führst du Françoise nicht auf das Bett, und ihr plaudert etwas?«

»Das machen wir. Ich lasse uns Biscuit und Likör bringen, allerdings plaudern wir nicht, sondern diskutieren, nicht wahr, Françoise? Über Politik – und über Männer!«

»Ach, oder besser über Pferde«, fügt Françoise lachend an.

Montaigne und LePaulmier schleichen sich in ein enges Nebenzimmer und stellen sich vor das kleine ovale Fenster mit Blick auf den Innenhof.

»Julien. Was ist eigentlich los?«

»Montaigne, das ist absolut geheim. Wenn ich auch nur die leiseste Andeutung mache ... Er schweigt nachdrücklich. »Sie erträgt den Gedanken nicht, ein weiteres Kind zu verlieren, ihren Lieblingssohn und den Thronfolger.«

Montaigne nickt beschwert.

»Es ist mit diesen Valois immer dasselbe. Sie scheinen unter deinen Händen zu schmelzen, als seien sie ganz aus Wachs, und je mehr man an ihnen arbeitet, sie versorgt und pflegt, desto weicher und flüssiger werden sie. Und ab einem gewissen Punkt sind sie eben weg, als hätte die Seele nur drauf gewartet, endlich hinauszukönnen.«

»An Karneval war er doch noch hier und munter. Nun gibt es die üblichen Gerüchte, seine Mutter oder sein Bruder hätten ihn während seines Besuches hier vergiftet. Was sagst du dazu?«

Julien zögert. »Es war natürlich meine erste Vermutung. Wen stört der Thronfolger? Aber ich habe keine Spur eines bekannten Gifts entdecken können, obwohl ich alle Versuche durchgeführt habe. Es war aber, als gebe seine Seele den Körper auf. Ich vermute, es war Antwerpen. Danach ist er nie mehr normal geworden, der größte Verlust französischen Adels seit Menschengedenken. Niedergemetzelt von gewöhnlichen Bürgern ... Bis zu dieser Niederlage gab es noch Hoffnung auf einen König, der anders sein könnte, das Land versöhnen und über den Parteien stehen könnte, statt sich in ihnen zu verlieren. Aber nun? Ich werde Paris verlassen. Es war meine Bedingung für den Einsatz in Château-Thierry, dass ich danach weg kann aus Paris und vom Hofe, von der ganzen Familie.«

»Steht eine Erhebung in den Adelsstand an? Wäre hochverdient.«

Julien nickt. »Ich bin dann weg, bei meinen Apfelbäumen. Als ich da vergeblich gewacht habe, kritzelte ich schon Pläne für das Haus, die Plantagen und denke daran, wie man feineren Cidre herstellen kann. Das kann ich wenigstens ändern ... die große Politik, von der habe ich zu viel zu nah mitbekommen. Oder die Religion, wie viele strenge Hugenotten sich in Gegenwart der Königin und ihres Sohnes plötzlich ganz katholisch gaben ... widerlich. Dieses Jahr noch, dann mache ich es wie du.«

»Wie ich es versucht habe, bis der Grison kam, eines Abends.«

»Ich war dabei, als sie den Plan mit dem König besprach. Sie schickte keinen ihrer Agenten, es war ihr Sekretär, Bellardi. Früher war er Tänzer.«

»Ja, meine Tochter hat es gleich erkannt. Die Augen richten sich jetzt also auf Navarre.«

Julien fischt zwei flache Schalen aus seiner Tasche und schenkt ihnen ein, nimmt selbst einen guten Schluck Calvados. »Micheau, du kennst den Mann doch von Jugend an. Ist er denn in der Verfassung, König von Frankreich zu werden?«

Montaigne riecht nur an dem starken Alkohol und muss dann husten, nickt aber. »Jedenfalls körperlich ist er in sehr guter Verfassung. Aber der Weg ist lang, und mir scheint, sein Geist ist von der Aussicht nicht beflügelt, sondern beschwert. Er ist da glücklich und verfügt über wenig Mittel. Bloß, wenn er zögert, handeln andere.«

»Könnt Ihr ihm da helfen? Reden und Bücher helfen bei solchen Männern nicht viel, er braucht ein Bild vor Augen.«

»Ich weiß es nicht. Ich müsste ihn allein sprechen und länger. Er ist immer umgeben von diesem politisch-militärischen Circus Maximus.«

Beide lachen befreit. »Ja, das trifft es doch? Die Ausrufer, die Musiker, die vielen Tiere immer, Hunde, Papageien, Affen ...«

»Wisst Ihr noch, Robert?«

»Der Affe des Königs, o ja. Einmal ist er doch die Säule der Kirche hochgeklettert und pinkelte hinunter – ich dachte, Henri stirbt vor Lachen.«

»Und wenn Ihr ihn nach Bordeaux einladet?«

»Derzeit völlig unmöglich, die Liga ist nach wie vor bis an die Zähne bewaffnet, die verspeisen ihn wie so eine Goldammer.«

»Wäre allerdings zäher, nichts als Leder und Knorpel.«

Beide lachen.

Bevor sie aufbrechen, kommt Nicolas wieder zu ihnen. Er war in die große Küche geleitet worden, wo die Leute des Haushalts essen und werkeln.

»Nicolas – wieder nichts zu schreiben, fürchte ich, es sind geheime Tage.«

»Der Docteur beschäftigt in seinem Haushalt ehemalige Patienten, wie ich gelernt habe. Einer konnte ich einen Brief an ihre Eltern in Lille aufschreiben und ein Zweiter wollte, dass ich an den König schreibe, um in der Sache Pierre Tossard zu protestieren.«

»Das müssen Sie uns gleich näher erklären, immer hört man diesen Namen.«

Julien begleitet sie zur Karosse, hat noch etwas auf dem Herzen.

»Micheau, ich ...«, Julien zögert und versucht, in Montaignes Gesicht eine Reaktion auf dieses Zögern zu lesen, »es gibt jemanden, der dich unbedingt treffen möchte. Er hat so viele Bücher von dir gekauft, und er wünscht sich, dass du ihm etwas hineinschreibst – aber wir können ihn nicht in guter Gesellschaft treffen.«

»Ein Gauner etwa?« Montaigne hebt seine Augenbrauen. »Hast du Kontakte zur Cour des Miracles? Das würde mich sehr interessieren.«

»Woher denn, das heißt als Patienten natürlich schon, abgerissene Ohren, zerschlitzte Nasen und so. Nein, wir reden schon von einem Mann des Gesetzes, aber eben vielleicht zu sehr.« Julien wendet sich Françoise zu. »Ich muss um Verzeihung bitten, ich fürchte, diese Begegnung Ihres Mannes wäre nichts für Frauen.«

Françoise lacht hell: »Eine aus der legendären Reiterstaffel der Schönheiten, die die Regentin umgeben? Ich würde gern einmal vorgestellt werden.«

Montaigne lacht wie ertappt, hebt abwehrend die Hände.

»Nun kommt schon, ich bekomme nie etwas mit von Euren Treffen, und wenn ich schon einmal in Paris bin ...« Sie wendet sich dem Gastgeber zu: »Docteur – ich bin sehr neugierig. Wäre es nicht unter Ihrem Schirm denkbar, auch mich diesem Gast vorzustellen?«

Julien blickt etwas überfordert zu seiner Frau Marguerite, die ihn auslacht.

»Julien, da habt Ihr Euch wieder in eine Eurer berühmten Situationen manövriert, aus denen nur Ihr Euch nur selbst befreien könnt.«

»Also gut, Madame. Wir reisen von meinem Institut ab, um ihn zu treffen. Gleich morgen, nach der ersten Messe?«

Sie nicken, verabschieden sich und lassen sich in die Polster der Kutsche sinken.

Nicolas erläutert den Fall des Pierre Tossard: Dessen Vergehen ist es gewesen, sich in die Tochter des Präsidenten des Rechnungshofs zu verlieben. Die beiden mochten sich, auch der Vater der Frau mochte Tossard. Eine Hochzeit war geplant, die beiden jungen Leute verbrachten Zeit miteinander, auch im Hause der Familie Bailly. Aber jemand hatte Pierre schaden wollen, ihn angezeigt, und dann ging alles ganz schnell, obwohl die Polizei sich sonst ewig Zeit ließ. Tossard wurde verhaftet und abgeführt, sollte wegen Verführung Minderjähriger und Unzucht zum Tode verurteilt werden. Doch seine Freundin mobilisierte eine große Menge junger Leute, die ihn aus den Fängen des Henkers und seiner Leute befreien. Seither ist Pierre auf der Flucht, und sein Schicksal bewegt ganz Paris!

Montaigne vermisst die Logik des Protests: »Wo sonst täglich Dutzende gewaltsam hingerichtet werden, wegen kleinster Vergehen?«

Françoise widerspricht ihm: »Weil es eben um Liebe geht und hier das Unrecht besonders offenbar wird. Man wird in diesen Zeiten zum Märtyrer, wenn man einfach seiner Natur folgt. Ich verstehe, dass es die jungen Leute empört!«

Sie fahren schweigend durch die nächtliche Stadt, die aber durch Lampen, offene Feuer und Fackeln immer wieder aufleuchtet, glimmert und scheint. Die Seine wirkt ruhig und breit, als müssten sie die Sorgen der Stadt nicht kümmern. Sie betrachten die Nacht von Paris vom Fenster der Kutsche aus. Glanz und Elend spielen Nachlauf wie auf der Trommel einer Laterna magica.

Françoise bricht die Stille mit ihrem knurrenden Magen. »Hoffentlich gibt es in dem Hotel noch ein Glas italienischen Rotwein und etwas Schinken – diese Apfelbrause zu diesem starken Kuhkäse –, ich fürchte, auf dieser Fahrt droht mir schlecht zu werden. Wie geht es Ihnen?«

»Ich fürchte, ich ahne, wen wir morgen treffen sollen und da ... könnte mir auch schlecht werden.«

Nicolas springt in der Stadt ab, legt den Rest des Wegs bis zur Mühle zu Fuß zurück. Es ist um diese späte Stunde nicht ungefährlich, aber der warme Cidre aus diesen Tonschalen hat ihn etwas übermütig gemacht.

Ein seltsamer Trupp von Bürgern nähert sich, wobei ihre Zahl in der Dunkelheit schwer auszumachen ist. Nicolas erkennt Teile einer Polizeiuniform, aber ebenso können sie diese erbeutet haben und sich als falsche Polizisten erweisen. Es ist ein enger, wenig belebter Platz, an dem sie ihn plötzlich ansprechen. Er hat nicht aufgepasst, bemerkt erst jetzt, dass ihm kein Fluchtweg bleibt und die Türen und Fenster überall fest verschlossen sind. In der Gruppe sind vier oder fünf Männer, deren Gesichter geschwärzt sind. Nicolas erkennt Dolche, Ruten und eine schwere Lederpeitsche. Eine beleibte Frau ist auch darunter, sie hält einen muskulösen Rüden an einer Kette. Von einer Räuberbande ist diese Bürgerwehr optisch nicht zu unterscheiden. Nicolas hat seinen Kalmar bei sich, einen Beutel mit Äpfeln aus der Normandie und diverse Entwürfe auf Zetteln. Ein ernster, dünner Mann tritt aus dem Kreis vor und nähert sich bedächtig: »Bonsoir, junger Student – na weis' dich mal aus. So einen wie dich sehen wir hier nicht so gern, leider.«

Nicolas erinnert sich an den Betrieb vor dem Louvre. Er geht etwas schneller auf die Männer zu, hebt amüsiert die Augenbrauen und sein Kinn. Dann imitiert er die kleine, scheuchende Handbewegung der Leute von der Kutsche.

Ohne ein weiteres Wort gehen die Männer auseinander, schauen ihm verblüfft nach. Nicolas hat keinen Ton von sich gegeben, hat nicht einmal den Schritt verlangsamt – das, schnell hat er es gelernt, machen nur Untertanen.

In der Mühle brennt noch Licht. Seine Mutter schneidet Spielkarten aus einigen Bögen Karton, die ihr jemand aus den Niederlanden mitgebracht hatte. Hans empfängt ihn in Soutane, wirkt nervös und geschockt.

»Nicolas, das war ein Tag! Kaum warst du aufgebrochen, fing der Verwalter der Gobelins wieder an, hier mit seinen Schergen für Unruhe zu sorgen. Dieses Mal drohte er, deine Mutter wegen Betrieb einer *école buissonière* anzuzeigen. Wir wissen, was darauf steht.«

Seine Mutter schneidet und bemalt weiter die Karten, gerade ist sie in die Figur des Teufels versunken.

»Was heißt anzeigen?«, kommentiert sie. »Wo der Mann recht hat, hat er recht. Ich betreibe die einzig vernünftige Schule hier.«

»Maman – du wirst dafür festgenommen und hingerichtet, die Mühle zerstört.«

Sie zuckt nur mit den Schultern, offenbar nicht gewillt, das Thema zu vertiefen.

Hans nimmt ihn beiseite. »Nicolas, noch etwas anderes ist seltsam. Ich sollte es dir nicht sagen, aber als die Männer sich versammelten, schickte deine Mutter sofort einen der Schüler los, aber ich weiß nicht, zu wem. Wir gaben alle unser Bestes, mit dem Verwalter und seinen Leuten zu reden, um sie zu besänftigen und zugleich davon abzuhalten, die Sache anzuzeigen.«

Nicolas blickt sich besorgt um. Wenn ein offizielles Verfahren wegen protestantischer Umtriebe in einer wilden Schule eröffnet wird, denkt er, sind alle dran. Das kommt dann ohne Vorwarnung – sofort dringen Richter und Polizisten ein, und wenn man dann vor Gericht steht, gibt es kaum eine Chance auf Entkommen, davon abgesehen, dass man im Gefängnis zu Grunde geht.

Hans fährt fort: »Ich sah unsere Chancen schwinden.

Immerhin konnte ich als Priester sagen, dass ich so etwas nicht dulden werde, aber mit meinem deutschen Akzent verdächtigten sie mich erst recht protestantischer Umtriebe. Wer von denen weiß schon, dass wir in vielen Städten Seite an Seite leben?«

»Aber warum sind sie denn verschwunden? Jetzt wirkt hier alles ruhig.«

»Das ist das Unheimliche: Deine Mutter bestreitet, diesen Jungen losgeschickt zu haben, aber mir fiel das auf. Jedenfalls höre ich plötzlich ein Quartett den Hügel hochtraben. Große, gesunde Tiere, nicht die üblichen Lastgäule von unten. Zwei Männer trugen Waffen, einer trug schwarz, und auf dem vierten Pferd war eine Frau in einem eleganten Mantel. Sie saß hinten, vorne ein Diener. Sie war maskiert und kam auch gar nicht zu uns. Der Mann in Schwarz war Anwalt. Er stieg gar nicht ab, sondern wechselte vom Sattel aus einige Worte mit dem Verwalter, und dann löste sich der ganze Spuk auf. Ich habe ihn noch nie zuvor gesehen. Aber das Merkwürdigste war, als er deine Mutter ansprach, glaube ich, gehört zu haben, dass er sie duzte und Marie nannte, obwohl das doch gar nicht ihr Name ist. Und er trug ein großes auffälliges Kreuz wie die Dame auch.«

»Hast du Maman denn gefragt?«

»Mir antwortet sie nicht, weil ich ja doch nur ein Kathole bin, wie sie sagt – aber dir als ihrem Sohn?«

Nicolas fühlt sich müde und schwindlig, er geht zum Fass in der Ecke des Schlafsaals und wäscht sich das Gesicht mit kaltem Wasser. Dann legt er Wams, Kragen, Hose ab und zur Seite, rollt sich die Strümpfe von den Beinen. Er tränkt ein Tuch mit Essig und reibt sich Füße und Hände damit ab, immer hin zum Herzen.

Er kann noch nicht schlafen und setzt sich im Hemd

neben seine Mutter, um zugleich Schwing- und Linienübungen zu machen.

»Mein Sohn, der Schreiber – andere Männer kommen um diese Uhrzeit von jungen Frauen nach Hause, du aber von alten Männern der besten Gesellschaft. Für mich wäre das dermaßen uninteressant, das kann ich dir gar nicht sagen.«

»Maman, was war hier heute los? Hans ...«

»Ja, der hört überall etwas, so sind die Katholiken, merk es dir. Jungfräuliche Geburt, Engel, Dreifaltigkeit, Verwandlung des Leibes – ich bitte dich! Gleich muss ich lachen. Wir Frauen kommen dort nur als Sünde vor oder eben als Muttertier. Ich liebe meine Kinder, aber irgendwann gibt es doch auch anderes im Leben, ganz ehrlich.«

»Er sagte, der Verwalter sei hochgekommen, habe dich bedroht, aber dann sei ... ein Anwalt und andere Leute eingeschritten? Wer waren die?«

»Er phantasiert. Immer die Sehnsucht nach Rettung, mal vom Erzengel, nun von einem Quartett schwarzer Reiter, so ein Unsinn. Der Vater eines der Schüler kam vorbei, alles löste sich auf, alles bestens. Ich sage Hans, dass er nicht solche Gerüchte starten soll, das bringt uns ja noch nach Montfaucon.«

»Aber das passiert auch, wenn sich herumspricht, dass du ohne Genehmigung eine solche Schule betreibst.«

»Das fehlt noch, dass der eigene Sohn mich verrät. Aber nichts anderes habe ich erwartet.« Vor Zorn muss sie weinen. »Ich habe ja eine Genehmigung, schriftlich und mit Stempel. Ich weiß gerade nur nicht, wo. Mir wird ja alles geklaut hier. Es ist alles in Ordnung. Dir und Judith wird nie etwas geschehen, das ist – so vereinbart. War auch das mindeste.«

Das klang seltsam, denn er hatte sich in dieser Hinsicht keine Sorgen gemacht. Noch während er sich weitere Fragen überlegt, strahlt ihn seine Mutter wieder unbeschwert an.

»Jetzt geh mal schlafen, mein Liebling, und zieh den Vorhang zu. Morgen wartet Paris auf dich.«

Als er am nächsten Tag wach wird, ist seine Mutter schon vor der Mühle und hackt Holz, umgeben von einigen Kindern. Der Alkoven von Hans ist offen, aufgeräumt und völlig leer.

6

Gibet de Montfaucon

An jenem Morgen verzichten Micheau und Fanchon auf Pferd und Karosse, machen sich zu Fuß auf den Weg zur Kirche von Saint-Germain-des-Prés. Es ist ein nebliger Morgen, Paris ist längst auf den Beinen. Die Studenten gähnen auf dem Weg in den Unterricht, Schüler rennen, weil sie verschlafen haben. An jeder Ecke steht ein Grüppchen und diskutiert theologische oder juristische Fragen.

»Immer noch nennen sich die Bewohner hier das intelligenteste Dorf der Welt! Aber jeder ist es eben auf seine eigene Weise, also ist auch das Dorf in permanenter Diskussion und Debatte.«

Von ihrer Größe her könnte die Kirche auch in einer Kleinstadt im Südwesten stehen, Françoise freut sich über etwas Gemütliches in der nördlichen Fremde.

Nicolas erwartet sie, diskret gähnend, vor dem Tor, sie begrüßen sich wortlos und nehmen Platz.

Der Gottesdienst selbst wird besonders unverständlich gestaltet, in einem Latein, das so klingen soll, als habe es der heilige Petrus persönlich diktiert. Françoise konzentriert sich auf die Messe, schließt die Augen und singt mit, ihr Mann lässt in diesem vertrauten Singsang, den Gesten und Gebeten seine Gedanken schweifen, erinnert sich an die Kindheit, stellt sich vor, was seine Tochter in diesem Moment macht, und schaut sich um. In der Predigt geht es besonders scharf gegen die Hugenotten, diese Brut aus dem Ausland, und ihre üblen wilden Schulen, in denen schon Kinder dazu erzogen werden, die Seelen ihrer Eltern zu verderben.

Das erste Gebet wird schon gemurmelt, da öffnet sich die Kirchentür leise und Henri de Guise erscheint – gut zu erkennen an der Narbe in seinem Gesicht und seinem weißen, kurzen Mantel.

Den Hut zieht er geistesvergessen erst in der Kirche ab, dazu trägt er einen langen weißen Schal. Er ist auch der Erste, der beim Ausgang der Messe steht und alle begrüßt. Er geht zu jedem einzelnen der Bettler hin und bedenkt sie mit einer wie immer großzügigen Spende, dann verzieht er sich, zu Fuß, der weiße Schal im Wind wie die Aura eines Morgengespensts.

Julien LePaulmier ist schon vor ihnen in der Kirche gewesen, sie liegt auf seinem Weg zum Institut für Medizin. Er begrüßt sie herzlich, wirkt nicht etwa geschwächt von dem Gelage der vorigen Nacht, sondern rot im Gesicht und tatkräftig. Er steht vor der Kutsche seines Instituts und bittet sie einzusteigen.

Montaigne schweigt in Erwartung ihres Ziels, während Françoise versucht, etwas mehr zu erfahren: »Ich verstehe ja Eure Sorge um Geheimhaltung, aber in wenigen Augenblicken werde ich ja doch sehen, wo es uns hinweht. Offensichtlich nicht in die medizinische Fakultät?« Julien bedauert, es sei nicht möglich, ihren Freund dort zu empfangen, versichert ihr, das Ziel läge zwar etwas außerhalb, sei aber für viele der Höhepunkt eines Besuchs in der Hauptstadt.

Sie überqueren die Seine, reisen durch die besseren Viertel zu ärmeren Vororten, dann an einem Viertel vorbei, dass sie den Wunderhof, die Cour des Miracles, nennen, das Hauptquartier aller Gauner Frankreichs und Europas. Und dann wackelt die Kutsche schon durch Gärten und über Felder einen Hügel hinauf. Irgendwann wird es wieder langsamer, Françoise kann aber nichts erkennen. Hier sind nur breitere Straßen, keine großen Häuser mehr, keine Mühlen, sondern nur noch Hütten und Schuppen.

Dann erkennt sie es: ein Gebäude, wie sie noch keins gesehen hat. Zuerst sind da fünf flache, breite Stufen, die zu einem überdachten Tor führen, wie es vor einer Kaserne zu erwarten ist. Die Treppe bildet den Eingang zu einer großen, erhöhten Anlage, die sie von der Kutsche aus nicht recht überblicken können. Das ist kein Wohnhaus, keine Kirche und kein Silo, obwohl es Vorrichtungen zum Trocknen von Früchten ähnelt.

Die matte Frühjahrssonne hat unterdessen den Weg durch die hellgraue Wolkendecke hindurch geschafft. Françoise muss blinzeln, als sie versucht auszumachen, was sie da sieht.

Julien versucht, die kleine Reisegruppe zu erheitern, und verweist darauf, wie dankbar ihr Gastgeber gleich sein wird, dass er ihnen sicher eine den nur besonderen Gästen vorbehaltenen Touren seiner Anlage anbieten wird.

Montaigne antwortet nicht, verneint nur, ohne, wie er es sonst tut, zuvor seine Frau um ihre Meinung zu fragen. Aber das peinliche Schweigen dauert nicht lang. Françoise bemerkt einen seltsamen, süßen Duft in der Luft und schaut genauer hin, wo sie hier sind. Dann öffnet sich das schwere Tor, und einige Bogenschützen treten heraus, um ihren Chef anzukündigen.

Ein kleingewachsener, eleganter Mann um die vierzig, mit dunkler Haut und einer runden goldenen Brille läuft strahlend und gestikulierend auf sie zu. Er trägt ein modernes Kostüm aus hellgrünem Samt und einen passenden Hut. Der Kragen ist keine breite *fraise*, sondern wie am Hals entlanggerollt, die neueste Mode unter den Wissenschaftlern und Künstlern. Wegen des frischen Windes muss er sein Hütchen mit der linken Hand festhalten. Am Gürtel baumelt ein schmaler, reichverzierter Dolch, mit dem man nicht einmal einen Korken fixieren könnte.

Eine förmliche Begrüßung bringt er nicht zuwege, stattdessen krächzt er ergriffen: »Ich freue mich so. Herzlich willkommen in Montfaucon, einem Ort, der in ganz Europa seinesgleichen sucht! Darf ich Ihnen meine Anlage persönlich zeigen? Ich selbst habe zahlreiche Veränderungen vornehmen lassen, nun haben wir hier das Modernste, was Wissenschaft und Handwerk zustande bringen: In bewegten Zeiten wie unseren kann meine Anlage die Kapazität hochfahren, und wenn es zu viel wird, wartet unten eine von mir gezeichnete Klappe nur darauf, alles wieder zum Verschwinden zu bringen.« Er zuckt mit den Schultern, als habe er einen guten Witz gemacht.

Montaigne kann ihn kaum ansehen. Julien schlägt vor, sich in der Kutsche zu unterhalten. Die drei Passagiere und der freundliche Mann steigen wieder ein, aus einem Korb werden ihnen Brote mit Honig gereicht, die Montaigne nicht anrührt.

Nun bringt ein Diener einen Stapel der *Essais* in der teuersten Ausgabe und hält sie Montaigne hin. »Ich habe das so oft verschenkt, ich danke Euch so sehr für dieses Buch. Gleich der Anfang, das vierzehnte Kapitel des ersten Buchs, wie meine kleinen Geschichten von Ihnen präsentiert werden, das war für die ganze Familie, für die der Kollegen und nicht nur in Frankreich so ergreifend und doch amüsant. Endlich kommen wir einmal vor.« Vor Rührung durchzuckt ihn ein Weinkrampf.

Françoise blickt ihren Mann an. »Stellst du uns nicht vor?«

Der elegante Mann lacht über sich selbst. »Madame de Montaigne, wirklich, ich vergesse alle Manieren, wenn ich meinem *spiritus rector* begegne. Meiner Meinung nach ist Montaigne einer der wenigen Namen, die unversehrt aus diesen düsteren Zeiten erstrahlen werden.«

Er erhebt sich spontan, stößt aber an die Decke der flachen eleganten Kutsche.

»Düstere Zeiten für uns, goldene Zeiten für Euch?«, bemerkt Montaigne fragend.

»Um Himmels willen, nein.« Er schließt die Augen und hebt seine Hände. »Ich würde lieber weniger zu tun haben, glauben Sie mir. Es ist ein Fluch, dass meine Arbeit derartig prosperiert.«

Montaigne findet langsam wieder zu sich. »Françoise – unser Leser hier ist Monsieur Jean, der stellvertretende Hochgerichtsmeister von Paris und Kommandeur von Montfaucon, der größten Richtstatt Frankreichs.«

Françoise nickt und antwortet ihrem Gastgeber: »Enchantée, Monsieur, aber erklären Sie es mir bitte noch einmal. Sie arbeiten also...?«

»Ich mag die Formulierung, dass ich *am Menschen* arbeite – wie unser Freund, der Docteur, auch. An der Schnittstelle zwischen Justiz und Medizin und dennoch keiner der beiden Fakultäten zugehörig.« Er zuckt mit den Schultern und lacht heiter.

»Ja wirklich, ich habe viel mit Docteur LePaulmier zusammengearbeitet. Wir haben uns in Caen kennengelernt, beim Studium der Medizin. Ich habe natürlich nur zugehört.«

»Wie arbeitet denn«, fragt Françoise, »der Henker mit einem Arzt zusammen? Denn der eine rettet ja Leben, der andere beendet es. Sie müssten Feinde sein?«

»Oh, Madame, unsere Welt ist verrückt, wer wüsste es besser als ein Leser der *Essais* oder deren Autor. Aber Spaß beiseite, da gibt es sehr viele Beispiele.«

Er legt seine gefalteten Hände zwischen seine Knie, beugt sich vor und beginnt zu erzählen: »Lassen Sie mich nur das Bekannteste anführen: Als unser guter König Henri, der Vater der drei unglücklichen Söhne, nach dem Turnierunfall um sein Leben kämpfte, kamen Ambroise Paré, der berühmte Arzt, und seine Leute auf uns zu. Die Lanze des armen Montgomery war, wie Sie wissen, vom Brustpanzer Seiner Majestät nach oben abgerutscht und dann am Visier seines Helms zersplittert. Dabei drangen mehrere Splitter in das Auge, genauer gesagt vom rechten Brauenbogen in den linken Augapfel und durchbohrten ihn.«

Julien mischt sich nun ein, erklärt es nun von seiner Warte aus und macht eine erklärende Geste mit Zeigefinger und Faust: »Der König hat es überlebt, aber wir wussten nicht, wie tief die Splitter drin waren und wie man sie hervorholt, ohne das Gehirn zu verletzen.«

»Das ging nur mit *Versuchen*, eben *Essais*, nicht wahr?«, er lächelt, »an Leichenschädeln.« Monsieur Jean fährt fort: »Mein damaliger Chef und ich, wir haben in doppelten Schichten hingerichtet, so gut es ging, um Paré frische Köpfe zu bringen, an denen solche Extraktionen versucht wurden. Das war der Beginn unserer Zusammenarbeit. Ich habe seitdem Docteur LePaulmier immer wieder nicht nur Leichen oder Teile davon geliefert, sondern dazu auch kleine, humorvolle Geschichten erzählt, die er wiederum

Monsieur erzählt hat und die er so meisterlich wiedergegeben hat.«

Julien nickt: »Es war ein kleiner Fleck schwarzen Humors in deinem Buch, so etwas mögen die Leute doch!«

Françoise ergänzt: »Etwa die Geschichte von dem Delinquenten, der nicht durch eine bestimmte Gasse zum Galgen gehen möchte, weil er noch Schulden bei einem der Ladenbesitzer dort hatte?«

»Ja, wir erleben so viel … auch die Episode von dem Delinquenten, der begnadigt wird, wenn er eine Lustdienerin heiratet, aber dann doch mit dem Ruf ›attache, attache‹ darum bittet, mit der Hinrichtung fortzufahren, weil er sie zu hässlich findet. Das ist hier hinter uns passiert. Oder der, dem der Henker den Becher mit dem letzten Schluck Wein reicht und um zu zeigen, dass er nicht vergiftet ist, selbst davon trinkt und der Delinquent den Becher ablehnt mit dem Hinweis, vielleicht habe der Henker ja eine Krankheit? Das war mein früherer Chef, wirklich so geschehen …« Er lacht.

»Oder jetzt der Fall mit Tossard, wie sehen Sie das?«

»Das gehört zu unseren üblichen Möglichkeiten – meistens ist es vorher abgemacht, dass beispielsweise eine Leiche nach unserer Arbeit entwendet wird. Es ist ein kleines Theater und sorgt dafür, dass dieses Institut von unserem Freund, dem Docteur, nie ohne Skelette und Schädel bleibt. Nun in diesem Fall entwendeten sie eben einen lebenden Delinquenten.«

Montaigne signiert die Bände der *Essais* und schaut aus dem Fenster zu den hohen Säulen, an denen unzählige Leichen an Ketten verwesen. »Sie sind doch ein verständiger Mann. Was soll denn dieses Theater des Schreckens?«

Sein Leser pflichtet ihm bei. »Ich weiß es ja. Es ist wirklich widerlich und, wie Sie zu Recht schreiben, barbarischer als jeder Kannibalismus. Denn auch der hungrigste Menschenfresser schafft nur einen oder zwei am Tag. Ich und meine Kollegen aber befördern problemlos Dutzende und, wenn es sein muss, Hunderte vom Leben zum Tode und alles – Montaigne schrieb, was so viele insgeheim denken – im Namen von Gesetz und Religion. Nein, wir können diese Stadt so nicht befrieden. Je mehr wir arbeiten, desto unruhiger wird es hier. Darum wünsche ich mir nichts sehnlicher, als dass Männer wie Sie und die anderen Politiker Frieden in Frankreich bewerkstelligen. Der übliche Mord aus Eifersucht, die Strafe an Selbstmördern – mit solchen Fällen wäre ich in Paris bestens versorgt.«

Françoise beugt sich vor: »Micheau, ich möchte mir das nun doch mal anschauen.« Sie öffnet die Tür und bittet Julien, sie zu einem Gang um die Richtstatt zu begleiten.

Der dauert, denn dieses Bauwerk ist so groß wie eine Festung. Alles, das sieht sie auf den ersten Blick, ist mit den besten verfügbaren Materialien erbaut worden. Zum hellgrauen Himmel ragen sechzehn Kolonnaden, deren Säulen aus Granitblöcken gefertigt wurden und durch Balken aus massivem Eichenholz miteinander verbunden sind, je drei übereinander: einer an der Spitze, einer auf mittlerer Höhe und einer im unteren Bereich, wie bei einem Regal. Es wirkt mehr als ordentlich. Der beeindruckendste Bau, den sie in Paris zu sehen bekommen hat. Mit dieser Anlage möchte die Stadt im Gedächtnis bleiben und so möchte sie Besucher begrüßen. Julien erläutert ihr die Zuständigkeiten und die Verfahren: Manchmal können Familien die Leichen zurückbekommen und ehrenvoll bestatten, aber meistens fallen sie einfach herunter, dann wird irgendwann die große Klappe geöffnet. Unter Montfaucon befindet sich ein großer, stabiler Keller, in den Hunderte von Toten passen.

Dann hebt sie den Blick, obwohl ein heftiger Ekel sie erfasst, und sie erkennt eine bunte Reihe von Leichen, die an Ketten im Wind hängen. Es erinnert sie an eine höllische Wäscheleine, denn die Toten baumeln in unterschiedlichen Formen und Farben. Sie tragen die Kleider, in denen sie festgenommen, befragt und hingerichtet wurden. Die Enthaupteten sind in einem Sack festgemacht, die Gefolterten unter den Achselhöhlen. Manche Kadaver sind nur noch Knochen und schwarze, verweste Haut. Es ist ein Festessen für Aasfresser zu Lande und in der Luft. Françoise hat so etwas noch nie gesehen und kennt auch keine Frau, die so etwas ansehen musste. Sie tritt einige Schritte zur Seite und übergibt sich.

Montaigne ist im Wagen geblieben, vertieft ins Gespräch mit dem Henker.

»Ich bin erstaunt, wie lange sich die Fabel hält, unter Ihrer Behandlung würde man zur Wahrheit gelangen, würden Ketzer ihre Verbündeten preisgeben oder Mörder ihre Komplizen oder ihre weiteren Pläne – sehen Sie sich wirklich als ein philosophischer Geburtshelfer der Wahrheit?«

Monsieur Jean denkt kurz nach. »Die Schmerzen sind echt, aber sie überschatten mit dieser Wahrheit, die ich erst erzeuge, bald jede andere Empfindung und Erwägung. Ich gestehe es freimütig: Wenn ihre Seele in Panik vor Schmerz davonrennt wie – ich zitiere erneut – wie ein durchgehendes Pferd, dann erklären sie alles, was der Richter womöglich hören möchte. Manche gestehen, mit dem Teufel geschlafen zu haben, obwohl sie bloß eines kleinen Diebstahls bezichtigt werden. Sie spielen eine Rolle, wie wir auch, aber mit der Wahrheit außerhalb unserer Anlagen und Richtstätten hat unser Beruf nichts zu tun. Unsere Behandlung, wenn Sie es so nennen möchten, ist eine Illusion wie das Theater.«

»Nur noch populärer«, bemerkt Françoise. »Es ist immer wieder erschütternd, wie sich die Menschen drängen, um Hinrichtungen beizuwohnen.«

Als sie zur Kutsche zurückkehren, redet Monsieur Jean auf ihren Mann ein: »Ehrlich, Ihr müsst helfen, dieses Land wieder zu einen und zu befrieden. Hugenotten, Liga, Bürgerwehren des Quartiers hier in Paris – bald hat jede Partei ihre eigene Gerichtsbarkeit und jede hält sich Scharfrichter und Richtstatt im Garten. Besser, das liegt in unseren erfahrenen Händen und damit in denen des Staates. Ich meine, es ist immer noch besser, wenn wir von Beruf kundigen Männer die Gewalt ausüben als die Bürger von Paris und ihre Diener und Tagelöhner. In der Bartholomäusnacht hat man doch gesehen, wie es außer Rand und Band gerät, wenn die Nachbarn das Blut ihrer Nachbarn vergießen dürfen. Nein, ich sorge für einen Rahmen.«

Er sucht nach Worten. Seine Hände sind gepflegt, er wirkt wie ein Gelehrter oder Künstler. »Es ist, wenn man zu uns kommt, kein stummer und elender Tod, wissen Sie? Das ist mir wichtig. Das Leben der Menschen davor ist geplagt von Sorgen, von Gewalt, und sie sind stumm. Niemand hört ihnen zu, außer die Heiligen, die Muttergottes und der Heilige Vater. Aber der letzte Tag, der Tag ihrer Exekution, ist etwas Besonderes, der gehört nur ihnen. Sie dürfen mich nicht auslachen« – er blickt sie blinzelnd hinter seinen ovalen Brillengläsern an –, »aber ich habe manchmal das Gefühl, dass es der schönste Tag im Leben der Verurteilten ist. Doch wirklich. Sie sind aller Sorgen ledig – keine Schulden müssen bedient werden, keine Mietzahlung ist mehr wichtig, keine Krankheit plagt sie und auch keine Schuld, die vielleicht ihr Gewissen belastet hat. Sie stehen im Mittelpunkt. Ich, die Zuschauer, wir hören ihnen zu. Sie bewegen Gefühle und bekommen die Chance, sich zu rehabilitieren.«

Françoise widerspricht höflich: »Ich teile Ihre Meinung hinsichtlich der Schwere des Lebens von zu vielen Menschen, aber es muss doch noch andere Wege geben außer dem, das Leben, das der Herr ihnen geschenkt hat, zu verbessern, indem man es beendet. Und sei es noch so kunstfertig. Es muss Euch doch widerstreben, diese Qualen zu bereiten, das Blut.«

»Schon, aber einfach ist unsere Arbeit nicht, glauben Sie mir. Ich muss meine Auszubildenden nach Sparten rekrutieren und unterweisen. Unser Handwerk ist äußerst vielfältig. In der Arbeit am Menschen ist es schon mal der große Unterschied, ob der Tod schnell oder langsam kommen soll. Wir haben Spezialisten für die unterschiedlichen Gliedmaßen, für Zungenstrafen und Erblinden. Das muss langsam gemacht werden, mit Fingerspitzengefühl. Eine simple Hinrichtung hingegen muss blitzschnell gehen. Die mache ich dann selbst, wenn es ernst wird. Aber sonst haben Sie recht, Madame.« Er senkt den Blick wie in spontaner Scham. »Ich würde mir weniger Körperstrafen und Hinrichtungen wünschen, mehr Leder verarbeiten und andere schönere Handwerke entwickeln – aber die Zeiten sehen nicht danach aus.«

Dann zieht er einige Zeichnungen aus seinem Wams und rollt sie aus, dreht sie dann zu Montaigne und Françoise hin: »Ich überlege zum Beispiel auch, nach welcher Methode es möglich wäre zu befragen, ohne dem Körper solche Schmerzen zuzufügen.« Auf den Blättern sieht man ein Feld, aus dem eine Grube in der Form eines umgedrehten Kegels ausgehoben wurde: Krater oben weit offen, der sich in den Boden hinein verengt. Monsieur Jacques erläutert seine Skizze mit einigem Stolz:

»Sie müssen es sich bei regnerischem Wetter vorstellen, das wir ja hier in Paris oft haben. Der Delinquent wird in diese Grube gestoßen, es wird ihm weiter kein Haar gekrümmt. Allerdings findet er keinen Halt, kann sich weder hinsetzen noch hinstellen oder gar liegen. Unten bildet sich eine Pfütze, zu der er unweigerlich hinrutscht.«

Françoise blickt ihren Mann voller Entsetzen an. Beide schweigen.

»Nach meinen Vermutungen dauert es keine zwei Stunden, bis er nachgibt. Ohne dass Blut fließt.«

»Und dann was tut?«, fragt Montaigne.

»Er gesteht natürlich, was auch immer. Das brauchen wir ja vor Gericht. Oder er wechselt die Konfession. Hat er dies vollzogen, gibt es keine Spuren oder Narben, alles ist sauber und vernünftig beendet.«

»Haben Sie es schon mal probiert?«

Jacques nickt ernst. »Einige Male schon, ja, mit verurteilten hugenottischen Buchhändlern. Leider ließen wir sie zu lange drin, einmal etwa 24 Stunden. Sie verloren sehr schnell völlig den Verstand. Blieben ansonsten aber gesund.«

»Habt Ihr eigentlich auch mit der Liga und den Guise zu tun?«

»Aber ja – er kommt oft vorbei oder schickt jemanden. Wir haben viele junge Frauen, die in Paris arbeiten möchten und dann von ihrem Hausherrn oder einem Kollegen schwanger werden. Einige von ihnen verlieren, bedingt durch die Schwangerschaft – Madame weiß es sicher besser als ich – ihr Urteilsvermögen. Leider kommt es vor, dass sie ihre Kinder töten, und dann werden auch sie zum Tode verurteilt. Nicht selten, etwa wenn die Frau aus Lothringen kommt, lasse ich es Monsieur de Guise wissen, seine Mutter kommt dann vorbei. Sie fragen nicht viel, zahlen eine Strafe und suchen dem Mädchen eine Stelle, manchmal einen Mann unter ihren Leuten.«

»Er war allerdings nicht immer so umsichtig.«

»Ja, er hat seine grausamen Tage – manchmal kommt er ganz allein nach Montfaucon, manchmal sogar zu Fuß von der Stadt hoch und betrachtet sich die Leichen im Wind. Aber sie kommen ohnehin alle, der König mit den Mignons, die Chirurgen, Hugenotten wie Katholiken. Ich denke dann manchmal, wenn so eine große, elegante Gesellschaft vor unserer Anlage steht und die feinen Damen und Herren sich von ihren Leuten Wein und Gebäck reichen lassen, dann denke ich, diese Stadt wird verrückt. Verrückt vor Angst, vor Macht, vor Gewalt. Ich kann nicht alle zur Vernunft bringen, je mehr ich arbeite, desto größer wird die Angst, und alles beginnt von vorn.«

Montaigne nickt, signiert ihm noch die restlichen Bände, während Françoise bittet, nun zurückzufahren. Die Rückfahrt verbringen alle schweigend und in der Hoffnung, nicht nachts noch von den verlorenen Seelen und Gespenstern von Montfaucon heimgesucht zu werden.

Françoise bricht als Erste das Schweigen: »Micheau, Julien – ich weiß nicht genau, was Ihr so redet oder wer der kommende König wird. Aber ich spreche aus, was auch Ihr denkt, schätze ich: Diese Anlage, diese von Menschen hergestellte Hölle auf Erden, muss aufhören zu arbeiten. Sie muss abgerissen und vergessen werden. Oder man wird uns später für die letzten Barbaren halten. Die Leichen dieser armen Menschen haben es uns geflüstert, es muss aufhören, sogar der Henker selbst bittet dich darum! Micheau, hörst du. Daran wirst du und der, den du unterstützt, gemessen: Ob dieser Horror endlich aufhört! Alles andere, katholisch, protestantisch, das ist weniger wichtig. Die Grausamkeit ist es, was Ihr hier abstellen müsst.«

Montaigne sagt nichts mehr, Tränen laufen ihm über beide Wangen.

7

Der Guise

Kurz bevor sie wieder an der medizinischen Fakultät ankommen, schließt eine Formation von Reitern hinter ihnen auf und eskortiert sie bis zum Gebäude. Ihnen folgt augenblicklich eine offene, weiße Kutsche, vorne steht Henri de Guise und führt selbst ein Quartett weißer Pferde, die bemerkenswert rasch zu völligem Stillstand kommen. Er trägt seinen weißen Anzug mit einem deutlich sichtbaren Kreuz um den Hals, aber weder Hut noch Waffen. Am Gürtel baumelt sein silbernes *drageoir*, in dem er mit Zucker umhüllte Mandeln in Tropfenform bereithält, um Kinder und Greise zu erfreuen.

Guise springt mit einem Satz auf den Boden, strahlt über das ganze Gesicht, so dass seine berühmte Narbe prominent erscheint, und geht auf Françoise zu. Er ist wesentlich größer als sie und breitet beide Arme aus: »Madame, endlich! – Hier draußen also finde ich Sie? Paris besuchen, ohne unser Gast gewesen zu sein? Das wäre doch schade, finde ich«, und er verbeugt sich galant. »Wir haben die größten und barmherzigsten Werkstätten für Waisen, Arme und Witwen, das wird Sie interessieren, Ihre Ambition in diesen Fragen beeindruckt mich sehr, und auch meinen Bruder, den Kardinal von Lothringen.« Dann folgt auch Montaigne blinzelnd und bleich aus der Kutsche, noch ganz benommen.

»Montaigne!« Guise kommt näher, kniet sich mitten auf der Straße hin und umarmt mit beiden Armen die Oberschenkel des kleinen Mannes, lehnt seine Wange an den Bauch des Philosophen und schließt die Augen. »Wie gut, dich hier in Paris zu wissen in dieser kranken Zeit. Ich habe gehört, du warst bei Ihrer Majestät und sonst noch an vielen Orten – wie wäre es mit einem leichten Diner bei mir?«

»Du, wir waren gerade in Montfaucon und sind noch etwas mitgenommen.«

Guise drückt ihn fester. »Es ist ein fürchterlicher Ort, ich weiß.«

Françoise und Michel besprechen sich kurz abseits, und blicken sich um, winken Nicolas heran.

»Nicolas, kommst du uns nach? Nimm ein Pferd aus dem Hotel, oder eher ein Maultier.«

Nicolas beeilt sich, zurück zum Hotel zu kommen, dort alles zu erledigen und mit seinem Arbeitszeug in einer Satteltasche aufzubrechen. Er muss zur Seine und über den Fluss, dann ganz in die Nähe des Louvre. Das Tier ist niedrig und kräftig, es scheint den Weg nicht zum ersten Mal zu traben. Die lange Kolonne der Guise ist noch gut zu sehen, die Kutschen und Pferde haben gerade die Brücke passiert.

Nicolas trifft ein, als der ganze Zug entsattelt und ausgeladen wird. Obwohl Guise heute nur in Paris unterwegs ist, lärmt und staubt seine Gesellschaft wie ein königlicher Umzug. Entsprechend ausgestattet ist auch die Residenz der Familie: ein befestigter Hof mit mehreren Wohngebäuden, Wachunterkünften und Stallungen. Im Erdgeschoss des größten Gebäudes liegt ein sehr langer Speisesaal mit hohen und breiten Fenstern, so dass alle in der Stadt beobachten können, wer bei den Guise zu Tisch sitzt. Morgens werden die Tore geöffnet für Tagelöhner und Armenspeisungen, abends erst spät wieder verschlossen. Diese mächtige Familie ist stets zu sehen, stets zu sprechen.

Henri de Guise begleitet Montaigne und Françoise zu einem großen, festlich ausgestatteten Saal im ersten Stock, der in Größe und Anordnung der Salle de Conseil im Louvre in nichts nachsteht, bloß vielleicht noch etwas prächtiger ist. Dort schlägt er vor, sich bis zum Essen aufzuteilen: »Françoise, lassen Sie sich vor dem Essen unsere Werkstätten zeigen, in denen wir Frauen in Schwierigkeiten, also ledige Mütter, die schneller zu Kindern kamen als in den Stand der Ehe fanden, ihren Nachwuchs und Waisen aufnehmen, ihnen einen Beruf beibringen und vor allen Dingen sicher unterbringen. Meine Schwester leitet sie, sie erwartet sie schon.«

Werkstätten, Garten und Küchen und Ställe liegen nebeneinander, durch das Fenster sieht Nicolas, wie Françoise von der Schwester der Guise empfangen wird, sie trägt ein auffälliges Kreuz und rote Stiefel sowie einen roten Mantel. Françoise nickt und fragt etwas, aber was genau kann er auf diese Entfernung nicht verstehen, er sieht beide miteinander lachen.

Hinter dem Garten liegt ein schlichtes, helles Gebäude mit Werkstätten, einem Nutzgarten, einer Scheune und anderen Arbeitsräumen, darüber sind Quartiere. Etwas weiter erkennt sie eine moderne Wäscherei mit einem Kanal, Bleichflächen und Brettern. Überall arbeiten junge Frauen, eine Truppe Kinder rennt ihnen entgegen und redet auf sie ein, aber Françoise versteht kein Wort.

»Nur die wenigsten«, erläutert die Schwester von Henri

de Guise, »sprechen hier Französisch. Paris zieht Frauen und Familien aus allen Ländern an. Wir haben Polinnen, Deutsche, Kroatinnen und natürlich Bretoninnen, Baskinnen oder Spanierinnen. Viele überschätzen sich, halten es dann aber hier mit diesen Männern nicht gut aus.«

Françoise geht in die Hocke, um mit den Kindern zu plaudern. Die meisten wurden hier, in der Anlage der Guise, geboren. »Wir nehmen vor allem Schwangere auf und stellen keine großen Fragen. Das ist der Auftrag unserer Mutter. Wenn die Frauen einen Mann oder einen Beruf finden, verlassen sie uns, es ist ja kein Gefängnis. Selten kommt es vor, dass ein Mädchen unter den Männern meines Bruders einen Ehemann findet, dann kann die ganze Familie bleiben, davon gibt es schon einige. Hingegen wird es nicht gern gesehen, wenn die hier ein zweites Mal schwanger werden, das versuchen wir, der Mama zu verheimlichen. Es gab auch schon Ärger, weil Frauen ihre protestantische Konfession praktizieren wollten oder insgeheim der Magie nachgingen, also Puppen und Amulette hatten und so was.«

Françoise begrüßt eine Gruppe von Wäscherinnen: »Bitte entschuldigen Sie, dass wir Sie bei der Arbeit stören.«

»Uns ist jede Störung willkommen, ehrlich gesagt. Zur Not übergeben wir die Tageswäsche eben etwas später, es ist aber noch genug davon da, kein Guise muss nackt herumlaufen.«

Alle lachen.

»Wir sind zwar alle Mütter hier, aber auch alle Töchter. Dass ich mal was Schickes anziehe, ausgehe wie früher, daran ist hier nicht zu denken. Dafür können wir mit den Kindern ohne Angst vor Männern oder Schlägen leben, das ist auch was wert ... «

Die Frauen nicken.

»Jede von uns hat eine andere Geschichte. Manche sind früh verwitwet, andere ungewollt schwanger geworden. Und danach richtet sich auch, wie lange eine hierbleibt. Es gibt ja auch welche, die früher in Notre-Dame ...«

»Der Kathedrale?«

Die Frauen lachen wissend ...

Françoise versteht es nicht und fragt noch einmal nach: »Handelt es sich dann um Ordensschwestern, die sich verliebt haben?«

Die Frauen schauen einander an und suchen Worte, um nicht allzu schockierend zu klingen: »Notre-Dame ist bei uns in Paris nicht nur eine Kirche, an den Säulen dort ... können Männer auf Frauen treffen, die gegen etwas Geld ...? Wie Maria Magdalena?«

Françoise muss lachen. »Ich verstehe, und das wird in der Kathedrale eingefädelt? Aber hoffentlich nicht vollzogen?« Die Frauen kichern.

»Ist das denn bekannt? Was sagt der Kardinal dazu?«

»Ich glaube nicht, dass es den Kardinal stört, im Gegenteil. So ist die Kirche gut besucht.« Alle lachen. »Und ohne Sünde keine Beichte. An denen wird dort gut verdient. Besser als am Wäschedienst.«

»Was macht Ihr denn an den Abenden, wenn Ihr nicht mit einem Mann zusammenlebt und auch nicht ausgehen könnt?«

»Wenn die Kinder im Bett sind, erzählen wir uns Geschichten. Patrizia hier erzählt uns von dem Krieg wegen einer schönen Frau und den Kämpfern, die in einem hölzernen Pferd in die Stadt kamen. Von dem Riesen Goliath und dem König David. Oder wir reden über die Geschichte von Jesus und wer wohl sein Vater war. Oder über unser Leben und welche Heiligen uns helfen könnten.«

Etwas weiter entfernt betreten die Männer ein Treppenhaus aus hellen, neuen Steinen, das sie in einen Saal weit oben führt. Es hat zu allen Seiten Fenster, unter denen neue, gereinigte, geölte und geladene Hakenbüchsen hängen sowie jede Menge anderer Artillerie. Es gibt mehrere Arbeitstische und Pulte, an denen ernste Männer mit Bärten leise zeichnen, rechnen und konferieren. An den Wänden sind Landkarten befestigt, auf dem Tisch sind Papiere zu sehen und hölzerne Schiffsmodelle, schwarz und sehr genau gearbeitet.

»Diese Modelle schießen übrigens auch. Hätten wir als kleine Jungen auch gerne besessen, nicht wahr, Montaigne?«

Guise nimmt einen dünnen Holzstab mit silbernem Griff und erläutert Karten, Modelle und Projekte.

»Wir haben viel vor mit diesem Land, es gibt einiges zu reformieren im Königreich. Und nicht nur die Sitzordnung.« Er lacht und führt seinen Gast in einen Erker, außer Hörweite der anderen. Die Fensterbänke sind schmal, bieten aber Platz genug, um sich mit einem Bein darauf zu setzen. So hängt man dort wie ein Reiter.

Nicolas und der Sekretär der Guise stehen um einen runden Tisch mit Papieren, Stiften und Tintenfässern – frische und beste Ware. Der Mann der Guise bietet an, ihn mit Material auszustatten, aber Nicolas lehnt es ab, um nicht den Anschein zu erwecken, Hilfe nötig zu haben. Er hält sich an seinen Bleistift und versucht, Stichworte der Projekte zu notieren. Guise hat nur Augen für seinen Gast.

»Montaigne. Wie siehst du die Dinge?«

»Ich will es dir so sagen, wie ich es Seiner Majestät gesagt habe. Paris ist ein Dorf, und es würde nicht ehrlich sein, mal hier, mal dort anders zu reden. Frankreich ist instabil, und Eure Ambition, verbunden mit dem Geld aus Spanien, beruhigt es nicht, sondern trägt zur Verunsicherung bei. Deine Qualitäten sind unbestritten, aber deine Ambitionen richtest du auf ein untaugliches Ziel. So drohst du, alles zu verlieren.«

Montaigne blickt ihm dabei freundlich in die Augen.

Guise verteidigt sich: »Instabil sind die Valois. Ich fürchte, d'Alençon wird nicht wieder gesund.«

Bei dem Gedanken an den kranken Prinzen versagt Guise die Stimme. Er hat ihn ein Leben lang innig bekämpft, aber er kennt ihn eben auch seit Kindertagen. In diesem Moment muss Guise, mitten in seinem Arbeitssaal voller Leute, weinen, schluchzen und zittern vor Kummer. Es dauert einen Moment, bis er weitersprechen kann.

»Die Einzige in der Familie, die etwas von Staatsgeschäften versteht, ist die Marguerite, die Königin von Navarra, und die wurde von den beiden anderen Henris vom Spielfeld genommen. Wie selbstverliebt muss man sein, um derartig zu handeln?«

Er geht auf und ab, diese Themen bringen ihn auf.

»Ich habe Geld in Madrid und Brüssel aufgetrieben, denn auch dort wünscht man sich ein starkes Frankreich in einem geeinten, katholischen Europa. Ich habe den Rückhalt der Bürger von Paris, die richtige Konfession, wenn ich es auch damit nicht übertreibe. Mein Bruder ist Kardinal, und ich habe Pläne. Im Unterschied zu den Valois verliere ich meine Schlachten nicht, und ich verziehe mich auch nicht wochenlang in ein Büßerkloster und überlasse den Staat meiner Mutter. Ihr solltet uns mal im Conseil besuchen. Man glaubt es nicht! Die meiste Zeit spielt die Majestät mit den Hunden, oder wir reden viele Stunden über Details der Uniformen der Diener im Louvre. Und wenn ich lieber den Plan besprechen möchte, wie wir unsere Schwester Maria Stuart aus dem Gefängnis befreien, fängt er an zu weinen und beharrt darauf, selbst die Agenda zu leiten. Einmal kommt er mit einer Schleppe wie eine Braut, dann wieder völlig in Schwarz und befiehlt auch uns, alle in Schwarz wiederzukommen, weil ihn die Erinnerung an seinen Vater plagt. Ich habe auch meinen Vater verloren und sicher unter politischeren Umständen als er. Es ist doch wahr – der alte König wusste eben nicht, wann es mal gut ist mit Spiel und Spaß.«

Montaigne seufzt: »Ich weiß, ich weiß ja.«

»Schaut hier in den offenen Hof – das Volk von Paris ist jeden Tag hier bei uns, sei es zum Beten, um etwas Essen zu holen oder zu arbeiten, oft auch nur zum Schauen. Wir müssen uns nicht hinter Kostümen und Regeln verstecken, ich gehe ohne Waffen und ohne Wache durch die Stadt, an manchen Tagen auch nur im Hemd und auf einem einfachen Arbeitspferd.«

»Eure Verdienste sind unbestritten, aber für die Thronfolge haben wir ein Gesetz. Es steht über dem, was wir gut befinden.«

»Montaigne, ich bitte Sie. Gesetze sind von Menschen gemacht, und wir ändern sie, wenn sie nicht mehr zur Zeit passen. Ihr schreibt es selbst in den *Essais* – was zu den Leuten passt, wird Gesetz, aber das ist kein Wert an sich. Wenn sich die Leute ändern, muss man die Gesetze anpassen. Das salische Gesetz ist völlig unzureichend, aus einer ganz anderen Zeit. Und selbst danach – Navarre ist ein Cousin über so viele Ecken, ging es um das Erbe eines … ich weiß nicht … eines Bauernhofs, dürfte er ihn nicht erben, so weit entfernt ist die Verwandtschaft!«

»Dann geht die Krone nach dem Tod des Königs an dich? Und dann? Wenn der spanische König jemanden anderen unterstützt oder der Wind sich dreht an d'Épernon? Und die Protestanten? Bringt Ihr sie alle um wie damals?«

Guise wirkt zornig, aber auch verunsichert.

»Im Moment sind es die Protestanten, die eine Rache planen, das ist doch bekannt! Überall ihre heimlichen Schulen und Gebetsräume! Sie möchten an mir vollenden, was sie mit meinem Vater begonnen haben. Um dann hier alle mit ihrer Tugend und diesen Genfer Predigern zu tyrannisieren. Dass ich nicht lache, wie tugendhaft ist denn unser Held Navarre? Wie tugendhaft war es denn, meinem Vater aufzulauern?«

»Der Schütze, Poltrot de Meré, war doch nicht mehr ganz bei Verstand, das weißt du doch, Henri. Er hatte schon als junger Mann erklärt, deinen berühmten Vater umbringen zu wollen, da wusste er von den Hugenotten noch nichts.«

Henri nickte, das hatte die Untersuchung ergeben. Das Geständnis war nach Folter zustande gekommen.

Montaigne fasst nach: »Wie stellt Ihr Euch denn das weitere Vorgehen vor?«

Guise geht begeistert durch den Raum. »Es wird alles ganz logisch und natürlich ablaufen. Sollte der König bald und ohne Erben von uns gehen, wird ganz nach Eurem salischen Gesetz der Kardinal von Bourbon sein Nachfolger ...«

Montaigne lacht: »Ein Greis, der weint, wenn er jemanden sieht, der weint, und der lacht, wenn er einen lachenden Menschen trifft? Warum nicht gleich so einen dieser neuen Automaten, der sagt, was Ihr ihm befiehlt?«

Guise errötet, fährt aber fort.

»Ich führe doch schon seit Jahren die Geschäfte des Landes. Mit dem Papst, dem König von Spanien und den spanischen Niederlanden könnten wir eine katholische Allianz bilden, gegen die England und die Deutschen nichts vermögen. Und du, Montaigne, als katholischer Bücherschreiber, wirst mein Berater, der zweite Mann am Hofe, deine Tochter heiratet einen Infanten aus Spanien und unsere gemeinsame Freundin Marguerite ...«

Beide schweigen andächtig.

»Sie wäre die beste Königin, auch hier ist das salische Gesetz doch ein Hemmschuh, sie könnte wie Elisabeth das ganze Land zu unvergleichlicher Blüte führen.«

»Sie ist noch die Ehefrau von Navarre, würde mit ihm Königin ...«

»Montaigne, wir beide waren doch heftiger in sie verliebt, als es ihr Ehemann je war, bestreite es nicht. Einmal hat sie mit uns beiden getanzt, gelacht und ist uns dann doch entschwunden ...«

Sie hängen der Erinnerung an die Tage mit Marguerite noch schweigend nach, wie so viele Männer in Paris und anderswo. Montaigne hebt die Schultern: »Dein Plan klingt logisch, alles bliebe wie immer in Paris. Aber bei mir? All meine Brüder und Schwestern sind zum protestantischen Glauben konvertiert. Kaum einer meiner Nachbarn hängt noch dem Glauben unserer Kindheit an, und das liegt auch an Eurer Familienfehde mit den Colignys, an jener Nacht und Eurem Bund mit dem Ausland. Wegen mir, Henri, ich kenne Eure Qualitäten und weiß sicher, dass Ihr als König den Louvre nicht in eine Zuchtstation für Welpen oder in ein Modehaus umwandeln werdet. Aber die anderen Franzosen? Ein Guise auf dem Thron? Wir finden dann nie hinaus aus der irdischen Hölle, in die wir uns verlaufen haben. Wir haben nur einen Faden, der den Weg hinausweist – so dünn und fein er auch sein mag –, und das ist das Gesetz.«

»Ich bereite alles vor – wir haben die Gelder, die Truppen, den schwankenden König, und die Königinmutter ist auch auf unserer Seite.«

Montaigne glaubte, sich verhört zu haben? »Wer? Du brauchst mich hier nicht anzulügen, wir sind unter uns.«

»Ja, sie ist eine bewegte Großmutter, und ihr Enkel ist mein Neffe, er würde König, wenn wir übernehmen, das ist so abgemacht.« Montaigne vergräbt sein Gesicht in seinen Handflächen. »Guise, das glaubst du nicht im Ernst. Sie hat ein Leben lang Leute miteinander verheiratet, so dass sie mit halb Europa verwandt ist. Sie ist auf Eurer Seite, solange sie mit Euch in einem Raum ist, das wisst Ihr doch. Sie wird immer ihren Sohn stützen und nutzt die Treffen mit Euch nur, um Euch auszuhorchen.«

»Ich bin gut katholisch – ich habe mit ihr auch über Italien gesprochen, wir Guise könnten dort einige interessante Feldzüge gewinnen.«

Montaigne wurde allmählich zornig. »Kriege im Inneren und Kriege im Äußeren – so sieht Eure Zukunft aus? Neue Kriege, um die Sorgen aus den alten Kriegen zu verdrängen? Um das Geld zu erbeuten, die alten Feldzüge zu bezahlen? Guise, Ihr werdet das nicht überleben, wenn Ihr nur an Projekte denkt und nicht an das Ganze.«

Guise besieht sich nun, um sich aus dem verfahrenen Dialog abzulenken, Zeichnungen neuer Waffen und studiert die Post, die ihm überreicht worden ist.

Montaigne brüllt: »Ihr liebt den Krieg nicht, weil er gerecht wäre, sondern weil er Krieg ist!«

»Ihr seid zu streng mit uns. Schaut, hier wird mir berichtet, dass eine protestantische Schule im Süden der Stadt ausgehoben werden sollte, wenn meine Schwester nicht interveniert hätte. Wir werden schon alle gut miteinander auskommen, Montaigne.« Guise greift zu seinem *drageoir*, löst es vom Gürtel und bietet Montaigne eine Süßigkeit an, der freundlich ablehnt. »Ich wurde als Kind an Speck und Gurken gewöhnt, diese Neuerungen sind, wie so viel andere, nichts für mich.« Guise steckt sich gleich zwei in den Mund, wie zum Trost, und amtet schwer aus. Er schwitzt.

»Eure Liga erhöht den Druck auf Andersgläubige, und Ihr nehmt ihn dann wieder weg, um als guter Staatsmann und Mittler zu gelten. Lasst doch die Menschen selbst erforschen, ob diese Neuerungen ihnen passen. Ihr seid das beste Beispiel. In der Jugend kannte man kaum einen, der, sagen wir, besser unterrichtet war über die Reformation.«

Guise studiert den Bericht. »Ich glaube, dieser Fall ist speziell, es geht um eine Mühle – ach, und ich kenne die Frau, um die es da geht, schon lange.«

Nicolas wird hellhörig, lässt sich aber nichts anmerken.

»Guise, haltet Euch doch an Euren verblüffenden Rang und stellt Eure militärischen Fertigkeiten in den Dienst der Krone, statt selbst König werden zu wollen. Es ist doch ein fürchterlicher Beruf, ich kenne keinen schlimmeren.«

»Ihr müsst es ja auch nicht mit ansehen, wie er es macht. In welchem Zustand ist Frankreich? Wie elend müssen die Leute leben, wie leicht machen wir es äußeren Mächten?«

»Das sagt nun der Richtige, mein Freund: Jeder Besucher Eures Hauses ist beeindruckt von dem guten Wein, den schönen Gebäuden, Euren Waffen und Kleidern, aber ohne Geld aus Spanien wäre der Effekt nicht zu erzielen ...«

Guise lacht laut auf. »Montaigne, Ihr seht die Dinge zu schwarz, Ihr hängt zu sehr in Eurem Turm und mit den staubigen Büchern. Wir werden jetzt Maria Stuart befreien, dann in den spanischen Niederlanden als ehrliche Makler auftreten und einen großen Teil für uns gewinnen. Noch nutzen wir das Gold der Spanier, welches sie ja, wie wir beide wissen, von Euren Freunden, den Kannibalen, gestohlen haben, dann aber werden wir das Blatt wenden und Madrid wieder auf die Plätze verweisen.«

»Wie es auf den Azoren ja schon so dermaßen glanzvoll geklappt hat!«

Guise wird seinerseits zornig über die Anspielung: Dort

war eine französische Expedition von den Portugiesen besiegt und massakriert worden.

»Nun ist es aber mal genug. Selbst Ihr in Eurem Turm habt von dem Schwur der Könige von Frankreich gehört, den Glauben zu bewahren und seine Feinde zu bekämpfen. Wie will Navarre das denn schwören? Seine Mutter ist eigens zur Beerdigung von Jean Calvin nach Genf gereist. Die Leute werden ihn auslachen. Und welche Truppen kann er schon aufbringen? Und Ihr, Montaigne, isoliert unter Protestanten. Wer schützt Euch denn, wo sind Eure Soldaten?«

»Geld für Soldaten, die Euch Macht erkämpfen, um noch mehr Geld für noch mehr Soldaten aufzutreiben. Euch geht es im Krieg nicht um den Glauben oder um eine Sache, sondern einfach nur um den Krieg.«

»Die Azoren, das war bloß ein Versuch, Montaigne, Sie müssen es doch als Erster wissen, ein *Essai*. Der nächste Schlag wird die Armada erledigen, in diesem Raum befinden sich schon die Pläne für schnelle Schiffe von ungeahnter Schlagkraft, ich werde sie Ihnen bei Gelegenheit einmal zeigen. Aber ich möchte einen großen Geist nun nicht länger langweilen. Lasst uns doch zu Eurer Ehefrau zurückkehren, ich bin neugierig darauf zu erfahren, wie es ihr bei uns gefällt.«

Nicolas nähert sich beim Hinausgehen dem Sekretär der Guise, einem dunkelhäutigen, älteren Mann. »Kollege, könnte ich die Botschaft von vorhin einmal sehen und abschreiben? Könnte wichtig werden für die Termine von Montaigne.« Er gibt ihm das ganze Bündel der Tagesberichte aus Paris, als wären es die Schalen vom Gemüse des Mittagessens, ohne ihn weiterer Worte zu würdigen.

Auf dem fraglichen Blatt stand kein ausführlicher Bericht, es war eine kurze Notiz der Schwester: »Marie wäre mit ihrer protestantischen Klippschule beinah aufgeflogen und festgenommen worden. Ich bin dann hin, und Pierrat hat die Sache geregelt – aber wie lange sollen wir noch über sie wachen?« Nicolas steckt sich den Brief in den hinteren Bund seiner Hose, noch völlig geschockt, und hofft auf eine Verwechslung.

8

Catherine

Montaigne schläft noch, als Françoise längst am Fenster steht und auf die schlammigen Wege schaut.

Man hat ihnen einen Korb mit geeistem, in Zucker eingelegtem Obst vor die Zimmertür gestellt, nie hatte sie etwas derart Süßes zu sich genommen, die Zähne schmerzen davon. Sie nimmt eine Orangenscheibe zwischen Daumen und Zeigefinger und hält sie ans Fenster. Wenn genug Licht hineinfällt, kann man eine Sonne darin erkennen. Ihre Unterkunft ist wie ein Palast ausgestattet, und jeder Wunsch wird erfüllt, bevor man ihn ausgesprochen hat, und so langsam wird auch ihr klar, wer das alles bezahlt und zu welchem Zweck sie und ihr Mann nach Paris eingeladen wurden. Vielleicht wird alles gut, aber dass das nun von ihrem Mann abhängt, der so viel schon durchgemacht hat? Sie sieht ihn durch den Vorhang des Betts, so mager, kurz und verknotet, die Haare am Kopf und im Bart schon grau, wie immer unter einem einzigen Laken liegend, als würde er sitzen. Dann, sich allmählich räkelnd, und noch bevor seine Augen geöffnet waren, schon fragend:

»Warum ist der Schlaf solch ein großer Teil unseres Lebens?«

Er trägt seine Mütze und ein Hemd, um den Bauch hat er sich über Nacht sein Hasenfell gebunden. Er blinzelt, als würde er zögern, ob er ins Paris des Frühjahrs 1584 gleiten soll oder doch zurück in seine Traumwelt ohne Datum.

»Ich habe wieder von La Boëtie geträumt, wie immer, wenn solche Tage bevorstehen. Ich ritt unten, und er saß hoch oben in einer Eiche und lachte, ohne aufhören zu können, als er sah, wohin ich ritt, und ich wusste noch gar nicht, was mich erwartet.«

Montaigne steht auf, umarmt seine Frau und flüstert: »Der große Tag!« Dann geht er langsam in sein Ankleidezimmer. Ein Diener bringt eine Schüssel und eine Kanne mit warmem Wasser, er setzt sich, um sich von der Kopfwäscherin Haare und Schädel mit einer Mischung aus Wasser und Lavendelparfüm säubern und massieren zu lassen. Dann lässt er sich den Bart einweichen und schneiden, schließt die Augen und schläft beinahe wieder ein, während ihm warme Tücher über Gesicht und Hände gelegt werden. Er geht in ein Nebenzimmer, auf den Toilettenstuhl, es dauert wegen der Steine und des Sands etwas länger. Es ist ein Neubau, daher steht der Stuhl direkt über einer Latrine, die nach außen führt. Montaigne kann durch die Öffnung und den Abwasserkanal das Gras neben dem Haus erkennen. Danach reinigt er seine Zähne, erst mit einem frischen Handtuch, dann mit etwas korallenrotem Gummi.

Der Diener bringt ihm ein gestärktes, langes Unterhemd, darüber kommt ein fließendes, edles blütenweißes Hemd, das ihm fast zu den Knien reicht. Dann reicht ihm der Diener einen Korb mit den zusammengerollten Seidenstrümpfen, die er sich tagträumend über Füße und Beine zieht und mit einem schwarzen Strumpfhalter befestigt. Danach steigt er in eine kurze schwarze Hose, der allerneusten

Mode entsprechend hat sie einen etwas diskreteren Latz. Als er diese Kapsel aus teurem Stoff mit feinen, scharfen Nadeln unmittelbar vor seinem Penis fixieren muss, flucht er. An solchen Kleinigkeiten merke man doch, dass die Welt von Frauen regiert wird.

Über seine Füße zieht er sich weiche, weiße Innensocken, darunter schnallt er ein dünne Sohle. Er steht auf, hebt die Arme, um sich ein schwarzes Wams anlegen und zuknöpfen zu lassen. Die Ärmel werden geschlossen, ein Kragen angelegt. Er soll wählen zwischen der traditionellen Fraise, etwas höher und gewellt, und einem enganliegenden Rollkragen, der ist typisch für diese Zeit – man kann ein Flechtwerk aus Eisen darunterziehen. Montaigne wählt die Fraise, der Diener bringt den Gürtel, schmal und kaum getragen, und fragt, welche Waffen, Schlüssel oder Taschen er heute benötigen wird. Montaigne zieht sich erst eine, dann eine weitere Mütze über den Kopf und denkt über die Antwort nach.

»Ich kann dort nicht mit Dolch und Schwert erscheinen, aber so ganz ohne alles – nicht dass sie das als Geringschätzung ansieht.«

»Wir hätten eine Auswahl an leichten italienischen Zierschwertern und Dolchen, mit denen sie an jedem Hof eine gute Figur machen!«

»Diese langen, dünnen Dinger, mit denen man kaum sein Brot schneiden kann, die dazu immer noch zwischen den Beinen baumeln? Mehr Schmuck als Werkzeug? Daran werde ich mich nicht gewöhnen, fürchte ich.«

Er kehrt erst nach einer Stunde ganz angezogen ins Zimmer zurück, Françoise bespricht gerade mit einer Hausdame ihre Agenda für diesen Tag. Sie geht ihm entgegen, begutachtet ihn aufmerksam.

»Micheau, das müssen wir etwas korrigieren, diese

Diener hier arbeiten zu gewissenhaft. So sehen Sie aus wie ein Höfling, sie hat aber nach Montaigne geschickt.« Sie öffnet ihm den rechten Ärmel, lockert den Kragen und zupft an einem Bein, bis der Strumpf leichte Falten wirft.

»Thema Schwert, da habe ich doch das gute Stück meines Vaters in der Truhe mitgeführt, er hatte es auch in Italien dabei, das könnte sie wiedererkennen.«

»Dieses riesige rostige Eisenteil? Warum nicht gleich eine Keule wie die Vorfahren, oder den Stoßzahn eines Narwals? Damit sie denkt, Ihr haust in einer Höhle? Ich habe hier schon etwas besorgt, der Concierge hat es eben hochgebracht und mir versichert, die Mignons hätten ebensolche bestellt.«

Sie nimmt ein schwarzes Etui aus einem Beutel, über dem nur ein langer Griff mit einem eleganten, ovalen Knauf zu sehen ist. Vier Perlen sind darauf angebracht, ein Kreuz andeutend.

»Hier, dazu gehört eine Kette aus weißem Silber, die ich ebenfalls geliehen habe.«

Montaigne seufzt. »So etwas hat der Joyeuse auch getragen, bleibt mir denn nichts erspart?« Er zieht den Modedolch aus dem Futter und befühlt die Klinge – nicht mal ein Ei ohne Schale könnte man damit verletzen.

»Wie wollt Ihr als ein Mann der Zeit gelten, wenn Ihr Euch kleidet und gebt wie Euer eigener Vorfahr? Vielleicht hätten wir Euch auch so ein froschgrünes Kostüm machen lassen sollen?«

»Je nachlässiger ich dort erscheine, desto besser – es ist überhaupt der einzige Weg, in Paris aufzufallen, indem man gar nichts darauf gibt, wie man so aussieht.«

Dann geht es schnell. Eine laute Eskorte fährt vor dem Palast vor, ein Dutzend Schweizer Garden vor der Karosse, ein weiteres dahinter. Solche Züge warten nicht gern, und

Montaigne schafft es gerade noch hineinzuklettern, seinen doppelten Hut auf dem Kopf mit der Hand festhaltend.

Nicolas ist unterdessen in der Mühle in Debatten verstrickt. Er ist mit dem Zettel der Guise zu seiner Mutter gegangen und fragt sie nach ihrem Verhältnis zu der katholischen Familie aus Lothringen. Sie ist umgeben von dünnen Kindern, deren schweres Schicksal sie Nicolas leise erzählt. Als er ihr den Zettel zeigt, gibt sie vor, nicht genau erkennen zu können, was dort steht. Er liest es ihr vor. Sie diskutiert jeden einzelnen Punkt. Sie heißt nicht Marie, war nicht in Schwierigkeiten und hat noch nie Hilfe benötigt. Sie strahlt ihren Sohn an, während beide am Küchentisch der zunehmend leerer wirkenden Mühle sitzen.

Sie nimmt den Umweg über die logische Inkonsistenz der jungfräulichen Geburt, die Verbrechen der Kirche und die relative Überzeugungskraft der Reformation, deren Verbrechen aber auch zahlreich sind. Dieser Typ Martin, letztlich nur ein feister Mann, der wie alle Männer nur an sich selbst interessiert ist, daran, berühmt zu werden und so. In ihrem Vortrag, der alle Länder, Religionen und Dynastien umfasst, wirken alle belastet, korrupt und verzweifelt – außer sie selbst. »Letztlich legen dich alle rein, die Pfarrer, die Protestanten und die Guise erst recht.« Nicolas fasst nach: »Dann kennst du die Familie?«

»Ach«, winkt sie ab, »jede und jeder in Lothringen hat doch von denen schon gehört. Aber mich interessieren keine berühmten Leute. Das weißt du doch. Du musst nun leider in solchen Kreisen verkehren, wenn du nicht verhungern möchtest. Wie gut bist du eigentlich? Judith ließ durchblicken, dass deine Schwünge und Linien noch etwas Übung gebrauchen könnten? Ich stelle eine frische Lampe auf und hole mal einige Übungsfedern, ich schlafe ja eh nicht mehr. Kind, nun wird gearbeitet!«, verkündet sie fröhlich und findet in die Rolle ihres Lebens, jene der Lehrerin, die in der Unterrichtsstunde lebt, ohne Geschichte und ohne Familie, die die Fragen stellt, statt welche beantworten zu müssen.

Der Zug bewegt sich auf den Louvre zu, biegt dann aber ab und fährt mit hoher Geschwindigkeit und einer gehörigen Staubwolke im Hof eines Stadthauses von königlichen Dimensionen ein. Montaigne fällt der perfekt angelegte Garten auf, die kunstfertige Bauweise und neben dem Hauptgebäude eine hohe Säule, die fast in den Himmel ragt und doch verbunden ist mit den Stockwerken des Hauses, so dass von allen Fluren ein Zugang möglich ist, um hinaufzusteigen und die Sterne zu beobachten.

Montaigne wird protokollarisch formvollendet eskortiert, gleitet in hohem Tempo in Treppenhäuser und über Flure – hier herrscht die Genauigkeit eines mechanischen Systems. Warten muss er nicht, eine Tür geht auf, die nächste, kein überflüssiges Wort fällt. Michel stellt sich vor, geschrumpft zu sein und ein Uhrwerk zu besuchen.

Am Ende eines mit geflochtenen Gräsern ausgelegten Flurs erwartet ihn eine Dame von beeindruckender Statur, ganz in Schwarz, die Haare unter einer bestickten, mit Perlen besetzten Haube, ihre Hände in den Taschen ihres Hausmantels verborgen. Madame de Pierrevive – die Vertraute und Baumeisterin der Königin, gleicht ihr von Tag zu Tag mehr.

»Montaigne, wir warten seit Wochen auf Euch. Wie gefällt es Euch in meinem Haus? Eigentlich hatten wir es für Majestät den Prinzen von d'Alençon gekauft und eingerichtet, aber nun steht es leer, da dachte ich, Ihr seid dort sicher ...«

»Ach, bis auf einen bis zu den Zähnen bewaffneten

Gascogner, der plötzlich im Schlafzimmer stand und drohte, war alles ganz friedlich.«

»In diesen Zeiten ist man nirgends mehr sicher, jeder muss sich selbst misstrauen. Die arme Königin ist nicht nur vom« – sie bekreuzigt sich rasch, fast unmerklich – »Unwohlsein ihres jüngsten Sohnes erschüttert, er hat ihr und uns schon davor das Leben nicht leicht gemacht. Ich fürchte, es war die verlorene Schlacht in Antwerpen, die ihn umgebracht hat ... diese Schmach, sein bester Freund ertrunken, all die getöteten Adligen, gefallen gegen gewöhnliche Bürger.«

Montaigne nickt: »In diesen Städten leben Bürger wie unsere Adligen, das hat er unterschätzt ...«

»Die Königin hat es sich schon lange abgewöhnt, eine Partei zu ergreifen, es wäre auch schwierig, ihre Kinder ziehen gegeneinander in den Krieg. Und was ist der Dank der Prediger und Propagandisten? Jeder Untat wird sie bezichtigt. Erst vorige Woche mussten wir gegen ein Gasthaus vorgehen, das die angebliche Leibspeise der Catherine de Medici anbot: junge Krähen mit Kohl.« Sie verzieht ihr Gesicht zu einer Grimasse. »Wer kommt auf solche Gedanken? Aber sie hält sich noch gut, für diese Zeiten. Wir werden sie noch vermissen. Ich habe Sie schon angemeldet. Und bitte, verzeiht mir, aber obwohl ich Sie schon so lange kenne ...«

»Tauschen wir das mündliche Siegel? Ich bitte darum – wenigstens Sie halten mich in meinem fortgeschrittenen Alter noch für eine mögliche Gefahr. Es ist die scharlachrote Katze, ich weiß auch nicht, wie sie seinerzeit darauf verfiel, vermutlich hat Marguerite –«

Madame bedeutet ihm, nicht weiterzureden – und nickt. Dann geht sie zu der Tür, die nur sie berühren darf, und öffnet sie schwungvoll ohne ein Wort.

Catherine sitzt noch an ihrem Schreibtisch, als er in ihr Zimmer gebeten wird. Der gebeugte Rücken wirkt mächtig, wie ein Felsen. Ihre Hände, von denen ihre schwarzen Handschuhe nur die Fingerspitzen freilassen, schreiben in beträchtlichem Tempo. Der ganze Tisch ist voller Papierstapel, darunter Briefe und Nachrichten, aber auch Landkarten, Zeichnungen und Berechnungen. Und eine Mappe, in der sich Zeichnungen von jungen Männern und Frauen befinden, Porträts ihres Gesichts und ihrer ganzen Gestalt: die Zentrale ihrer stets tätigen Heiratsagentur.

Ohne sich umzudrehen, murmelt sie eine Bitte um Geduld, nimmt dann die Büchse mit Löschsand und streut sie über das Papier. Dann hebt sie den Bogen an, faltet ihn mehrfach und legt ihn in den Korb zur sofortigen Abholung, auf den hohen Stapel frischer Briefe.

Nun erst erhebt sie sich und wendet sich ihrem Gast zu. Eine Frau von 65 Jahren, Mutter von zehn Kindern, Witwe eines Königs, Mutter von drei Königen und seit X Jahren Regentin Frankreichs. Ihre schwarze Kluft ist ein nationales Symbol, jedes Schulkind kann sie zeichnen und erkennt ihre Silhouette auf Flugblättern, die sie verspotten und verleumden. Es gibt erfolgreiche Bücher über ihr Leben, aber noch mehr Gerüchte, Spottverse und Hasspredigten. Vom Inzest zum Giftmord gibt es kaum ein Verbrechen, das man ihr nicht schon zugetraut hat.

Montaigne verneigt sich ein wenig, der alberne modische Dolch an seinem Gürtel baumelt zwischen seinen Knien und streift dabei fast den Boden. Statt der üblichen Ehrbezeugungen begnügt er sich mit einem knappen Wort: »Signora.«

Sie stoppt ihn mit ihrer ausgestreckten Handfläche – »Montaigne, wir haben nicht viel Zeit. Ich hätte Sie nicht vom Kartenspiel mit Frau und Tochter herbestellt, wenn es nicht eilig wäre.« Sie bewegt sich wie von unsichtbaren Fäden gezogen über den Fliesenboden zu den breiten Fensterbänken, auf denen seidene Polster mit Blumenmustern ausgelegt sind. Montaigne nimmt ihr gegenüber Platz.

Sie schweigt, wie um sich auf den Wortlaut einer Ansprache zu besinnen, über die sie lange nachgedacht hat: »Ich war so alt wie Ihre Léonore, als ich hierher nach Frankreich verheiratet wurde. Und etwas später …«

Sie nickt einem Diener zu, der sich, in einer gut eingeübten Choreographie, mit einer Karaffe und einem Glas nähert, über dem zunächst eine weiße Serviette liegt. Ungefragt schenkt er Wasser ein, serviert es Montaigne. Er nutzt dazu eine Pause im Vortrag der Königin – ein Zusammenspiel, in dem beide Übung haben.

»Etwas später«, fährt Catherine fort, »war es ein Glas Wasser, das den Lauf meines Lebens änderte, denn der Junge, der davon trank, starb daran. Es war der Dauphin von Frankreich. Mein Ehemann wurde an seiner Stelle Dauphin, der Nachfolger des großen François. Ein einfaches Glas Wasser, wie Ihr es gerade in der Hand habt.«

Montaigne muss lachen: »Majestät verstehen es, einen Gast willkommen zu heißen.«

Catherine lächelt. »Der junge Mann, der dem Prinzen das Glas eingeschenkt hat, gehörte zu meinem Gefolge. Er musste sterben, obwohl er nichts dafürkonnte. Das Wasser war klar und rein, der Körper hingegen war krank – aber das hatte niemand bemerkt. Ich wurde Königin – und konnte doch ebenso wenig dafür. Dann dauerte es viele Jahre, bis ich schwanger wurde. Prozessionen, Hilfsmittel, nichts half. Bis ein Arzt meinen Mann untersuchte. Er sah, was ich nicht wusste, denn ich hatte in diesen Fragen keine Erfahrung, ebenso gut hätte ein Mann mir weismachen können, dass – ich weiß auch nicht. Jedenfalls lag es einfach an der Stellung, in der wir zu zeugen versuchten. Nun, ich wurde zehnmal schwanger und in der empfohlenen Position gefiel es mir auch wesentlich besser.«

Ihr Gesicht verrät keine Empfindung. Montaigne reibt verlegen seinen Schädel mit dem edlen schwarzen Leder seiner Mütze.

»Zehnmal habe ich ein Kind zur Welt gebracht, sehr bald werden mir nur zwei davon verbleiben, sie könnten extremer nicht sein, wie Sonne und Mond. Aber Ihr kennt das, auch Ihr und Françoise habt Kinder in jungen Jahren verloren. Reden wir nicht über diesen unvergleichlichen Schmerz, dem selbst Könige hilflos ausgeliefert sind.«

Nun wendet sie ihren Kopf vom Fenster weg und blickt ihn unvermittelt an.

»Montaigne, ich will Ihnen sagen, wie ich die Dinge sehe. Seit Jahren bemühe ich mich, das Land zusammenzuhalten, und komme langsam an mein Ende. Meine Kinder führen einen mehr oder minder offenen Krieg gegeneinander, und unsere Familie gleicht einer Kerze, die an beiden Enden brennt. Henri hat keine Kinder, sein Bruder liegt im Sterben, auch er kinderlos. Ich habe getan, was ich konnte, und nun stehe ich vor der Wahl, an welche andere Familie die Krone Frankreichs gehen soll. Guise, Sie haben ihn besucht – er wäre der ideale König ... «

Montaigne neigt zweifelnd sein linkes Ohr in Richtung der Schulter, aber Catherine setzt ihren Vortrag fort.

»Er verfügt über gehörige Mittel, die Bevölkerung von Paris liebt ihn, und den Segen der Kirche hat er allemal. Ich traue ihm auch zu, die Spanier auszutricksen, und nach Deutschland hat er auch sehr gute Verbindungen. Er schickt den alten Kardinal vor, übernimmt dann von ihm, und irgendwann wird mein geliebter Enkel König von Frankreich. Denn das immerhin ist das Gute an Heiratspolitik, in jeder Familie hat man Verwandte!« Sie lacht ein kurzes, tristes Lachen.

»Oder, Madame«, wagt sich Montaigne vor, um endlich zum Thema ihrer Zusammenkunft zu finden, »wie wäre es mit Ihrem Schwiegersohn?«

»Montaigne, er ist genau der Grund, aus dem Sie heute hier sind. Sie kennen meine Meinung über Navarre. Er stinkt wie ein Ziegenbock, ist ein Lügner, zweifacher Eidbrecher, fürchterlicher Ehemann, Angeber und Feigling. Navarre versteht nichts vom Haushalt, nichts von Kriegsführung, und sein Interesse an Kunst und Wissenschaft beschränkt sich auf Kochbücher. Meine einzige Genugtuung ziehe ich aus dem Umstand, dass er meine Tochter heiraten musste, die sogar eine noch größere Plage ist und – bitte, unterbrechen Sie mich nicht – die irdische Strafe für meine Sünden.«

Montaigne möchte gute Worte für die geschmähte Tochter einlegen, aber Catherine wechselt das Thema: »Sie haben von meinen Sünden vielleicht gehört? Der *Discours merveilleux* über mein Leben, mit dem berühmten ersten Satz: ›Catherine ist vor allem eine Florentinerin ...‹ Ich frage mich – Sie sind ein Mann der Bücher –, ich frage mich, wer dieses Pamphlet eigentlich geschrieben hat? Viele Menschen haben es gelesen. Wer nicht lesen kann, dem wurde es erzählt, und damit wurden die Geschichten über mich noch schlimmer. Es ist sehr gut geschrieben, selbst ich musste ordentlich lachen, aber wenn ich davon absehe, ist es eine einzige Majestätsbeleidigung. Das ist nun schon einige Jahre her, aber sollten sich nicht einmal Untersuchungsrichter dieses Themas annehmen, wer kann schon so gut schreiben und wer kennt mich so gut, über meine Tochter beispielsweise?«

Montaigne sucht einen entfernten Punkt an der Zimmerdecke und überhört die Drohung, die ihre Frage impliziert, greift stattdessen ein unverfänglicheres Stichwort auf: »Ich war in Florenz und haben eigens den Palazzo Pitti besucht, um mit eigenen Augen anzusehen, wo Ihr geboren wurdet.«

»Ich habe keine Erinnerungen an diese Stadt oder an Italien überhaupt. Jedenfalls keine schönen.«

Sie erhebt sich, gleitet wieder über den Boden zu ihrem Schreibtisch. Sie stellt sich davor, lehnt eine Hand lässig auf den Stapel Bücher. Die Vorreden und gegenseitigen Vermessungen sind nun beendet. Nun spricht sie mit der Stimme des Staates, mit der Stimme Frankreichs.

»Montaigne, ich möchte, dass Ihr Navarre aufsucht, um ihn darauf vorzubereiten, dieses Land zu regieren. Er soll einmal mehr den Minderheitenglauben seiner schrecklichen Mutter ablegen, seine überheblichen, auf Rache und Ruhm sinnenden hugenottischen Freunde loswerden, ebenso und vielleicht zuallererst meine Tochter, und sich irgendwie in den Stand versetzen, König von Frankreich zu werden.«

Montaigne windet sich, als würde man ihm ein Dutzend lebender Aale in den Schoß legen. »Signora, ich habe eine dumme Frage – warum?«

»Bitte? Ich fürchte, lieber Montaigne, ich folge nicht ganz.«

»Nun, warum soll Henri all das auf sich nehmen? Ihr habt mich nicht kommen lassen, damit ich ein Illusionstheater für Euch entwerfe – es ist die Frage, die er mir auch stellen wird.«

»Montaigne, dann richten Sie meinem Schwiegersohn freundlicherweise aus, dass es seine Pflicht seit Geburt an ist, die Kontinuität der Krone Frankreichs zu gewährleisten und seine eigenen Neigungen, Ansichten und Interessen hintanzustellen, so wie ich es seit vielen Jahrzehnten tue. Es ist einfach seine Pflicht.«

Montaigne bildet mit seinen Augenbrauen zwei Halbkreise. »Es freut mich, dass Ihr, bei allem, was Ihr erlitten habt und gerade erleidet, den Humor nicht verloren habt.«

Catherine muss lachen. »Nun, ich verstehe.« Aber dieser Einwand passt nicht zum Verlauf des Gesprächs, wie sie ihn sich vorgestellt hat. Sie macht eine Pause. »Sagen Sie ihm, als König von Frankreich kann er jagen, so viel er möchte, und die schönsten Frauen des Königreichs stehen Schlange, um in sein Bett zu steigen, und danach erwarten ihn die köstlichsten Bankette und Tafeln.«

»Majestät, ich bewundere, wie sehr Sie sich in einen Mann seines Alters einfühlen können, denn das, was Sie ihm in Aussicht stellen, ist exakt sein Alltag in Navarra, wo überdies ... «

»Das Wetter besser ist als in Paris, mir müssen Sie das nicht sagen.«

Catherine lässt ihre Pupillen blitzschnell in den oberen rechten Bereich ihrer Augen wandern. Ihr legendäres Gehirn, in dem schon alle Winkelzüge der Politik simuliert und vollzogen wurden, ist in Arbeit.

»Ja. Natürlich. Warum sollte jemand irgendeine Unbequemlichkeit in Kauf nehmen, um seine Heimat von Bürgerkriegen zu erlösen? Das sind vielleicht die Fragen der neuen Zeit. Wisst Ihr was, Montaigne?«

»Majestät, das frage ich mich auch immerzu – was weiß ich schon?«

»Ich habe Euch kommen lassen, damit Ihr Euch auf genau diese Frage von ihm vorbereitet: Warum soll Navarra sich darauf einlassen, gegen Guise, gegen die Liga, gegen Spanien König von Frankreich zu werden? Und in seinem jedenfalls momentanen Glauben noch die ewige Verdammnis zu erwarten, denn sicher muss er ja abermals konvertieren. Wir finden das schon wenig amüsant, aber seine Reformierten finden diese Rückfälle zu uns richtig frevlerisch. Nun Montaigne – Ihr werdet es zufriedenstellend beantworten. Für mich, für Navarre und für Frankreich. Darum habe ich Bellardi geschickt, Euch nach Paris zu bitten. Ihr kennt mich, durch Vermittlung meiner Tochter – aber bitte reden wir nicht von ihr – seit Kindesbeinen. Ihr seid beiden Seiten gleichermaßen vertraut und gleichermaßen fremd. Wie Ihr das hinbekommen habt, weiß ich nicht – das weiß im Übrigen ganz Frankreich nicht.«

Montaigne nickt ihr zu, als sei dieses Rätsel auch und zuallererst ihm selbst eines.

Sie markiert eine kurze Pause und legt ihre Hände parallel nebeneinander, die Fingerspitzen zeigen zu ihm. Sie sind ganz ruhig.

»Lieber Montaigne, es ist eine arg schmale, gewundene und unsichere Gasse, die uns hier ins Offene führt, aber ich sehe im Augenblick keine bessere. Ich sehe überhaupt keine andere.«

Sie steht auf und beendet so die Unterredung.

Montaigne erhebt sich ebenfalls und versucht, noch Zeit zu gewinnen. »Madame, Frankeich hat einen König: Euer Sohn ist noch jung und bei guter Gesundheit.«

Sie lächelt warm. »Henri saß eben hier, auf diesem Polster, auf dem Ihr gerade sitzt, und hat geweint. Er trug ein weißes Büßergewand und war barfuß, draußen wartete seine Bruderschaft. Er hat mir die Regentschaft übertragen, erst einmal für sechs weitere Wochen, aber eigentlich mache ich das ja ununterbrochen. Ich fürchte, er verliert bald den Verstand, beziehungsweise er zieht um in höhere, geistliche Gefilde – wenn das nicht schon längst der Fall ist.«

Montaigne fasst sich ein Herz: »Was die Königin, Eure Tochter, angeht ...«

»Schon gut, Montaigne, ich bin ja kein Monster. Eben habe ich ihr eine beträchtliche Summe anweisen lassen. Niemand weiß, wo sie sich gerade aufhält, aber ich hörte, sie hat nicht mehr genug, um Lebensmittel zu kaufen.«

Montaigne nickt. Er sieht ein, dass dies ein Treffen ist, in dem es nicht um seinen Rat geht.

»Grüßen Sie Françoise von mir, sie ist heute im Bureau der Armen gewesen und vorhin noch bei den Wäscherinnen, also den ehemaligen gefallenen Mädchen. Führen Sie sie doch auch einmal zu den Künstlern und Schneidern, und dann gehen Sie zusammen aus, zum Ball, zum Bankett, in die Häuser von Paris und vor allem in die große Halle des Justizpalasts, ein Weltwunder. Die Barmherzigkeit ist doch nicht alles im Leben.«

Schon hat sie wieder einen kurzen, transparenten Federkiel in der Hand, unterstreicht und zeichnet. Bei der Arbeit, die ihre wahre Passion im Leben ist, plaudert sie weiter.

»Wie gefällt es Ihnen im Hôtel de Condé? Ich dachte, dort fällt Ihr Besuch nicht weiter auf. Ihre übliche Unterkunft ist voller Gascogner, da hätte ich unseren Plan auch gleich veröffentlichen können.«

Montaigne erhebt sich ebenfalls und bewegt sich rückwärts.

»Ich werde um eine Audienz bei Navarre nachsuchen und schauen, was ich tun kann. Aber wir waren uns einig, dass ich mich um Bordeaux kümmere, die Liga dort im Zaum halte und verhindere, dass Hugenotten stärker werden als unbedingt nötig?«

Catherine hat nicht vor, neue Themen anzuschneiden. Sie nickt nur müde und zieht eine ihrer Uhren auf. »Ihr neuer Sekretär, taugt er was? Wir suchen immer neue

Kräfte, um Frankreich zu regieren. Ihr könnt natürlich auf meine guten Leute zugreifen, lieber Montaigne.«

Nun blitzt sie ihn, kaum merklich, aus den Augenwinkeln an. Eine neue Idee hat sie besucht. »Ich dachte an zwei Schwestern aus Flandern, die Euch begleiten könnten, beide gerade aus dem Konvent entlassen, noch ohne Mann und sehr an – also an Studien interessiert. Ihr Haar ist blond, wie gesponnenes Gold, wenn Sie wissen, was ich meine. Oder eine Dolmetscherin aus Griechenland, die vielleicht von Solon dem Weisen selbst abstammt, obwohl sie es bestreitet. Ihr Mann war hochbetagt und ist verstorben, nun ist sie den ganzen Tag in meiner Bibliothek. Sie liebt die *Essais*, aber das tun wir ja alle ... «

Montaigne lacht und lehnt dankend ab: »Majestät verwechselt mich mit dem Mann, der ich einst war. Ich nehme als Ausweis Ihrer ungebrochenen Freude an den Dingen der Liebe und an der Rolle eines Amors ... «

Catherine hebt ihre stattlichen Schultern. »Meistens klappt es, aber gut ... Ach, und mein Sohn hat einen seiner Mignons, ich verwechsele sie alle, ich kann mir auch seine Hunde nie merken – war es d'O? So ein lustiger Name – nein, der verstarb ja schon –, ich meine diesen La Villette, das Städtchen.«

»La Vallette, der Herzog von d'Épernon?«

»Ja, diesen, sagen wir, unterhaltsamen Menschen, er wurde von meinem Sohn mit derselben Mission beauftragt, Navarre betreffend. Er wird einen großen Zirkus veranstalten, achten Sie nicht darauf. Sie hingegen« – nun blickt sie ihm wieder ruhig in die Augen –, »Sie müssen Erfolg haben. Und dann muss das Gerüst, das wir beide hier zimmern, über Nacht wieder verschwinden. Navarre wird König durch die Gnade Gottes – die besonders große Gnade Gottes in seinem Fall« – sie lacht kurz und fröhlich –

»und Sie und ich, Montaigne, wir haben nichts damit zu tun. Wir verschwinden wie die Lehmform, in der eine Glocke gegossen wird. Wir haben uns in diesem Jahr nicht getroffen, Sie waren nicht in Paris, und was Sie heute von mir erhalten, ist –«

»Ein Amt ohne Namen?«

Sie nickt kaum merklich. »Wenn wir all das überleben, dann freue ich mich auf einen dritten Band Ihrer *Essais*. Darin darf dann gerne etwas über diese Tage stehen, aber bitte intelligent verschlüsselt. Hoffentlich hilft es späteren Menschen von Bildung, Politik besser zu verstehen und gnädig mit uns zu sein. Und ich wünsche, meine Kinder wären nicht erwachsen gewesen, als ich Ihre *Essais* über Erziehung las, aber da war es schon zu spät. Außerdem, bei diesen Exemplaren, ob da Zuwendung gefruchtet hätte?« Sie lächelt und nickt ihm ein letztes Mal deutlich zu.

Montaigne zieht sich zurück, als sich die Königin von ihm abwendet. Er versucht, rückwärts zu gehen, und hofft, nichts umzustoßen, der Dolch baumelt immer noch wie das alberne Pendel einer schlecht konstruierten Standuhr, und er sehnt sich nach dem Moment, wenn sich die Tür hinter ihm schließt, um das Ding endlich abnehmen und in der weichen Erde einer der Topfpflanzen vergraben zu können.

Madame de Pierrevive holt ihn wieder ab. Sie liest in seinem überforderten Gesicht und sucht ein leichteres Thema. »Wissen Sie, was die Regentin gerne macht, wenn der Mond hell scheint und die Abendgesellschaften sich verabschiedet haben?«

Montaigne blickt sie interessiert an, sagt aber nichts.

»Sie nimmt mich mit in den hinteren Teil des Gartens, den, der nicht einsehbar ist und wo tagsüber die Kinder und jungen Leute ihres Hofes sich vergnügen. Dort sind wir dann ganz für uns, tragen sogar unsere Lichter selbst. Und dann – schaukeln wir. Wir haben da eine gute Anlage und die Königin baut einen ordentlichen Schwung auf: zum Vollmond hoch und wieder nach Paris zurück, wie sie sagt. Bitte – das dürfen Sie natürlich nicht erzählen oder schreiben. Jedenfalls sagt sie gern, dass sie auf der Schaukel am besten nachdenken kann, weil ja auch in unserem Leben, in der Politik und in der Familie, selbst im Glauben nie etwas beständig bleibt, sondern alles schwankt und schwingt. Paris schaukelt, die ganze Welt schaukelt, ruft sie gerne, und dann muss sie lachen.«

Montaigne nickt nachdenklich.

Beim Hinausgehen betrachtet er noch die leise Geschäftigkeit, die ernsten Blicke und den eiligen Schritt der politischen Beamten. Hier trägt kaum jemand eines der Kostüme, die man bei Hofe bewundern kann. Es werden Schubkarren mit Akten durch die Flure geschoben und frische Bögen und Pakete mit Papier, Rollen mit Pergament ausgeliefert.

Frankreich zusammen und am Laufen zu halten, ohne Schwerter, Dolche und Hakenbüchsen, darum geht es in diesem Hause, in dem die Kraftlinien dieses so brüchigen Landes zusammenfinden.

Nicolas kann Montaigne im Flur abpassen und bekommt im Gehen die Stichworte für sein Journal diktiert. Heute sind es »ein namenloses Amt« und »Die Welt ist eine ewige Schaukel«. Er hat sich dazu von Feder und Tinte verabschiedet, die im Einsatz unterwegs zu problematisch waren. Er nutzt jetzt den englischen Graphitstift und einen gefalteten Bogen Papier. In jeder Tasche seines Gürtels hat er mehrere, so kann er auch im Gehen etwas mitschreiben, später fertigt er es dann aus, wenn seine Hände Raum haben und nicht zittern.

Auf der Schwelle, an der er auf die Kutsche für die Rückfahrt wartet, steht plötzlich eine Frau neben ihm. Montaigne erkennt erfreut seine Gastgeberin vom vorherigen Abend, Marguerite LePaulmier, in einem schlichten, weißen Kleid, über das sie einen schwarzen Mantel gelegt hat, dessen Kragen hochgeklappt ist. Die Haare hat sie nur teilweise gerichtet, wie in großer Hast zusammengebunden, so dass man lange blonde Strähnen unter der Haube bemerkt. Ihre Wangen sind gerötet, die Brauen nachdenklich zusammengezogen. Am Gürtel trägt sie noch die kleinen Arbeitstaschen für Scheren und Schlüssel, an den Beinen die hohen Stiefel für einen Ausritt. Montaigne erkennt erste Sommersprossen auf ihrer Nase.

»Montaigne – was führt Sie denn hier in den Palast der Königinmutter? Sie wird wirklich wundersam. Ich wurde eben von einer bewaffneten Eskorte aus unserem Garten abgeholt. Ich machte mir schon Sorgen, worum es wohl geht. Julien ist mal wieder – auf ihren ausdrücklichen Wunsch – in Château-Thierry, seit gestern. Obwohl er dort nicht mehr viel vermag, glaube ich. Hier angekommen, höre ich die Frage, ob ich mich heute Nachmittag um einen ›alten Kater‹ kümmern möge. Aber hier ist keine Spur eines Haustieres. Wirklich, dieses Land wird völlig verrückt. Und für den Rückweg sollen wir uns wohl die geschlossene Kutsche teilen. Ich hoffe, das macht Ihnen nichts aus?«

Montaigne hebt den Kopf und sieht in der ersten Etage in einem der Fenster eine bekannte schwarze Silhouette, wie ein lebensgroßer Scherenschnitt – besser zu erkennen und zu deuten als das Land und die Zeit, in der sie regiert.

»Nein, Madame, nutzen wir doch diese einmalige Karosse, ich möchte einmal etwas über Kutschen schreiben. Diese hier hat spezielle Vorhänge, ich zeige es Ihnen mal ...«

Von diesem Termin aus kann Nicolas Montaigne nicht in der Kutsche begleiten. Ihm wird allerdings ein Maultier angeboten, mit dem er sich auf den Weg macht. Er ist früher als vermutet, also schaut er, ob seine Schwester vielleicht zu sprechen ist. Sie geht ihrem Geschäft in den langen, weiten Galerien des Justizpalasts nach. Hier arbeiten nicht nur zahlreiche Handwerker ohne Meisterbrief, hier kann man einkaufen: Stoffe, Werkzeuge, Dekorationsartikel, Automaten, Waffen, Uhren und sogar Haustiere. Und Dienste, wie sie sie anbietet. Mittlerfunktionen, Transporte, Repräsentationen. Sie trägt, unter einem tannengrünen deutschen Lodencape, ein elegantes, nachtblaues Kleid, ihre Haare zusammengebunden, einen breiten Gürtel und schwarze Stiefel. So kann sie überall auftreten und arbeiten. In ihrem rechten Stiefel hat sie einen schmalen Dolch versteckt, und ihre Haarnadel ist so präpariert, dass selbst ein Ochse durch einen tiefen Stich vor Schmerz gelähmt stehen bleibt. Es ist das absolute Minimum dessen, was Paris erfordert.

Sie gehen, während ihrer Pause zwischen zwei Kundenterminen, am nahen Fluss entlang. Die Sonne hat sich aus dem bleiernen Himmel über Paris gekämpft und bescheint nun glitzernd die Wasseroberfläche, wie Flocken aus Gold.

Nicolas erzählt ein wenig von seinen Aufträgen, wie er Montaigne erst zu Guise, dann zu Catherine begleitet hat. Seine Schwester wird unterdessen immer stiller, es sind genau jene Themen, vor denen sie sich immer gefürchtet hat. Und dennoch scheint die Sonne auf die Seine, auf deren Bögen, auf die Passanten, Schiffer und Reiter. Ganz Paris scheint plötzlich, dort am Ufer vor dem Justizpalast, eine unwiderstehliche Zauberkraft zu entwickeln, so dass alle Sorgen einfach in der Frühlingsluft zu zerstäuben scheinen, bis nur noch Tropfen davon in der Luft schweben, lächerlich klein.

»Nicolas, was weißt du denn über Wassy?«

»Na, wir wurden beide dort geboren und die Großeltern sind von dort?«

»Ja, ganz genau. Sie besuchten an jenem Tag einen Gottesdienst, etwas weiter draußen. Die Mutter der Guise erkannte darin eine Provokation, der alte Guise und seine Söhne, die heutigen Herzöge, kamen vorbei, um den Skandal zu beenden, aber durch ihre Ungeschicklichkeit stifteten sie ihn erst.«

»Unsere Großeltern waren doch Lehrer, wie kamen sie in Konflikt mit solchen berühmten Kriegern?«

»Die genauen Umstände sind nicht bekannt. Ich vermute, es war bloß ein sich verschlimmerndes Missverständnis. Schmähworte, Steine, irgendwann gaben die Guise contra, und die Militanten in der Gemeinde bekamen es mit der Angst zu tun. In einem Nebenhaus des Gemeindesaals befand sich der Wohnort von Söldnern, die hier auf neue Einsätze gewartet haben. Dort hatte man, fataler Zufall, jede Menge Hakenbüchsen und Feuerwerk gelagert. Schon geladen und geölt, für einen baldigen Einsatz vorbereitet. Irgendein Schlaumeier kam also auf die Idee, von dort auf die Truppe der Guise, die bis dahin nur gedroht hatten, das Feuer zu eröffnen.«

»Aber deren Schlagkraft war größer?«

»Unermesslich größer. Statt sich in Ruhe zu beschauen, wer da schießt, gaben sie Feuer frei, wollten sich rächen und gleich ganz Europa von Ketzern befreien. Jedenfalls wurde die Kirche in Brand gesetzt und auf die armen Seelen, die aus ihr fliehen wollten, wurde gnadenlos geschossen. Nur eine Gruppe durfte noch raus, schwangere Frauen, und das war unsere Mutter ja mit mir. Unsere Großeltern und alle anderen, die Freunde und Nachbarn erstickten in dem ganzen Qualm.«

»Mama wohnte aber später doch am Hofe der Guise?«

»Ja, die konnten sich dieses Massaker nicht verzeihen. Damals kannten sie noch Skrupel ...«

»Und unser Vater?«

»Da habe ich mal dieses, mal jenes gehört. Sie redet ja viel, aber sagt doch wenig. Es sind alte Geschichten, Bruderherz. Ich muss jetzt mal weiterarbeiten. Es war meine Rettung, mich durch die Arbeit und meine Freundinnen und Freunde aus ihrer Umlaufbahn befreien zu können, weg von der Mühle und damit auch weg von den Guise.«

»Mama hat aber noch recht viel mit ihnen zu tun, vor allem mit der Schwester, Madame ...«

»Sie sind gleichaltrig und waren früher einmal sehr befreundet. Ich weiß nicht, was dann nach dem Attentat auf den alten Guise passiert ist, und nach der Bartholomäusnacht, mit der es gerächt werden sollte, und wie sich die Söhne dann entwickelt haben.«

»Zu Männern, die dem König in nichts nachstehen, meinst du?«

»Zu Mördern. Wenn eine Familie einmal damit anfängt, ihre Sorgen mit dem Dolch zu lösen oder mit der Artillerie, dann hört sie so leicht nicht mehr damit auf. Ich halte mich daher fern, allerdings sind sie gute Kunden. Wann immer sie ihre spanischen, italienischen oder deutschen Verbündeten nach Paris führen, rufen sie mich, um irgendwelche Sonderwünsche zu erfüllen. Ich bin mir sicher – wenn ich oder du bedroht werden und sie erfahren davon –, sie würden ihre ganze spanische Armada lossegeln lassen, um uns zu helfen. Es plagt sie eben noch so etwas wie ein schlechtes Gewissen, obwohl sie darüber natürlich nicht reden. Sie machen sich ohnehin wenig Gedanken. Immer geht es um das nächste Projekt. Du solltest dich von diesen Leuten fernhalten – und von der Mühle auch. Kannst du nicht woanders wohnen und arbeiten als in Paris? Die Stadt ist wieder so fiebrig, als wäre eine schlimme Krankheit im Anflug.«

»Ja, das ahne ich auch schon. Und du?«

»Du darfst mich nicht auslachen, hörst du? In den besseren Kreisen geht es derzeit nur um ein einziges Thema – Hühner. Seit diese alberne Broschüre draußen ist, die erklärt, wie man mit Hühnerzucht reich wird, bestellen alle Ställe Eier oder Küken. Die laufen dann auf den Fluren und in den Betten herum und werden natürlich keineswegs wertvoller, sondern ruinieren Matratzen und das Flechtwerk der Mauern und Wände. Na ja, irgendwann landen dann alle am Spieß.« Sie lachen.

»Und gleich holst du Federvieh ab?«

»Hilfe, nein – ich verhandele über die Rechte einer Zuchtmethode. Nicht am Vogelmarkt, sondern im Justizpalast. Komm doch mit?«

»Ich gehe mal lieber in Richtung Mühle. Du, aber eine Frage habe ich noch – zu Wassy ...« Sie nickt ihm zu. »Dieser Gottesdienst, in dem das alles geschah, was war das für einer? Waren das Hugenotten? Sind wir denn ... dann auch irgendwie Hugenotten?«

Judith bleibt stehen. »Immer, wenn ich denke, so beschränkt ist mein kleiner Bruder ja gar nicht, ich muss mich geirrt haben all die Jahre – hopp, da zerstreust du solche Zweifel wie ein winterlicher Windstoß den Schnee!«

Auf dem Rückweg lässt er sich länger Zeit als nötig, er zögert den Moment hinaus, mit seiner Gedankenlast wieder in der Mühle aufzutauchen.

Die Erwähnung der Broschüre über Reichtum durch Hühnerzucht erinnert ihn an die Buchhändlerin, die er vor einigen Tagen besucht hat und die ihn vor dem aufziehenden Sturm gewarnt, dann geohrfeigt hatte. Er dreht eine weitere Runde, um sich ihren Laden wieder anzuschauen, vielleicht hat sie Zeit für ein Gespräch?

Doch den kleinen Laden mit dem alten Hund gibt es an der Stelle nicht mehr. Bretter und Steine wurden sorgfältig aufgeschichtet, als hätten Arbeiter das kleine Haus auseinandergenommen. Auskunft kann und will ihm keiner der Nachbarn geben. Niemand weiß, ob sie noch lebt, in Haft genommen wurde oder in einen Orden eingetreten ist. Paris ist eine Stadt mit Löchern, und manche verschwinden darin.

Als er zur Mühle kommt, dirigiert seine Mutter einen Trupp Arbeiter. Sie bessern Türen und Fenster aus, auf der Fläche vor dem Haus werden Bänke und lange Tische aufgestellt, Karren mit Waren werden entladen.

»Was ist denn hier los, Mama?«

»Ach, Nicolas – das hatte ich doch erzählt.«

»Was denn erzählt?«

»Nie hörst du zu, na, du bist ja jetzt auch mit wichtigen Menschen unterwegs.«

»Waren heute keine Kinder da?«

Sie blickt nachdenklich in die Ferne. »Kinder? Nein, das machen wir nun mal eine Weile nicht mehr.« Sie strahlt ihn an. »Es war sehr anstrengend mit denen, glaub mir. Du in deinen Palästen, du machst dir ja gar keine Vorstellung vom wahren Leben.«

Nicolas versucht nachzuvollziehen, was passiert sein könnte und weshalb sie zu diesem Schluss kommt, aber bei aller Phantasie gelingt es ihm nicht.

»Wovon wirst du denn leben, wenn das Geld von den Eltern nicht kommt?«

»Ob meine Arbeit zu schwer ist – solche Fragen kümmern dich natürlich nicht. Das Geld, darum dreht es sich heutzutage ausschließlich. Nun, Nicolas, ich war stets auf mich allein gestellt, und es war immer Geld da, zum Beispiel für dich.«

»Aber ich habe doch gar nicht bei dir gelebt.«

»Du verbringst zu viel Zeit mit deiner Schwester – das sind so ihre Themen und Argumente.«

»Maman, können wir über Wassy reden und deine Zeit bei den Guise?«

»An deiner Stelle würde ich auch versuchen abzulenken, mein Junge. Ihr Männer entwickelt euch leider alle gleich.« Ihr Gesicht ist von Verachtung verzerrt. »Nimm doch deine Sachen aus dem Alkoven und schick mir später das Geld für die Miete und den guten Kalmar von Charles. Ich denke, dass er bald wiederkommt, dann muss sein Platz oben frei sein. Schreib mir doch, wo du so wohnst oder ...«

Nicolas schaut sie fragend an.

»Oder schreib es mir auch nicht.«

9

La grande halle

Die Tage der Abreise nahen. Montaigne muss sich wieder in Bordeaux blicken lassen, Françoise muss die Güter bewirtschaften, und beide haben es nun eilig, ihre Tochter wiederzusehen.

Françoise lässt sich an ihren letzten Tagen in Paris von Marguerite LePaulmier die große Halle des Justizpalasts zeigen. Was es dort nicht gibt, ist nirgends auf der Welt für Geld zu kaufen, heißt es. Françoise hat sich von Nicolas eine Liste ausfertigen lassen mit Waren, die sie in Saint-Michel benötigen, auch Stoffe und Kleider für Léonore, selbst, wenn sie noch wächst.

Nicolas wartet schon auf den Stufen des Justizpalasts auf die kleine Delegation aus dem Hôtel de Condé. Er hat die Nacht wieder einmal kaum geschlafen. Dennoch gelang es ihm, ihre zweiseitige Liste noch am Küchentisch seiner Schwester ins Reine zu schreiben.

Die große Halle des Palais de Justice ist um sieben Säulen herum organisiert, an denen je vier Boutiquen kauern. Edelsteine, Schmuck, Seide, Stoffe, Pelze, Hüte, Kleider, Uhren ... Was man in den Prozessen im Palast zurückgewinnt, kann man hier wieder ausgeben.

Die Verkäuferinnen und Verkäufer sind in ganz Europa berühmt für ihr kommerzielles Geschick und ihre Sachkenntnis. Die Kundschaft wird nicht belästigt, sondern durch Vorschläge unterstützt. Françoise wird präzise als Landadlige aus der Provinz erkannt, die aber offenbar über gute Verbindungen in die Hauptstadt verfügt, denn ihre Damen sind Italienerinnen. Was man ihr anträgt – eine verkleinerte, leichte Hakenbüchse, die am Sattel zu befestigen ist, für längere Ritte über Land, ein Reisemantel mit Pelzbesatz und eine goldene Schere –, all das braucht sie auch wirklich, aber sie möchte das Geld lieber für etwas anders verwenden. Marguerite erwirbt Instrumente für den Garten, verschiedene Schürzen, Schals und ein paar Reitstiefel. Während sie diverse Modelle anprobiert, erzählt sie Françoise von der Begegnung mit ihrem Mann:

»Man fühlt sich direkt wohl mit ihm, ich kann Ihre Entscheidung wirklich verstehen. Wir beide fuhren in der Karosse der Regentin, es war eine ganz besondere Stimmung. Ihr Mann erzählte mir von seinen Reisen und rückte immer näher. Er wollte meine Sommersprossen zählen und nahm meine Haarsträhnen in die Fingerspitzen, so dass ich plötzlich auf den Gedanken kam, dass er hier in der Kutsche mit mir ...«

Beide lachen.

»Oh, muss ich mich für ihn entschuldigen? In den letzten Jahren hat er sich eigentlich immer zu benehmen gewusst, zumal er so krank war, aber offensichtlich geht es ihm schon besser?«

»Warten Sie – ich schloss also meine Augen, mehr aus Verlegenheit, andererseits glitten wir da in dieser in ganz Paris bekannten Karosse über die Straßen und dann ...«

Françoise blickt sie ungläubig an. »Ja?«

»Dann musste er sich übergeben. Ich merkte schon, dass

er still geworden und ganz weiß im Gesicht war, aber ich vermutete, es sei die Aufwallung der Gefühle. Aber es war wohl eher das Geschaukel ...«

Sie lachen hell auf. »Ich dachte, der Termin habe ihm so zugesetzt, aber dass Ihr es wart, liebe Freundin?«

»Eher die Kutsche. Die Karossenmeister bekamen es mit, und wir hielten an einem diskreten Ort unter Bäumen, säuberten alles, und wir setzten unsere Fahrt ohne weitere Störung fort ... und er sagte, er werde mir schreiben. Seid Ihr denn gar nicht eifersüchtig?«

»Na ja, da ist eine etwas schmerzliche Geschichte, die sich gleich zu Beginn unserer Ehe zugetragen hat.« Sie entführt Marguerite zu einer kleinen Runde über die ausladende Galerie, mit Blick auf den Gefängnishof.

»Micheau war, als wir heirateten, noch ganz woanders mit seinen Gefühlen. La Boëtie, sein bester Freund, war gestorben, und er hatte danach eine schmerzhafte Liebesgeschichte zu bewältigen. Ich ahne nur, um wen es damals ging. Jemand –« Sie blickt zum Himmel.

»Eine hochgestellte Dame? Bestimmt Königin Marguerite, alle waren in sie verliebt. Womöglich gefällt ihm an mir also in erster Linie mein Vorname?«

Wieder lacht sie vergnügt.

»Sein Vater wollte aber unbedingt, dass er eine Familie gründet – auch weil sonst nichts geklappt hat. Wir wohnten in dem feuchten, düsteren Haus in der Rue de Rousselle in Bordeaux. Michel gefiel es am Parlament nicht, nur Intrigen und wenig Diskussionen, es war eine bedrückte Zeit. Wir hatten kaum Geld, der Alte hielt uns wirklich knapp. Sein Bruder war ganz anders, leicht und agil, sicher kein Philosoph, aber ich mochte ihn. Wir kamen uns nahe, verbrachten viel Zeit miteinander.«

»Hat es deinen Mann nicht gestört?«

»Er hatte eher ein schlechtes Gewissen, weil er oft weg, oft launisch war, grübelnd und tagelang nicht aus dem Bett kam. Ich dachte, es freut ihn, dass er sich nicht um mich zu kümmern braucht.«

»Wie ging es denn weiter?«

»Er starb bei einem Sportunfall. Ein schneller Lederball hat ihn beim Jeu de Paume an der Schläfe getroffen. Erst hielten es alle für einen Scherz von ihm, aber er kam nicht mehr zu sich. Vorher hatte er mir aber noch seine goldene Kette geschenkt, die ihm wiederum seine Mutter geschenkt hatte. Sie wartete eine ganze Weile, dann machte sie, nach einem Streit mit mir, einen Skandal daraus, drohte, sie werde die Kette aufspüren und allen zeigen, um mich in Bedrängnis zu bringen, als ob ich nicht schon genug bedrängt war, diesen Freund verloren zu haben ...«

»Wie nah seid ihr euch denn gekommen?«

»Marguerite, bitte.«

»Schon gut – wie reagierte Montaigne auf die Sache mit der Kette?«

»Er unterstützte mich voll und ganz. Rief seine Brüder und einen Notar zusammen und ließ die Rückgabe der Kette an die Schwiegermutter ganz ordnungsgemäß protokollieren. Er brachte die Sache ans kühle Licht des Tages, um die Gerüchte zu stoppen. Mir war es recht, ich verstehe ja, dass eine trauernde Mutter so eine Kette wieder möchte. Seitdem verstehen wir uns besser.«

Doch nun trennt sie eine diskutierende Schar von Frauen, die in der Halle umherziehen. Die wesentliche Kundschaft sind die Mütter und Ehefrauen der hier beschäftigten Juristen oder der Kläger und Beklagten. Aber an den Seiten und in den Ecken der Halle geht es auch um andere Fragen. Nach spektakulären Urteilen finden sich Gruppen zusammen, um Recht und Unrecht erneut abzuwägen, zu besprechen, zu debattieren. Françoise nähert sich interessiert einer Gruppe von Frauen, die Fallen des Familienrechts debattieren. Als Marguerite sie sucht und ihren Namen ruft, dreht sich mit ihr die Dame unmittelbar neben ihr um.

»Wurden wir auf denselben Namen getauft?«

Sie war einiges älter, aber von eigenwilliger Eleganz. Sie trug die weißen Haare zu einem langen Zopf, ihr Kleid schien wattiert und war aus Seide, mit diversen Schürzen und Blumenmustern unwiderstehlich fröhlich.

»Ich wollte nur etwas zuhören, aber ich glaube, ich ziehe weiter. Solche Rechtssachen, das ist eigentlich nichts für mich. Das überlasse ich den Männern.«

»O Madame, so dachte ich auch einmal, aber ich möchte Sie warnen: Machen Sie sich mit diesen Fragen vertraut, denn es kann im Leben jeder Frau, jeder Mutter der Moment kommen, wo sie vor Gericht kämpfen muss. Aber ich möchte Sie nicht aufhalten und nicht beschweren – kann ich Ihnen hier etwas zeigen? Ich bin praktisch hier aufgewachsen, mein Mann und ich haben unseren Stand gleich da vorn.«

»Nein, ich warte bloß, bis meine Sachen zusammengestellt werden. Mögen Sie mir etwas von diesen Rechtsfragen erzählen? Ich höre immer gern die Geschichten anderer Frauen, noch dazu, wenn sie meinen Vornamen tragen.«

»Manchmal habe ich das Gefühl, mein Leben entweder hier im Saal und im Laden zu verbringen oder eben vor Gericht und bei Anwälten. Und da beides hier im selben Gebäude liegt, sehe ich von der Welt draußen eigentlich nichts mehr. Wie fange ich an? Als junge Frau kam ich mit einem Mann zusammen, der Protestant war, wie meine Familie auch, aber seine Mutter war noch katholisch. Er wartete bis zu seinem 31. Geburtstag, dann konnten wir heiraten ohne den Segen seiner Familie. Wir bekamen einen Sohn, und dank meines Geldes konnten wir uns etwas aufbauen. Aber das Glück währte nicht lang, das Schicksal war wohl eifersüchtig. Nach seinem Tod begannen die Sorgen – die katholische Familie meines Mannes überzog mich, die Witwe ihres Bruders und Sohns, mit Klagen ... es ging vor allem um die Erziehung meines Sohnes.« Sie nimmt etwas von dem Wasser aus einer silbernen Flasche, die sie am Gürtel trägt.

»In der Bartholomäusnacht verlor ich zwei Onkel, viele Freunde und Nachbarn wanderten aus. Wir Protestanten hielten uns hier zurück, und ehrlich gesagt war ich von beiden Seiten enttäuscht. Ich konnte vor Gericht zwar gewinnen, aber das häufige Umziehen, die Schulden, die Prozesskosten, ich habe in diesen Jahren kaum geschlafen vor Sorgen. Religion, die eine oder die andere, war mir kein Trost, aber als ich vor Gericht endlich mein Urteil hatte und für mein Kind sorgen durfte, wie ich es für richtig halte, da war ich ganz im Glück. Zu viele Frauen verkennen solche Gefahren.«

»Bei uns geht es in den Verträgen immer um das Übliche, Geld und Ländereien, aber Sie haben recht ... die Brüder meines Mannes sind Protestanten, seine Mutter hingegen katholisch, oh, na ja, ich mache mir mal Gedanken ...«

»Darf ich fragen, ob Ihr Mann am Hofe ist? Oder Jurist?«

»Ein bisschen von beidem, er ist Politiker.«

»Oh, das ist ein schöner Beruf, anspruchsvoll, aber schön. In dieser Lage ... sind es die Einzigen, die uns retten, uns aus diesen Kriegen helfen können. Welches Amt bekleidet er denn, wenn ich nicht zu indiskret bin?«

Françoise lächelt: »Schauen Sie, ich lüge nicht gern und kann Ihnen die Wahrheit nicht sagen, also – darf ich Ihre Frage überhören?«

Sie nimmt sie am Arm und leitet sie sanft durch das Gedränge. Auf ihrem Weg öffnet sich die Menge, dennoch haben Nicolas und Marguerite LePaulmier Mühe, ihnen zu folgen. Sie nähern sich dem Eingang des Saals und der ersten Säule.

»Aus welcher Gegend Frankreichs kommen Sie denn? Hier ist übrigens auch mein Stand, wir verlegen und verkaufen Bücher, wie Sie sehen.«

Es ist ein eleganter Stand, an dem jeder Zentimeter gut genutzt wird. Die Bücher sind großformatig, aufwendig ausgestattet, aber es gibt auch handliche Tascheneditionen von Gedichten und Handbücher und Kalender für den Alltag. An der Säule hängt ein großes Schild, es zeigt zwei miteinander verbundene Engel.

»Schauen Sie, liebe Freundin und Namensvetterin, hier haben wir auch jede Menge rechtlicher Ratgeber, die möchte ich Ihnen gerne mitgeben nach ... wo wohnen Sie denn eigentlich?«

»Wir wohnen an der Dordogne, sind aber auch oft in Bordeaux. Ich sehe, Sie haben auch Bücher von Frauen, die Demoiselles de la Roche und Gedichte, das wäre auch etwas für uns.«

»Ja natürlich. Aus Bordeaux habe ich übrigens einiges, hier Pierre de Brach, François de Foix, aber das werden Sie nicht kennen, es ist – ich selbst würde das nicht lesen.«

Françoise nickt zustimmend »Ich kenne beide Männer sehr gut, aber nicht ihre Bücher.«

»Oh, hängt das eine mit dem anderen zusammen?«

Sie lachen.

»Dann haben wir hier mein absolutes Lieblingsbuch: die *Essais* von Michel de Montaigne!«

Françoise darf das Inkognito ihres Aufenthalts nicht verraten, nickt nur möglichst neutral – »unser Bürgermeister ...« Sie will schon zur Verabschiedung übergehen, doch sie hat die Rechnung ohne Marguerite gemacht, die sich nun wieder zu ihr gesellt.

»Wie ist es, ein Buch von dem eigenen Ehemann in Händen zu halten«, fragt sie gut gelaunt, ohne sich um die Umstehenden zu sorgen.

Françoise de Louvain reagiert blitzschnell. »Madame? Habe ich das richtig verstanden, Montaigne ist Ihr Mann?«

Françoise nickt.

»Ist er in Paris?«

»Er ist auf einer seiner geheimen Reisen.«

Dass eine Geheimmission nach Paris führen könnte, ist Pariserinnen und Parisern, die seit ihrer Geburt hier wohnen und auch immer wohnen werden, ein fremder Gedanke, also kam keine weitere Nachfrage.

»Madame, das ändert alles.« Sie berührt Françoise am Oberarm. »Ich bitte Sie, wie kann ich Sie hier erreichen? Mein Mann und ich, wir verlegen Bücher und möchten – wir sollten reden.« Sie wirkte ehrlich erschüttert und auch etwas überfordert. »Er ist auf Mission? Dann steht es um die Dinge des Landes sehr ernst, aber zugleich schöpfen wir auch wieder Hoffnung.«

Sie besinnt sich auf das praktische Problem, die Kommunikation fortzusetzen.

»Welche Korrespondenzadresse haben Sie hier in Paris, wo könnte ein Bote etwas für Sie abliefern?«

Françoise empfindet die Begegnung plötzlich als unerwartet intensiv, auch etwas unheimlich schicksalhaft – obwohl sie nur Schulkittel, einen Mantel, ein paar feste Schuhe für ihre Tochter kaufen wollte, geht es nun um das Buch und die Identität ihres Mannes, die Geheimhaltung der Reise ist plötzlich in Gefahr. Marguerite erkennt immerhin die Chance, ihren Patzer von eben wiedergutzumachen.

»Meine Schwester wohnt bei uns, Docteur Le Paulmier in der Rue de la Verrerie, ich leite nach ihrer Abreise gern alles weiter.«

»Mein Mann ist heute außerhalb beschäftigt ... aber ... es ist sein innigster Wunsch, einmal Montaigne zu treffen.« Sie setzt sich. »Ich glaube, für heute schließe ich meinen Laden. Sie ahnen nicht – unsere beiden Familien sind zerstritten, fragmentiert und auch gestorben wegen der Religions- und Bürgerkriege und was weiß ich. Die *Essais* sind das Buch, das gegen die Grausamkeit spricht, nicht über das Jenseits, sondern über unser Leben, unsere Zeit. Aber sagen Sie ehrlich, wurde ihm viel Geld dafür geboten?«

Françoise denkt nach. »Über diese Fragen hat er mit mir nicht viel gesprochen, aber wenn ich mich richtig erinnere, haben wir das Papier bezahlt und Simon Millanges den Rest?«

Françoise de Louvain legt den Kopf zur Seite. »Das darf ja nicht wahr sein! Ausstattung und Aufmachung – da können wir hier in Paris ganz andere Formate anbieten, die ganze Sache – Ihr Mann muss dringend mit meinem reden ... Wenn er wieder einmal in Paris ist, muss er unbedingt hier vorbeikommen, der Stand an der ersten Säule der Halle des Palasts, hier werden wir immer sein.« Sie ruft ihre Tochter Marie und ihren Sohn aus erster Ehe, Pierre, sie sollen der Frau des großen Montaigne ihre Reverenz erweisen. Schon sorgt diese Szene für Interesse in der Menge, sie ziehen Aufmerksamkeit auf sich. Françoise verspricht, es ihm auszurichten, hat es aber nun eilig, diese Halle wieder zu verlassen. Sie reist in der eleganten Karosse zurück, Marguerite nimmt einen eigenen Wagen und Nicolas ein Maultier.

Im Speisesaal des Hôtel de Condé nehmen sie ein frühes

Abendessen ein, das eher einem königlichen Bankett gleicht. Serviert wird unter vielem anderen die Leibspeise der Regentin, Artischockenherzen mit erlesenen Geflügelteilen, darunter geröstete Hahnenkämme.

Von Montaigne war den ganzen Tag noch nichts zu sehen und zu hören. Nun muss er eigentlich mit allen wesentlichen Stellen des Königreichs gesprochen haben. Françoise überlegt, wer noch fehlen könnte und wo er heute sein mag.

Sie fragt den für ihren Mann zuständigen Diener, der ihr mitteilt, Monsieur habe sein Schlafzimmer heute noch gar nicht verlassen. Sie lässt sich einen Korb mit Wein, Käse, Nüssen, Brot und einer Birne geben und macht sich auf den Weg in die obere Etage. Sein Zimmer ist dunkel, die Vorhänge des Bettes sind noch heruntergelassen.

»Geht es euch gut, Micheau?«

Sie hört ihn leise schluchzen. »Ich habe nicht schlafen können, wegen eines Steins, der sich festgesetzt hatte. Schreckliche Schmerzen. Und dann fiel mir alles ein, die Lage des Landes und diese Last, die sie mir hier auferlegen. Und – ich kann gerade das Bett nicht verlassen, fürchte ich.«

Er sitzt zusammengekauert im Halbdunkel, zittert und schluchzt gleichzeitig.

»Ich habe dann wieder von ihm geträumt, das ist ... dermaßen anstrengend und aufwühlend.«

»Von Étienne?«

»Ja, er musste zusehen, wie ich auf einer Schaukel sitze, ganz klein, und große Männer mich hin und her stießen und ich konnte nicht absteigen und mir würde übel und er rief immer meinen Namen. Er versuchte, mich zu schnappen und zu retten, aber gerade dort, wo er zupacken konnte, da war ich nicht mehr.«

Françoise versucht es mit etwas Ablenkung. »Übel wie gestern in der Kutsche mit Madame LePaulmier?«

»Was? Wie habt Ihr davon erfahren? Ooh – mein Kopf schmerzt.«

Françoise öffnet die Vorhänge und zündet die Duftschalen an. »Puh, hier riecht es wie in einem Gehege von Ziegenböcken. Stört es Euch, wenn ich Euch etwas Gesellschaft leiste? Die Sonne geht gerade unter, und heute werden von Euch keine politischen Heldentaten mehr erwartet.«

»Ausgeschlossen! Ich muss noch zum Kardinal von Lothringen und zu Navarres Gewährsmann am Hofe – sind die vier Pferde der Karosse unten noch angespannt?«

Doch beim Versuch, sich zu bewegen, wird er von einem Krampf im Bett gehalten. »Uh, kaum bin ich von Catherine abgereist, wird mir schlecht und diese Krämpfe gehen los – kein Wunder schreibt man ihr jeden Schadenzauber zu ...«
Er flucht und windet sich.

Françoise geizt mit ihrem Mitleid. »Ihr wart schon vorher leidend, und in der Kutsche mit einer anderen Frau herumzuturnen, das war nicht Eure beste Idee, und da folgt die himmlische Strafe eben sofort.« Sie lacht spöttisch.

Montaigne windet sich. »Und wenn doch? Wenn dies mein letzter Tag auf Erden ist? Holt Nicolas, ich muss diktieren, wie das alles weitergehen soll.«

Françoise schenkt ihm einen Becher Wein ein und reicht ihm ein Stück von der Birne.

»Philosophieren lernen heißt sterben lernen, ja, ja. Nun kommt mal zur Besinnung. Ihr habt sicher noch zehn gute Jahre, einen Auftrag, ein Schloss, ein Bürgermeisteramt, ein Buch, eine Tochter und nicht zu vergessen eine Ehefrau ...«

Montaigne lässt sich ermattet zurückfallen. An seinen Fingern erkennt sie schwarze und blaue Flecken von Tinte.

Auf dem Bett neben ihm liegen seine Ausgabe der *Essais* und noch viele, tagsüber neu beschriebene Bögen.

»Ich habe alles durchdacht – es ist völlig unmöglich. Navarre wird nie auf mich hören, sie werden uns beide erdolchen, und dann folgt Bürgerkrieg auf Bürgerkrieg, bis die Spanier und die Engländer und wer weiß ich noch kommen. Außerdem: Ich habe schon mit meiner Mutter genug zu tun, was brauche ich nun noch die Mutter der Nation in meinem Leben, die mir Aufträge gibt?«

Françoise sammelt die beschriebenen Bögen ein und stapelt sie neben dem Bett. »Wenn Ihr wider Erwarten den heutigen Tag überlebt, muss ich Euch etwas wegen des Buches erzählen, ich war in der Halle des Palasts, und es klang – ganz interessant.«

Montaigne wimmert. »Ausgeschlossen, ich kann nicht mehr.« Er betrachtet dann doch neugierig den Korb, kostet ein wenig Birne, isst und trinkt dann mit zunehmendem Genuss.

»Was, wenn Navarre mich empfängt, König wird und dann auf Condé, auf Agrippa und all die anderen protestantischen Haudegen hört, dann Hilfe aus England bekommt oder gar die Königin heiratet? Und diese feine Gesellschaft dann in allen Städten und Kirchen Rache nimmt für die Bartholomäusnacht? Dann waten wir in Seen und Strömen von Blut, und ich, Montaigne, werde geholfen haben, diese Hölle auf Erden zum Leben zu erwecken.« Er zieht sich das Kissen über den Kopf und jammert vor sich hin: »Man wird mit meinen *Essais* im Winter die Küchen heizen.«

Françoise geht zur Tür und schließt ab. »Dazu ist er weder fleißig noch organisiert genug. Elisabeth ist an einem Mann wie ihm wirklich nicht interessiert, sie ist eine Dame von Bildung und Kunstsinn und eine Staatsfrau, die in die

Geschichte eingehen möchte. Und dieses protestantische Umfeld, diese Stehgreifspitzentheologen – die kann er ohnehin nicht behalten, wenn er König in Paris werden möchte. Und das wird er auch nicht. Davon abgesehen – einmal englische Küche versuchen, und er begeht dort Suizid. So, jetzt steht auf, wascht Euch ein wenig, und dann erwarte ich Euch hier, schließlich sind wir in Paris, und auch wenn es wirklich nicht Italien ist, so ist es doch eine Gelegenheit, einmal ohne Dienstboten, Klienten, Kind und Schwiegermutter ...«

Montaigne hört ihr mit zaghaft aufglimmendem Lebenswillen und erneuerter Aufmerksamkeit zu.

»Paris, ja, wo ein Mann allerdings selten mit der eigenen Ehefrau ...«

Françoise legt ihren Hausmantel auf die Bank vor dem Bett, rafft ihre kompliziert gefalteten Hauskleider zusammen, löst ihre Haare, klettert barfuß und mit verblüffendem Tempo auf das hohe Bett.

»Pervers, nicht wahr? Mir scheint es auch, kein Mensch macht das hier, also ist das wohl dieser berühmte Reiz des Verbotenen, mein Freund! Jetzt zögert nicht, wer weiß, wann der Nächste etwas von Euch will, oder die Nächste.« Sie kichert.

Montaigne eilt in sein Garderobenzimmer, taucht seinen Kopf in das eiskalte Wasser der Waschschüssel und schaut sich in dem handtellergroßen Spiegel darüber an: Ein tropfnasser, hier und da ergrauter Mann von einundfünfzig Jahren – nicht mehr ganz gesund, nicht mehr taufrisch, aber – er kann es nicht leugnen – doch voller Leben. Eines Tages wird er dem Tod weniger entgegenzusetzen haben, wird sich hineingleiten lassen ins Sterben. Aber dieser Tag ist nicht heute.

Er reibt sich mit parfümiertem Wasser ab, reckt und

streckt sich, steigt aus dem nicht mehr frischen Nachthemd und wählt ein besonders weißes und langes aus dem Wäscheschrank. Er drückt das perfekt gefaltete Wäschestück an sein Gesicht, es duftet nach Lavendel und ist weich wie Gänseflaum. Es folgen dieselben Gesten, die er als Kind gelernt hat, wie ein Gebet: Ausgestreckte Arme in die Ärmel, dann den Kopf blind in die Mitte bewegen und es zu Boden ausrollen lassen. Es ist ein weihevolles Gewand, es fühlt sich festlich an und männlich zugleich. So kehrt er zügig zu dem breiten, hohen Bett zurück, dessen Vorhänge wieder zugezogen sind. Er nähert sich, blickt hinein ... und –

»Meine Güte, Françoise! Amantes, amantes.«

»Süß, wie Ihr immer in das Latein Eurer Kindheit zurückfallt, wenn Ihr erregt seid. Erläutert Ihr mir einige Verse des Vergil?«

Sie küsst ihn und bewegt sanft ihre Hand unter sein blütenweißes Nachthemd.

10

Die Abreise

Am Tag der Abreise sind alle Bediensteten des Hôtels de Condé versammelt, die Truhen und Fässer sind aufgeschnallt, und eine Wache von Soldaten ohne Abzeichen steht bereit, Geleitschutz bis zur Loire zu geben. Seit Tagen werden die Route und der Zeitplan geplant, verkündet und aus Sicherheitsgründen immer wieder unerwartet verändert.

Nicolas schreibt Listen und Routen, führt die Rechnungsbücher der Reise, allerdings haben sie kaum etwas zu bezahlen, denn die Königinmutter lässt alle Ausgaben pauschal unter dem Budget des Herzogs von d'Alençon verbuchen, der selbst kaum noch etwas ausgibt. So hofft sie, den Besuch, so gut es geht, geheim zu halten.

Es ist noch nicht hell, als sie sich verabschieden wollen. Montaigne und Françoise haben in ihren Reisekleidern geschlafen. Es würde zu lange dauern, sich am Morgen anziehen zu lassen. Françoise möchte noch kurz in die Kirche, um für eine gute und sichere Reise zu beten.

Nicolas kann sich den Abschied nicht vorstellen. In den wenigen Wochen, seit er zu spät zu seinem ersten Einsatz kam, hat sich sein Leben völlig verändert. Einerseits kommt er nun, ohne aufzufallen, durch die Flure der Paläste von Paris, hat mit dem König gescherzt und in den Sälen der Königinmutter gearbeitet, andererseits hat er keine Ahnung, wie es hier für ihn weitergeht. Er ist in keiner Zunft und hat auch wenig Aussicht, in eine aufgenommen zu werden, denn er hat weder festen Wohnsitz, noch ist er sehr katholisch oder bei einem der hiesigen Meister ausgebildet worden.

Er ist die halbe Nacht durch das kalte Paris spaziert, seine Schwester hatte Besuch und musste Waren einlagern. Es ist kein Zustand für ihn, dort zu wohnen.

Immerhin ist er ein guter Schreiber geworden. Er fertigt Landkarten, Routen, Vorabmeldungen für die Pferdestationen und Listen, die aussehen wie gedruckt. Meist zieht er die wichtigen Buchstaben mit dem englischen Stift vor, führt dann die Feder drüber, aber zur Not geht es auch freihändig.

Montaigne geht mit ihm noch mal die Unterlagen durch, sie prüfen die Genehmigungen und Pässe, die Reihenfolge der Bestellungen für Pferde und Unterkünfte.

Dann, wie der Nebel, ziehen die Soldaten auf. Rasch ist das Hôtel de Condé umstellt, alle Ein- und Ausgänge bewacht und versperrt. Um die Hufe der Pferde sind Lumpen gebunden, so dass man kaum etwas von ihnen hört. Die Gesichter der Männer sind nicht zu erkennen, sie scheinen auf jemanden zu warten und reagieren nicht auf die Nachfrage ihrer Kollegen, die das Hôtel de Condé bewachen.

Dann hört man eine Kolonne von Wagen und weitere Reiter, wie ein Erdbeben. Infanteristen mit Peitschen leeren die Wege von den paar Passanten, die zu der frühen Stunde vor der Stadtmauer im Westen der Stadt ihren Geschäften nachgehen.

Ein Vorabkommando bringt eine mit Samt bezogene

Trittstufe, einen Baldachin gegen Regen und hölzerne Schilde mit Wappen, um seine Präsenz anzuzeigen. Denen folgen die Lichtarbeiter, die den Eingang des Hotels mit stärkeren Lampen versehen, und Diener mit Körben voller Getränke und Kisten mit allen Elementen für ein königliches Buffet.

Montaigne überlegt, welche Größe des Reichs ihn mit solch krassem Pomp besuchen kommt oder verabschieden möchte. Dem König wäre es nicht zuzutrauen. Wenn er sich auf diese Seite des Flusses verirrt, dann inkognito und im Rahmen von Einladungen oder Festen. Aber er war ja ohnehin derzeit in der geistigen Fastenkur eines Klosters.

Montaigne muss nicht lange nachdenken, denn sein Gast hat einen eigenen Ausrufer vorgeschickt, er postiert sich schon am anvisierten Halteplatz der Karosse. Der Zug wäre einer Reise nach Russland oder zu einer Belagerung nicht unangemessen gewesen, es fehlt bloß noch die Artillerie. Montaigne schätzt die Begleitung auf eine halbe Hundertschaft bewaffneter Reiter.

Drei identische Kutschen fahren vor, die Scheiben mit Vorhängen verhüllt, die Insassen maskiert. Aus einer steigt ein Hundemeister mit den gerade schwer modernen Spanieln, drei davon werden zum Teppich getragen. Dann werden die Türen der mittleren geöffnet, und ein junger, schmaler Mann springt heraus, der mit einem Mantel aus grünem Leder mit Pelzbesatz und einem schmalen Hut mit sehr vielen Federn gegen den scharfen Morgenwind anflucht.

»Montaigne, wie halten Sie es in dieser Kälte nur aus?«

»La Vallette, sind Sie es? Ich dachte, bei der Ausstattung kommt der spanische König, mindestens! Leider kommen Sie etwas spät, ich bin hier im Begriff aufzubrechen, bloß meine Frau kommt nicht von der Messe zurück, weil

Ihre Kräfte die Straße abgesperrt und die Stadtmauer geschlossen haben.«

Der Herzog von d'Épernon hört ihm nicht weiter zu, sondern eilt frierend in das Hôtel de Condé und lässt sich den Weg in den Speisesaal im ersten Stock weisen. Er verlangt, dass das Feuer im Kamin vergrößert wird und nach Konfitüre.

»Montaigne, wir müssen uns unterhalten«, er geht nervös im Salon herum. »Eine ehrliche Frage, mein Freund – wie lange kennen wir uns jetzt schon?«

»Das ist Eure Frage? Schon ewig, mein Vater kannte Euren Vater und ...«

»Nein, ich meine: Wie steht Ihr zu Joyeuse?«

»Ich glaube nicht, dass der unsere größte Sorge ist, ehrlich gesagt. Wenn der König auf ihn vertraut, dann ...«

D'Épernon schnaubt. »Die Hochzeit seines Bruders, das hätten Sie mal sehen sollen. Manche Hofdamen hatten Taschentücher machen lassen, die so viel wert waren wie ein ganzes Haus.«

»Ich kenne ihn kaum und habe mir wenig Gedanken über ihn gemacht!«

»Er ist ein Leichtgewicht. Beachtet ihn nicht.«

»Fein. Das werde ich tun, also nicht tun. Wie dem auch sei. Herzog, wir waren im Begriff, eine Reise anzutreten, also danke für Ihre Warnung vor Joyeuse, aber nun ...«

»Ich soll zu Navarre reisen.«

»Ja, davon hörte ich.«

»Immer wenn es eng wird in Frankreich, müssen wir Gascogner den Laden retten. Ich überrede ihn, mein Plan steht fest.«

Montaigne beugt sich vor: »Nun bin ich gespannt. Ich selbst wäre in dieser Situation ratlos.«

»Ihr seid eben ein Mann des Buches, ich handle lieber.«

»Ihr seid ja auch Herzog. Wie lautet denn Euer Plan?«

»Ich reise in den Südwesten, treffe Navarre.«

»Ein guter erster Teil, Herzog!«

»Dann lade ich ihn ein an den Hof von Paris, er kommt mit mir mit, und wir bereiten ihn hier vor zu übernehmen, wenn Majestät ebenso kurz leben sollte wie seine Brüder.«

»Und die Religion?«

»Was meint Ihr, Montaigne?

»Na ja, konvertiert Navarre in Eurem Plan?«

»Das kommt später, aber eigentlich ist er immer katholisch.«

»Seine Mutter hat ihn in der protestantischen Konfession erzogen, sein Land ist mehrheitlich protestantisch, seine Armee und seine Ratgeber sind Protestanten.«

»Seine Geliebte ist katholisch, seine Ehefrau ist katholisch«, seufzt Montaigne, »das ist das entscheidende Problem, d'Épernon. Und das andere ist Paris, wenn Ihr ihn hierher mitbringt, wird die Liga ihn umbringen.«

D'Épernon lacht zum ersten Mal, hell wie ein Junge: »Die Liga ist genau wie Joyeuse. Es sind Witzfiguren, ich denke gar nicht an solche Menschen. Denen trete ich in den Arsch!«

Er lacht so sehr über seinen Spruch, kann sich gar nicht beruhigen.

»Aber sie haben Geld, Truppen, und auch die Bevölkerung von Paris folgt den Guise.«

»Diese Familie ... bitte, Montaigne!« Er tut, als wische er sich Lachtränen aus den Augen. »Bleiben wir bei meinem Plan. Also noch mal, ich hole ihn, er konvertiert und wird dann König. Wie klingt das?«

Unterdessen hat sich Françoise wieder Zutritt zum Speisesaal verschafft und betrachtet den Herzog, deutet eine Reverenz an.

»La Vallette, das ist ja lange her ...«

»Madame«, er nickt feierlich, »wir besprechen gerade die Zukunft des Landes und unsere persönliche natürlich auch. Ihr Mann, der Bürgermeister, und ich, wir sind irgendwie Zwillinge, also nicht äußerlich zum Glück – oh, pardon, falls ich hier Ihre Gefühle verletze, aber, Sie schreiben Ihr Buch namens die *Versuchungen* und sollen da ja sehr offen – oh, apropos, Ihr Buch –, es soll sehr gut sein. Sie schreiben über sich? Warum schreiben Sie nicht über jemanden von Rang und Größe, das interessiert nicht nur die Gebildeten, sondern das interessiert einfach jede und jeden, alle Franzosen, ich sage es Ihnen – ja, schreiben Sie einfach über mich, die wundersame Geschichte des d'Épernon ...«

Françoise nickt ihm zu und fällt ihm ins Wort: »Ein anderes Mal. Wir sitzen jetzt auf.«

Montaigne hat nun genug gehört und schaut ihm in die Augen.

»Euren Aufstieg hat jeder in der Gascogne verfolgt, Ihr haltet nun schon länger durch als manche seiner Mignons. Allerdings war Eure spezielle Aufgabe auch immer, den Herzog von d'Alençon im Auge und in Schach zu halten, gerade was die militärische Potenz angeht. Ihr kennt d'Alençon gut, wart einst sein Weggefährte – und arbeitet doch für seinen Bruder, den König. Wenn d'Alençons Stern sinkt, oder er gar krank wird und stirbt, dann fällt auch Eure bis dato einzige Aufgabe bei Hofe weg, nicht wahr. Und wie sagt unsere kluge Königin Marguerite de Navarre so treffend – der Hof ist ein Proteus, der stets seine Gestalt ändert. Sicher, Euer Geld und das Schloss in Cadillac wird Euch niemand mehr nehmen, aber dort könnten die Nachmittage Euch lang werden.«

D'Épernon kam nicht ganz mit.

Montaigne winkt entnervt Nicolas heran und bittet um

einen Bleistift. Auf einem Zettel zeichnet er die alte Ordnung auf, die sich um die Rivalität zwischen d'Alençon und dem König ordnet.

»Hier waren Sie sehr wichtig, la Vallette. Aber die Macht bewegt sich, wie die Sterne. Heute morgen etwa, während Sie uns besuchen, ist Paris ohne König. Er ist an einem unbekannten Ort, vermutlich in einem Kloster. Die Macht teilen sich die Guise, hier in Paris, und die Regentin Catherine – die Sie beide nicht besonders mögen. Wird, wenn man Ihnen etwas antut, der König sein Schicksal an Ihres knüpfen? Vielleicht, wenn Sie einer seiner Spaniel wären.«

Er kritzelt weitere Kreise und Striche. »Sicher, Ihr habt diese Befehlsgewalt, aber die Truppen, Reiter und Kanonen gehören der Krone. Catherine kann sie Euch jederzeit entziehen. Das hätte man nie und nimmer getan, wenn man im Louvre noch Furcht vor d'Alençon gehegt hätte, aber nun? Euer bester Feind war zugleich Eure Versicherung. Geht er unter, müsst Ihr Euch woanders festhalten.«

»So etwas lasse ich mir nicht bieten!« D'Épernon schlägt mit seinen langen, graugrünen Schlangenlederhandschuhen gegen den Zettel. Montaigne kritzelt unbeirrt weiter.

»So, wie ich die Dinge sehe, braucht Ihr eine neue Mission. Oder einen neuen Beruf. Oder eben einen neuen König.«

»Ich würde sorgsam mit diesen schönen Handschuhen umgehen, vielleicht müsst Ihr sie noch mal verkaufen«, fügt Françoise an.

D'Épernon schnappt sich den Zettel und knüllt ihn in seine Manteltasche. So offen hat niemand mit ihm geredet, allerdings dämmert ihm, dass diese Sicht der Dinge schwer zurückzuweisen ist. So hat er sich den Verlauf des Frühstücks nicht vorgestellt. Er beißt voller Frust in einen Pfirsich und saugt den Saft auf. »Wir sind im Winter«, bemerkt er trotzig, »aber ich, ich frühstücke dieses Sommerobst mitten in Paris, so sieht es doch aus!«

»Herzog, eine Sache noch.«

D'Épernon nickt unwillig

»Sie werden gute Leute brauchen, sagten Sie, und dass Sie Platz in Ihrem Zug in den Südwesten haben? Unser Sekretär Nicolas Poulain ist ein gescheiter und diskreter Junge, er wird Ihnen gute Dienste leisten und kann Ihnen auch noch einmal darlegen, wie sich Ihre Dinge entwickeln. Nehmen Sie ihn mit auf Ihrer Reise? Hier in Paris hat er – sagen wir – alles schon erreicht.«

Die Präsenz des Herzogs wird nun lautstark und umständlich wieder abgebaut, der Tross formiert sich und schickt sich an, den Hof zu verlassen. Montaigne, seine Frau, die Lasttiere und Wachen formieren sich weit schneller, obwohl sie das halbe Land zu durchqueren haben. Montaigne freut sich auf den Ritt durch die Stadt und hinaus.

Doch ein Lieferwagen versperrt die Ausfahrt des Hôtels de Condé.

Montaigne blickt sich um: »Gehören Sie auch zum Herzog von d'Épernon? Oder wollen Sie zu mir?«

Der Bote studiert seine Zettel. »Marguerite LePaulmier schickt uns, hier sind Geschenke für eine Madame Montaigne.« Er lädt umständlich den Reisemantel, die Stiefel und die goldene Schere aus, die Françoise sich gestern in der Halle des Palais angesehen, aber nicht gekauft hatte.

Montaigne muss lachen. »Kommen wir noch jemals weg? Ist das ein Jux, hält uns eine gute Gesellschaft zum Besten, versteckt hinter diesen Büschen?«

Françoise sitzt schon auf ihrem Reisepferd, in Maske und Montur.

»Hilfe, wer schickt mir denn so was? Ist das von Marguerite? Sie war eben noch in der Messe, um mich zu verabschieden und hat mir ihr Geschenk bereits überreicht, als sie meins empfing. Diese Dinge kosten ein Vermögen.«

Françoise fällt die feine, gutgeschnittene Kleidung des Boten auf, ganz in Schwarz und Weiß, die neuen Schuhe und die Hände, die voller Tintenflecke sind. Der Bote trägt seine Haare ungewöhnlich lang und grinst die ganze Zeit, versucht, die Aufmerksamkeit Montaignes zu erhaschen, der aber nur mit seinem neuen Pferd beschäftigt ist.

»Monsieur, Sie sehen nicht aus wie ein Bote.«

Der Mann nähert sich durch den Trubel der Truppe von d'Épernon. Bedrohlich wirkt er nicht, auch sind sie von vielen bewaffneten Soldaten umgeben, aber etwas ist seltsam an diesem Boten. Auch Montaigne runzelt nun seine Stirn, so dass die Wachen ihre Waffe ziehen. Der komische Bote legt die Pakete auf einen Karren und hebt langsam seine Hände.

»Ich dachte, Madame LePaulmier verrät mir die Adresse bestimmt nicht und wenn ich mich als Bote ausgebe ... ich habe einfach alle fraglichen Residenzen versucht.«

»Wer bist du?« Ein Gardist der Leibwache des Herzogs kommt auf dem Pferd näher und setzt ihm, locker aus dem Handgelenk, die Spitze seines messerscharfen Schwerts an das rechte Auge. Der Mann muss zittern.

»Mein Name ist Abel L'Angelier, und ich bin Verleger, an der ersten Säule der Halle des Justizpalasts zu finden. Ich muss Montaigne sprechen, und es ist sehr, sehr wichtig.«

Montaigne lacht. »Ich weiß wenig über Eure Fähigkeit, Bücher zu machen, aber Eure Fähigkeit, den schlechtesten Zeitpunkt und die ungeschickteste Methode zu wählen, ist unübertroffen. Ich sehe Euch gerne – aber dann in Bordeaux. Adieu, meine Herren.«

Während seiner kleinen Abschiedsansprache überwacht Françoise, dass die Sachen, sie gefallen ihr wirklich gut, ordnungsgemäß verstaut und von Nicolas noch auf die Packlisten aufgenommen werden. Sie sucht den Blick von L'Angelier und lächelt ihm zu. Dann folgt sie auf dem wundervollen Reisepferd ihrem Mann. Am Ausgang des Hôtels de Condé haben sich Giacomo Bellardi und Madame de Pierrevive eingefunden, Bellardi entschuldigt sich noch einmal, sie seinerzeit vom Kartenspiel abgezogen zu haben.

Françoise antwortet: »Mein grauer Freund, wir spielen nun Schach, sind Spieler und Figuren zugleich, wie das ganze Land.«

II

Leuchttürme

Mai 1584

1

Der Weg ans Meer

Wenn man Paris verlässt, dann ist es, als würde man die Erde verlassen – jedenfalls von Paris aus betrachtet. Darum ist eine offizielle Abmeldung mit großem Aufwand verbunden, mit Nachweisen, wo man hinmöchte, welche Verpflichtungen in der Stadt noch bestehen und welche Absichten man sonst noch hegt. Es ist so kompliziert, dass die meisten einfach verschwinden, diskret und ohne sich abzumelden. Nicolas wird es genau umgekehrt machen. Er verlässt Paris mit dem größtmöglichen Pomp des Königreichs. Der Abschied aus Paris ist ihm nicht schwergefallen. Seine Schwester hat ein Abschiedsessen veranstaltet, zu dem sogar der deutsche Priester noch einmal kam. Er schenkt ihm ein Buch, das aussieht wie eine Bibel, aber wenn man es öffnet, ist ein kurzer Dolch darin.

Die letzten Wochen hat er sich in der Halle des Justizpalasts aufgehalten und als ambulanter Schreiber gearbeitet. Hier, an den Galerien des Louvre und vor Notre-Dame sind Zonen, in denen freie Handwerker ihre Dienste anbieten können. Natürlich laufen die Zünfte Sturm dagegen und versuchen, diese Leistungen und die Kollegen in Gerüchten und Spottversen schlechtzumachen. Aber die

Kunden kommen dennoch. Mietsachen, Zeugenaussagen, Liebesbriefe, Briefe an die Eltern oder an ferne Verwandte. In denen erscheint Paris entweder als strahlende Stadt, wenn man Neid erregen möchte, oder als schwarzer Moloch, wenn ein Wechsel gewünscht ist. Dabei ist, dachte Nicolas, Paris die Hauptstadt der Grautöne.

Durch Montaigne kann er auch stilistisch beraten. Nur Provinzler wünschten sich ewig lange, unterwürfige Anreden und Grußformeln. Wer selbstsicher schreiben möchte, beginnt lediglich mit Sire. Geht ein Schreiben nach ganz oben, was in Frankreich immer die bessere Idee ist, dann muss man nicht die ganze lange Liste seiner Besitztümer und Ehrentitel aufzählen. Dann schreibt man oben auf dem Bogen nur zwei Worte: »Au Roy«.

Und dann bloß keine falsche Zurückhaltung, der Louvre reagiert nur auf Druck.

Seine Mutter sucht ihn häufiger auf, plötzlich ganz strahlend und sorglos. Einmal hat er ihr, in einem letzten Versuch der Versöhnung, von seinem Zug in den Südwesten berichtet, mit d'Épernon. Das interessierte sie plötzlich, und sie wollte mehr wissen, obwohl sie die Dinge seines Umgangs mit den Großen des Reiches sonst eher anwidern. Hier erkundigte sie sich nach der Route, ihren möglichen Stopps – angeblich, um ihm dorthin schreiben zu können, falls es ihr schlechtgehen sollte. Aber was soll sie mit solch einer Angabe schon anfangen können?

Seiner Schwester missfällt es. Ihre Mutter ist wieder näher an die Guise herangerückt, auch wenn sie die, so berichten es Gäste der Mühle, allabendlich heftig kritisiert. Sie muss ihnen etwas im Gegenzug verraten. Immer wieder ersucht sie ihn, sich zu erinnern, was er dort am Küchentisch abends mal preisgegeben haben könnte? So richtig kommt er nicht drauf, schließlich wussten die

Guise es ja von Montaigne, er war ja selbst mit ihm dort gewesen.

Die Stimmung seiner letzten Tage in Paris ist bedrückend. Manchmal schreibt er sich selbst etwas, versiegelt es und legt das gefaltete Schreiben dann unter seine Strohmatte in der Unterkunft seiner Schwester. Einige Male schon fand er das Siegel gebrochen und notdürftig gekittet, so, als wolle man ihm zeigen, dass man da gewesen ist. Montaigne hat ihm daher geraten, sich in der Stadt an der Garonne an Simon Millanges zu wenden, dem Drucker und Verleger der *Essais*.

Seine Schwester begleitet ihn zum Treffpunkt der Männer der Reisegesellschaft, die die Größe eines mittleren Heerlagers angenommen hat. Es ist Anfang Mai, sie treffen sich schon mitten in der Nacht, um bei Sonnenaufgang aufzubrechen. Der Herzog selbst ist ununterbrochen auf den Beinen und kümmert sich um jede Einzelheit.

Nicolas wird gleich eingeteilt, um Listen zu führen und zu kopieren. Er geht mit Stift und Papier durch die Beladezelte, notiert die Anzahl der Lasttiere, der Fässer und Kisten. D'Épernon hat seine größten Erfolge als Heerführer erzielt, darum gerät alles, was er unternimmt, zur luxuriösen Variante eines Feldzugs. Das Zeichen zur Abreise wird per Hornsignal und Trommel gegeben, so dass in der ganzen Stadt bekannt wird, dass d'Épernon nun die Stadt verlässt, um in Richtung des Südwestens zu Navarre zu reisen. Der Tross ist langsam – als die Spitze das Tor schon passiert, dauert es Stunden, bis die Versorgungswagen mit der Nachhut auch hindurch sind.

D'Épernon verfolgt eine neuartige Taktik, um die beschwerlichen Straßen nicht zu überlasten und die Geschwindigkeit zu erhöhen: Statt alle in einem langen Zug zu bewegen, hat er parallele Routen auskundschaften und markieren lassen. Sie sind nicht alle gleich lang, aber insgesamt erhofft er sich ein rascheres Fortkommen als in einer langen Schlange, deren Ende immer leicht zu überfallen ist. Manche Ausrüstung soll nun per Schiff über die Loire und das Meer bis Bordeaux geschickt werden, und die Soldaten, Geschütze, Reiter und Bogenschützen sollen in getrennten Kolonnen zu Fuß reisen, nebeneinander auf drei Landwegen.

Unterwegs lässt sich d'Épernon noch von katholischen Geistlichen beraten, mit welchen Argumenten er bei den protestantischen Theologen um Navarre auf Gehör stoßen könnte. Nicolas folgt ihrem Wagen, um die Protokolle ihrer Gespräche aufzunehmen. Die Wege sind schlecht, voller Wasser und Pfützen. Sie kommen weit weniger gut voran, als berechnet wurde. Das für die Nacht gerichtete Schloss werden sie so nicht erreichen.

Bald reitet der Marschall durch die Wagen und Reiter und erklärt ihnen, dass sie in und vor einem Herrenhaus übernachten werden und es schon bald erreichen. Nicolas kennt diesen Ersatzplan, er hatte dafür die Anschreiben und Unterbringungspläne verfertigt. Es gehört einem katholischen Adligen, der Paris und den Hof verlassen hat, um dem König in der Provinz zu dienen, und sich in der Nähe der Loire als frommer katholischer Gutsbesitzer niedergelassen hat. Einige Boten reiten vor, um die Ankunft zu bestätigen, zuvor hatte man den Besitzer nur vorgewarnt.

Der Herzog persönlich beschließt, dass die Theologen mit ihm ins Haus ziehen, dann einige Schreiber, darunter Nicolas, der Koch und die Verpflegung. Die Truppe soll schon vorausziehen, nur einige Wachen nimmt er mit, das Anwesen gehört schließlich einem Freund, der den Herzog seit vielen Jahren kennt. Manchmal trifft er sogar den

König bei den Exerzitien der Bruderschaften, ein Mann, auf den Henri sich verlässt.

Sie erreichen das Gut kurz vor Sonnenuntergang. D'Épernon springt aus dem Sattel, empfängt die Reverenz des versammelten Personals und geht auf seinen Freund zu, der vor ihm auf die Knie geht und seine Oberschenkel umarmt. Er ist auffallend groß und hat die beruhigende Statur eines einstigen Nahkämpfers, trägt aber heute die einfache helle Soutane seiner Bruderschaft. Sein Schädel glänzt, wenn er vor dem Herzog die Mütze abzieht, um das Kinn trägt er den grauen Bart eines weisen Mannes, dem der Zirkus der Großstadt ferngerückt ist.

D'Épernon erklärt, auf die üblichen Ansprachen verzichten zu wollen, denn es sei schon spät. Er geht auf das große und hell erleuchtete Haus zu.

»Frau und Kinder wohlauf? Ich sehe sie gar nicht.«

»Sie sind verreist, denn die Mutter meiner Frau ist krank geworden. Meine Tochter ist noch hier.« Er stellt ihnen eine junge, große Frau vor, die ein weißes Kleid trägt. Ungewöhnlich findet Nicolas, denn heute ist kein Feiertag, und sie heiratet doch auch nicht, aber er schaut sie sich genau an, denn ihre Schönheit fasziniert ihn sofort. Ihr Vater spricht warmherzig weiter: »Ich wäre mitgefahren, aber sie wird es auch so überstehen, und so können wir doch auch freier von den alten Zeiten schwärmen und etwas trinken –« Er lacht ein lautes, ansteckendes Lachen, seine Augen blinzeln freundlich.

»Komm rein, es ist nicht dein Palast in Paris, aber wir haben hier geschickte Näherinnen und fette Gänse, da habe ich dir ein Bett wie in Deutschland gemacht. Zum Glück ist aber das Essen von hier.«

D'Épernon entspannt sich und verfällt spontan in einen Vortrag über die Probleme seines Zugs auf diesen schlechten Straßen, seine Laune ist davon getrübt. Etwas später findet sich Nicolas mit den anderen Schreibern in der Dienstbotenküche des Hauses wieder, sie liegt in einem der langen flachen Gebäude neben dem Haupthaus, darüber ist ein Boden, auf dem sie alle schlafen können. Es gibt eine passable Graupensuppe mit Speck und Brot, sogar einen dünnen Wein. Die Luft ist noch kühl, aber sie stinkt nicht wie in der Stadt. Kaum einen Tag geritten, und schon kommt es Nicolas vor, als würde er nie nach Paris zurückkehren wollen.

Nach dem Essen werden Karten und Lampen hervorgeholt. Er und die anderen Schreiber müssen aber noch die Voranmeldungen für die Boten der folgenden Etappen ausfertigen, die Listen prüfen, ob es Veränderungen gegeben hat, und die Antworten auswerten, die die anderen Teile des Zugs ihnen melden, alles zusammenfassen und es dem Herzog vortragen – als letzte Meldung vor der Nachtruhe, die heute mit vier Stunden geplant wurde.

Es fängt an zu regnen. Sie haben gelost, wer noch rübermuss und sich der schlechten Laune des Chefs aussetzen muss. Ob geschummelt wurde? Jedenfalls wählt Nicolas schon seine Worte für seinen Bericht, über den der Herzog sich ärgern wird, denn die anderen Teile des Zugs sind vom Weg abgekommen, stecken fest und melden tausendundeinen Mangel an der Ausrüstung: rasselnde Pferdelungen und solche Dinge.

Im Haus ist es ruhig, die Wachen mustern ihn aufmerksam und grüßen kurz, der große Garten ist leer und friedlich. Nicolas hört, wie im Esszimmer aufgeräumt wird, alle haben sich zurückgezogen. Er lässt sich zum Schlafzimmer seines Chefs führen, vor dem ein letzter Leibwächter auf dem Boden neben der Tür sitzt. D'Épernon steht vor einem improvisierten Arbeitstisch und rechnet mit seinen beiden engsten Adjutanten, wann sie wo sein können und wann welche Stadt mit einem königlichen Entree aufgesucht wird. Es ist spät, sie haben gut gegessen, d'Épernon gähnt und diktiert weiter, zieht sich dann zurück in einen winzigen Nebenraum, in dem sein Reisebett aufgebaut wurde. Das deutsche Deckbett hat er mitgenommen, er überlässt aber den drei anderen Männern das große Schlafzimmer, das in dieser Nacht das Hauptquartier seiner Unternehmung ist. Ein Diener und zwei Hofdamen folgen ihm mit warmem Wasser, Duftölen und Tüchern, um ihn auszuziehen und zu waschen. Bald sind sie wieder draußen, und man hört d'Épernon leicht schnarchen.

Leider kann Nicolas es ihm nicht gleichtun, denn es sind endlose Schreibarbeiten zu leisten, die Listen sind lang, seine Handgelenke und Federn sind erschöpft, ihm fallen die Augen zu, auch wenn er es vor den Kollegen verbergen kann. Es sei eben so mit dem Herzog, erklären sie ihm, Arbeit rund um die Uhr, dafür ab und an etwas Luxus.

Das Haus liegt jetzt ganz ruhig in seinem Garten, ab und zu wirft der Mond etwas Licht auf die Anlage. Die einzigen Lichter sind die vom Feuer der Nachtwache, draußen bei den Pferden und oben im Schlafzimmer des Herzogs, als Nicolas langsam das Ende ihrer heutigen Aufträge kommen sieht. Die Tochter ihres Gastgebers ist ein Jahr jünger als er, sie schaut noch mal nach ihnen, ob sie Kerzen brauchen oder Papier. Sie lächelt ihn an, wirkt aber auch etwas angespannt, sicher begegnet sie zum ersten Mal einem Herzog. Oder eben den Männern, die für ihn arbeiten.

Nicolas nickt ihr zu und fragt, ob sie nicht auch etwas geschrieben haben möchte, da er schon mal im Hause sei. Sie verneint erschrocken, was Nicolas als gutes Zeichen deutet. Sie gefällt ihm, und er spürt etwas, eine Art Erwiderung wie das scheue Echo seiner Zuneigung.

Sie zieht sich zurück, wünscht den Herren eine geruhsame Nacht und blickt, bevor sie die Tür schließt, Nicolas lange in die Augen. Er wird rot.

Und dann beginnt es.

Von allen Wachen unbemerkt, bewegt sich ein Kommando maskierter Krieger auf das Haus zu, die Hufen der Pferde mit dickem Filz umwickelt. Sie sind mit Hakenbüchsen ausgestattet, die sie auf eigens mitgeführten Pfosten aufstellen. Einige haben Armbrüste dabei, andere eine Axt, an den Gürteln haben sie Rauchbomben und Granaten.

Ein Duo stürmt routiniert die Treppe zum Eingang hoch, vor der stabilen Holztür zögern sie kurz, nicken sich zu. Dann wird die Tür von innen geöffnet. Der Gastgeber hat ein Kettenhemd angelegt und zieht sich eine lederne Maske über das Gesicht. Er dirigiert die Soldaten mit Gesten zu den anderen Ausgängen des Hauses. Gleichzeitig zünden alle ihre Fackeln.

Nicolas streckt sich oben und ist im Begriff, einzupacken und sich von den beiden anderen zu verabschieden, als sie den Kampf unten hören. Die Stimme ihres Gastgebers schreit »*tue, tue*« und ruft dazu auf, alle im Haus zu ermorden. Die Wachen unten sind ihre ersten Opfer, ihnen bleibt nicht einmal Zeit, die Waffe zu ziehen ... Der Leibwächter huscht zu ihnen ins Zimmer. Sie rücken alle beweglichen Möbel vor die Tür. Nicolas spürt, wie er in jedem Muskel zittert, er kann ihnen nicht helfen. Dann schauen sie in den Park, der nun schon von Reitern gefüllt ist, deren Zeichen aber nicht zu erkennen sind. Es sind kleine, schnelle Pferde. Der ältere Sekretär befindet, es sei selbst zum Beten zu spät.

Sie beratschlagen sich flüsternd. Es ist zu hoch, um aus dem Fenster zu springen, Waffen haben sie keine. Sie könnten die Kasse anbieten und sich ergeben, vermutlich gilt das Attentat dem Herzog, also könnten sie davonkommen? Besonders soldatisch ist der Gedanke nicht, aber Nicolas findet ihn spontan sehr anziehend. Der Leibwächter möchte den Versuch unternehmen, mit seiner Signalpfeife die anderen in den Ställen zu warnen, nähert sich dem Fenster, aber dann wird das Feuer aus den Hakenbüchsen im Garten eröffnet, die Fenster gehen zu Bruch, und die Gardinen fangen Feuer. Nicolas nässt sich sofort ein und zittert hemmungslos. Die beiden anderen suchen nach einem Weg, mit den Angreifern zu kommunizieren und klarzumachen, dass sie ihr Leben eintauschen werden und nicht vorhaben, für oder mit dem Herzog hier zu sterben.

Draußen wurde nach den hugenottischen Schweinen geschrien. Das nur Katholiken im Raum sind, lässt sie auf eine Art Missverständnis hoffen. Sie trauen sich nicht hinaus ins Treppenhaus, in dem die Leichen ihrer Wachen liegen, aber auch nicht, den Herzog zu wecken – als sei in dieser verzweifelten Lage eine normale Nacht wichtig. Zu spät erkennen sie, dass ihr Zimmer noch einen zweiten Eingang aufweist, eine schmale Tür direkt neben dem Kamin, die völlig unbewacht ist und durch die nun einige drahtige Kämpfer gleiten.

Sie halten kurz inne, denn der Mann, den sie suchen, ist nicht zu sehen. Sie haben Waffen und Soldaten erwartet, treffen aber nur auf abgerüstete Schreiberlinge, zwei davon mit schweren Bäuchen und einer, der vor Angst bebt. Alle haben die Hände oben.

D'Épernon scheint zu fliegen. Nicolas sieht den Herzog waagerecht springen, ohne Kontakt zum Boden, in seinem seidenen Nachthemd, barfuß, Schwert voran. Er trifft seitlich auf die Kämpfer, und die Fragmente von Sekunden, die sie brauchen, um sich zu ihm zu drehen, sind die letzten ihres Lebens. Sie sterben sofort.

Der Herzog beachtet das Trio seiner Leute im Zimmer gar nicht, sondern zieht allein die Möbel von der Tür und setzt im Flur und auf der Treppe die Arbeit mit dem Schwert fort. Es ist sein Tempo, aber auch die reine Entschlossenheit, die die Gegner schockiert und den fatalen Augenblick zögern lässt. Der Herzog und Befehlshaber der französischen Infanterie ist nun wieder der gascognische Meisterfechter. Er kümmert sich nicht um das Gebrüll oder die Waffen der Gegner, sondern setzt sein Schwert immer nur an der Halsschlagader an und immer nur mit der Spitze. Dort ist keiner gepanzert, und es geht schnell, weil der Schock sofort kampfunfähig macht.

Im Eingang steht er seinem verräterischen Freund gegenüber, er tritt ihn von der Treppe aus in den Solarplexus und jagt ihm die Klinge in den Sehschlitz seines Helms. Der Tod würde bei ihm noch auf sich warten lassen, erst kommen Stunden höllischer Schmerzen. D'Épernon tötet, als würde er tanzen. Barfuß, die Haare unter einer Nachtmütze befestigt, wirbelt er durch das ganze Haus, bis das Kommando, das für eine schnelle Lösung ausgerüstet war, den Rückweg antrat.

Die Unterkunft ist nun voller Blut. Nicolas und die Sekretäre packen eilig zusammen. Im Hinausgehen sieht er die Leiche der Tochter, die ihm kaum eine Viertelstunde zuvor noch zugelächelt hatte. Sie hat noch den Dolch in der Hand, der ihr aber nicht viel half, und ein breites Kreuz aus Metall an einer Kette. Sie liegt in ihrem Blut. Der Schnitt an ihrem Hals ist kaum so breit wie eine Fingerkuppe. Nun versteht er, warum sie so nervös gewesen war.

Der Herzog lässt aufsitzen, es dauert bis Tagesanbruch, bis alle fertig sind. Unterwegs flucht der Herzog über seinen eigenen Plan, der ihn getrennt von seiner Armee vordringen ließ. »Nächstes Mal nehme ich meine Gascogner mit, statt sie im Louvre zu lassen.« Die anderen Sekretäre erörtern das Attentat.

»Es könnte Joyeuse gewesen sein? Oder der König?«

Sie verneinen. Solche routinierten und vor allem leisen Soldaten haben derzeit nur die Spanier. »Es war die Liga. Die haben vielen Bürgern den Kopf verdreht.«

»Es muss schlimm sein«, meint Nicolas, »zu wissen, dass einem jemand nach dem Leben trachtet.«

»Es ist das vierzehnte Attentat, wenn man alle zusammenzählt«, erläutert ihm der ältere Sekretär. »Gefährlicher ist etwas anderes. Hast du das Schwert bemerkt? Es ist aus Damaststahl gefertigt, geht ohne Druck durch Leder und Haut. Er hat es sich eigens für solche Situationen bestellt, aus dem Orient. Er tötet immer schneller. Und mit dem Töten verhält es sich so: Man kann irgendwann nicht mehr davon lassen.«

Nicolas blickt von seinem Wagen aus zum Herzog, der herzhaft gähnt.

Nicolas schleppt seinen Reisesack durch die langen Gassen von Bordeaux, es ist schon schwül und riecht überall nach Mittagessen. Er hat wenig geschlafen in den letzten Tagen, er muss krank aussehen und abgemagert. Seine Kleidung ist immerhin vorzeigbar, sie hält ihn zusammen. Seine Schwester hat sie ihm besorgt, damit er auf der Reise weder für einen Landstreicher noch für ein reiches Opfer gehalten wird. Nicht für einen eifernden Katholiken noch für einen beseelten Protestanten, aber auch wieder nicht so unauffällig, dass man einen Spion in ihm vermuten muss.

Gern hätte Montaigne ihm auch einen Brief mitgegeben, aber sie einigten sich eher auf die Form des mündlichen

Siegels, zwischen Montaigne und Millanges war es die musikalische Elster.

Die Werkstatt von Millanges war anders, als er sich vorgestellt hat. Während die Stadt laut und bevölkert scheint, mit südlichen Düften und gestikulierenden Passanten, in hitzige Erörterungen vertieft, ist das Haus des Verlegers still, elegant und geschäftig.

Dann, direkt davor, haut es Nicolas sekundenschnell aus den Stiefeln. Er blinzelt und spürt, dass ein Schmerz durch seinen Rücken schießt. Ein Paar schiebt einen Karren voller Kisten und hat ihn ihm ins Kreuz gerammt. Beide sind schon älter und zanken sich, ohne sich um Nicolas zu kümmern.

»Autsch, das tut weh.«

»O weh, einer aus Paris, du Trottel!« Die Frau schubst aggressiv ihren Ehemann, der wenig Gegenwehr aufbietet.

»Sie haben mich umgefahren mit Ihrem Karren. Was, wenn ich nun verletzt bin?«

»Na, Sie scheinen ganz munter.«

»Ich weiß nicht, ich kann nicht aufstehen.«

»Du Trottel.« Die Frau geht wieder auf den Mann los. »Du erwischst einen aus Paris und machst ihn zum Krüppel. Wenn er wenigstens gestorben wäre, hätten wir ihn in die Garonne gerollt und fertig. Du kannst aber auch nichts richtig machen!«

Nicolas erhebt sich langsam, prüft seine Gelenke, Knochen und Muskeln. Er blutet etwas, aber es hätte schlimmer kommen können. Nur die rechte Hand, auf die er sich beim Sturz gestützt hat, ist taub.

»Ich würde den Unfall gerne protokollieren lassen, denn ich bin neu in der Stadt, kenne niemanden, und wenn ich wegen meiner Hand Pflege benötige, muss ich etwas vorweisen können.«

Beide sehen sich stumm an, dann lachen sie.

»In Paris wird das vielleicht so gemacht, aber hier kommt niemand wegen so etwas, nicht einmal, wenn sie tot dort liegen würden. Es wäre etwas anderes, wenn sie ein Hugenotte wären, dann würde man natürlich alles für sie tun ... Die dürfen sogar den Herrgott beleidigen und schwangere Frauen töten, ohne Strafe fürchten zu müssen, weil sie diesen Bürgermeister hier längst im Sack haben.«

Sie fluchen und schimpfen weiter vor sich hin.

»Du Trottel überfährst einen Hugenotten aus Paris. Oh, ruft gleich nach der Staatsgewalt, Protokoll. Typisch.«

Sie entfernen sich fluchend. Nicolas rafft seine Sachen zusammen und humpelt in den Hof der Druckerei von Simon Millanges. Hier ist es ruhig und kühl, seine schlurfenden Schritte sind das einzige Geräusch. Im Haus ist das anders. Die Boten, Diener, Setzer, Zeichner, das ganze Volk der Werkstatt, alle eilen durch die Räume, aber ohne zu sprechen. Es ist eine schwere Arbeit, die eine hohe Konzentration erfordert, und Millanges ist nicht gerade für seinen Humor bekannt. Nicolas wird zu ihm geführt, er liest in Papieren und hebt kaum den Blick.

»Montaigne, soso. Er hat ein großes Herz. Einmal ließ er mir einen Hund bringen, dem ein Bein fehlt. Und Sie humpeln ja auch?«

»Ja, ich wurde hier vor dem Haus umgefahren und ...«

Millanges wird zornig.

»Ein Pack treibt sich hier herum, widerlich. Warum sind Sie denn weg aus Paris?«

»Ich habe d'Épernon und Montaigne begleitet, und sie sagten, hier werden Schreiber gebraucht. Außerdem soll hier ...« Er wagt einen kleinen Spruch, um die Stimmung aufzuhellen.

»Das Wetter besser sein? Wo denken Sie hin? Hier regnet es viel und das ist ein Segen.«

»Für die Felder und den Wein?«

»Nein, für unsere Arbeit. Weil es sich so richtig einregnen kann, und zwar Tage ohne Ende, wird hier viel gelesen. Und meine Leute haben es in solch einem Fall auch nicht so eilig rauszukommen. Nichts liebe ich mehr als die langen Nachmittage mit Licht aus den Lampen, an denen wir hier zum Geräusch des Regens konzentriert arbeiten.«

Nicolas nickt, auch wenn ihm diese Aussicht wenig verlockend scheint. Immerhin fühlt er sich augenblicklich in Sicherheit.

»Was wir hier machen, ist sehr wichtig, Nicolas, es ist eine Revolution. Wenn die Menschen lesen können, ihre Rechte kennen, andere Bücher kennen als die Bibel. Wer weiß, wie dann die Welt in Zukunft aussehen wird. Mir war es jedenfalls wichtiger, diesen Informationen in die Welt zu verhelfen, als nur wenigen Schülern hier Latein und Griechisch beizubringen.«

»Darum habt Ihr auch die *Essais* gedruckt?«

»Ja, es sollen nicht nur Bücher über Jura oder Religion erscheinen, sondern über alles Mögliche. Aber es wurde noch ein richtiges Abenteuer, plötzlich musste es schnell gehen, Montaigne wollte auf einen Feldzug oder auf Reisen, ich habe es nicht verstanden. So kamen Fehler ins Buch, und ich bekam es mit der Schwester und der Nichte des Autors zu tun. Sie kämpften wie die Teufel … Aber wie dem auch sei. Ihr könnt oben bei den anderen Sekretären wohnen. Wir essen mittags immer gemeinsam, abends seid Ihr spätestens zu Sonnenuntergang wieder hier. So und nun bräuchte ich noch die Papiere, junger Mann. Eheliche Geburt, katholische Taufe und Zunftzugehörigkeit genügen.«

Nicolas hat die Frage schon erwartet, was nicht bedeutet, dass er entsprechende Papiere hätte. Zwar hat er sich während der Reise am Faksimile aller möglichen Dokumente versucht, insbesondere eines Zunftrollenausweises, eines Gesellenbriefs und eines Nachweises der ehelichen Geburt, mal in der katholischen, mal in der reformierten Fassung, aber ob seine Versuche dem exakten Blick von Millanges standhalten würden? Auch die Aufzählung seiner Referenzen wird seine Lage nicht verbessern, denn was hält man wohl hier in der Provinz von einem Schreiber ohne Dokumente, der gleichwohl als letzte Kunden den König von Frankreich, Catherine von Medici und Michel de Montaigne angibt?

In diesem Moment zeigt die helle Glocke hinter der Eingangstür die Ankunft weiterer Kundschaft an. Nicolas riecht ihren Duft und hört ihr Lachen, bevor er sie sieht. Millanges eilt zur Tür, um die Baronin persönlich zu empfangen und ihr zu versichern, eben noch von ihr gesprochen zu haben.

»Simon, sicher willst du erzählen, wie Mama und ich Euch wegen der vielen Fehler im Buch meines Onkels genervt haben?« Sie lacht hell und schwebt ihm voraus in einem vom Regen schweren, blauen Velourscape und sieht sich um, als sei sie in dieser Werkstatt zu Hause. Dann bleibt sie vor Nicolas stehen und strahlt ihn an. Sie ist nur einige Jahre älter als er und erscheint ihm wie ein Wesen von der Seite hinter den Spiegeln. Statt einer ausladenden Kombination aus Vertugade und Unterkleid trägt sie ein gerades Kleid, darüber, kunstvoll geschwungen, ein fast bodenlanges Tuch aus Wildseide. Ihre Haare hat sie zusammengebunden, und aus der Seitentasche ihres Capes nimmt sie eine ganze Rolle handgeschriebener Blätter.

Nicolas improvisiert eine Begrüßung, schließlich wurde diese junge Frau mit einem beeindruckenden Adelstitel angesprochen, und Millanges ergeht sich seit ihrer Ankunft in Höflichkeitsakrobatik. Doch ehe er etwas Geistreiches formuliert, kommt sie ihm zuvor, stellt sich auf die Zehenspitzen, umarmt ihn und drückt jeweils ihre Wange an seine.

»Nicolas, schön, dass Ihr endlich in Bordeaux seid. Onkel Micheau hat mir schon so viel von Euren Abenteuern in der Hauptstadt erzählt, und hier gibt es« – sie zeigt ihm die Blätter voll winziger Notizen – »furchtbar viel zu tun.«

Diese herzliche Begrüßung, bei der er ihre Wärme, ihren Körper und die reine Freude am Leben spürt, verwirrt Nicolas nun noch mehr. Als einzige Geste fällt ihm ein, endlich mal sein Barett vom Kopf zu nehmen und eine Verbeugung anzudeuten. So erkennen alle noch besser, dass er rot geworden ist.

»Baronin de Lestonnac, ich ...« Weit kommt er nicht.

»Was für ein Unsinn. Seit ich denken kann, nennen mich alle Nana. Und so sollt Ihr mich auch nennen, denn wir haben ja noch so viel vor.«

Sie blickt ihm geradewegs in die Augen, voller Hoffnung und Vorfreude. Dann wendet sie sich ab und redet mit ernster Miene auf den Drucker ein:

»Simon, Nicolas wird uns auf Montaigne helfen und auch hier, um all die Zitate einzuarbeiten, die Mama und Onkel Micheau gerade suchen. Er ist ein Meisterschreiber aus Paris und hat schon für« – sie nimmt ihr Kinn zwischen Daumen und den Kuppen von Zeige- und Mittelfinger, streicht dann abwärts, um das berühmte schmale Bärtchen des Königs von Frankreich anzudeuten – »ihn gearbeitet.« Dann lacht sie und geht rückwärts, beide Männer fest im Blick behaltend, in Richtung der Tür. Nicolas, der kaum ein Wort herausgebracht hat, hört nur ihr Pferd aus dem Hof abreiten und ist verliebt.

Millanges betrachtet ihn nun weit freundlicher, zeigt

ihm sein kleines, aber schönes Zimmer mit Blick auf die Dächer von Bordeaux und lässt ihm Wein und Schinken bringen.

»Später, Nicolas, können wir zusammen essen, aber vorher – also sicher musstet Ihr Euch auf dieser gefährlichen Reise verkleiden, aber in diesem Aufzug seht Ihr aus, oder man könnte Euch halten für einen – wenn ich es mir erlauben darf?«

»Bitte, Meister, sagt es freiheraus!«

»Wie so ein zunftloser, unehelicher Hugenotte aus Paris.«

2

Rue de Rousselle

Die Tage werden schon länger und heller, aber morgens ist es in dieser Wohnung in der Innenstadt von Bordeaux noch kalt wie im Winter. Die Gasse ist eng, die Häuser wurden in die Höhe gebaut, um im Erdgeschoss die Lagerräume unterzubringen. Die Garonne ist nur wenige Schritte entfernt und führt kalte Nebel aus dem tiefen Inneren des Landes in den Hafen, wo sie sich entfalten und die Häuser, Wohnungen, Zimmer und Betten der Stadt heimsuchen.

Denise, die oberste Haushälterin, muss das Feuer schon wieder erneuern, Françoise sitzt in ihrem schmalen Bett über Rechnungen und Belegen. Sie bittet um eine Decke, eine Schale mit Kräuterbrühe und zugleich um Ruhe.

»Bitte weck den Bürgermeister nicht noch, der würde mir jetzt noch fehlen.«

Beide lachen leise. Denise ist schon seit Urzeiten in ihrem Haushalt. Als Montaignes Eltern jung verheiratet waren und seine Mutter Antoinette kränklich wurde, hat man sie, selbst kaum 15 Jahre alt, aus dem Kreis der Familie zur Hilfe gesandt. Und sie blieb, lehnte alle Angebote, sich zu verheiraten, ab. Sie kümmert sich um die Wohnung im alten Elternhaus, wenn die Familie im Schloss wohnt und auch wenn sie in der Stadt sind.

»Ich habe ihn gehört, als ich das allererste Feuer wiedererweckt habe mit der Glut von gestern. Bevor er zu Bett ging, hat er sich wieder übergeben. Kein Wunder, er hatte wieder seinen ganzen Eisenwarenladen angeschnallt. Das geht doch direkt auf den Bauch. Sein Vater war es nicht anders gewohnt, es war sein Beruf. Ja, der alte Monsieur ... «

»Der konnte noch hochbetagt, sich bloß auf seinem Daumen stützend, um den Tisch hüpfen, ich weiß, Denise. Aber Micheau ist doch ganz anders als sein Vater.«

Beide schweigen einen Moment. Jede zögert, das Gerücht seiner Herkunft anzusprechen.

»Madame, soll ich ihm schon mal einige Eier zubereiten? Oder warten wir, bis er aufsteht? Kalt schmeckt das ja nicht.«

»Nicht, dass er davon schon wieder« – sie macht eine ausladende Handbewegung von ihrem Hals zum Mund und darüber hinaus –, dann schütteln beide halb mitleidend, halb amüsiert den Kopf. Denise wringt ihre Hände in einer Geste nervöser Besorgnis.

»Der Kleine hat doch schon so viel erreicht. Ich frage mich, ob die neue Last nicht zu viel ist, diese Politik. Er ist nicht gesund und sollte seine Zeit hier auf Erden nutzen, um sich um seine unsterbliche Seele zu kümmern. Oder um sie und um Léonore, Madame.«

Françoise winkt scherzhaft ab. »Bloß nicht, Denise. Wir kommen sehr gut klar, ohne dass der Autor der *Essais* uns das Wesen der Dinge erläutert. Stellen Sie sich nur vor, er würde nun plötzlich den Haushalt führen.«

»Das, Madame, wäre der Ruin unseres Hauses!«, erklärt Denise in feierlichem Ton. »Schon als Kind hatte er den Kopf im Mond. Ganz schlimm war es, als er als junger Mann mit diesem La Boëtie zusammen war. Sie vergaßen zu essen und zu trinken vor lauter Diskussionen. Ich selbst interessiere mich auch für den Lauf der Welt, neue Erfindungen und so, aber jemand muss doch darauf achtgeben, im Frühjahr die Daunen zu erneuern, jeden Monat die Seife zu kochen und den Wein zu verkaufen.

Manchmal fragt er mich, ob wir noch Geld haben oder ob schon alles weg ist. Dass seine Mutter, Sie, Madame, und andere wie ich das ausgegebene Geld mühevoll wieder erwirtschaften, sogar mehr, als er ausgibt, dieser Gedanke ist ihm wohl zu schlicht.«

»Ja, wenn ich ihm die Bücher zeige, wird er ungeduldig.«

»Wobei, Madame, seine Mutter ihn davon stets ferngehalten hat. Nicht einmal den Unterschied zwischen Kohl und Salat oder zwischen Wein und Tafeltrauben wollte sie ihm beibringen. Manchmal habe ich mich gefragt warum. Ob sie nicht alles zusammenhält für seine Brüder?«

»Denise«, Françoise gähnt diskret, »wir können heute Morgen nicht alle sieben Weltwunder besprechen – und das Verhältnis zwischen Antoinette und ihrem ältesten Sohn zählt wirklich zu den großen Rätseln der Menschheit.«

Denise nickt zustimmend. »Es weiß niemand, wer sie eigentlich ist. Ich kümmere mich schon seit so vielen Jahrzehnten um die Familie – aber je mehr Zeit vergeht, desto mehr Fragen stellen sich mir.«

In diesen Nächten trägt Montaigne ein Kettenhemd, allerdings keinen Helm, sondern nur einen festen Hut über einer weichen Mütze. Er muss den glänzenden, stets eingefetteten Ledergürtel anschnallen, an dem sein Schwert und hinten, an seinem Rücken, zwischen den Nieren, ein Dolch befestigt sind, eine moderne, aber schwere Ausrüstung, die eigentlich nur hoch zu Pferd gut zu ertragen ist. Wenn man aber an den Kaimauern und Landungsstegen unterwegs ist, muss man absteigen und dann entwickelt sich die Wachtour zum umständlichen Geschleppe auf mitunter rutschigen Planken. Ohne Waffen geht es nicht, denn die Gerüchte kündigen seit vielen Tagen schon einen Überfall mit Schiffen an, deren Herkunft und Absicht wechselt. Mal sollen spanische Söldner unterwegs sein, mal englische Protestanten oder Seefahrer aus dem Morgenland – festgemacht hat von solchen Kämpfern noch niemand im Hafen von Bordeaux, aber sicher kann Montaigne sich nicht sein. Die Bürger hier schlafen besser, wenn ihr Bürgermeister es nicht tut.

Er wird von einem Kommando städtischer Bogenschützen begleitet, die gegen trainierte Soldaten nur den Vorteil der Überraschung und ihre Standortkenntnisse haben. Für die sind die Nächte ein Abenteuer, umso mehr, als bisher nichts passiert ist. Am Morgen bestätigen sie sich gegenseitig ihren gesegneten Appetit und gehen frühstücken, wobei sie die kleinen Vorkommnisse der Nacht zu ordentlichen Scharmützeln aufblasen, was für immer neue Gerüchte sorgt.

Montaigne geht nach solchen Nächten seinen eigenen Weg, die Garonne entlang, wie früher als Schüler. Er geht durch dieselben Gassen, durch dieselben Tore, nur, dass er jetzt die Verantwortung trägt für diese Stadt und seit der Reise nach Paris irgendwie auch für das ganze Land. Und wenn er daran denkt, hält seinen Körper nichts mehr, dann hängt sein Kopf tiefer als sein Magen über der Schüssel, und er wird von Krämpfen geschüttelt. Zum Glück schläft er danach ein.

Es ist schon heller Tag, als er die Vorhänge seines Bettes öffnet und sich auf weichen Socken auf den Weg zur Latrine macht, die sein Vater auch in den oberen Stockwerken einbauen ließ. Danach geht er den dunklen, gewundenen Flur entlang und setzt sich auf eine Bank vor dem Feuer der Küche, wo Denise das zweite Frühstück für die Belegschaft richtet und inzwischen auch Françoise schon bei einer Schale Haferbrei sitzt.

Montaigne berichtet dann von seiner Nacht im Hafen. »Es gab natürlich wieder nichts, aber die Leute drehen durch wegen der Grausamkeit der Gerüchte. Es ist die Vorstellungskraft, die mich dazu nötigt, die Nächte am Hafen zu verbringen.«

Er reibt sich mit den Handflächen über das Gesicht. »Ich habe dann deinen Vorschlag beherzigt, Françoise, und einmal nachgeschaut, was die Schiffsunternehmer so ausführen und es mit dem verglichen, was wir an Steuern dafür einnehmen. Ich bin sogar an Bord gegangen, und es war, wie wir schon so oft vermutet haben: Ihre Fässer sind einfach doppelt so groß wie jene, die hier gelten.«

»Und drei Straßen von hier leiden die Leute Not und Elend, während diese Leute immer reicher werden. Habt Ihr sie festgenommen?«

»Das darf ich nicht, aber ich habe alles mal aufschreiben lassen, diese Sachen werden ja dann vor Gericht verhandelt –«

»Bis dahin ist aus dem Wein Likör geworden.«

»Ja, einer meiner Soldaten hat vorgeschlagen, die Fässer über Bord zu werfen, aber damit gefährden sie ja die übrige Schifffahrt. Ein anderer wollte gleich eins mitnehmen – so als kleine irdische Strafe.«

Denise lacht heiser. »Was war es denn für ein Wein? Es lohnt sich wirklich nicht immer, was hier so verkauft wird.«

»Nein, das kann ich nicht machen. Wenn sich nicht mal der Bürgermeister an das Gesetz hält ...«

»Bürgermeister Micheau, ich habe hier schon einen Korb Eier rausgestellt, die könnte ich Ihnen pochieren? Oder gleich in den Wein rühren, als Flip? Wie als Ihr nach den Nächten mit La Boëtie heimkamt, da war das Eure einzige Rettung.«

Montaigne zupft an einem Laib Brot herum, nickt. »Einfach rösten, danke, Denise, ich muss nachher noch mal in den Palast, und ich fürchte, dieser Teller mit Eiern wird das Beste an diesem Tag.«

Françoise hat sich unterdessen von ihrem Kammermädchen anziehen lassen. Sie hat ihr Nachthemd ausgezogen und sich mit parfümiertem Wasser abwaschen und abtrocknen lassen. Dann wird ihr ein Ganzkörperetui, das Vertugade, über den Kopf gezogen und zugeknöpft, weit zu der Schulter und zur Brust, eng zum Bauch, das ihrem Oberkörper eine Form wie ein Trichter verleiht. Dann folgt die gleiche Prozedur für Beine und Becken, nur umgekehrt. Darüber wird das Unterkleid gezogen, schließlich das für den heutigen Tag passende Straßenkleid, das von solch dunklem Rot ist, dass es fast schon violett und blau schimmert. Darüber zieht sie einen leichten Mantel aus schwerem, dunkelblauem Tuch, einen braunen Gurt und einen langen Schal, der auch als Kopftuch dienen kann, sollte ihr Haarnetz nicht ausreichen. In einem Ärmel bewahrt sie einen kleinen Beutel mit Geld, an einem Strumpfband und an der Hinterseite ihres Gürtels einen flachen, scharfen Dolch, wie fast alle Frauen in diesen Zeiten. Auf ihrem Weg hinaus hält sie – duftend, strahlend – kurz in der Intimität der Küche.

»In der Messe werde ich meinen Mann und Bürgermeister eher nicht treffen?«

Montaigne widmet sich seinen Eiern. »Ach ja, leider, leider.«

Beide lachen fröhlich.

»Du hasst es hinzugehen!«

»Nein, nein – wenn ich mich zurückgleiten lassen kann, in die Tage meiner Kindheit, der Geruch, das schlechte Latein, das angenehme Licht, dann ….«

»Schläfst du ein.«

Montaigne amüsiert sich. »Derzeit würden mich die Predigten aufwecken. Die sind mit Blut geschrieben, dem der anderen versteht sich. Ich gehe Sonntag hin, das sollte reichen, um weiterhin als Mann der katholischen Partei zu firmieren.«

Françoise empfiehlt sich, dann lässt Montaigne sich den Kopf waschen, rasieren und anziehen. Es sind heute keine offiziellen Paraden oder Festakte vorgesehen, daher geht er in seinem gewohnten Schwarz, gibt Waffe und Kettenhemd einem Diener mit, der beides auf einem Holzgestell an ein Lasttier schnallt und sie für ihn in die Waffenkammer des Rathauses bringt.

Auf dem prächtigen Stadtpferd, das von einer Decke in den Farben des Bürgermeisters gewärmt wird, reitet er seinen alten Schulweg entlang und denkt darüber nach, was sich verändert hat, was hingegen gleich geblieben ist in seinem Leben, seit er ein ängstlicher und unterforderter Schüler am Collège de Guyenne gewesen war. Hier. Zweimal um die Ecke.

Was sich nicht geändert hat: Dass er Schwarz trägt und das frühe Aufstehen hasst. Hat sich der Druck verändert? Damals wusste er, dass die Familie gern noch durch anderes bekannt sein wollte als durch den Handel mit Farben und Fischen, er musste lernen und irgendwie auch berühmt werden. Das ist er nun, aber der Druck verfolgt ihn weiter, wie eine sture Wolke sich immer vor die Sonne schiebt. Als Kind lernte er auswendig, wie der König heißt – heute muss er helfen, einen neuen herzustellen.

Es ist wie in dem Albtraum, den er so häufig träumt, in dem er seinen verstorbenen Freund Étienne kitzelt und versehentlich dessen blutiges, empfindliches, lebendiges Herz in Händen hält. Er möchte nicht glauben, was er da zucken und zappeln sieht. So ist es auch nach dem Wachwerden: Seine Lage ist nicht ehrenvoll oder mächtig, sondern einfach entsetzlich.

3

Grosse Cloche

Der Bürgermeister hat seinen Amtssitz neben der großen Glocke von Bordeaux. Ein Flügel beherbergt die Kirche von Saint-Eloi, der andere die weltliche Macht. Es handelt sich um einen alten Kasten, der ächzt und knarzt und nur noch schwer mit der wachsenden Bedeutung von Bordeaux Schritt hält.

Montaigne reitet gemächlich vor, dann stößt seine Ehrengarde zu ihm, es sind dieselben Männer, die ihn nachts auch als Bogenschützen begleiten, bloß in einer anderen Uniform. Er lenkt das Pferd durch das alte Tor ins Gebäude und danach die flachen Stufen hoch, ein wirklich nützliches Privileg.

Auf dem Flur vor seinem Amtszimmer stellen ihm die Hausdiener eine kleine hölzerne Treppe unter den Sattel, salutieren und bringen seine wuchtige goldene Amtskette auf einem kostbaren Kissen.

»Warum muss ich die heute anlegen?«

»Der Herzog von d'Épernon wird doch erwartet, Sire.«

»Wie schon all die anderen Wochen. Ich lege sie an, wenn er wirklich kommt, wenn die Vorposten seinen Tross melden. Ich habe ohnehin schon Kopfschmerzen.«

Er betritt den Saal, der sein Amtszimmer ist, durch ein kleineres Vorzimmer, in dem Sekretäre in schwarzen Hemden Akten bearbeiten und Boten empfangen. Wenn er den Raum betritt, seufzen sie vielsagend, ohne ihn mit den Sorgen des Vormittags plagen zu wollen. Es riecht nach Siegelwachs, Schweiß und frisch angeliefertem Papier. Montaigne erinnert der Geruch an seine Jugend und an die Bibliothek im Turm seines Schlosses. Leider ohne die dortige Ruhe.

Wenn die Hausdiener die Tür zu seinem Amtszimmer aufreißen, überkommt ihn immer das Gefühl, bei jemandem zu Besuch zu sein. Der Arbeitstisch ist mit Stapeln von Akten und neuen Büchern gefüllt, es gibt auch mehrere Körbe für die diversen Adressaten und ein modernes Verschlüsselungsgerät. Montaigne hat es allerdings noch nie benutzt, er hat lieber Vertrauen.

Der Saal hat einen großen, festlichen Eingang und zwei kleinere Türen, eine vom Vorzimmer her und eine, die auf ein weniger bekanntes Treppenhaus führt, sie ist für solche Besucher, die nicht gesehen werden wollen, oder dient einfach als Fluchtweg bei Revolten oder Überfällen.

Manchmal stellt sich Montaigne einfach vor seinen Tisch, sieht abwechselnd zu den Türen und versucht zu erraten, durch welche davon der nächste Ärger kommt.

Der Diener meldet nun eine Abordnung der städtischen Polizei mit einigen Parlamentsjuristen. In den politischen Fraktionen der Stadt hat es Montaigne schwer, die katholischen Ultras haben dort einen guten Stand. Aber in der Verwaltung ist er beliebt, auch weil er oft unterwegs ist und nicht so genau hinsieht.

Die Männer haben am Eingang des Gebäudes ihre Waffen abgelegt, die Stiefel gegen ziviles Schuhwerk getauscht und halten jede Menge Papiere im Arm. Beim Betreten des Amtszimmers verneigen sie sich kurz, nehmen dann auf

Bänken Platz. Montaigne steht. Er ahnt schon, dass sich diese Konferenz in die Länge ziehen wird.

»Sire, wir möchten Ihnen danken, sich die Zeit zu nehmen, unsere Abordnung zu empfangen. Ich möchte die Gelegenheit nutzen, die Messieurs unserer Abordnung genau vorzustellen, damit Sie sich von der Qualität der Personen und ihrer frommen Absichten einen guten Eindruck verschaffen können.«

Montaigne, der die Männer in seinem Zimmer schon seit Jahren kennt, nickt gleichwohl feierlich. Es folgt eine sehr lange Präsentation der Titel und Taten, der Verwandtschaftsbezüge und Studiengänge seiner Gäste. Es handelt sich um zwei Polizisten, einen Ankläger und den Leiter einer Behörde für die allgemeine Sicherheit, von der er noch nie gehört hat.

»Sire, wir haben einen Antrag vorbereitet, den wir Sire bitten würden, in passender Frist an das hohe Gericht und Parlament zu überstellen, sich dafür zu verwenden und damit sicherzustellen, dass nicht nur Ihre unsterbliche Seele, sondern auch die Erinnerung an Ihre Taten in künftigen Zeiten in Ehren gehalten wird.«

»Ja gut, worum geht es denn in Ihrem Antrag, meine Herren?«

»Wir haben ihn schon vor sechs Wochen hier abgegeben und hofften, Sire hätte ihn schon annotiert und kommentiert?«

»Abgegeben, wo denn? Hier in meinem Vorzimmer?«

»Nein, also. Hier ... Im Haus hier haben wir ihn abgegeben.«

»Das Rathaus hat zahllose Eingänge, Zimmer und Beamte. Erklären Sie mir doch einfach, was Sie beantragen möchten?«

Doch die Aufregung über diesen unklaren Punkt ist nun zu groß. Die Herren besprechen unter sich, wer zu welcher Uhrzeit an welcher Stelle die beiden Kopien des Antrags abgeliefert hat. Es dauert, bis sich die Aufregung legt und Montaigne erfährt, was die Polizisten zu ihm geführt hat.

»Sire, es geht uns darum, Mord, Vergewaltigung und Brandschatzung in dieser Stadt Bordeaux zu verhindern.«

»Eine gute Initiative, aber tun wir es nicht schon längst? Ich hoffe doch.«

Die Herren nicken sich bestätigend zu.

»Wir hatten«, fährt Montaigne fort, »jedenfalls länger keine derartigen Verbrechen mehr, abgesehen von solchen Taten in Folge unserer Bürgerkriege jedenfalls.«

»Es sind, Sire, welche geplant.«

»Davon habt Ihr Kenntnis?«

»Wir haben deduktiv gedacht, philosophisch – was führt zum Bösen? Was taten die Bösen vor ihrer Untat? Und da gibt es immer eine Speise, die ...«

Nun öffnet sich die große Tür, und die Kellner rollen ein Frühstück herein. Der Protokollchef erklärt, dass der Bürgermeister aus Anlass des hohen Besuchs nun eine Einladung zum Frühstück ausspricht und die Konferenz zu diesem Zweck unterbrochen wird.

Die Herren sprechen dem traditionellen Schinken in Brotteig zu und erfrischen sich mit leichtem Wein von den Strapazen dieser Zusammenkunft. Montaigne simuliert, auch etwas davon zu probieren, damit sie nicht in Sorge geraten, ob er sie vergiften möchte. Während er einen Bissen nimmt, hofft er, dass anschließend nicht noch Gebete vorgeschlagen werden, die die überflüssige Konferenz unnötig in die Länge ziehen.

Als er die Pause beendet und den zweiten Teil der Besprechung eröffnet, steht der Amtsleiter auf, bedankt sich und schlägt vor, gemeinsam für den guten weiteren Verlauf ihres Treffens zu beten. Montaigne lenkt sich mit der Vorstellung ab, wie diese Beamten und Bürokraten auf einen König Navarre reagieren würden. Natürlich verneigen sie sich vor jedem neuen Herrn und sehnen sich nach einem Ende der Bürgerkriege, aber der Bruch mit dem Gewohnten wäre so groß wie noch nie in ihrem Leben.

»Wo waren wir?«

»Herr Bürgermeister, es geht um Mord, und da möchten wir vorschlagen, die sechzehn Kategorien von Mord zu beschreiben, die wir hier in Bordeaux unterscheiden und erfahren haben, denn kein Mord gleicht dem anderen.«

Montaigne schreckt auf und formuliert einen Gegenvorschlag: »Oh, das ist in der Tat eine derart wichtige Unterscheidung, dass ich vorschlagen möchte, dass Sie mir Ihre Arbeit schriftlich hinterlassen, so dass ich und meine Mitarbeiter es sodann studieren können. Und dann können Sie mir weiter erläutern, wie Ihr Vorschlag lautet um, wenn ich richtig verstehe, schwere Verbrechen hier in der Stadt zu verhindern?«

Einer der beiden Polizeichefs steht auf und erläutert ihre Gedanken.

»Wir haben jetzt schon mehrfach Männer gefangen, die sich auf einmal sonderbar benahmen und von denen wir annehmen mussten, dass sie etwas im Schilde führen.«

»Sie haben aber noch nichts angestellt?«

»Nein, aber nach unserer Erfahrung, da kann es jeden Moment so weit sein. Und einer hat sogar mit dem Messer zugestochen.«

»Ja, und im Laufe der Befragung fand sich immer derselbe Punkt, alle gaben an, einmal Austern gegessen zu haben. Mal geröstet, mal roh.«

Die Männer nicken.

Montaigne nimmt nun den schriftlichen Antrag vor, ein Konvolut von vielen Seiten, das eine ganze Menge Sekretäre beschäftigt hat. Es ist noch mit einer roten Schnur zusammengenäht, so dass er unter seinen Unterlagen und Papierstapeln das Messer mit Perlmuttgriff suchen muss, mit dem sich der Antrag öffnen und schließlich lesen lässt.

Während die Delegation immer weitere Einzelheiten ihrer Befragungen und Mutmaßungen erläutert, blättert er die Seiten durch, bis er den eigentlichen Antrag findet. Es geht um ein umfassendes Verbot des Verzehrs und Verkaufs von Austern.

»Meine Herren, ich danke Ihnen für Ihre Umsicht und die vielen Gedanken, die Sie sich gemacht haben.«

Seine Besucher nicken.

»Allerdings esse ich auch sehr gerne Austern, gegrillt, und meine Frau auch, und wir sind bislang nicht durch Gewaltverbrechen aufgefallen, zum Glück. Und beim Fest des Bürgermeisters erfreuen wir unsere Gäste auch mit gerösteten Austern aus unserer Nachbarschaft, und auch dort ist mir der Zusammenhang nicht aufgefallen.«

Die Polizisten wiegen bedenklich ihre Köpfe.

»Ja, sie wirken bei guten Bürgern nicht so, aber bei Verbrechern schon. Ein Mann mit Austern im Bauch, das ist schon etwas ganz anderes, den zu bekämpfen, als ihn ohne zu fangen.«

Sein Kollege stimmt zu. »Neulich, der mit dem Messer, den wir stoppen mussten, er kam aus einer Gaststätte, und in der gab es Austern.«

»Kann es an dem Wein gelegen haben?«

Die Polizisten lachen. »Ja, er war in der Tat abgefüllt wie ein Fässchen. Aber die Austern haben es jedenfalls nicht verbessert, glauben Sie uns, Herr Bürgermeister.«

»Nun, ich schätze Ihre subtile Beobachtungsgabe, aber

ich kann die Austern nicht verbieten, ohne ein Gutachten der medizinischen Fakultät von Paris einzuholen. Hier leben zu viele Menschen vom Austernhandel. Und wir verbieten ja auch den Wein nicht, obwohl der Zusammenhang zwischen seinem Genuss und der Gewaltbereitschaft jedem bekannt und schon in den Klassikern beschrieben ist.«

»In Bordeaux den Wein verbieten, das wäre ja auch ein Wahnsinn, Herr Bürgermeister.«

»Das sehe ich ganz genau so, Herr Kollege. Ich möchte Sie also bitten, ein umfassendes Schreiben an die medizinische Fakultät in Paris zu richten und es dorthin zu expedieren, und dann warten wir auf eine Stellungnahme.«

Montaigne überschlägt im Kopf, dass dieses Verfahren gut über das Ende seiner Amtszeit hinaus dauern sollte.

»Ja gut und so lange behalten wir die Händler dieses Zeugs in Haft.«

»Wen?«

»Nun, um weiteren Straftaten vorzubeugen und weil ein Geständnis unserem Antrag ja Gewicht verleihen würde, haben wir heute morgen einen der Austern- und Schalentierhändler festgenommen und in den Hafturm verbringen lassen, wegen des Friedens in der Stadt. Er hat übrigens auch gestanden.«

»Der Austernhändler hat gestanden, Austern verkauft zu haben?«

»So ist es, Herr Bürgermeister.«

Montaigne versucht, sein Entsetzen zu verbergen. »Eingehender befragt habt Ihr ihn aber hoffentlich noch nicht?«

Entrüstet weisen die Männer das von sich: »Keineswegs, Herr Bürgermeister, die Frau auch nicht. Jedenfalls nicht in nennenswertem Umfang.«

»Ihr habt seine Frau mit verhaftet?«

»Sie wurde auch im Laden angetroffen, und sicher ist sicher, denn sie hätte Alarm geben können.«

»Und dann wären die Austern geflohen?«

Es sind solche Bemerkungen, die er sich nicht verkneifen kann, die ihn in Schwierigkeiten bringen, Montaigne weiß es genau, vermag aber nicht, sich in diesem Punkt zu ändern.

Nun schweigen alle. Um ihrem absurden Antrag noch einen Beweis in Form eines Geständnisses hinzuzufügen, hatten die sogenannten Sicherheitskräfte seiner Stadt einen Austernhändler und seine Frau verhaftet und gefoltert. Man konnte von Glück sagen, wenn diese völlig unschuldigen Menschen den Tag überleben.

Montaigne überlegt. Ein ordentliches Gerichtsverfahren würde Jahre dauern. Andererseits kann er auch nicht gegen den Willen seiner eigenen Behörde die sofortige Freilassung erzwingen. Die Polizisten sind in ihrer Freizeit bei der katholischen Liga aktiv und er nicht.

Er lässt nach den Gefangenen rufen und unterbricht so lange die Besprechung. Zwar sind sie dadurch allein noch nicht frei, aber in seinem Amtssitz kann er ihnen zu trinken und zu essen geben, bis ihm etwas einfällt.

Der Transport dauert Stunden, obwohl es zu Fuß wenige Minuten sind. Die Übergabe ist eine schwierige Prozedur, weil niemand die Verantwortung abgeben, niemand sie übernehmen möchte. Der Austernhändler und seine Frau werden wie Massenmörder unter scharfer Bewachung überstellt. Unterdessen berät Montaigne sich mit den beiden einigermaßen vernünftigen Juristen seines Hauses. Seine Gäste lässt er derweil bewirten, er hat eine Mittagspause verordnet.

Die ihm verbliebenen Möglichkeiten sind alle mies. Wenn er sich für die Freilassung des Ehepaars einsetzt und sich später irgendein Hugenotte mit Austern im Bauch eines Vergehens schuldig macht, wird man ihn dafür verantwortlich machen. Montaigne gestikuliert und hält seine Hände mit den Handflächen nach oben, als würde er eine Waage beschreiben. »Ich werde ohnehin dafür kritisiert, was die Hugenotten machen. Ich werde auch dafür kritisiert, was die Liga macht. Also möchte ich, dass diese Leute heute Abend wieder bei ihren Kindern sind und morgen ihr Geschäft eröffnen.«

Das Verfahren ist zum Glück noch nicht förmlich eröffnet. Wenn er ein kommunales Edikt erlässt, die beiden gestehen und das Verbotsverfahren weiter seinen mählichen Gang geht, dann ergibt das ein Maßnahmenpaket im Kampf gegen Austerngewalt, mit dem sich die Ordnungskräfte vielleicht zufriedengeben.

Das Austernhändlerehepaar ist grün und blau geschlagen worden, aber es fehlen keine Augen, Ohren, Zähne oder Gliedmaßen. Montaigne kommt ins Erdgeschoß in ein kleineres Zimmer, wo er sie, in Anwesenheit der fünf Männer, die ihn nun schon den ganzen Tag beschäftigten, schwören lässt, keine Austern an Verbrecher zu verkaufen, die sich mit der Absicht zu morden oder zu stehlen tragen, sowie die seelische Gesundheit ihrer Kunden zu berücksichtigen. Beide unterschreiben mit zitternden Händen, und Montaigne lässt sie in einer Kutsche nach Hause bringen, nicht ohne ihnen für die Ohren seiner Polizisten streng und laut zu verbieten, sich außerhalb des Landes aufzuhalten, was für die Besitzer eines Austerngeschäfts keine besonders große Einschränkung ist.

4

Marguerite

Jacques de Goyon der Zweite, Maréchal de Matignon ist kein Mann, der viele Worte macht. Er ist neu in seinem Amt als Stellvertreter des Königs im Südwesten und Befehlshaber seiner dortigen Truppen. Matignon wird bald sechzig, und er hat sich diesen Posten geruhsamer vorgestellt. Fünf Königen hat er schon gedient, die mit seinen Leistungen so zufrieden waren, dass er in die höchsten Ämter berufen wurde. Als Soldat in Diensten der Krone hat er ziemlich viel durchgemacht, Siege und bittere Niederlagen. Er hat nach der Bartholomäusnacht Protestanten beschützt, aber auch ihre Armeen bekämpft. Große philosophische Überlegungen hört man von ihm nicht, aber er gewinnt seine Schlachten. Wenn er ausrückt, dann meint er es ernst.

Neu ist für Matignon die Auseinandersetzung mit der katholischen Liga. Als der Anführer der Liga von Bordeaux einmal damit kokettiert, die Ansichten und Anordnungen des Maréchal zu ignorieren, gibt er ihm in großer Runde folgende Antwort: »Das steht Ihnen völlig frei. Allerdings lasse ich Sie dann beim Verlassen dieses Saals festnehmen und heute noch im Hof vor all Ihren Leuten wegen Rebellion enthaupten.« Niemand hat bezweifelt, dass es genauso gekommen wäre.

Montaigne fragt sich, ob sie befreundet sind. Sie sehen sich fast jeden Tag, bekämpfen dieselben Feinde und folgen denselben Überzeugungen. Aber wenn ihr Dienst beendet ist, werden sie sich nicht wiedersehen.

Der Bürgermeister von Bordeaux und der Generalbevollmächtigte des Königs treffen sich einmal in der Woche zu einem Frühstück in der Festung, in der Matignon amtiert. Montaigne erscheint in Amtskette, Matignon trägt sein altes Soldatenleder, bindet sich aber eine Schärpe über die Brust und einen frischen Kragen um. Adjutanten breiten schon Karten aus.

Heute wird Montaigne zum ersten Mal, seit der Schreiber an der Garonne angekommen ist, von Nicolas Poulain begleitet.

Matignon begrüßt den Bürgermeister freundlich, erkundigt sich nach den Vorkommnissen der Nacht, was es mit dieser Austernsache auf sich hat, aber in Gedanken ist er erkennbar woanders. Er pflegt eine soldatische Lebensweise, und zu der gehört, so ein Frühstück im Stehen und in Stiefeln einzunehmen, wo bei Hofe eine lange und ausgeklügelte Speisenfolge erwartet werden darf. Der Termin ist für Montaigne nicht ganz einfach, denn er hat Mühe, vor sieben oder acht aus dem Bett zu kommen und sich vor neun zu treffen. Aber Matignon lädt ein, und so geht es pünktlich um halb acht Uhr los. Man gibt bei diesem Termin Wache und Waffe ab.

Ein Diener bringt eine Schale mit Brühe, und ein anderer reicht warmes Brot. Es gibt auch noch Obst und Nüsse. Es ist die luxuriöse Variante einer üblichen Feldverpflegung vor Sonnenaufgang. Der Maréchal selbst rührt außer einigen Nüssen nichts an; Montaigne versucht aus Höflichkeit eine Traube und freut sich auf einen Teller mit Eiern zu Hause, nach dieser Veranstaltung.

Noch während Montaigne seine Schilderung der letzten nächtlichen Vorfälle formuliert, fällt Matignon ihm ungeduldig ins Wort. Er sieht besorgt aus, und peinlich scheint es ihm auch.

»Sie ist weg.«

Montaigne fürchtet, in Ohnmacht zu fallen, und sucht Halt in den Worten, die er spricht, ohne nachzudenken: »Wo war sie zuletzt? Eure Männer haben doch nicht die Angewohnheit, Personen unter ihrem Schutz einfach in den Weiten des Landes zu verlieren – so wie ein Kind seinen Ball?«

»Nein, wir sind ja auch nicht die Einzigen. Die Männer ihres Mannes haben sie im Visier, die Spione ihres Bruders, des Königs von Frankreich, und die ihrer Mutter, sie ist die am besten überwachte Frau in ganz Europa – ich habe sie natürlich auch beschatten oder beschützen lassen, aber sie ist uns allen entwischt und untergetaucht.«

Montaigne ist dem Andrang von Sorge hilflos ausgeliefert. Marguerite hat ein Talent dafür, sich mit den falschen Männern einzulassen. Ihre Lage am Hofe ihres Mannes war zuletzt ungünstig. Ihr Bruder François d'Alençon war ihre Lebensversicherung, aber die ist nun nichts mehr wert.

Montaigne hat den Eindruck, um sein Leben reden zu müssen, und referiert nun wie ein verlorener Prüfling die Optionen, die Marguerite blieben, die Notwendigkeit, die Liga klein zu halten, und kommt so auf die vielen kleinen Dinge, die man in einer Stadt wie Bordeaux tun muss, damit der Unmut der Bürger sie nicht in die Arme der Liga treibt.

»Maréchal, im Médoc haben sich Ziegenhirten versammelt, um gemeinsam Meerwasser auf flache Becken zu leiten und Salz zu ernten, dass sie für ihre Tiere und ihre Familien verwenden. Eure Beamten haben sie dabei erwischt und alle zum Tode verurteilt und hingerichtet. Die Bürger empfinden die Heraufsetzung der Salzsteuer als zu heftig und die Ausgaben des Hofes als zu hoch, auch das spielt der Liga und den Spaniern in die Hände.«

Matignon lässt sich Details zu dem Fall nennen, murmelt nur, dass die Salzsteuer nun mal das fiskalische Rückgrat des Königsreichs sei, aber natürlich, man müsse da Maß halten. Er werde die Beamten streng bestrafen, ebenfalls hinrichten lassen.

»Nein, das ist nicht, was ich wollte. Wir finden ja gar nicht mehr heraus aus dem Bestrafen, auch diese Leute haben ja Familie. Wir produzieren hier vor allem Witwen und Waisen.«

Es geht noch etwas hin und her, dann ist die Zusammenkunft beendet, das Thema des Beginns hat sich aufgelöst in einem Delta von Details, genauso, wie Montaigne es haben wollte.

Nicolas und Montaigne verlassen die Festung und kehren zurück zum Sitz des Bürgermeisters. Der Wagen fährt vor, die Diener zeigen ihre Reverenz und schieben Montaigne die Trittleiter hin. Aber er rührt sich nicht. Niemand sagt etwas, bis sich Nicolas nähert, der ihn fragend anschaut und prüft, ob es ein Hindernis gibt.

Montaigne schwitzt und zittert leicht. Er trägt seine Amtskette, einen hohen Kragen und seine Waffe. In Bordeaux ist es, so nahe am Fluss, an diesem Frühsommertag schon schwül und heiß. Die Wachen der Garnison stutzen, auch Passanten bleiben stehen, denn die Szene scheint wie eingefroren. Der Bürgermeister, der es immer so eilig hat, steht vor der offenen Kutsche und rührt sich nicht.

»Nicolas«, flüstert er, »rufen Sie meine Frau. Ich kann meine Beine nicht bewegen.«

Montaigne wimmert eher, als dass er sprechen würde.

Nicolas Poulain weiß, dass keine Zeit ist, um entweder Françoise oder einen Arzt herbeizuholen, sondern dass er improvisieren muss, ohne den Grund für diese Störung zu kennen. Schon schauen sich die Kutscher um, ob es heute noch was wird oder wie.

Er stellt sich hinter seinen Chef und packt ihn resolut unter den Achseln, hievt ihn dann in den Innenraum der Kutsche. Das Schwerste an ihm scheinen Waffe und Amtskette zu sein. Als beide dort Platz genommen haben, zieht er die Vorhänge zu und ein Tuch aus der Tasche, um ihm den Schweiß abzuwischen. Dann lockert er seinen Kragen, öffnet ihm das Wams und fragt, ob er etwas trinken möchte.

Montaigne schaut aus dem Spalt, den der Vorhang lässt. »Ich bin völlig erledigt, verzeihen Sie. Es ist immer so, wenn etwas mit ihr ist.«

Sie fahren an diesem Tag kurz zum Rathaus, um die eiligsten Vorgänge zu erledigen. Montaigne hat sich wieder gefangen, greift selbst zum Stift, um Belege, Edikte und Briefe zu unterzeichnen, die Nicolas neben ihm ausfertigt. Sie arbeiten miteinander wie die Elemente eines Uhrwerks, scherzt Montaigne, Nicolas ist die Feder und die Zahnräder, Montaigne die Figur, die hinaustritt und die Stunde ansagt.

Gegen Mittag lässt er den Wagen kommen, zuvor hat er einen Boten zu seiner Frau geschickt, um ihr zu erzählen, dass es ihm heute nicht gutgeht und dass sie eine Weile aus der Stadt hinaus zum Schloss, dass sie also nach Hause fahren. Sie soll alles dahingehend richten – eine Vorbereitung, die schon, wenn es schnell geht, mehrere Tage dauert, so viel Geschirr, Personal, Rohstoffe und Papiere müssen bewegt werden. Aber einfach so, heute? Françoise nimmt es besorgt zur Kenntnis und veranlasst, was in der Kürze der Zeit zu machen ist.

Die Frage ist, ob Montaigne in der Lage ist, den Tagesritt zum Schloss auf einem Pferd zu bewältigen, oder ob sie eine Kutsche oder gar eine Litière bestellen müssen, auf der der Patient im Liegen transportiert wird, dann allerdings wäre die Reise an der Dordogne entlang kaum in einem Tag zu schaffen.

Montaigne erscheint dann, etwas blass, aber gefasst, er versichert, reiten zu können, und ist ungeduldig aufzusteigen. Françoise lässt sich auch ein hohes, schmales Reisepferd vorbereiten, groß und stark genug, notfalls noch ihren Mann aufnehmen zu können.

Sie lässt sich kurz von Nicolas von dem Vorfall an der Kutsche berichten und hofft, dass die heimische Umgebung und die Ruhe auf Montaigne ihrem Mann Linderung bringt.

Je mehr sie sich von der Stadt entfernen, hellt sich Montaignes Stimmung auf dem anderen Ufer der Garonne auf.

Es ist fast Abend, als sie Castillon erreichen und den Abzweig in die Hügel nehmen. Die Pferde kennen den Weg nun blind, Montaigne spürt die Kühle des immensen Laubwaldes seiner Kindheit und hat das Gefühl, zum ersten Mal seit Tagen wieder befreit atmen zu können. Sie nehmen die Hauptstraße an der kleinen Kirche des Orts vorbei, beobachten und kommentieren winzige Details, die sich verändert haben, um sich zu bestätigen, dass alles beim Alten geblieben ist.

Einige Kinder laufen neben ihnen her – »Ihr habt Besuch, Ihr habt Besuch, Sire Montaigne« –, aber ihre Mutter zischt, sie sollen leise sein, nicht so frech mit dem Seigneur reden und sich nicht in Dinge einmischen, die sie nichts angehen.

In Sichtweite der Schlossmauer bemerken aber auch Françoise und Montaigne, dass etwas anders ist als sonst. Das Tor steht nicht offen. Der Weg zeigt Spuren von Pferden und Wagen, geheizt und gekocht wird auch schon, denn aus allen Schornsteinen steigt Rauch auf.

Immerhin wird das Tor geöffnet, wobei ihr alter Pförtner nirgends zu sehen ist. Dafür stehen oben an der Verteidigungsmauer bewaffnete Männer ohne Abzeichen. Sie deuten eine Reverenz an und geben sich eher freundlich. Montaigne kann nicht erkennen, wer oder woher sie sind, weiß aber augenblicklich an ihrer Gestalt, ihrem Aussehen und ihren Waffen, dass sie nicht aus dieser Gegend sind.

Er bewegt sich langsam und so, als wäre alles ganz normal. Lenkt das Pferd rechts zu den Ställen, hier endlich erscheint sein Pförtner mit der Trittstufe. Er wirkt innerlich bewegt, aber nicht panisch.

»Madame, Monsieur, wir haben Besuch auf Schloss Montaigne.«

Das ist nun keine große Überraschung mehr, denn auch die Ställe sind voller Streit-, Pack- und Reisepferde, die Montaigne noch nie in seinem Leben gesehen hat. Die gesamte Anlage wirkt geschäftig und belebt, als würde jemand eine Hochzeit planen und habe nur vergessen, ihn davon in Kenntnis zu setzen. Allerdings sind es alles Männer, die hier werkeln, wischen und Dinge herumtragen. Die Fensterläden werden gewaschen. Im großen Hof werden Laken zum Bleichen ausgelegt. Über die Stufen der Eingangstreppe wurde ein leuchtend blauer Läufer ausgerollt, auch die Fensterbänke sind mit langen Stoffbahnen dekoriert. Eine junge Dame trägt je einen Papagei auf ihren Armen und singt ihnen etwas vor. Ihr gemütliches Schloss wirkt plötzlich wie die Kulisse eines Theaterstücks.

In dem ganzen Durcheinander fällt es Françoise schwer,

ihre Hausdame zu finden. Doch auch als sie sie inmitten von hochgewachsenen Schweizer Soldaten findet, wird sie nicht ganz schlau aus dem Bericht, den sie von ihr erhält. Danach sei erst ein Vorabtrupp erschienen, der gratulierte, denn es stünde hoher Besuch ins Haus. Sie kannten allerdings nicht das mündliche Siegel, daher wollte sie sie abweisen, aber bald darauf sei schon der ganze Tross da gewesen und da habe sie auch gesehen, wer es ist, und sich gedacht, dass das bestimmt in Ordnung geht.

Montaigne und Françoise bahnen sich einen Weg durch die arbeitenden, putzenden und räumenden Menschen, die Eingangsstufen hoch in die große Halle, in der Besucher gewöhnlich ankommen.

Montaigne sieht als Erstes seine Mutter in ihrem besten Kleid, lachend und sichtlich gut unterhalten, mit roten Wangen und wachem, interessiertem Blick. Montaigne weiß noch nicht, welche Situation sich hier entwickelt, aber er sieht, dass sie ganz nach dem Geschmack seiner Mutter ist. Léonore sitzt auf einem zu hohen Hocker, ebenfalls angezogen wie für ein hohes Fest, lässt ihre Beine baumeln und strahlt über beide Ohren.

Dann erkennt er sie. Marguerite, die Tochter von Catherine von Medici und Ehefrau von Henri de Navarre, Schwester des Königs von Frankreich, trägt ein extravagantes Reisekleid aus grauen und grünen Stoffen, mit silbernen Fäden durchwirkt, Perlen, Handschuhe und jede Menge Schmuck. In ihren Haaren funkelt ein mit vielen Diamanten besetzter Haarreif. Es ist, als sei sie durch Zauberkraft aus dem Louvre in seinen Salon befördert worden. Sie ist mitten in der Erzählung, wie sie in Flandern einmal während des Stadtfestes an einem Ort eintraf und niemand da war, der sie und ihren Tross hineinlassen wollte, und wie dann ihre Unterkunft von lärmenden, betrunkenen Männern bestürmt wurde, die sie mit einer Ansprache vom Balkon aus beruhigen musste.

Dann erblickt sie auch Françoise und Montaigne. Sie eröffnet die Begegnung mit einem spontanen, aber kunstvoll komponiert wirkenden Monolog, in dem sie in ihrer berühmten Mischung aus Humor, Aufmerksamkeit und Großzügigkeit ihre Reise hierher schildert, sich mehrfach bedankt und entschuldigt, alle Anwesenden und das Personal lobend würdigt. Es fehlt ihr an allem, was eine Königin ausmacht – sie verfügt nicht über Land, Geld oder Truppen, ihre Ehe besteht nur noch auf dem Papier und geht aktuell in offene Feindschaft über, von einem Thronfolger auch keine Spur. Und doch ist sie ganz Königin in seinem Haus, unterhält heute keine Gesellschaft von Adligen aus ganz Europa, sondern drei Frauen aus der Provinz, seine Mutter, Tochter und Ehefrau.

Wie zufällig blickt sie ihm in einem flüchtigen Moment direkt in die Augen, und er hat Mühe, die Fassung zu bewahren. Viele schreiben ihr und ihrer Familie magische Kräfte zu. Wer ihr begegnet ist, vergisst dies in seinem Leben zuletzt.

Sie tritt schließlich zu Françoise, nimmt ihre Fingerspitzen in ihre Hände. »Pardon, Madame, liebe Schwester – ich bin eine Tochter Frankreichs, aber heute Abend bin ich einfach nur eine Frau, eine Frau auf der Flucht. Weist mich nicht ab.«

Françoise errötet: »Oh, Madame, das ist mir etwas zu viel Pathos, zumal wir hier nie jemanden abweisen. Allerdings suchen uns eher schwangere Frauen aus dem Dorf auf oder entflohene Lehrlinge, denen ihr Meister zu brutal ist. Irgendwann landen sie eben in meiner Wäscherei oder im Stall, aber ...«

Marguerite lacht hell. »Oje, nein, ich wurde schon als

Mädchen, im Alter Eurer Prinzessin hier, zu anderem ausgebildet, dazu ist es also leider zu spät. Ob es eine gute Ausbildung war, ist dabei offen – denn auch die drei Henris, mit denen ich schon als Kind zusammen war, Navarre, Guise und mein Bruder – sie möchten alle König werden, aber so richtig hat bis dato keiner überzeugt. Ich dachte, ich mache mich hier nützlich und spende Eurem gemütlichen Landhaus etwas Glanz. Kein großer Aufwand, ich würde, wenn ich etwas Zeit bekomme, noch eine Voliere mit Sittichen im Hof bauen lassen, die zwitschern immer so fröhlich, wie die Höflinge im Louvre, nur beschaulicher«, kichert sie. »Und eure herrliche Allee – statt der Platanen würde ich eher Pappeln und Trauerweiden setzen, sie sind so melancholisch, wie in den Hintergründen der italienischen Meister ... und mehr Balkone, ich liebe Balkone. Ich mache genau genommen seit Jahren nichts anderes: Schlösser auf dem Land in Residenzen verwandeln.«

Françoise nickt. »Ich erinnere mich an unseren Besuch an Eurem Hofe in Nérac, wer da alles zugegen war, wie wir spazieren gingen am Fluss, sogar Boot fahren. Katholiken tanzten mit Protestanten ...«

»Oh, ich danke Ihnen, wie schön, es noch zu erinnern. Es waren andere Zeiten, kommt mir vor wie in einem anderen Leben. Aber es scheint ein Fluch zu sein, wohin auch immer es mich verschlägt, nach einiger Zeit finden sie dort Dichter, Künstler, die Liebe hält Einzug, all die jungen Frauen, die mich begleiten, die locken natürlich auch Männer an.«

Nun hält es auch Tony, die Mutter Montaignes, nicht mehr: »Was würden Sie, Madame, aus ganz Frankreich machen, wenn wir nicht das salische Gesetz hätten? Sie würden das Land zu seiner Blüte führen, wie Elisabeth das in England gelingt.«

Léonore führt an einer langen blauen Lederleine ihre

Katze vor, die von Marguerite ausführlich gestreichelt und gelobt wird. »Als ich in deinem Alter war, hatte mein Vater Löwen und sogar einen Tiger. Meine beiden Brüder waren schlimm mit den wilden Tieren. Einmal haben sie einen Eisbären vorführen lassen und das Tier nur leicht festgemacht, so dass er sich befreit hat und in die Menge stürmte« – Léonore schaut erschrocken – »oh, es ist niemandem etwas passiert. Man konnte ihn dann in einer Fischhandlung finden, die er geplündert hat und wo er eingeschlafen war. Mein Bruder musste dem armen Händler aber die ganze Auslage ersetzen. Doch nun hat mein Bruder die ganze Menagerie töten lassen. Für solche Taten, inspiriert durch seine schlimmen Träume, lässt er dann sogar die Artillerie anrücken, während sonst keinem Feind etwas zustößt, schon gar nicht dem im Inneren.«

Montaigne kann die ganze Szene nicht fassen. Er überlegt fieberhaft, was ihr Auftauchen zu bedeuten hat und wie das jetzt weitergehen soll. Er möchte einen klaren Kopf bekommen, und dazu muss diese Szene an einen anderen Ort verlegt werden.

»Madame, darf ich Ihnen meine Bibliothek im Turm zeigen? Dort sind wir auch ungestört und belasten die Familie nicht mit gefährlichem Wissen.«

Françoise schaut ihn irritiert an: »Es geht Ihnen offenbar schon besser?«

Marguerite zeigt sich übertrieben besorgt. »Was fehlt ihm denn?«

»Na ja, das sagt er Ihnen am besten selbst, jedenfalls ... hatte er heute ein kleines Problem nach einer Besprechung, in der Ihr Name fiel. Oder sollte ich das nicht sagen, Michou?«

Marguerite winkt ihren Sicherheitsoffizier heran und bespricht mit ihm den Plan, das Turmzimmer aufzusuchen.

»Montaigne, jede Leserin Ihrer *Essais* möchte einmal in den berühmten Turm dürfen und das Gefühl der Freiheit kosten, dass Sie dort empfunden und so meisterlich in Worte gefasst haben. Aber ich muss ihn erst von meiner Wache prüfen lassen, fürchte ich.«

Der Offizier trägt seine Bedenken vor: »Madame, es ist der Turm beim Eingang. Kaum Fluchtwege, dafür sieht man Sie von der ganzen Gegend her. Feuergefährlich ist es auch, wegen all der Bücher. Dann nur ein einziges Treppenhaus ...«

Montaigne überhört es und kommentiert spöttisch: »Wir haben da oben noch Schießscharten aus dem Hundertjährigen Krieg. Wir können auf die Angreifer siedendes Wasser kippen und ...«

Marguerite muss kichern. »Montaigne, meine Soldaten hier sind meine letzten treuen Männer. Lassen wir sie vorgehen und den Ort für mich sicherer machen?«

Montaigne stimmt zu, und beobachtet, wie sich ein Kommando formiert und in Richtung des Turms läuft.

»Françoise, ich möchte mich als ungebetener Gast keineswegs aufdrängen, aber darf ich Vorschläge unterbreiten, wen wir zum Abendessen laden könnten, welche Musik und Speisenfolge vor dem Tanz gut wären – alles ohne viel Aufhebens natürlich.«

Tony stimmt ihr abermals begeistert und lauthals zu. »Eine sehr gute Initiative, hier ist es sonst so langweilig. Allerhöchstens verprügelte Ehefrauen und verwirrte Menschen aller Art sind hier zu Gast.«

Françoise widerspricht ruhig, aber bestimmt: »Majestät, ich wünsche sehr, dass Sie eines Tages wieder an Ihrem eigenen Hofe glänzen – aber hier und heute Abend wird unsere Köchin eine Suppe reichen, dann kommt Geflügel auf den Tisch mit frischem Brot, dann folgen Käse und

Obst. Ich würde abraten, nach anderem schicken zu lassen, denn obwohl wir weit abgeschlagen sind, ziehen Truppen des Königs, der Liga und auch Eures Ehemanns an den Straßen entlang der Dordogne auf und ab. Wenn nun bekannt wird, dass wir nach besonderem Wein, nach Artischocken und anderem mehr verlangen, sind sie bald hier.«

Marguerite lobt sie für ihre Klugheit und Weitsicht und sagt, so eine Schwester hätte sie sich immer gewünscht. Nun kommt der zuständige Oberst und berichtet, dass sich die Königin in den Turm begeben kann. Sie brechen auf, Montaigne traut seinen Augen kaum. Der Weg, den er täglich am frühen Morgen und am Nachmittag geht, tief versunken in Gedanken, ist gesäumt von schwerbewaffneten Soldaten. In jeder Etage seines Turms stehen Posten, sogar in der Bibliothek selbst. Sie stehen mit dem Rücken zu dem runden Raum und versuchen, in die Ferne zu spähen.

Montaigne lädt die Königin, die sich in die Titel auf den Rücken seiner Bücher und die Inschriften in den Balken vertieft hat, in das an die Bibliothek angrenzende Arbeitskabinett, ein Zimmer von intimer Dimension, das ganz mit klassischen Fresken aus Italien und Griechenland illuminiert ist. Es gibt einen kleinen Kamin, den die Wache schon befeuert hat.

Sobald die Tür geschlossen ist, beginnt ihr Wutanfall. Er gleicht keiner Erfahrung, die Montaigne je gemacht hat. Die Frau, der er nahezu alles zu verdanken hat, in die er jahrelang vergeblich verliebt war, tobt durch sein Arbeitszimmer. Wie oft hat er sich gewünscht, einmal mit ihr allein zu sein, und nun streifen ihre seidenen Hausschuhe seine rotbraunen Bodenfliesen, aber es geht nicht um ihn oder um sie beide, sondern allein um Frankreich. Für Marguerite ist Frankreich ein Familienkonflikt, und der beginnt bei ihrer unseligen Ehe.

»Nichts, Montaigne! Ich bekomme ihn nicht einmal zu Gesicht, geschweige denn zu fassen. Offensichtlich hat Corisande Angst davor, dass ich doch noch schwanger werde, denn das wäre in dieser Lage eine politische Sensation. So weit sind wir in diesem Land schon – ein Mann schwängert seine Ehefrau, und alle sind entsetzt! Sein Kalender wird zum politischen Instrument, denn wenn er nicht in Nérac erscheint, kann ich nicht schwanger werden.«

»Aber Corisande, ich kenne sie ja gut ... «

»Oh, natürlich. Ihr Männer haltet alle zusammen. Montaigne! Erinnert Euch mal, wer dafür gesorgt hat, dass Ihr, noch völlig unbekannt, zu den ordentlichen Kammerherren an beiden Höfen berufen wurdet! Und was Euren Freund Navarre, meinen sogenannten Mann angeht, was sagt Ihr zu seiner Liebe aus dem letzten Jahr? Fosseuse ist kaum ein Jahr älter als Eure Tochter, aber die spielt nicht mehr mit Katzen, das garantiere ich Ihnen.«

Die Rede ist von ihrer Hofdame, die von Henri schwanger wurde. »Wir können ein Zeichen der Vorsehung darin erkennen, dass das Kind ein Mädchen war und nicht lebend zur Welt kam. Und der stolze Vater? Stand zitternd im Nachthemd an meinem Bett und hat mich erst gebeten, dann mir befohlen, nach Frau und Kind oder in diesem Falle eher Kind und Kind zu sehen. Und warum war er so in Sorge?«

Montaigne ahnt die Antwort und legt sich seine Handfläche über die Augen.

»Er hatte ihr, einer vierzehnjährigen Hofdame, die Ehe versprochen, wenn sie einen Jungen zur Welt bringt. Er war die ganze Zeit jagen und fürchtete sich, dass es ein Junge wird, und er hoffte es auch, dann saß er weinend an meinem Bett und bedrohte mich auch wieder.« Marguerite rief ihn an: »Montaigne! Können Sie sich das vorstellen? Würden Sie so handeln?«

Ihr Bericht hat sie so erzürnt, dass ein Offizier hereinkommt und fragt, ob alles in Ordnung sei. Sie beruhigt den Mann, Montaigne ergreift das Wort.

»Ich bin nicht zum König geboren ... dann, die Blutnacht, die Haft, die Flucht. Wer weiß schon, was in solch einem Prinzen vorgeht.«

»Bis hierhin war ich ja nachsichtig, Ihr wisst es, aber nun habe ich in Nérac schlicht nichts mehr verloren, mehr noch: Ich bin dort in Gefahr. Aber lassen wir meine Position einmal beiseite, ich habe immer noch einen Pfeil im Köcher. Aber reden wir über Frankreich. Betrachtet es einmal so.

Mein Bruder, der Thronfolger, François, ist tot, Montaigne, machen wir uns nichts vor. Sie werden es bald verkünden, aber politisch ist er es schon und vermutlich auch längst körperlich. Er hat sich ja noch mal hergegeben zur x-ten Versöhnungsgeste mit meinem grausamen Bruder, dem König, und danach hat es ihn dahingerafft. Wenn sie nicht meine Mutter wäre, müsste ich stark vermuten, dass es Catherine war, die ihn vergiftet hat, wie so viele ...«

»Madame, dafür gibt es nicht den geringsten Beleg. Er starb an derselben Krankheit wie sein älterer Bruder auch.«

»Nun, ich kenne sie, Montaigne. Aber wie dem auch sei – ich habe, wie Ihr ja wisst, Jahre damit verbracht, ein Bündnis zwischen meinem Ehemann und François zu schmieden. Mit seinem Tod stehe ich ohne jeden Schutz da. Er war der Thronfolger, und mit Unterstützung vernünftiger Katholiken und den gemäßigten Hugenotten hätte er uns auf einen Weg der Aussöhnung führen können. Na, wir haben es ja oft besprochen. Und nun? Wie kommen wir jetzt aus dem Labyrinth? Mein Bruder ist nicht auf der Höhe, meine Mutter wird jede Entscheidung vertagen, alle gegeneinander ausspielen, denn so bleibt sie ewig Regentin. Guise möchte sich mit Spanien verbünden, um die auszutricksen, und mein Mann – schwängert eine Vierzehnjährige. Ich weiß nicht, ob ich lachen oder weinen soll, Montaigne.«

»Matignon hat mich heute auf Ihren Fall angesprochen, Madame. Er lässt Sie suchen. Dass Sie den Hof in Nérac verlassen haben, aber sich in Paris nicht angemeldet haben, mobilisiert die Armee. Sie sind immer noch die Ehefrau des Thronfolgers von Frankreich, und wenn Sie nun als Geisel genommen werden ...«

»Nie war ich freier! Zurückkehren, damit mich Henri und Henri als ihre Geisel nehmen können? Danke. Ich verfolge ein wenig das Schicksal unserer Cousine Maria Stuart. Henri de Guise ist der Einzige, der sich noch um sie sorgt. Jedenfalls möchte ich nicht als katholische Königin in einem Land enden, das von einem Hugenotten regiert wird – mein Bruder der König und mein Mann der König, sie verstehen sich wunderbar, gehen, ohne zu zögern, eine Allianz gegen Guise ein, glauben Sie mir, Montaigne. Und was eint diese beiden Herren? Die Abneigung, ja der Hass auf mich. Wichtig ist jetzt, dass sie mich nicht lebend in die Finger bekommen.«

»Ich kann Sie hier aber nicht schützen, Marguerite. Ich bin Bürgermeister und dem König zur Treue verpflichtet. Einige Tage geht es ja, aber länger ... Jeder weiß doch, wie lange wir miteinander vertraut sind.«

Sie macht einige Schritte zu dem kleinen Fenster. Er sucht nach Worten.

Dann dreht sie sich ganz langsam um, blickt erst zu Boden, dann in seine Augen und strahlt ihn an. Sein Herz klopft wie verrückt.

»Montaigne, machen Sie sich um mich keine Sorgen,

wir Töchter Frankreichs haben Häuser und Festungen im ganzen Land. Ich werde einfach zurückgezogen leben und meinen eigenen Hof unterhalten. Mir reicht es mit dem Louvre und erst recht mit Nérac und Pau, diesem kleinen Genf. Wenn Sie im Louvre einmal im Nachthemd von Bogenschützen Ihres eigenen Bruders abgeführt und durch den ganzen Hof geleitet worden sind und all die Höflinge, die mich sonst derart bestürmten, dass meine Wachen sie zurückdrängen mussten, einfach taten, als erkannten sie mich nicht – dann ist Ihnen auch nach einem Leben auf dem Lande. Aber von mir abgesehen – wir müssen jetzt irgendwie von dort wegkommen, politisch.«

Montaigne hört ihr zu, kann aber nicht anders, als das Ballett der Wachen und Soldaten in seinem eigenen Innenhof zu bemerken, und schaut blitzschnell aus dem Fenster. Er kann sich nicht entscheiden, ob er den Zirkus draußen oder die Vorstellung hier in dieser Stube verblüffender findet. Marguerite bemerkt es nicht, sondern geht beim Reden auf und ab.

»Meine Rolle habe ich mit der Hochzeit erfüllt, aber statt eines Märchens begann ein Albtraum, das Land wurde nicht vereint, sondern die Seine wurde rot vom Blut unschuldiger Menschen. Dann blieb mir ein Thronfolger verwehrt, wie meinem Bruder auch, übrigens. Und je heftiger meine Mutter, die Regentin, dies alles auseinanderfädeln wollte, desto fester und dichter wurden die Knoten. Die Lage ist heute für mich wie für das ganze Land ernst wie nie.«

Sie versinkt einen Moment in ihren Gedanken ... Montaigne überlegt, wie er sich ihr nähern könnte, erinnert sich aber an seinen Versuch vor so vielen Jahren, der so peinlich endete.

Sie dreht sich unerwartet um: »Ich bin zu Ihnen gekommen, um etwas auszuarbeiten, einen Pfad, sei er noch so schmal, der uns wieder zu besseren Tagen führen kann. Und da kann ich Ihnen einige Daten liefern – die Krone ist um das Zehnfache dessen verschuldet, was sie im Jahr einnimmt. Die Medici, die Spanier, die deutschen Fürsten – wir Franzosen stehen überall im Obligo, und höhere Einnahmen sind nicht zu erwarten, während wir vom sechsten in den siebten und vom siebten in den achten Bürgerkrieg fallen. Wir haben unser Brot und unseren Wein, jagen Hasen und zeugen Kinder – aber sonst? Keine nennenswerten Kolonien, auf See vermögen wir nicht viel, und alle größeren militärischen Versuche gingen schief. Wir sind ein gespaltenes Land mit drei Männern, die sich um die Macht zanken, und alle drei heißen Henri. Schlimm genug, dass wir die Zeugen dieser Zeit sind, aber wie soll Ihre Léonore groß werden?«

»Aber welche Möglichkeiten blieben uns denn? Also ich als Bürgermeister ...«

»Nun vergessen Sie all das einmal. Das Land braucht einen König. Und der Einzige, der in Frage kommt, ist mein Mann. Und nun müssen wir ihn in Form bringen. Wir sind wie Bildhauer, zum Arbeiten aber haben wir keinen Block aus Marmor, sondern einen Sack voll arg nassem Lehm. Doch betrachten wir es einmal vom Ende her: Wie möchten wir, dass sich die Menschen an unsere Zeit und an uns erinnern?

Ich bin auf ewig die Braut, die Paris die Blutnacht bescherte. Als ich in Notre-Dame einzig mit der langen Schleppe und dem goldenen Kleid stand, sollte ich dem Land einen Thronfolger schenken, gezeugt von einem hugenottischen Vater und geboren von einer katholischen Mutter. Meine Mutter hatte sich das schön ausgedacht, wie in ihren Theaterstücken, wo die Liebe über den Hass siegt oder so. Leider bewirkten wir das Gegenteil: Die Mehrheit des Volkes jagte die Minderheit, und die rächt sich, wo es geht. Ich möchte aber nicht, dass das mein einziger Versuch bleibt. Ich weiß, dass mich meine Familie als hoffnungslosen Fall sieht, aber ich sehe mich nicht mit deren Augen. Ich sehe einen schmalen Weg, der uns aus diesem Labyrinth führt, Montaigne. Und da brauche ich Sie, denn diesen Weg können nur wir beide gemeinsam gehen.«

Montaigne erinnert diese Ausführung an die Gedanken der Regentin, aber er hütet sich, das zu sagen. Es ist ihm schon emotional genug in dem kleinen Zimmer.

»Mein Plan hat drei Teile, einen davon übernehmen Sie, und ich weiß, Sie werden damit Erfolg haben. Sie lehren meinen Mann eine Sichtweise der Dinge, die sein künftiges Verhalten als König von Frankreich prägen wird. Ich komme nicht mehr an ihn heran, und umgeben ist er von protestantischen Wirrköpfen, die ihre reine Lehre nur noch reiner machen möchten. Ihr aktueller und einziger Plan ist es, mit England und den deutschen Fürsten gegen die Landsleute hier vorzugehen, alle zu bekehren und sich zu rächen. Den überwinden wir nur, wenn Henri selbst eine Vorstellung davon bekommt, was für ein König er sein könnte.«

»Sie meinen, ich soll ihm darlegen, wozu er König von Frankreich werden soll?«

Sie blickt ihm direkt in die Augen, und er fürchtet, keine Luft mehr zu bekommen. Sie antwortet völlig unbedarft, als sei es das Einfachste der Welt: »Aber ja. Nicht mit vielen Worten, sondern mit einem Bild. Damit das gelingen kann, Teil zwei meines Plans, verschwinde ich von der politischen Bildfläche. Ich habe schon Vorkehrungen getroffen. Dazu muss ich allerdings etwas manövrieren, also erschrecken Sie nicht, wenn Sie hören, dass die Liga mich schützt.

Ich bin, wie Sie wissen, von Jugend an katholisch, aber ich tue das, um meine Mutter dazu zu bewegen, mich in Frieden zu lassen, das wird auch gelingen, denn sie fürchtet nichts mehr als Nachrichten von mir. Die irdische Strafe für ihre Sünden hat sie mich genannt.«

Montaigne nickt. »Und der dritte Teil?«

»Montaigne, wie Sie sehen, stehe ich hier in Ihrem Schloss, insgeheim, und vertraue Ihnen de facto mein Leben an, denn nichts hindert Sie, Matignons Truppen zu benachrichtigen, wozu Sie als Bürgermeister sogar verpflichtet sind, und mich zurückführen zu lassen, wohin auch immer, und mich dessen zu berauben, was ich am meisten liebe, meiner Freiheit – aber ich kann Ihnen nicht alle Elemente meines Plans nennen, insbesondere den dritten nicht, denn dann würde ich alles gefährden und Ihre Familie auch.«

Montaigne nickt. Er konnte jetzt nicht noch mehr Geheimnisse vertragen. »Wir haben weder Truppen noch Geld noch eine Konfession, die unsere Unterstützer beflügeln könnte. Mit meinem verstorbenen Bruder wäre alles anders gewesen, er hätte König werden können im Norden und Navarre hätte hier den Süden für ihn gehalten, sie hätten Toleranz geübt und jedes Lager hätte einen eigenen König gehabt. Ihre Erfolge hätten sie zusätzlich populär gemacht.«

Montaigne steht auf: »Ich muss etwas umhergehen. Am besten denke ich beim Gehen oder beim Schreiben.«

»Sie werden über all dies auch schreiben, aber natürlich, ohne genau zu sagen, was wir hier besprechen, mehr allgemein über Ihre – Erfahrung? Ihre *Essais* brauchen noch ein drittes Buch. In dem wird dies stehen, aber eben auf Ihre Art, raffiniert verborgen, indem Sie alles offenbaren!« Sie lächelt versonnen.

»Wo waren wir? Ja, machen wir unsere Schwächen zu unseren Stärken. Ohne Truppen, Konfession und Geld bleiben uns zwei Mittel, Montaigne. Einmal das Gesetz, das die Thronfolge für meinen Mann vorsieht und das den Staat davor bewahrt, von Konfessionen regiert zu werden. Und dann die Politik, die Interessen ausgleicht, Toleranz empfiehlt und den allgemeinen Wohlstand hier auf Erden vermehrt.«

»Ob das genügt?«

Sie schweigt. »Ich weiß es nicht, aber wir müssen es versuchen. Sind Sie an meiner Seite?« Montaigne fühlt, dass sein Herz wie verrückt klopft und seine Vorstellungskraft durchgeht wie ein entlaufenes Pferd.

Er steht auf. »Madame, ich bin nicht mehr jung, nicht mehr gesund, aber ...« Er traut sich, einen Schritt näher zu treten.

Marguerite lacht hell. »O bitte, mein lieber Freund.« Sie nimmt sein Gesicht in beide Hände und küsst ihn auf die Stirn. »So viele Frauen an meinem Hofe waren rettungslos verliebt in Sie! Eine, erinnern Sie sich, wollte sich sogar in unseren flachen Ententeich stürzen, vor Kummer, weil Sie sie abgewiesen hatten. Ja, nur ich nicht. Sie wissen, dass ich in diesen Fragen eher wie ein Mann operiere, ich bin eine Freundin der Schönheit und halte mich, wenn ich wählen darf, an das, was das Auge erfreut, und ich mag nun einmal nur besonders große Männer. Darum bin ich damals wohl auch auf Guise hereingefallen. Haben Sie sich meinen Tross betrachtet? Alles Lange – ich sage immer, es gibt weder ein schönes Gefängnis noch eine unwürdige Liebe. Aber mit dem Verstand ist es anders, da müssen wir zusammen vorgehen.« Sie berührt kurz seine Fingerspitzen, dann treten sie den Weg zum Haupthaus an.

Auf dem Weg fällt ihr ein weiteres Thema ein.

»Stimmt es, dass dieser Mensch, dieser Supermignon La Vallette, auf dem Weg hierher ist? Maman bedrängt mich, den irgendwie auch noch zu treffen. Ein schrecklicher Kerl. Ich vermute, viele der Gerüchte über mich hat er sich ausgedacht.«

Montaigne bestätigt. »Ja, er muss schon in der Gegend sein. Ich denke aber auch, Ihr müsst ihn empfangen. Jeder mögliche Pfad führt über ihn.«

»Das habe ich befürchtet.«

Es nieselt nun leicht in dem Innenhof, Soldaten kommen mit einem Regendach.

»Wie sagte ich meinen Hofdamen: Ich werde für ihn ein Kleid anziehen, das ich sonst nicht trage – ein Gewand aus Täuschung und Heuchelei.«

»Und in genau diesem Gewand, Madame« – Montaigne wundert sich, dass die Not ihm eine strenge, tiefere Stimme verleiht – »müssen Sie auch an den Hof zurück, nach Nérac. Und dann, wenn er sich immer noch nicht blicken lässt, können Sie ja zu den Bädern fahren.«

Marguerite antwortet nicht, aber er sieht, dass sie unmerklich nickt.

Beim Abendessen hat Marguerite den Tisch mit ihrem Geschirr und Besteck decken lassen. Neben den Messern liegen lange Teile, an deren Ende sich drei Spitzen befinden. Léonore droht, damit ihren Vater aufzuspießen, der in gespieltem Schrecken die Hände hebt.

»Oh, Pardon – ich bin so viel unterwegs und kann meine Wäscherinnen nicht überbeanspruchen. Mit solch einer Gabel schone ich meine Handschuhe und vermeide Flecken, aber sie sind alle sicher geschickter mit Messer und Brot als ich.«

Françoise übt mit dem Instrument, ein Stück Brot aufzunehmen. »Es wäre gut für meinen Mann, so würde er sich nicht mehr so oft in die Finger beißen, wenn er wieder einmal in Gedanken ist statt bei Tisch und dennoch hungrig.«

Dann erzählt sie Montaigne, Françoise und der Mutter, wie sie im vorigen Jahr den Hof in Paris, nach Monaten des Drängens, endlich verlassen durfte.

»Aber es wurde kompliziert, denn jemand am Hofe verbreitete das Gerücht, dass ich schwanger sei und abgetrieben habe oder irgendwo versteckt einen strammen Jungen entbunden habe, ohne dass jemand am Hofe es bemerkte. So ist der Louvre, die falsche Nachricht ist mehr wert als die Wahrheit, wenn sie an die Gefühle, an das Temperament rührt und den Verstand umgeht. Ich als Frau ohne Ehemann, als Tochter meiner Mutter, die ohnehin die Phantasie von allen nährt, ich bin das perfekte Material, um Chimären zu formen. Die sich dann von selbst vermehren.«

»Aber wer ... wen haben Sie in Verdacht, derartige Dinge in die Welt zu setzen?«, fragt Françoise.

Marguerite widmet sich ihrem ausgesuchten Stück Huhn und antwortet, ohne aufzublicken. »Oh, das war meine Mutter. Aber lassen Sie mich Ihnen schildern, wie es weiterging. Die Bogenschützen der Krone stoppten also mich und meine Hofdamen, als wären wir Reiterheere aus Deutschland. Ich wurde genötigt, meine Maske abzunehmen und zuzusehen, wie meine Freundinnen abgeführt wurden.«

Sie erzählt es mit einer humorvollen Distanz, die Komik der ganzen Szene herausarbeitend, so dass sowohl Antoinette als auch Léonore vor Lachen Tränen weinen.

»Wir hingen also in einem elenden Kaff fest, es ging nicht vor und nicht zurück. Und dann kommt das Beste. Nach einigen Tagen rückt ein unermesslich großer Zug aus

Reitern und mit Begleittross an, das kleine Dorf wird zur Festung, Zelte werden aufgeschlagen und Barrikaden errichtet, denn der König von Frankreich selbst, mein lieber Bruder, hat sich auf den Weg gemacht. Im ersten Augenblick dachte ich, dass eine Gefahr von außen besteht, dass ich vielleicht entführt werden soll wie wir alle damals in Amboise, als Hugenotten uns gefangen nehmen wollten. Aber nein, Sire oder Majestät, wie nun alle sagen müssen, kam eigens für mich – und nicht wegen des nicht existierenden Babys.«

Sie lacht, und dann, bevor irgendjemand etwas antworten oder kommentieren kann, steht sie auf und geht einmal um die Tafel, berührt alle. Ihre Wangen sind gerötet, das Haar sitzt lockerer als zu Beginn des Abends. Sie dankt, lobt und rühmt, dann – man hat schon vom Fenster her Geräusche eines äußerst effizienten Abbaus vernehmen können –, dann strahlt sie noch einmal alle an, und plötzlich, wie einstudiert, steht sie auf ihren schmalen Füßen und bewegt sich rückwärts, die Anwesenden fest im Blick haltend, zu den Flügeltüren, zum Flur und zum Ausgang.

Montaigne versteht als Einziger, dass sie gleich, im selben Moment aufsitzen und verschwinden wird, und schafft es, sie noch in der Tür zu erwischen, vor der schon ihr schwarzes Pferd steht, auf dem sie hinter einem attraktiven Offizier ihres Stabs sitzen würde. Der ganze Zirkus ihrer Präsenz, die Hofdamen, die Dekoration, die Küche und die Papageien sind schon in einem langen, nächtlichen Zug aus dem Hof hinaus unterwegs. Und vor dem Speisesaal steht ihre Nachhut, um auch das von ihr verwendete Geschirr wieder abzutragen und aufzuladen.

Montaigne hat noch eine letzte Frage, und als er sie äußert, kommt sie ihm schlicht und einfältig vor: »Wo treffe ich ihn?«

Marguerite steigt auf, zieht sich die Kapuze über und legt ihre lederne Maske an. Sie dreht sich ein letztes Mal um: »Na hier, Montaigne. Sie laden den König von Navarre auf dieses Schloss ein, grenzen seine Entourage aus und reden auf ihn ein mit allem, was Sie haben, als würde das Schicksal Frankreichs daran hängen. Schließlich tut es das ja auch.«

Dann zwinkert sie ihm auf eine etwas anzügliche Art zu und gibt dem großen Reiter vor ihr, den sie fest umarmt, das Signal zum Aufbruch. Ihr Pferd trabt durch das Tor, dann folgen ihr etliche Reiter, die Montaigne in der Dunkelheit nicht wahrgenommen hatte. Ihre Truppe kann sie aus eigenen Mitteln unterhalten, aber Montaigne meint doch, an einigen Sätteln wieder das Wappen der Regentin Catherine erkannt zu haben. Ist es Kontrolle oder Schutz?

Sein Haus, auf dessen Abgeschiedenheit er so stolz ist, könnte zum Schauplatz der Geschichte werden – ohne dass er die Zuversicht haben kann, die Sache günstig wenden zu können. Ihr Zug bewegt sich durch die Wälder der Nacht. Er wird sie so schnell nicht wiedersehen.

5

Hugenotten

Einige Tage erholt er sich auf Schloss Montaigne und versucht, einen Plan zu finden, eine Möglichkeit, wie und was er Henri vermitteln kann, ihn überzeugen und begeistern. Der Sommer hat die Wälder und Felder erleuchtet, um Montaigne strahlt alles, auch während er grübelt. Er gestattet es sich dennoch ein wenig, wegen der Lage des Landes in Gedanken zu versinken, doch dann hält er inne und versucht, seinen Geist zurückzuführen zur Stille und Schönheit des Moments. Sein Pferd ist in einem tiefen Wald zur Welt gekommen und gehalten worden, nicht sehr weit vom Schloss nach Norden. Dort, wo auch er seine ersten Lebensjahre verbracht hat.

Es ist noch früh und kühl, ohne jemanden zu stören, hat er aufgesattelt und spaziert aus dem Tor hinaus, um dort in der Kühle des Waldes nachzudenken.

Léonore ist schon mit Freundinnen draußen, sie haben eine Hütte gebaut. Die Kinder sind barfuß, es wird schon warm in der Sonne.

»Papa, du reitest zur Arbeit?«

»Nein, Léo, ich führe uns bloß etwas aus, das Pferd und mich, nach Brétanord.«

Léonore und ihre Freundinnen kichern, als wüssten sie mehr. »Wir wissen aber, dass du arbeiten wirst ...« Dann verschwinden sie wieder in ihrer Hütte. Sie hat drei Eingänge, einen für Katholiken, einen für Hugenotten und einen für Katzen.

Montaigne reitet aus seinem Schloss in Richtung des Dorfes und erblickt schon hinter der ersten Kurve, die ihn nach Norden führen soll, eine Gruppe von Reitern. Hier ist sonst nie jemand. Montaigne möchte sich gar nicht mit ihnen befassen, aber alles, was rund um sein Schloss geschieht, geht ihn etwas an. Plötzlich bereut er es, keine Waffe dabeizuhaben. Er mustert die Männer, die ihn intensiv ansehen. Einer von ihnen lässt einen lauten Pfiff aus einer kleinen Pfeife ertönen, und sie sehen zur Kirche, am anderen Ende der Straße. Von dort setzt sich ein Reiter in Bewegung, hohes Pferd mit einer teuren Decke, ein Mann mit Ambitionen. Seine Haut ist blass, die Haare sind dünn. Seine Nase zeigt leicht nach oben. Philippe de Mornay hat keine geringe Meinung von sich.

»Ich musste warten?«, sagt er vorwurfsvoll.

»Philippe, niemand hat dich angekündigt.«

Mornay antwortet nicht, sondern reitet vor.

»Ich habe in der Kirche gewartet, ich kann nicht draußen sein, das weißt du doch.«

Montaigne muss den Haushalt aufscheuchen, um an diesem friedlichen Morgen etwas Staat zu machen für den wichtigsten Berater des Königs von Navarre.

Sie gehen in ein kleines Zimmer neben dem großen Esszimmer. Es wird selten genutzt. Jede Menge Spinnen sausen über die Wände, die Katze, die ihnen gefolgt ist, beginnt mit ihrer Jagd. Mornay verzieht das Gesicht, hält sich ein Tuch vor die Nase

»Sei mir nicht böse, aber ...«

Montaigne dreht sich wortlos um und führt den Gast in seine Bibliothek, wo er eigentlich nur sympathische Geister empfangen möchte. Vor wenigen Tagen war Marguerite noch hier gewesen, nun diese eine Person, denkt er sich. Für Montaigne ist Philippe de Mornay der langweiligste Mensch auf der Welt. Er hat seine Taschen mitgebracht, verliert sich in den Papieren.

»Wie geht es Seiner Majestät?«, versucht Montaigne eine Konversation zu beginnen.

»Der König von Navarra schickt mich, Montaigne.«

»Ja, wer auch sonst –«

»Wir, also ich werde ja mit d'Épernon bald in offizieller Mission bei Euch empfangen werden, dann müssen wir ... einen Pfad suchen?«

»Ja, das sehe ich dann, wenn mir die Agenda von den Männern des Herzogs überstellt worden ist.«

Montaigne fragt sich, was Mornay hier eigentlich will.

»Mornay, dein Herr ist nun der Thronfolger von Frankreich, das erfordert doch gewisse Vorbereitungen.«

»Ich habe schon einiges vorbereitet.«

Er legt ein umfangreiches Paket auf den Tisch.

»Wir machen uns schon Gedanken über eine künftige Rechtsordnung, Montaigne. Henri wird König und regiert Frankreich, ich habe alles geplant.«

»Ja, aber der Weg dorthin?«

»Henri hat den Rechtsanspruch, ich bereite gerade alle Papiere vor. Es wird keine Probleme geben.« Mornay ordnet die Papiere mit der Hand, entdeckt etwas Staub.

»Ich habe mit dem König geredet und ihn mal vor den Guise gewarnt, das hat Eindruck gemacht. Alles geht seinen Gang.«

»Und die Konfession, Mornay?«

Mornay zuckt die Schultern. »Ihr Katholiken gebt wohl

niemals auf. *Cuius regio eius religio* ist der Grundsatz, Ihr kennt ihn so gut wie ich. Frankreich wird auch mit einem reformierten König nicht untergehen. Wir werden die Religion und die Amtsgeschäfte sauber trennen, alles ist vorbereitet.«

Montaigne traut seinen Ohren nicht und trauert umso mehr seinem morgendlichen Ausritt nach.

»Montaigne, Majestät hat mir eine Reihe von Fragen mitgegeben, die wir zusammen beantworten sollen, ich schlage vor, dass ich sie erst verlese, dass wir sie dann erörtern und eine Pause machen, dann die Antworten formulieren?«

Montaigne spürt eine wachsende Verzweiflung aufsteigen.

»Mornay, möchtet Ihr nicht etwas frühstücken?«

»Danke, nein.«

Was interessiert diesen Menschen? Die einzige irdische Droge, mit der man ihn locken konnte, war die Arbeit. Montaigne entschließt sich, die Sache zu beschleunigen. Er greift sich das umfangreiche Protokoll mit den Fragen und das dazugehörige Heft.

»Ich schlage vor, Ihr tragt mir die wichtigsten Fragen vor, und ich schreibe dann meine Antwort?«

Mornay beginnt seinen Vortrag, es geht um die diversen Arten der Justiz und die unterschiedlichen Gerichtsbarkeiten für Adel, Militär und Klerus. Montaigne greift sich einen der von Nicolas vorbereiteten Federkiele, taucht ihn, ohne hinzusehen, in die Tinte wie ein Vogel, der Wasser aufnimmt. Er braucht nur einen Strich für seine ganze Antwort:

»N' y avoir qu'une justice.« Nur eine Justiz soll es geben.

Der achte Artikel handelt von den Kosten der Verfahren, Montaigne zögert nicht: »Gratis.«

Nummer 18 behandelt die Frage der Entlohnung der Beamten und den Stipendien, eine heikle Frage, die viel Abgleich mit bestehenden Regelungen erfordert, aber auch nicht dringend ist. Montaigne notiert »à voir« – damit wird sich jemand noch mal beschäftigen müssen.

Im 26. Abschnitt geht es um die Frage, wie viele Richter bei Strafsachen zu Gericht sitzen sollen. Montaigne schreibt: »Mieux valent cinq qu'un« – besser fünf als einer.

Sie kommen rasch voran bis zum 39. Artikel, hier horcht Montaigne auf. Es geht um die Versorgung mit Lebensmitteln im Krisenfall, der Vorschlag würde jene begünstigen, die ohnehin schon Hab, Gut und Scheunen haben.

Montaigne antwortet in drei Worten »Ne se peut.« Auf keinen Fall.

Selbe Antwort bei einer Regelung, die allein die Richter entlastet, nicht aber die Bürger. – »Ne se peut.«

Mornay stellt fest, dass Montaigne kaum die erste Seite benötigt, wo er ein ganzes Heft mitgebracht hatte.

Frage 53 schlägt vor, die Zahl der zugelassenen Anwälte zu begrenzen, was den schon jetzt Praktizierenden ein gewaltiges Privileg sichern würde. Montaigne kommentiert: »N'est guère bon pour l état«, ungünstig für den Staat.

Der 60. Artikel sieht vor, bestimmte Berufe von Steuern zu entlasten, etwa Richter, Notare und königliche Beamte, alle anderen aber nicht. Montaigne stimmt zu: »Bon.«

Er überlegt noch einen Moment, schaut sich Mornay an, dann setzt er zu seinem letzten Satz an: »Tenir la main à ce que gens de vertu, doctrine et prudhomme detiennent la justice«, nur Männer von Tugend, Gelehrsamkeit und Umsicht an die Justiz lassen!

So – Montaigne streut etwas Löschsand über das Heft und übergibt es Mornay. Dann steht er auf. Es ist schon spät und merklich wärmer, aber im Wald ist es kühl genug.

»Bis bald, Mornay.« Der sucht seine Sachen zusammen und geht ohne Gruß oder Kommentar zu seinem Pferd und seinen Leuten, aufgehoben in seinem Traum einer sauberen, ordentlichen protestantischen Welt. Wie konnte man so gelehrt sein und so wenig wissen?

Montaigne bleibt noch einige Tage auf dem Schloss, dann ziehen sie wieder in die Stadt, um zu regieren. Nicolas hält derweil die Verbindung sowohl zu d'Épernon als auch zu den Hugenotten. Alle träumen von der Zukunft, machen Pläne oder plagen sich mit Ängsten, manchmal kommt es Montaigne vor, als sei er der Einzige, der in diesem Land auch arbeitet. Und Matignon, natürlich.

In den Geschäften des Vormittags geht es um den Maler Jacques Gautier, der am Collège de Guyenne Kunst unterrichtet. Da ist er nun schon fünf Jahre, und der Vertrag läuft aus. Montaigne lässt sich berichten. Einerseits sind die Schüler sehr zufrieden, Gautier ist ein gewissenhafter Mann. Andererseits ist das Haus, das er bewohnt, auch sehr begehrt und in den letzten Jahren viel wertvoller geworden. Die Verwaltung dreht sich bei der Abwägung im Kreis. Montaigne entscheidet in wenigen Worten: Bordeaux kann nicht vom Wein allein leben, und Gautier ist ein Lehrer, der nicht schlägt. Wir verlängern selbstverständlich.

Komplizierter und langwieriger ist die Sache mit dem Leuchtturm. Schiffe, die vom See her Bordeaux ansteuern, müssen sicher die Mündung der Gironde befahren können. Dabei hilft ihnen ein Leuchtturm, der seit alters her auf einer Insel im Fluss steht, aber das Meer hat ihn längst zerstört, der Neubau ist ein ewiges Unterfangen, teuer und riskant. Montaigne mag den Architekten, aber die Rechnungen sind ein eigenes Problem. Welchen Anteil trägt die

Krone, welchen die Stadt? Und kann die Stadt ihren Anteil auch in Naturalien entrichten, was und in welcher Jahreszeit? Montaigne sitzt mit den Kämmerern der Stadt zusammen, es sind viele mögliche Entwicklungen zu bedenken – wenn man einen bestimmten gesalzenen Fisch zusagt und der Preis schwankt, dann kann es viel teurer kommen als ein simpler Zuschuss, der sich am Haushalt der Stadt oder am Weinpreis ausrichtet.

Die Beamten rollen den Wagen mit den Säcken herein, in denen die Akten eingenäht sind. Monsieur de Foix hat einen neuen Vorschlag eingereicht. Montaigne nickt und lässt vortragen. Er sieht schon die Kosten explodieren. Manchmal fragt er sich, ob nicht ein Kohlebecken genügen würde. Aber weder war er je Seemann noch ein Freund öffentlicher Bauunternehmungen. Es wurde immer viel teurer, und schließlich kann niemand die Bauten unterhalten, und sie verrotten vor sich hin.

»Was ist denn heute der Vorschlag? Eine Sphinx oder ein neuer Koloss von Rhodos, durch dessen Beine unsere Schiffe hindurchmüssen, mit den Zügen von Philipp von Spanien?«

Keiner seiner Sekretäre im Rathaus verstand diese Bemerkungen, Montaigne fühlt sich einsam mitten in einer gut besuchten Besprechung.

»Monsieur de Foix schlägt vor, die Namen der Kommissare aufzunehmen, in Marmortafeln neben dem Eingang zum Leuchtturm.« Montaigne nickt geistesabwesend. »Wenn es sein muss. Aber wen denn? Bitte die Namen.«

»Monsieur François de Nesmond, den Präsidenten des Parlaments.« Montaigne nickt. »Ja, wird ihn freuen.«

»Baron Ogier de Gourges, den Schatzmeister des Königs hier in Bordeaux.« Montaigne nickt müde, er zahlt ja alles –

der Beamte markiert eine Pause und strahlt ihn an: »Und Sie, Monsieur, unser Bürgermeister!«

Montaigne schreckt auf und steht blitzschnell auf seinen Sohlen. »Wie bitte?«

»Ja, Ihr wärt dann mit dem König und dem Marschall von Matignon und den beiden anderen also für die Ewigkeit und in Marmor dort verzeichnet!«

»O bitte – das kommt nicht in Frage.«

Montaigne schwitzt plötzlich. »Was ich hier ausübe, ist ein gewähltes Amt, in der Zeit beschränkt. Jeder Bürgermeister von Bordeaux würde Mittel bereitstellen, um die Schifffahrt abzusichern. Ich bin doch kein Pharao, nein, das ist ausgeschlossen. Der König wird dort stehen und sonst niemand. Ich möchte François und Ogier sprechen, bitte lassen Sie sofort nach ihnen schicken. Wir werden zu dritt verzichten.« Seine Mitarbeiter versuchen mitzukommen. Aber wie wollen sie das den beiden anderen nahelegen? Ihre Sekretäre haben verlauten lassen, dass es ihnen durchaus schmeichelt.

»Lassen Sie mich mündlich andeuten, dass der König, den ich getroffen habe, manchmal in der Stimmung ist, solche Erwähnungen als Hochverrat zu werten, zumal nach unserer angespannten Geschichte, und dass ihm einfallen könnte, die Messieurs auf den Leuchtturm, an dem sie so hängen, zu verbannen und arbeiten zu lassen.«

Er blickte in erschrockene Gesichter. »Was weiß ich, Euch fällt schon was ein.« Sie entfernen sich unter heftigem Gruseln, und Montaigne ist endlich allein, läuft durch den großen Saal und sucht die Worte, die Gründe, den Weg, mit dem er Navarre auf den Thron lotsen kann, so dass er es überlebt und das Land prosperiert.

Ein besonderes Fenster bietet dem Bürgermeister einen perfekten Blick auf den kleinen Vorplatz, ohne selbst erkannt werden zu können. Da sieht er sie, ganz allein, auf das Gebäude zulaufen. Sie geht recht zügig, und noch bevor er den beiden Männern in seinem Vorzimmer befehlen kann, ihn keinesfalls zu stören, öffnet einer von ihnen schon die Tür, um sie anzukündigen.

»Madame, die Schwester des Bürgermeisters, für den Bürgermeister.«

Montaigne überlegt, wie er ihr noch absagen kann oder ob er das Notprotokoll aktivieren kann, mit dem verborgenen Treppenhaus, in der Zwischenzeit vertieft er sich in ein Schriftstück, aber schon steht sie vor ihm.

»Salve, fratre« – seine Schwester kommt ihm vor wie jemand, der in die falsche Zeit geboren wurde, sie denkt auf Latein und spricht auch so.

»Jeannette, bedauerlich, dass du mich nicht unterrichtet hast von deinem Besuch, gerade heute bin ich sehr beschäftigt, der Herzog von d'Épernon wird jeden Moment erwartet.«

»Da solltest du besser mal nach deiner glänzenden Amtskette suchen lassen, oder hat du sie in deiner üblichen Unordnung verlegt?« Sie steht kerzengerade, die Hände vor dem Bauch gefaltet, die Augenbrauen geduldig nach oben gezogen.

Montaigne verschränkt seine Hände hinter dem Rücken und beginnt, nervös auf den Zehen zu wippen. Seine Schwester ist nur drei Jahre jünger. Seit sie zum Protestantismus übergetreten ist, hat sie auf Schmuck weitgehend verzichtet, kauft lieber Bücher als Kleider und geht in der Stadt am liebsten zu Fuß.

»Micheau, eine einfache Frage ...« Montaigne zuckt zusammen

»Wenn du schon so anfängst.«

»Sag, ekelst du dich nicht vor solchen Männern wie La

Vallette? Er ist nun einer der reichsten Franzosen, und wir kannten ihn noch als kleinen, brutalen Landadligen. Er half mal Navarre, aber auch nicht so richtig, nun bereichert er sich an der Staatskasse. Sein Schloss in Cadillac wird immer größer, während die Leute drum herum im Elend leben. Ich könnte die Gegenwart solch eines Typen nicht dulden.«

»Jeanne, ich lade ihn ja auch nicht privat ein, sondern empfange ihn als Gesandten des Königs. Du erinnerst dich an die schwere Spannung zwischen Krone und unserer Stadt?«

»Du möchtest eben immer der Liebling aller sein. Aber wozu, Micheau? In deinem Gewissen und in deiner letzten Stunde wird es ein Urteil geben, und da ist es gleich, ob und bei wem du beliebt warst.«

»Und dieses Urteil kennt meine kleine Schwester schon?«

Sie haben diesen Dialog Dutzende Male geführt. Montaigne fühlt seinen Kopfschmerz wieder heftiger werden.

»Jeanne, kann ich heute etwas für Sie tun? Kommt Ihre Tochter in ihren Studien voran? Braucht Ihr eine Baugenehmigung oder Steuernachlässe?«

Fast hoffte Montaigne, dass eine irdische Sorge seine Schwester zu ihm führt.

»Micheau, das ist der Unterschied zwischen uns – dich belasten diese irdischen Dinge, mir hingegen geht es um den Kern, das geistliche Wesen.«

»So fühle ich mich, ja, belastet.«

»Warum denn? Schau, der Tod des Thronfolgers und deine guten Kontakte zu diesen noch katholischen Menschen eröffnen uns die Chance, Frankreich aus der Dunkelheit dieser dekadenten und mörderischen Zeit in eine Epoche der Einheit und Brüderlichkeit zu führen. Wenn du sie davon überzeugst, kann Navarre König werden und dann das ganze Land reformieren, wie Elisabeth in England. Die regieren die Meere, nur die Armada macht es ihnen noch streitig. Aber unsere Brüder unter den Seeleuten hier meinen, dass Spaniens Vorherrschaft nicht mehr lange währt.«

Montaigne kann nicht anders als zu bemerken, wie viele blasphemische und die Religion verletzende Inhalte in ihrer kurzen Bemerkung enthalten waren. Einem einigermaßen ambitionierten, der Liga zuneigenden Richter würde es vollkommen genügen, um seine Schwester vom Leben zum Tode zu befördern.

»Jeanne, sei bitte vorsichtig mit solch kühnen Plänen – und deinen Worten.« Er schwitzt nun.

»Der Tod schreckt mich aber nicht, wenn ich die Wahrheit sage. Das ist der Unterschied. Du wolltest als Kind schon gemütlich leben, von allen geliebt werden, deinen Schinken genießen – aber nun wurdest du in die Lage versetzt, mal etwas Gutes und Wahres zu tun, aber du redest mit La Vallette und schleichst in diesem Palast herum, wie ein Schiff ohne Ruder. – Ist das alles wegen Papa? Weil er diese Zweifel hatte, ob du von ihm bist?« Sie blickt ihm ruhig und freundlich ins Auge.

»Bitte, Jeanne, lass ihn aus dem Spiel.« Er muss sich nun setzen, denn er fühlt sich, wie immer bei diesem Thema, als ob er auf Sand steht, der sich zu bewegen beginnt.

»Micheau, ich habe begonnen, das Neue Testament ins Französische zu übersetzen.«

Nur eine irdische Sache gab es, mit der er sie wieder loswerden konnte und die sie beide teilen wie eine private Konfession. Er sprang plötzlich auf und improvisierte: »Jeanne, besuch mich doch bald mit meiner Nichte Nana in der Bibliothek.«

Bei der Erwähnung ihrer Tochter verzieht sie kurz ihr Gesicht.

»Neulich bekam ich Besuch aus Paris, und ich brauche sehr bald jemanden, der mir mit den Klassikern hilft, und zwar sehr viel und sehr oft, ich habe noch sehr viel Arbeit mit meinen Büchern, Jeanne.«

Sie strahlt ihren Bruder an. »Arbeit und Bücher, du weißt immer noch, womit du mich begeistern kannst. Schon früher ließest du mich Gedichte abschreiben, die noch gar nichts für mich waren ...«

»Nun, geschadet hat es dir ja nicht, nicht umsonst hast du Kinder, einen Mann – so, nun lass mich mal hier weiterarbeiten, meine Sorge sind nicht die Reformierten, sondern die Liga. Ihr bedrängt mich nur durch Vorträge, jene aber mit Waffen.«

Jeanne entfernt sich völlig unbeeindruckt, gleitet über die Fliesen zum Ausgang, verschwindet ohne eine Spur. Montaigne sieht sie abziehen, bewegt, und denkt an einen alten Spruch: Die Amsel fliegt auf, der Zweig winkt ihr nach.

6

Navarre

Als d'Épernon so weit ist, braucht Montaigne die Amtskette nicht.

Es ist ein Sonntag, gleich nach der Messe. Er spaziert mit Françoise den kurzen Weg zurück zum Schloss. Sie nehmen dafür die ganz alten, nahezu blinden Pferde, die schon seit Menschengedenken in den Ställen ihr Gnadenbrot verzehren. Nicolas bekam von einem seiner früheren Kollegen Bescheid und reitet nach Schloss Montaigne, um den Bürgermeister abzuholen. Seit Wochen erwarten Montaigne und Françoise dieses Treffen, es kommt nicht überraschend. Er steht vom Tisch auf und reinigt sich die Zähne mit einer frischen Leinenserviette. Er gibt an, welches Pferd man ihm satteln und vorführen soll und lässt nach einem Reisemantel suchen. Er hat sich schon länger vorgestellt, was er auf dieser Reise tragen möchte, um sich wohl zufühlen, aber auch einfach, um Glück zu haben.

Nicolas wartet so lange in der Sonne bei den Pferden.

Françoise überquert den Hof, konzentriert, mit einem Korb voller Schlüssel und in Begleitung von zwei Damen der Familie. Es wird etwas lauter, Françoise scheint noch nicht gerade wütend, aber doch deutlich genervt von der sanften Art ihrer Schwägerin Jeanette und ihrer Nichte Nana. Sie ist heilfroh, Nicolas zu erblicken, um ihre Besucherinnen einen Augenblick lang bei ihm stehen lassen zu können.

»Nicolas, von dem ich schon so viel erzählt habe, unsere Abenteuer in Paris.«

Beide tragen schlichte dunkelgraue Gewänder, man hätte sie aus der Ferne für Schwestern halten können, obwohl sie Mutter und Tochter sind.

Die Älteste dankt ihm und macht ihm Komplimente, und sie betont die Chance, die sich nun ergibt, Frankreich auf den Weg des Lichts zu führen.

»Maman, bitte«, unterbricht sie ihre Tochter höflich, »wir wissen nicht, welcher Sensibilität Monsieur Nicolas hier anhängt, es ist gefährlich, so zu reden.«

»Madame, danke«, beruhigt Nicolas sie, »den Weg des Lichts, den können doch Menschen aller Konfessionen suchen.«

Die Ältere strahlt ihn an, ihre Augen funkeln, und sie legt ihre Hand auf seinen Unterarm. »Der Weg des Lichts ist der, der wegführt von der Herrschaft Roms, der Spanier und der Guise. Bei denen geht es um Bürgerkrieg und Massaker, um Folter und Aberglauben. Und allein theologisch –«

»Maman, bitte nicht hier ...«

Nicolas betrachtet die Nichte Montaignes. Die gleiche Weltvergessenheit und Konzentration, dieselbe Freude am Augenblick. Er bewundert ihre Wimpern.

»Maman, geht Ihr schon einmal vor in die Bibliothek? Ich bleibe noch etwas mit Nicolas in der Sonne stehen. Trefft Ihr jetzt d'Épernon, um zu Navarre zu reiten?«

Nicolas zuckt mit den Schultern – zwar weiß die ganze

Gegend was heute stattfindet, aber sagen darf er es dennoch nicht.

Etwas später stehen sie im Innenhof, die Pferde werden vorbereitet. Françoise verabschiedet ihren Mann, wünscht ihnen Glück. Es ist, als wäre sie selbst gern mitgeritten oder hätte Navarre gleich selbst die Meinung gesagt.

Montaigne reitet aus den Mauern seines Schlosses weg, tadellos, das Hemd frisch, die Jacke, Hose und Mantel aufgebürstet, die Stiefel glänzend eingefettet. Nicolas muss lächeln, so hat er Montaigne noch nie gesehen, ohne Flecken und ohne dass ein Zipfel der Kleidung herausragt. Sie sind kaum den Hügel hinab zur Straße gekommen, da beginnt Montaigne seinen Ärmel zu öffnen, einen Strumpf zu knittern und tausenderlei andere kleine Handlungen vorzunehmen, um seine Erscheinung etwas lässiger zu gestalten.

»Nicolas, wo treffen wir ihn?«

»Er trifft uns, glaube ich – er wollte uns überraschen. Er sei diskret und agil unterwegs.«

Sie setzen ihren Ritt fort bis ans Ufer der Dordogne. Eine Kette von Kähnen transportiert Männer und Pferde, auch die Uferstraße ist schon voller Packtiere, Infanteristen und Karren. Es scheint, als würde eine ganze Stadt umziehen wollen, die Staubwolken sind bis weithin zu sehen. Montaigne und Nicolas sehen sich das ganze Aufgebot an, von einer diskreten und agilen Unternehmung kann nicht die Rede sein. Es ist, als würde der Louvre verlegt werden. Nicolas versucht zu berechnen, wie lange die Truppe noch unterwegs sein muss, bevor mit den Gesprächen begonnen werden kann.

Nichts widerstrebt Montaigne mehr als die Aussicht, sich in diesem Durcheinander zum Herzog durchfragen zu müssen und in diesem elend langsamen Zug in Formation mitreiten zu müssen.

Dann schließen unvermittelt zwei Gascogner zu ihnen auf und reiten um beide herum. »Kommt mit – wenn Eure Pferde etwas taugen.« Sie bieten ihnen neue an, aus Andalusien, die schnellsten Rennpferde. Aber Montaigne lehnt höflich ab, als Reiter hat er seinen Stolz, und der erstreckt sich auch auf die Tiere, die bei ihm auf Montaigne und im Wald aufwachsen. Sie wählen einen Feldweg, der durch Soldaten freigehalten wird. In regelmäßigen Abständen stehen Wachposten. So galoppieren sie an schattigen Bäumen und dichtem Gebüsch entlang zu einer Lichtung, auf der d'Épernon sie lachend erwartet.

»Montaigne, heute schreiben wir Geschichte. Stört Euch etwas Geschwindigkeit?« Montaigne verneint und wollte eine Antwort formulieren, aber da befiehlt der Herzog seinem Pferd schon, mit hohem Tempo den Weg entlangzusausen. Sie sind nur zu fünft: die beiden Gascogner, die neben dem Herzog reiten, Nicolas und er. Er ist mit Abstand der Älteste und macht sich Sorgen um Stürze und herabhängende Zweige, aber bald genießt er den wilden Ritt.

Sie erreichen nach anderthalb Stunden den bescheidenen, abgelegenen Landsitz, auf dem sich Navarre am heutigen Abend aufhält. Wo er jeweils ist, wird geheim gehalten, aber natürlich wissen zahlreiche Spione der Liga und des Königs von Frankreich sowie diverse Frauen, wo der königliche Haushalt in der Nacht verbleibt.

Niemand hat sie angekündigt, der amtliche Zug soll frühestens in zwei Tagen eintreffen. Auf dem letzten Wegstück ergibt sich eine Gefahr, mit der sie nicht gerechnet haben: Eine Herde wilder Schweine treibt durch den Wald vor dem Garten. Die Tiere verhalten sich aggressiv, es ist kein Durchkommen. D'Épernon hat zahlreiche Waffen am Sattel, aber er möchte es nicht mit einer Horde Schweine aufnehmen, die alle alarmieren, also greift er zu dem Schlauch mit Wein, den er auf einem der Begleitpferde befestigt hat. Er zieht den Korken und übergießt fluchend die Tiere damit. »Bester Clairet, ihr Viecher!« Sie schlürfen genüsslich und geben den Weg frei.

Das Haus ist groß und steht in einem verwilderten Garten. Als sie absitzen, sucht Montaigne die Nähe des Herzogs, um ihm Hinweise zu geben, wie in dieser Situation mit Navarre geredet werden muss. Unter allen Umständen muss er ihn als König ansprechen, denn hier sind sie schon im Königreich Navarra. »Denkt daran, dies ist nur ein schlichter Landsitz, aber bald schon kann er uns im Louvre empfangen. Und sprecht nur behutsam die kommenden Verhandlungen an. Er muss ja nicht nur zustimmen, er muss den Weg zum Thron auch wollen.«

D'Épernon hört sich die Ratschläge gelangweilt an, übergibt sein Pferd einem Stallmeister und nimmt die Stufen je zwei auf einmal – die Wache ist zu langsam, und so fliegt er ungehindert ins Haus, die kurze, breite Treppe hinauf in den Salon.

»Immer der Nase nach, Navarre erkennt man an seinem Duft, also Gestank«, lacht er.

Nicolas kann ihn zwar fast einholen, aber nicht mehr aufhalten.

Navarre war den ganzen Tag unterwegs, hat befestigte Dörfer inspiziert und hat sich nun, trotz der Milde des frühsommerlichen Abends, vor ein Feuer gesetzt, um mit seiner Begleitung Karten zu spielen.

Navarre sitzt auf einem Sessel mit hoher Lehne und studiert das Blatt in seinen Händen. Noch bevor seine Mitspieler sich erheben können, gleitet d'Épernon über das Parkett zu ihnen und legt für die Blicke der Mitspieler den Zeigefinger auf die Lippen. Dann legt er von hinten seine Hände auf die Augen von Navarre. Montaigne, der unterdessen auch den Saal betreten hat, denkt, der Boden muss sich auftun vor Scham. Und dass d'Épernon gleich röchelnd in seinem eigenen Blut liegen wird.

Navarre zuckt zusammen und überlegt kurz, dann sagt er: »Du bist entweder ein Großer oder völlig verrückt.« D'Épernon kann sich vor Lachen kaum halten. »Was taugen deine Leibwächter? Ich hätte dich umbringen können.«

»Ja«, seufzt Navarre und erhebt sich mühsam, »das ist leider ein Volkssport geworden, wir zählen die Attentatsversuche schon gar nicht mehr.«

Montaigne nähert sich und deutet eine Verbeugung an, Navarre lächelt, als hätten Kinder ihn mit Kastanien beworfen. Montaigne besieht ihn sich in Ruhe: ein Mann von dreißig Jahren, der selten zwei Nächte hintereinander im selben Bett schläft. Seine Kleidung ist aus Leder und grobem Stoff, schon oft geflickt. Sein Blick ist neugierig und amüsiert, als würde er erwarten, im nächsten Moment eine sehr lustige Geschichte hören zu dürfen. Henri ist jeder und jedem sympathisch. Montaigne hat es oft genug erlebt: Wenn Navarre einen Raum betritt, möchten alle sein wie er, möchten seine Freundin oder sein Freund werden, selbst oder gerade die frommsten Katholiken. Er verkörpert für sie, in seiner Leichtigkeit, dem lauten Lachen, das Wohlgefallen, das dem Menschen auf Erden versprochen ist.

Montaigne hat auch beobachtet, dass Henri sich diesen Gesellschaften rasch wieder entzieht. Lange bleibt er nirgends, an keinem Ort und bei keinem Thema – so hat er bis heute überlebt.

Gründe gibt es für die Sonne, die er ausstrahlt, keine. Seine Truppen sind wenige und schlecht ausgerüstet, er gilt beiden Konfessionen als verdächtig, als unsteter Geist.

Er steht in diesen Tagen recht einsam auf seiner Ecke des

Schachbretts herum, und kann nicht ganz nachvollziehen, in welche Richtung sich die Partie entwickelt. Von Jugend an war er eine Figur in einem komplexen Spiel, wurde manipuliert, beraten und in vorgegebenen Bahnen bewegt. Er wird vielleicht bald der Thronfolger Frankreichs, der Erste unter den Prinzen des Blutes, wie die offizielle Formulierung lautet, aber er hat vor allem Angst. Nun, mit d'Épernon und Montaigne im Zimmer und ganz ohne seine Berater fühlt er sich unsicher.

Eine neue Partie hat vielleicht begonnen, aber glauben kann er es noch nicht. Sollte Henri Valois nun auch noch sterben, obwohl er gleich alt ist, aber seine Familie ist ja so fragil, dann ist er nach dem Gesetz sofort König. Aber Paris ist weit, und man stirbt dort schnell.

Er hört kaum hin, was d'Épernon in seiner derben Ausdrucksweise, die soldatisch und kraftvoll klingen soll, so redet – »Dann ficken wir die Spanier, dann ficken wir die Guise, wir ficken die Franzosen, die Gascogne regiert, dann ficken wir Paris!« Henri hört es nur wie das Rauschen des Regens in den Pyrenäen. Ohne die beiden anzusehen, ohne auf d'Épernon zu antworten, beginnt er zu erzählen, den Blick ins Feuer gerichtet.

»Paris, ja ... Ich hatte Euch irgendwie erwartet dieser Tage ... Ich erzähle mal, wie es ist in Paris: Nach der Bartholomäusnacht hatte Catherine mich und meine frisch angetraute Braut mitgenommen in ihrer Kutsche. Ein Ausflug für das junge Glück, nicht wahr?« Er lacht müde. »Wohin ging es? Ja, was hatte die Regentin, meine Schwiegermutter wohl so im Kopf, um uns zu erfreuen nach den Schrecken jener Nacht? Ich erinnere mich an jeden Moment. Wir fuhren rasch aus dem Louvre in einer gepanzerten Eskorte, dann etwas bergan, ich dachte, es geht zu einem Turnierplatz, Bogenschießen oder etwas ausreiten. Aber wir hielten schon bald. Ich roch es direkt, ein Gestank, meine Freunde, der mich bis heute begleitet, egal, wie oft ich meine Kleidung wechsele oder mich wasche –«

»Bekanntlich nicht übertrieben oft«, versucht d'Épernon zu scherzen, aber niemand hört ihn.

»So kam ich das erste Mal hoch nach Montfaucon, diesem verfluchten Ort. Sie hingen da, die mich begleitet hatten zu meiner Hochzeit, schon gequält und geschunden. Und dann erkannte ich den Admiral, nicht mehr an seinem Gesicht, sondern an der Tätowierung, die er sich als junger Kerl hatte machen lassen. Sie hatten ihn massakriert, obwohl er auf dem Krankenlager war, und dann ganz oben an den obersten Pfosten geknüpft, mit dem Kopf nach unten, so dass sein Kadaver elend im Wind weht und die Raben ihn fressen. Ein Mann, der noch wenige Tage zuvor der beste Freund des Königs war, ein Kämpfer und weiser Mann. Diese Bestien von Guise und die Feiglinge im Louvre hatten ihn, aus einer Laune heraus, bloß auf das Geständnis eines Geisteskranken, den sie auch noch gefoltert hatten, gestürzt und erniedrigt. Das ist seitdem Paris für mich. Nicht der Tag meiner Hochzeit in Notre-Dame, nicht die Feste, bei denen ich mich als Türke am Hofe des Sultans verkleiden musste, denn so denken die über unsere Konfession! Nein, Paris ist für mich der Gestank meines Freundes, der nicht begraben wird, sondern nackt verwesen muss.«

D'Epernon fällt kein Scherz mehr ein, er verzieht seine Lippe und denkt nach. Montaigne ahnt, dass es nun an ihm ist, etwas dazu zu sagen, eine Art zu finden, diese Erinnerung zu bannen und den Moment wieder zu öffnen, zurück zum Leben und allem, was vor ihnen liegen kann. Aber bevor er seine Worte findet, kommt die Bande ins Zimmer gestürmt. Die Bande wird stets dann gerufen, wenn

Navarre in solchen Erinnerungen zu versinken droht. Es handelt sich um einen kleinwüchsigen Unterhalter, den berühmten Narren namens Chicot, eine Handvoll Musiker, berufsmäßig charmanten Frauen und derben Gestalten, die auf Befehl in kehliges Lachen verfallen können. D'Épernon bemerkt ihre Ankunft mit Erleichterung, denn sie stimmen sofort schmissige Trinklieder an, und er klatscht erfreut mit. Papageien werden freigelassen, kleine Hunde in Körben herumgereicht. Es kommen auch Frauen, die Wein und Essen bringen. Montaigne versucht, trotz des Getöses, sich zu Navarre zu beugen –

»Wir müssen einmal in Ruhe ...«

Doch Navarre schaut ihn nicht an. Er klatscht einen wilden Rhythmus mit den Händen, nickt d'Épernon zu und stimmt in einen albernen Refrain ein.

»Ich kann nicht.« Er zittert ein wenig, schwitzt, und auch sein Körpergeruch ist stärker geworden. »Besprecht Ihr das alles mit Corisande? Und sagt mir dann einfach, was ich machen soll?«

Montaigne nickt, einigermaßen beruhigt, Corisande war exzentrisch, aber vernünftig. Dann hält Henri ihn auf einmal fest. »Aber trefft Euch erst mit Duplessis, er wäre sonst beleidigt.« Montaigne seufzt und fühlt, als würde sich unter seinen Füßen eine Klappe auftun und der Fall dauerte endlos. Duplessis ist der noch langweiligere Mensch, den er kennt.

Die offiziellen Verhandlungen finden in dem kleinen, entlegenen Schloss von Pamiers statt. Zuvor treffen sich die Delegationen zu Vorverhandlungen, Nicolas nimmt für Montaigne teil. Nach einigen Tagen reist er zurück auf das Schloss, um Montaigne Bericht zu erstatten.

Montaigne erwartet ihn im Turm, er geht auf und ab und

diktiert. Nicolas wartet einen Moment in der Tür, bevor er sich bemerkbar macht: »Kuckuck.«

Montaigne schließt die Augen, um seinen Gedanken nicht zu verlieren. Am Arbeitstisch sitzt seine Nichte und nimmt das Diktat auf. Die Sonne fällt auf ihr zusammengebundenes Haar und den weißen Nacken. Sie scheint schon zu ahnen, wie der Satz ihres Onkels enden wird. Ihre Geschwindigkeit in der Handschrift ist beeindruckend, auch scheint ihre Feder nie auszutrocknen, er sieht gar kein Tintenfass.

»Nicolas, Sie kommen aus Pamiers, den Verhandlungen?«

»Es sind erst die Vorverhandlungen, aber auch das ist noch strittig.«

»Worum ging es heute, die Reihenfolge des Einzugs?«

»So weit sind wir noch nicht. Heute waren wir bei den Quartieren, wer welchen Flügel in dem kleinen Schloss bekommt und wer das Protokoll schreibt.«

»Das Protokoll der Verhandlungen? Da nimmt doch jede Seite ihre Sekretäre mit?«

»Nein, der Vorverhandlungen. Es wird jetzt schon immens viel Papier beschrieben, müssen Sie wissen. Immer dort, wo Mornay regiert ...«

»Ist der denn schon vor Ort?«

»Die ganze Zeit. Es heißt, er sei sowohl der Mann des Königs in Paris wie der engste Vertraute von Navarre, der Strippenzieher und sein geheimes Gehirn.«

Montaigne und seine Nichte lachen auf und sehen sich erstaunt an.

»Fein, wenn man meinen Namen in diesem Zusammenhang nicht nennt, ist es gut. Hat man etwas von Navarre gesehen oder gehört?«

»Er soll bei Corisande wohnen und sich berichten lassen.

Duplessis lässt durchblicken, dass er das mit d'Épernon schon alleine regelt.«

Montaigne nickt »So ist er. Gibt es einen Hinweis, wann ich mich dahin begeben soll?«

»D'Épernon wird noch in Pau Einzug halten, das wäre wohl eine gute Gelegenheit. Und damit es nicht heißt, niemand wüsste, wo Ihr seid und was Ihr im Schilde führt.«

»Natürlich weiß man es auch dann nicht, wenn ich da bin. Also wieder nach Pau, zu nutzlosen Konferenzen. Ich gehe mal und berichte es Françoise. Jeanne, vielleicht kann Nicolas dir etwas helfen?« Er lächelt und geht über die kleine Verbindungstür hinaus in die Mittagshitze. Nicolas bleibt verlegen stehen, geht dann langsam um den Tisch herum, um zu schauen, woran Jeanne arbeitet.

»Wir tragen Zitate zusammen. So ein seltsam gekleideter Mann aus Paris war hier, und er möchte unbedingt die *Essais* erweitern und in neuer Gestalt auf den Markt bringen. Montaigne hat erst einmal entrüstet abgelehnt, aber Tante Françoise und meine Mutter, seine Schwester, haben ihm zugeredet.«

»Was möchte er denn daran verbessern? Die *Essais* sind doch einmalig.«

»Der Mann erzählte, dass seine Frau Tante Françoise schon aus Paris kennt, aber wie genau, habe ich nicht ganz genau verstanden. Sie würden es gern noch mal größer und mit mehr Seiten bringen. Montaigne soll darin mehr von sich erzählen, von seinem Fühlen und Denken, sagte der nette Mann. Das sei es, was die Leserinnen vor allem so interessiere, wie ein Mann so denkt und fühlt. Und die Männer wohl auch? Redet Ihr untereinander gar nicht so viel darüber? Jedenfalls sollen Mama und ich nun Zitate heraussuchen, die dem ganzen einen etwas – nun klassischeren Rahmen geben.«

Nicolas fällt keine spontane Antwort ein. Er hat schon mit den Männern in der Mühle über so etwas geredet, aber eigentlich doch eher mit seiner Schwester und früher mit dem Mädchen in dem Buchladen.

»Oh, aber so ein Buch gab es noch nie.«

»Nun, von Augustinus natürlich, aber der war ein Heiliger. Er soll über alles Mögliche schreiben darin, sein Leben, die Liebe.«

Jeanne kichert. »Das war dann der Punkt, an dem sowohl meine Mutter als auch Tante Françoise im Chor aufgeheult haben, dass sie keinesfalls in diesem Buch vorkommen möchten.«

»Montaigne, der Bürgermeister hat doch keinen freien Moment!«

»Es kommt noch ein Problem hinzu. Françoise und meine Mutter haben auf ihn eingeredet, dass er sich als Herr von Montaigne und als Bürgermeister nicht lächerlich machen darf mit den Schilderungen seiner Träume – all die Frauen, die ihn abgewiesen haben, angeblich, oder die ihn auch erhört haben … Ich musste staunen, offenbar erlebt man so einiges da auf Reisen, in Paris und so? Als Mann?«

Sie blickt ihn spöttisch, aber auch interessiert an.

Nicolas hebt seine Augenbrauen. »Och, die Frauen erleben durchaus auch etwas, jedenfalls jene, die wir in Paris so kennengelernt haben. Meine Schwester lebt allein, geht ihrem Beruf nach, da gibt es sicher Verliebte.«

»Aber möchte sie keine Kinder und heiraten?«

»Sie wechselt das Thema, wenn ich danach frage. Unsere Familie ist etwas außergewöhnlich.«

»Ja, sind das nicht alle Familien? Es gibt auch bei uns, also den Eyquem, jede Menge Geheimnisse und Gerüchte. Manchmal denke ich, dass sich Onkel Micheau deshalb in seinen Büchern so ausstellt, so viel preisgibt und sich, wie er schreibt, nackt zeigt, um seine Geheimnisse besser schützen zu können.«

Nicolas versteht kein Wort und versucht einen Scherz: »Ist es nicht besser, ihn zu lesen, als ob er tatsächlich nackt herumlaufen würde?«

Jeanne verzieht das Gesicht und hebt beide Hände. »Iihh – bitte. Außerdem sind es die scheusten Menschen, die man sich vorstellen kann, nicht mal bei dieser großen Hitze sieht man sie hier unten in den schönen See springen. Immer nur im Hemd. Ist das nicht ... etwas übertrieben?« Sie lächelt ihn an.

»Ein See, gehen Sie denn dort baden?«

»Fast jeden Tag, möchten Sie mich gleich begleiten?« Sie strahlt ihn an. »Aber ohne Hemd, Sie Feigling? Ernsthaft, wenn der Herr uns Frauen geschaffen hat, dann sicher nicht, um sein Werk vor der Sonne zu verstecken. Ich lasse mir jedenfalls nicht einreden, dass der Körper und die Lust von Sünde sind. Darum sind wir ja Protestanten geworden!«

Nicolas lacht, halb überfordert, halb trunken von den Aussichten.

»Na ja, erst einmal suchen wir noch Zitate und Zitate, Mutter kommt später noch mal. Unsere Sorge ist, dass es zu frivol erscheint, wenn Montaigne nur von sich schreibt. Besser, wir fügen gutes, klassisches Gedankengut hinzu in Form von Zitaten. Es müssen recht viele sein, aber Onkel Micheau hat ja kaum Zeit, also suchen wir das heraus. Mutter hat das studiert, und ich bin als Kind gewissermaßen hineingefallen.«

Nicolas nimmt neben ihr Platz, nachdem er zahlreiche Bände aus dem Regal an den Tisch getragen und gestapelt hat, dann fängt er an, nach geeigneten Zitaten zu den Themen Zufall, Mut, Furcht, Liebe und Erfahrung zu suchen.

»Ah, ich verstehe. Ihre Mutter stößt zu uns? Sehr schön.«
»Ja sie badet auch sehr gern, nimmt meine Geschwister mit, meine Kinder und mein Mann kommen. Das ist immer sehr schön.«

7

Pau

Montaigne fährt erschrocken aus kurzem, tiefem Schlaf hoch. Er ist in einem mit schwarzen Stoffen abgedunkelten Saal, alle Spiegel sind verhüllt, die Uhren stehen. Ist das noch der Traum? Er hört ein Plätschern, aber es ist kein Wasser, sondern eine Rede, ein Monolog. Der begann, bevor er einschlief, und ist nun noch immer nicht beendet.

Montaigne ist mitten in der Nacht aufgebrochen, um rechtzeitig zum Beginn der offiziellen Verhandlungen in Pau anzukommen. Nun nähert sich die Sonne dem Zenith, es wird warm, und die Zeit scheint sich zu dehnen.

Montaigne reibt sich die Augen, atmet durch. Der lange Tisch versammelt und trennt beide Seiten, jene des französischen Königs, vertreten durch den Herzog von d'Épernon, und die des hugenottischen Thronfolgers, Henri de Navarre. Jeweils umgeben von einem guten Dutzend ihrer Berater, Theologen und Offiziere. Er kennt alle Männer in diesem Saal seit Jahren, aber heute ist es, als seien alle Darsteller in einem *tableau vivant* und agierten nach Plänen, die jemand ganz anderes für sie entworfen hat.

Der Herzog hatte gestern noch auf einem offiziellen Entree in die Stadt Pau bestanden, eine Sache, die sich den ganzen Tag hinzieht. Es gibt Reden, Geschenke von Wein, von Haus- und Nutztieren, Musik und Salutschüsse, dann endlose Bankette mit weiteren Ansprachen. Montaigne ist froh, erst einen Tag später angereist zu sein.

Das Programm beginnt mit der offiziellen Beileidsbekundung des Königs von Navarra an den Vertreter des französischen Königs wegen des Todes des Herzogs von Anjou. Alle schweigen, Montaigne kennt die komplexen, wechselnden und diversen Gefühle der Männer um den Tisch für Anjou, einst d'Alençon. Jeder bleibt diskret, nur Duplessis stimmt laut das Vaterunser an.

Navarre hat auf einem thronartigen Sessel Platz genommen und zieht amüsiert eine Augenbraue hoch. Es folgt eine lange Folge von Grußworten, Gebeten und Ansprachen, bevor die eigentliche Konferenz beginnt.

Nun erhebt sich der Herzog von d'Épernon und greift zu einem beachtlichen Stapel Papier. Es ist die Harangue, die ihm in Paris geschrieben wurde. Die Anwälte und Theologen der Sorbonne haben sie in wochenlanger Kleinarbeit im Auftrag des Königs komponiert. Montaigne bekam einen Entwurf ins Rathaus überstellt. Er und Matignon schüttelten nur den Kopf über diesen Katalog von Formeln, Forderungen und Banalitäten.

Die erste Stunde bestand nur aus einer Ableitung des salischen Gesetzes, verknüpft mit einer Darlegung des katholischen Charakters der Krone von Frankreich, insbesondere, was die Salbung in der Kathedrale zu Reims angeht und die Eidesleistung des Königs, die beinhaltet, die Ungläubigen fernzuhalten und zu bekämpfen. Als die einschlägigen Zitate kommen, kann Montaigne sehen, dass Navarre sie lautlos mitspricht. Er wurde schon so oft in katholischer Pragmatik, Theologie und Liturgie unterwiesen, dass er selbst einen guten Bischof abgeben würde. Es geht Stunde um Stunde um Dinge, die alle im Saal auswendig wussten. Den ganzen Vormittag über trägt d'Épernon vor und hat sichtlich Mühe, die komplexen Rechtsformeln angemessen wiederzugeben. Montaigne beobachtet den König von Navarre, der in Gedanken ganz woanders zu sein scheint, aber von Kindheit an gelernt hat, noch so öde Zeremonien durchzusitzen und amüsiert zu wirken

Dieser für Frankreich so brisante Moment sind mit Abstand die langweiligsten Stunden seines Lebens, denkt Montaigne. Als die Seite der Krone Frankreichs zum Ende kommt, erhebt sich Navarre, verbeugt sich und lädt zu einem Mittagsbankett.

Montaigne sucht dann den schnellsten Weg hinaus, wo Nicolas auf ihn wartet. Er versucht, aus dem Gesicht seines Chefs einige Indizien zu lesen. Montaigne verzieht keine Miene, rollt nur kurz die Augen. Er bewegt sich an der Mauer des Schlosses entlang zu einem etwas entlegenen, kleinen Hügel.

Dort steht unter einer Zeder eine seltsame Gesellschaft. Ein Panther liegt da, an einer mit Leder umspannten Kette. Die hält ein sehr kleiner, stämmiger Mann, der im Kostüm eines Pagen gekommen ist. Neben ihnen stehen zwei Wachen, wie man sie aus dem Tower zu London kennt. Ein großer Mann mit dunkler Haut hat ein Brett mit Papieren vor sich und führt das parallele Protokoll eines wichtigen, aber leeren Tages. Hinter ihnen, gegen den Stamm gelehnt, beobachtet eine groß gewachsene, sehr blasse Dame die Choreographie der Delegationen. Neben ihr wachen zwei blonde Hofdamen, die niemanden aus den Augen lassen.

Montaigne kann nicht einfach hin, diese besondere Gesellschaft wird gut bewacht und abgeschirmt von ausländischen Soldaten. Nicolas versucht, sich einen Reim auf diese

Präsenz zu machen, aber da ist Montaigne ihm schon entwischt und steuert genau auf den Hügel und die Söldner zu. Da er den Kopf senkt und konzentriert voranschreitet, wagt es niemand, ihn aufzuhalten, obwohl nur seine Amtskette ihn heute auszeichnet, und fast jeder trägt hier Orden, Ketten und sonstige Symbole.

Ohne eine Verzögerung steht sein Chef dann neben der großen, bleichen Dame, deren Gesicht eine leichte Maske schützt. Nicolas, der es nicht hinter die Absperrung geschafft hat, sieht, wie beide augenblicklich lachen und in angeregte Debatten verfallen.

Ein Trio von Dienern bringt ihnen Obst, Geflügel und warmes Brot sowie Wein. Nicolas betrachtet es verwundert, dann werden auch die Soldaten und er verpflegt. Wein gibt es, und ausgelöste Entenbrust, in Teig gebacken. Montaigne kehrt zurück, nachdem die Glocke den Fortgang der Konferenz angezeigt hat.

»Sire, wer ist diese Frau?«

»Mh, eine vermögende Adlige, die ich von früher kenne. Gute Katholikin auch.«

»Und so eine darf mit ihren Soldaten in das Schloss von Pau?«

»Na, es ist doch Corisande.«

»Was für ein seltener Name – Madame de Corisande?« Nicolas kannte sich mit dem südwestfranzösischen Adel inzwischen aus, aber den Titel hatte er noch nie gehört.

Montaigne lacht zum ersten Mal an diesem Tag. »So heißt sie nicht wirklich, es ist der Name, den sie sich gegeben hat.«

Nicolas wurde nicht schlauer.

»Sie war sehr müde, sie war heute in der katholischen Frühmesse, und die gibt es in Pau nicht, also musste sie hinreiten.«

»Aber wo wohnt so eine Dame denn hier im kleinen Genf?«

»Oh, im Bett des Königs. Es geht ihm besser, seit er sie hat.«

Als Montaigne wieder seinen protokollarisch komponierten Sitzplatz einnimmt, zweite Reihe, aber im gepolsterten Stuhl, spürt er wieder die Schwere der Stimmung, das drückende Schwarz. Henri schreibt einen Zettel nach dem anderen, vermutlich obszöne Bemerkungen und Zeichnungen, die die Boten alsbald nach draußen zu Corisande tragen.

Beim Betreten des Saals ist Montaigne Duplessis begegnet, der wie üblich sich selbst lobt und einiges in Aussicht stellt. Die Probleme seien so gut wie beseitigt und außerdem habe er ein Ass im Ärmel, das er gleich auf den Tisch zu legen gedenke, damit sei das Schicksal Frankreichs dann endgültig zum Guten gewendet. Und er lächelt zufrieden.

War schon die Harangue aus Paris lang und detailliert, so verspricht die Antwort von Duplessis all das noch zu übertreffen. Er beginnt mit einer biblischen Exegese, entwickelt die wesentlichen Elemente der reformierten Kirche und hebt dann an zu verfassungsrechtlichen Fragen.

Montaigne geht im Kopf Fragen seines kommenden Buchs durch, denkt an Arbeiten, die er noch am Schloss beauftragen muss und an den Ritt nach Hause.

Dann zieht Duplessis sein Ass. Er wirft seine Harangue vom Tisch und spricht plötzlich von der katholischen Liga, dem Feind, der beide Parteien gleichermaßen bedroht, und ihrem spanischen Geldgeber. Duplessis wird rot, blickt zu Henri und tönt: »Um dem französischen Volk einen weiteren langen Bürgerkrieg zu ersparen, sind wir zu einer einmaligen, wagemutigen und unerhörten Tat bereit!«

Er geht dramatisch vom Tisch weg, nickt seinem König zu und nähert sich d'Épernon:

»Bitte tragt dem König von Frankreich und den Guise, der Liga folgenden Vorschlag vor.«

Montaigne ist kurz davor, jubelnd aufzuspringen und beißt sich vor Anspannung auf die Fingerkuppen. All die Jahre haben sie verhandelt und gehofft und gewartet, nun würde dieser Erzhugenotte Duplessis einfach so anbieten, dass Navarre sich zum katholischen Glauben bekennt. Montaigne berechnet schon die Logistik eines Zuges aus den Truppen von Navarre und denen des Königs – gemeinsam können sie die Liga bezwingen, noch bevor die ihre spanischen Gelder ausgeben für Waffen und Soldaten. Duplessis nickt Montaigne zu, macht eine Pause.

»Ich bin befugt, im Namen des Königs von Navarra, Thronfolger der Krone Frankreichs und erster Prinz des Blutes, heute und hier anzubieten« – er nimmt einen Schluck von dem leichten Sommerwein, wie um jene Sekunden auszukosten, in denen er der wichtigste Mann der Geschichte Frankreichs ist – »anzubieten, dass wir, die reformierten Franzosen, gegen die Clique der Guise im Kampf antreten: auf einer Insel oder, besser noch, auf einem verankerten Boot. Ohne Truppen und ohne dass Zivilisten zu Schaden kommen. Die Aufstellung mag zehn gegen zehn oder zwanzig gegen zwanzig lauten. Das bleibt Ihnen überlassen, sowie die Wahl der Waffen. Wer siegreich den Kampfplatz verlässt, regiert Frankreich. Mit Gottes Hilfe werden wir obsiegen –«

Bevor er endet, wendet er sich noch einmal dem verblüfften Publikum zu. »Sire hat mir noch eines als seinem demütigen Diener gestattet und garantiert – gleich, ob zehn oder zwanzig zum Kämpfen berufen sind, ich werde unter denen sein, die für die Sache einer reformierten Partei in

Frankreich gegen die katholische Fremdherrschaft unserer Heimat aus Madrid und Rom aufbegehren und um ihr Leben kämpfen.«

Als er endet, eilt er zu Navarre, sie umarmen sich. D'Epernon und seine Begleiter suchen ihre Papiere zusammen, beratschlagen und beginnen, ihren Sekretären zu diktieren. Beide Parteien schlendern nach und nach aus dem großen Saal, nun gibt es eine Pause und am Abend ein Bankett.

Nicolas wartet, sucht Montaigne, aber der kommt nicht heraus. Nach längerem Warten schleicht er an den Wachen vorbei und schaut in den Fluren und Sälen, bis er den eigentlichen, in Schwarz gehaltenen großen Ratssaal betritt. Neben einem Fenster erkennt er sofort die schmächtige Gestalt Montaignes. Sein Gesicht ruht in beiden Händen. Nicolas nimmt an, dass er vielleicht schläft. Er nähert sich ihm besorgt, aber leise und hört schon aus einiger Entfernung, dass Montaigne bitterlich weint.

III

Winterwald

Dezember 1584

1

Rue de Rousselle

Schmerzen haben ihn geweckt. Der Stein war groß – immer dieselbe, absolute Qual, in der seine Mittel versagen. Um den Abgang zu erleichtern, hat er sich über den Nachttopf gehockt. Erst als der dunkelrote, körnige Blasenstein seine Reise durch die Harnröhre vollendet hat, kehrt die menschliche Person zurück in seinen zitternden Körper. Obwohl es Winter ist, hat er sein Hemd durchgeschwitzt. Er bewegt sich, so gut es geht, zum Waschbecken, gießt etwas von dem eiskalten Wasser ein und wäscht sich das Blut von Eichel und Schenkeln. Dann auch das Gesicht.

In dem handtellergroßen Spiegel sieht er einen verstrubbelten Mann fortgeschrittenen Alters, der seinem Vater ähnelt, im Unterschied zu Pierre aber am Leben ist. Nach solchen Schmerzen sogar noch heftiger als davor. Vielleicht könnte er schon etwas essen? Er sucht ein neues Hemd, rollt es über sich, zieht seine gefütterten Socken an und schnallt sie auf eine Sohle.

Montaigne würde eigentlich gerne noch schlafen, aber die Bewegung beim Herumlaufen in seinem Haus erleichtert ihn. Er schleicht eine schmale Wendeltreppe abwärts in die große Küche seines einstigen Elternhauses, das heute ihm gehört, mitten in der Stadt. Der sehr frühe Morgen – das sind die seltenen Stunden des Tages, an denen hier niemand arbeitet.

Das kleine Fenster geht auf die schmalen Gassen und verschachtelten Dächer des alten Bordeaux. Es ist eine Studie in Schiefer und Sandstein – das geheime, nordische und keltische Frankreich der grauen Dächer und Mauern und jenes der hellgelben, fast weißen Wege und Gebäude, also das lateinische, fast spanische Frankreich, in dieser Stadt finden sie zusammen, und alles wird, während es umwerfend schön aussieht, noch komplizierter.

Zum Fluss ist es ein Katzensprung. Nur wenige Mauern trennen ihn von den launischen Fluten der Garonne. Irgendwo da unten, im Bodennebel, müssen die Patrouillen laufen, die unter anderem sein Haus bewachen. Obwohl er hier zur Schule ging, verliebt war, geheiratet hat, nun schon sein Leben lang arbeitet, sogar die Stadt regiert, fällt es ihm schwer, sich in der feuchten Betriebsamkeit der Stadt am Fluss wohl zu fühlen. Aber noch ist es still.

Die beiden Katzen haben ihn schon gehört und schleichen zur Begrüßung um seine Beine. Er sucht in der Kammer nach Resten, deren Verschwinden nicht so auffällt. Sie sollen nicht verwöhnt werden, ermahnt ihn Françoise, damit sie sich nicht zu einer solchen Tyrannin entwickeln wie die Katze auf dem Schloss. Manchmal denkt Montaigne, dass ein echter Tyrann doch seine Vorzüge hat, während in dieser Zeit alle nur so unruhig und unentschlossen herumschleichen wie diese beiden Stadtkatzen, die keinen Hunger haben, nur Appetit.

Er entnimmt dem Holzregal Scheite für ein kleines Feuer, sucht im Ofen nach Glut, die er mit einem langen Löffel in die dafür vorgesehene, schmale Dose füllt. Sein jüngster Bruder Bertrand hat das Ding angeschafft. Er fällt immer auf Novitäten herein, die am Jahrmarkt angepriesen werden. Eine Eisenbox, die Glut bewahrt und dann nach Bedarf auch wieder herausgibt: wie Salz aus einem Spender rieselt. So jedenfalls die Theorie. Aber in der Praxis dieses Wintermorgens klemmt alles und ist zu heiß. Plötzlich flucht Montaigne leise – die Glut hat ihm die Fingerkuppe verbrannt, er schüttelt seine Hand und pustet. Was soll das nur für ein Tag werden, der schon so beginnt?

Als das Feuer endlich zieht und lodert, fällt ihm auf, dass er die Decke vergessen hat, die seinen Rücken wärmen soll, ebenso das Hasenfell für die Nieren. Und er trägt auch noch die falsche Mütze. Als er die Dinge besorgt und angelegt hat, brennt der Kamin besser und heller. Seine Pelzmütze sitzt wohlig warm, der Hase legt sich um seinen Bauch, die Decke umarmt ihn wie ein Trost. Dann bemerkt er, dass er das Wichtigste für diesen Morgen nicht bei sich hat: das Bündel von Papieren, in denen es um den Besuch des Königs von Navarra auf seinem Schloss geht, diesen wahren Albtraum. Er muss sich erneut erheben und es holen, aber als er damit wieder kommt und auch noch an Schreibzeug und Tinte gedacht hat, ist sein Platz besetzt: Die Katzen, die gerne den warmen Sessel bewohnen, lächeln ihn zufrieden an. Und auch neben ihm hat jemand Platz genommen.

Sein Freund blickt konzentriert auf diverse Schriftstücke. Étienne de la Boëtie wurde noch von niemandem eine Schönheit genannt und bemüht sich zum Ausgleich um radikale Eleganz. Heute trägt er ein hellgrünes, engsitzendes italienisches Ensemble aus silberdurchwirkter Seide mit Brokatknöpfen, dazu weiße, glatte Strümpfe und silberne, weiche Schuhe. Der aktuellen Mode folgend hat er sie einige Größen kleiner gewählt. Der silberne Kragen ist schmal und fest, kaum noch zu erkennen. Das Haar ist gepflegt kurz, eine Strähne fällt in die Stirn, der Bart frisch und exakt gestutzt wie ein Satzzeichen. Handschuhe und Mütze liegen sorgsam gefaltet neben der Arbeitsfläche. Sein Schreibzeug entnimmt er einer Rolle aus Wildleder, in der diverse gereinigte, gestutzte und gekürzte Federkiele bereitliegen, ebenso ein schmales Tintenfass für die Reise und einer dieser modernen englischen Graphitstifte.

»Sag mal, Micheau«, fragt er seinen Freund, ohne sich mit einem Morgengruß aufzuhalten, »was gibt's eigentlich zu essen an dem großen Tag? Ich habe immer noch keine Speisenfolge zu lesen bekommen. Oder bin ich gar nicht eingeladen?«

Er verzieht sein Gesicht zu einer schmollenden Miene.

»Kommst du jetzt jeden Tag? Mich plagen gerade solche Kopfschmerzen ... das war eine Nacht. Ich bin ganz erledigt ...«

»Das ist, weil du ansonsten zu lange schläfst. Gar nicht gesund. Ich hingegen ...«

»Du schläfst nicht, ich weiß.«

»Es hat Vor-, es hat auch Nachteile.«

Dann widmen sich beide eine Zeitlang schweigend ihren jeweiligen Arbeiten. Das haben sie früher schon gemacht: gemeinsame Studierstunde.

Montaigne studiert die Akte des bevorstehenden Besuchs, das umfangreiche Protokoll, die Liste der Delegation und all die Briefe, die davon handeln. Noch nie musste er solch eine politische Logistik in seinem Haus meistern. Er verzweifelt über dem ewig langen Katalog, den Duplessis ihm zugestellt hat: Was der König von Navarra essen darf, was er nicht essen darf, die Dekoration des Hauses, die Farben, die Ausstattung der Zimmer. Bloß keine katholischen Ausschweifungen oder sonstigen Lustbarkeiten, nur schlichte Einkehr, Text und Konzentration. Das Ganze hat Duplessis vermutlich von den Leuten von Wilhelm von Oranien abgeschrieben, denn jeder weiß, dass die Kassen von Navarre immer leer sind und er sich schon freut, wenn es überhaupt etwas zu essen gibt und nicht hineinregnet. Wenn er überhaupt kommt.

Aber es gibt noch weitere Listen, jene des Prinzen von Condé etwa, der auch mitkommen wird. Sie ist doppelt so lang wie jene des Königs von Navarra. Weiter wird bemerkt, dass Turenne und Condé sich keinesfalls begegnen dürfen, das Protokoll soll keinen von beiden bevorzugen – aber Condé hat protokollarischen Vorrang vor allen anderen, außer dem König selbst.

»Wie soll ich das mit nur einer Treppe hinbekommen?«, murmelt Montaigne. »Wir sind doch nicht im Louvre.«

Étienne kichert. »Mein armer Freund, in was für Laken hast du dich nur gebettet?«

»Ich habe mir das nicht gewünscht, das weißt du genau. Ärgere mich nicht schon am frühen Morgen.«

»Früher Morgen? Für die arbeitende Bevölkerung ist es längst Zeit für ein zweites Frühstück. Weißt Du, woran ich denke? Ein noch warmes Stück Brot mit frischer Butter und fein geschnittenem, fast durchsichtig gehobeltem Knoblauch drauf, wie wir es immer am ersten Mai gegessen haben.«

»Es ist tiefster Dezember und außerdem: Du isst nichts mehr.«

»Aber ich rieche gern den Duft von Knoblauch am Morgen. Na, aber für Leute wie mich und ihre derben Gelüste hast du keine Zeit, jetzt geht es nur um Prinzen und Könige bei dir ...«

»Fang nicht schon wieder an.«

»Du erinnerst dich doch wohl an unser erstes Buch?«

Montaigne nickt beschwert. »Immer kommst du damit.«

»Von der freiwilligen Knechtschaft. Später hast du es umbenannt Contr' Un, gegen die Herrschaft des Einen, das war übrigens genau richtig zusammengefasst. Und es trifft deine momentane Sorge. Warum unterwerfen sich alle dem Willen einer einzigen Person? Warum dulden sie eine Herrschaft, die über ihr Leben und ihren Tod richten darf und die niemand begrenzt oder in Frage stellt?« Er rührt in seinen Papieren, wird lauter, und es fehlt nicht viel, dass er mit seiner flachen Hand auf die Tischplatte schlägt!

»Ohne diese Sehnsucht nach einem Herrn hätte doch kein König der Welt eine Chance, seine Ansprüche durchzusetzen. Diese Sehnsucht nach einem Menschen über allen anderen, der irgendeinen Weg weist, der sie von ihrer Freiheit erlöst und an ihrer statt entscheidet – das ist ihre eigentliche Waffe, weit wirksamer als alle Soldaten. Nun musst du dich hier« – er kehrt beide Handflächen nach außen, um abschätzig auf die Wunschlisten zu weisen – »wieder mit den Launen und Vorlieben von Typen herumschlagen, deren Gesellschaft du, sollten sie ein anderes Amt bekleiden, niemals suchen würdest.«

»Damals«, wendet Montaigne ein, »als das Buch kam, war ich ein Anfänger, völlig unbekannt, heute bin ich ...«

Étienne wartet nur auf diese Vorlage: »Ja, red' nur weiter. Du meinst das Amt, die schwere Kette aus Gold, das hat dich zu einem anderen gemacht? Einem Höfling halt!«

Montaigne zögert, diesen argumentativen Hinterhalt zu betreten. »Nein, du hast recht, mir widerstrebt das nach wie vor, aber es sind andere Zeiten heute, viel gefährlichere.«

»Ach, Quatsch. Statt eine Republik zu fordern, wie wir sie in Venedig erlebt haben und die dort für ein goldenes Zeitalter des Friedens und der Eleganz gesorgt hat, wühlst du in Papieren, um auf den einen Idioten auf dem Thron den nächsten folgen zu lassen. Warum regiert uns nicht ein Rat aus Männern wie Matignon und dir, der dann wieder wechselt ...«

»Veränderungen – das ist nicht gerade, woran es fehlt, ich wäre ehrlich gesagt froh, es könnte so bleiben, wie es war, manches jedenfalls. Der Staat. Und was Henri betrifft, du kennst meine Meinung: Ich denke, dass er anders ist als die davor. Na ja, oder sein könnte.«

Étienne lacht hell. »O ja. Der etwas andere König ... Kinder zeugen jedenfalls kann er ... wenn auch nicht mit seiner Frau. Schaffst du es, dass er konvertiert? Sonst kannst du es gleich vergessen ...«

»Schaffst du es, einen Moment still zu sein?«

»Ich schweige schon – aber ich verstehe dich nicht.«

»Du verstehst schon, dass ich auf die Verhandlungen von d'Épernon im Sommer gehofft habe? Oh, das war ja jetzt klar! Nein, du brauchst gar nicht zu lachen! Schon Jahre tot, immer noch dieselbe Arroganz! Ich möchte es auch für Léonore, sogar für Nana versuchen, sie sollen wenigstens erleben, was gute Zeiten sind. Nicht wie wir ...«

Étienne nickt. »Elende Zeiten, echt. Aber kann ein einzelner Mann das ändern? Immer diese Hoffnung auf den Retter. Außerdem ist es noch ein weiter Weg mit dem – fertig, wie der ist. Und dafür setzt du alles aufs Spiel? Und wenn seine hugenottischen Fanatiker dann alle umbringen? Und die Spanier, die Engländer, die Schwaben und Pfälzer, die verschwinden doch nicht. Frankreich kann nie zur Ruhe kommen, wenn man sich die Karte einmal anschaut.«

»Alles schlimm, alles schlimm«, Montaigne sitzt allein vor dem Feuer und hebt, im geistigen Gespräch versunken, die Hände zu den Flammen, »aber nicht jeder kann sich vom Acker machen, so wie du.«

»Moment! Erst einmal wollte ich ja auswandern, in die

neue Welt, etwas völlig Neues beginnen, aber woran scheiterte es? Mein bester Freund hier, der große furchtlose Denker – er wird ja soo seekrank! Was für ein Elend!!«

Beide lachen.

»Also bin ich lieber ganz gegangen.«

»Echt? Wohin denn? Ich habe dich Tag für Tag hier sitzen.«

»Und das ist auch gut so. Schläft er eigentlich bei dir im Bett?«

»Ja, mit seinem Hund. Ich muss deshalb die Katze verbannen.«

»So fängt es doch schon an, du unterwirfst dich freiwillig der Tyrannei!«

Wieder lachen beide.

»Wobei er auch nicht zu beneiden ist, so wie du dich bewegst im Schlaf, ich erinnere mich, wenn man dein Bein weghebt, weil du dich durchs ganze Bett bewegst, springt es zurück wie von einer Feder getrieben. Und dann das Schnarchen! Ach ja, noch etwas: Sag, wirst du ihm ...«

»Étienne, nicht. Hör auf.«

»Ja, mein Freund, du weißt, was ich fragen werde, und ich werde es fragen: Wirst du dem König die Geschichte mit dem Amulett erzählen?« Er kichert.

Montaigne muss auch lachen, während er protestiert. »Bitte – so ein Unsinn.«

»Wir haben beide Tränen gelacht, wenn du es erzählt und gespielt hast. Du musst es ihm erzählen!«

»Wir haben ernste Themen, es geht um Frankreich, wir sind der letzte Zweig, bevor alles in den Abgrund rutscht.«

»Oho, so ernst? Hm.« La Boétie gibt sich betreten. »Wie gut wäre da – ich meine, um so einen wichtigen Zweig auch wirklich zu versteifen, ja so ein magisches Amulett!« Er quietscht vor Lachen.

»Ja, das Lachen tut gut. Ach – es ist nicht zu verstehen. Dass ich alles allein machen muss, seit so vielen Jahren schon. Das ganze Schloss voller Menschen, dann der Hof von Navarra, und trotzdem werde ich ganz allein sein.«

»Du hast doch mich.«

Montaigne blickt ihm schweigend in die Augen und dann in das lodernde Kaminfeuer.

»Du meinst wegen meiner – heiklen ontologischen Qualität?«

»Jetzt red nicht wie ein Humanist. Du bist einfach tot.«

»Wie das klingt. So unfreundlich!«

»Hör auf. Ich arbeite wie ein Verrückter, damit du in Erinnerung bleibst. Zu allem anderen, was ich sonst noch zu tun habe. So ein Toter im Leben wiegt schwerer als jedes Kind. Du denkst nur an dich.«

»Genau genommen« – Étienne verfällt in seinen Rechtsanwaltsmodus – »denkst du mich. Und außerdem habe ich dich gerade zum Lachen gebracht!«

»Öfter noch zum Weinen.«

»Du bist ein Sklave deiner Gefühle, ich habe es dir immer gesagt. Gut, dass du durch mich die Stoiker studieren konntest.«

»Also, das wird immer dreister, wie du dir die Vergangenheit zurechtlegst, kaum dass du aus der Zeit gefallen bist!«

Étienne lacht leise, schüttelt den Kopf und legt seine Papiere wieder sorgfältig in den Sack. »Also, mein Freund, danke für diesen schönen Moment, aber ich muss nun wieder weiterziehen, ich höre schön die gute Denise, den guten Nicolas und all die anderen fest mit ihren Körpern verschraubten Seelen« – er macht eine komische, schraubende Handbewegung –, »die heute mit dir den großen Tag vorbereiten möchten.«

»Ich weiß noch gar nicht, ob ich dem Besuch zustimme.«

»Oha! Was für eine Wendung in der Geschichte! Du machst es aber spannend!«

»Mein Leben lang habe ich meinen Bereich auf Montaigne und die Geschäfte der Politik getrennt, und das hat mir eigentlich gut gefallen. Ich kann doch nicht aufmalen lassen, dass ich mein Leben den Musen widme, mich von der Sklaverei der Dinge der Öffentlichkeit abwende – und dann direkt unter diesem Schild Mittel und Wege suche, um Navarre dahingehend zu praktizieren, dass er König von Frankreich wird.«

»Wie lange habe ich dieses Verb schon nicht mehr gehört – jemanden praktizieren, damit er dieses oder jenes macht. Na, mir hat es aber auch nicht gefehlt. Micheau, wen habe ich seinerzeit praktiziert?«

»Eigentlich nur Frauen.«

Sie lachen.

»Das mit dem Schild ist schon dreist, aber für die gute Sache ... Du musst es riskieren, fürchte ich.« Er steht auf, legt Hut, Handschuhe und seinen feinen Stadtmantel aus grüngrauem Brokat an. Nur Waffen braucht er keine mehr.

»Du, wegen des Menüs. Ich würde an deiner Stelle mit einer leckeren Melone beginnen – als Auftakt. Henri schätzt eine Melone über alle Maßen, du bist ein Melonenmann, und auch für mich ist der Genuss der Melone eine der wenigen Erfahrungen, die ich am irdischen Leben vermisse. So, nun muss ich wirklich los, aber erst musst du deinen Spruch sagen!«

Montaigne lacht und hebt seine Schultern: »Was weiß denn ich: Que sais-je?« Und er lacht, weint und lacht.

Denise tritt herein, ohne anzuklopfen, und bekreuzigt sich. »Man hört dich schon überall. Wieder dein nächtlicher

Besucher? Er war auch lebendig permanent hier. Immerhin plündert er in seinem Zustand nicht mehr meine Kammer.« Sie facht das Feuer an und stellt ihm eine Schale mit Brei hin. »Möchtest du auch Rosinen oder Datteln dazu?«

Montaigne löffelt mit großem Appetit, verneint stumm.

»Besprechen wir heute den hohen Besuch?« Sie wischt den alten, von heftiger Benutzung glänzenden Tisch, stellt Lichter auf. »Ich mache Euch Listen, dann kann ein Bote vorbestellen, was wir für die Verpflegung brauchen werden. Ich habe das auch für deinen Vater gemacht, es ist nicht besonders schwer, wenn man schon oft Truppen versorgt hat und einige Regeln beachtet. Wichtig ist, einen Begriff der ganzen Veranstaltung zu haben, ein Thema eben. Die Region, der Frieden in Frankreich, das Versprechen auf bessere Zeiten, so etwas. Wir sollten dann ein Probeessen machen, mit den Küchenleuten des Schlosses, damit wir die Abläufe einmal durchspielen.«

»Ach Denise, ich kann mich noch gar nicht richtig bewegen. Ist denn schon jemand da?«

»In der Küche sitzt schon Nicolas und füllt die Bestellungen aus, und die Baronin hat sich auch angekündigt. Wie überhaupt die beiden selten ohne einander anzutreffen sind, wenn du verstehst.«

Montaigne ignoriert ihre Bemerkung angestrengt.

»Nicolas kann mal kommen. Ruf ihn bitte zu mir.«

Er nähert sich leise und zeigt ihm die Pläne für Logis und Tischordnung. Darauf sind verschiedene Möglichkeiten aufgezeichnet, und auf diskreten, separaten Bögen sind auch die Kosten so eines königlichen Besuchs überschlagen. Dazu hat er sich einfach an den Richtlinien für Truppenverpflegung und für Hochzeiten orientiert und beides kombiniert.

Montaigne findet diese detaillierte Aufstellung so interessant und wohltuend, als würde das Erwachen des Geistes langsam auch den Körper anfeuern und heilen.

»Das ist weniger, als ich befürchtet hatte. Wir müssen mit Françoise und meiner Mutter darüber reden, aber ich finde es schon mal überzeugend.«

Einer der Männer des Lagers unten im Haus bemüht sich hoch, wischt seine Hände an einem groben Kittel ab. »Bürgermeister Micheau, ein Gespann blockiert unsere Einfahrt und die ganze Straße, es ist die Baronin de Lestonnac und bittet um Einlass.« Montaigne, Denise und Nicolas blicken ihn amüsiert an.

»Also, unsere Nana, wollte ich sagen.«

Montaignes Nichte Jeanne schwebt die Treppe in einem verblüffenden Tempo empor, akzeptiert einen Becher warme Milch von Denise, wischt sich im Gehen die Oberlippe mit dem Handrücken sauber und eilt dann in das kleine Kabinett, in dem es wegen des frühmorgendlichen Feuers nun wirklich warm ist. Nana trägt eine teils enganliegende, teils schwebende neue Kreation aus Wildseide in verbranntem Orange. Gegen die frische Kälte des Morgens schützen sie diverse Schals und Schärpen. Sie wird in ihrem ganzen Auftritt von zwei Zofen unterstützt, die in der großen Küche warten. Sie nickt ihrem Onkel zu und nimmt dann unmittelbar neben Nicolas Platz und berührt seine Wange mit der Hand. »Bonjour. Wie ist denn Eure neue Unterkunft? Steht Euch gut, die neue Jacke.« Nicolas errötet, es ist ihm unangenehm, so etwas vor Montaigne zu hören.

Sie zieht eine Rolle mit Papieren aus den Falten ihres Kleides und breitet sie auf der zur Planungsfläche umgewidmeten Tischplatte aus. »Ich habe mal ausgerechnet, wie wir das Gefolge und Personal des hugenottischen Trosses in Schloss und in den benachbarten Herrenhäusern, selbst im Dorf verteilen können, und das geht eigentlich ganz gut.«

Sie streicht die Zeichnungen mit beiden weißen Händen glatt. »Ich glaube, wir sollten für jede Unterbringung noch Essen und ein kleines Fass Wein extra anliefern lassen, aber es gibt so viele Geschichten von Soldaten, die durch Wein unangenehm, ja brutal werden, und so etwas möchten wir vermeiden. Ich würde sie eher mit Dessert versorgen, etwas Süßem wie kandierten Früchten. Oder wir könnten warmen Grießbrei verteilen lassen, einfach auf einem Karren, den Esel ziehen. Das ist nicht teuer und ziemlich pannensicher. Ansonsten habe ich hier die Liste mit den Häusern, die in Frage kommen und auch, wo Pferde versorgt werden können, so dass Nicolas sie gleich anschreiben kann.«

Montaigne reckt sich plötzlich amüsiert unter seinen Schichten von Decken empor. »Du meinst, ich kann sie anschreiben und Nicolas verfertigt die Briefe, die ich dann unterschreibe?« Er kichert.

Nana errötet ein wenig. »Selbstverständlich, das war es, was ich sagen wollte.« Sie rückt näher an den jungen Schreiber, wie um ihn vor ihrem eigenen Leichtsinn zu schützen. Sie gehen die Vorschläge durch. Ab und zu fragt Montaigne nach, welches Haus und welcher Nachbar gemeint sind. Es wäre fatal, die protestantischen Adligen und ihr Gefolge in Häusern und Höfen von Leuten der katholischen Liga unterzubringen. In seiner Nachbarschaft vermutet er zwar keine Eiferer und hofft, dass die Gastfreundschaft, die Verbundenheit zu ihm die Gäste vor Übergriffen bewahren und umgekehrt. Aber in diesen Zeiten kann niemand sicher sein. Nana fragt leise, ob ihre Mutter vielleicht eine Rolle spielen soll.

Montaigne seufzt. »Meine Schwester Jeannette. Nun,

sie könnte die Nachbarn besuchen und für die reformierte Seite bürgen. Man kennt sie als eine von uns und zugleich gehört sie zur anderen Konfession, das wäre nicht schlecht. Aber wer soll sie darum bitten?«

Nana zögert. »Ich kann es schlecht, wir sind ja noch zerstritten.«

Nicolas wagt sich hervor. »Ich kann etwas aufsetzen, und dann schicken wir etwas, und sicher reagiert sie in irgendeiner Form?«

Montaigne blickt ins Feuer und überlegt länger. »Die Liga wünscht sich Paris und Frankreich rein katholisch. Männer wie Condé und Duplessis hingegen träumen von der großen Säuberung, einem ganz und gar protestantischen Land. Kommt Henri zu mir, der ohnehin zwischen beiden Konfessionen schwankt oder vielmehr beide sind ihm gleich unwichtig, dann könnte er bei uns natürlich studieren, wie ein Essen, eine Nacht, eine ganze Gegenwart sein kann, in der beide Glaubensweisen nebeneinander bestehen. Fanchon und ich sind Katholiken und empfangen ihn. Toto und Jeannette sind Protestanten, du bist wieder katholisch, es ist eben gemischt und bunt gescheckt. So etwas bekommt er selten vor Augen, denn alle bemühen sich, die Sicht eines Prinzen freizuhalten und eindeutig. Er könnte also studieren, wie ganz Frankreich sein könnte, wenn hier die Toleranz möglich wäre. Ja, eine gute Idee. Bitten wir Jeannette, die reformierten Nachbarn aufzusuchen und auch an diesem Abend mit uns diese Gäste zu empfangen.«

Erneut öffnet sich die Tür zu dem winzigen Kabinett am Ende der großen Küche.

Zwei gestandene Männer treten ein, ohne zu fragen, ob es passt, ohne Ankündigung oder Gruß. Denise nimmt ihre Waffen entgegen, um sie in den Stiefelraum zu tragen.

Dann bringt sie weitere Schalen, Löffel und verteilt mit einem Holzlöffel große Portionen Grießbrei, die dankbar angenommen werden.

»Pierrot, Flori – kommt doch zu uns an diesem wichtigen Tag.« Montaigne deutet auf die Bänke vor dem Feuer.

Pierre de Brach und Florimond de Raemond sind etwas jünger als Montaigne und tragen die engen, schwarzen, nahezu spanischen Kostüme der hiesigen Juristen. Weil es aber im Winter in Bordeaux durchaus kälter ist als in Madrid, sind Kragen, Jacke und Hose mit Fell und Leder gearbeitet, allerdings auf eine leichte Art. Ihr Schmuck – goldene Schuhschnallen, Spangen, ein Ohrring und einige Ringe – ist diskret, aber wertvoll. Florimond war es, der Montaigne das Amt als Parlamentsanwalt abgekauft hat, als er sich auf den Landsitz des Vaters zurückzog, nachdem er dessen Erbe antreten konnte. Um es ihrem Idol gleichzutun, ist ihr Haar manchmal etwas länger, ein Tuch ragt aus einer Falte oder der Mantel rutscht von einer Schulter fast zu Boden, wie es Montaigne immer macht. Ihr funktionierendes Leben, so empfinden sie das, wäre ein stilles Dasein im Schatten, wenn sie ihr Bürgermeister, Lieblingsautor und Freund nicht wie eine ferne Sonne erleuchten würde. Es ist hier enger und muffiger als in jedem Saal und jedem Zimmer, das sie sonst frequentieren, aber sie nehmen hocherfreut Platz und machen nicht den Eindruck, den Ort so bald wieder verlassen zu wollen.

»Freunde«, sagt Montaigne ruhig, »wie seht Ihr die Dinge?«

»Micheau, wir haben uns die halbe Nacht darüber unterhalten. Die ganze Stadt redet von nichts anderem als dem Besuch des Königs bei unserem Bürgermeister.« Montaigne nickt: »So viel zur Geheimhaltung!«

»Und nun haben uns einige Herren von der Liga angesprochen und gefragt, ob es die Möglichkeit gibt, auch dabei zu sein. Wir wurden erst misstrauisch, aber es stellt sich heraus, dass sie darauf hoffen, dass Henri eines Tages abermals konvertiert, ein gut katholischer König wird und dann etwas für den Handel, den Handel in Bordeaux tun möchte. Dann wäre es von Vorteil, schon recht früh zu ihm gute Bande geknüpft zu haben.«

»Sie denken auf jeden Fall voraus, man muss es Ihnen lassen.«

»Die Frage ist also, ob diese zwei oder drei Herren, hier habt Ihr ihre Namen, nicht auch eingeladen werden können. Es würde in der Gesellschaft hier für Frieden sorgen und es gäbe Zeugen dafür, dass der Bürgermeister Bordeaux nicht an die Engländer, Deutschen und Hugenotten verkauft.«

»Wobei es für diese Leute eher eine Frage des zu erzielenden Preises wäre ...«

Florimond und Pierrot lachen, als sei dies der beste Scherz, der je auf Erden gemacht wurde. Nana und Nicolas schreiben die Namen mit und überschlagen, welches Gefolge damit zusätzlich versorgt werden müsste.

Montaigne, immer noch in Decken und Hasenfell eingehüllt, zögert. »Ich hatte eine brutale Nacht, mit einem festen Stein, und muss mir das erst einmal überlegen. Einerseits sollte die Sache geheim und getrennt von meinem Amt bleiben, andererseits könnte es der Beruhigung dienen und Gerüchten vorbeugen, einige dabei zu haben. Sie dürften bloß nicht massakrieren – und auch nicht massakriert werden.«

Ein drückendes Schweigen entfaltet sich, nur noch das Feuer zischt und knistert. Mit der Gruppe von Menschen steigt auch die Wärme, trotz des Winterwetters draußen auf der Rue de Rousselle. Montaigne schält sich aus einer ersten Decke, reibt sich mit der Hand über das Gesicht.

»Wir sollten es mal mit Françoise besprechen, schließlich gehören diese katholische Klientel zu ihrer erweiterten Verwandtschaft. Ist hier irgendwo meine Frau?«

Nana erhebt sich. »Soll ich sie einmal dazu laden oder suchen gehen? Vermutlich weiß sie gar nicht, dass wir hier schon alle sitzen und planen?«

Montaigne versucht sich an den Stand der Dinge in der ehelichen Kommunikation zu erinnern, daran, was sie ihm gestern Abend noch gesagt hatte.

»Da war doch etwas mit dem Waisenhaus von Saint-James, ich glaube, sie wollte dort heute nach dem Rechten sehen.«

Pierrot wiegt sorgenvoll den Kopf. »Ja, da hört man ganz seltsame Dinge. Kommendes Jahr soll es eine Visitation in diesem Heim geben, aber ob das nicht irgendwie zu lang hin ist? Der Papierkram ist jedenfalls beachtlich, viel Arbeit für Euch Schreiber, nicht wahr, Nicolas?«

Nicolas hat es unterdessen zu einem guten Tempo gebracht und kann auch ziemlich raffiniert verschlüsseln. Er schreibt mit dem Fokus auf Inhalt und Botschaft, die professionellen Kanzleischreiber des Rathauses hingegen auf Effekt und Protokoll, das dauert länger, sieht dafür beeindruckender aus. Nun erhebt sich in der Küche eine Diskussion, jemand verlangt nach Monsieur de Brach. Pierrot steht auf, als habe er schon die ganze Zeit darauf gewartet. »Ja schaut, was ich hier habe anliefern lassen – frische Austern, Gewürzbrot und Tauben im Teigmantel. Ich dachte, wir können schon einmal probieren, was es zum Besuch von Navarre geben könnte.«

Der Lieferdienst hat drei junge Männer geschickt, die mit Körben und Kisten beladen sind und auch noch irgendwie hineinpassen in den schmalen Raum. Sie beginnen ungerührt, alles abzustellen und die Austern zu öffnen und zu zeigen.

Montaigne wendet sich ab. »Pierrot, danke, du bist so großzügig wie immer, aber mir ist das noch zu früh.«

Florimond beugt sich vor und betrachtet die Ware. »Schön klar und duftend, aber wie sollen wir die denn zubereiten? Grillen über dem Feuer? Oder im Ofen backen lassen?«

Nana lacht hell, nimmt sich eine Auster, zieht ein kleines, aber tüchtiges Messer aus ihrem Gürtel und löst die beiden Schalen an ihrem schmalen Verbindungspunkt mit einem raschen Schnitt voneinander. Dann trennt sie mit biegsamer Klinge das transparente Wesen von der Perlmuttschale und lässt es voller Wonne in ihren Mund gleiten. Fassungslosigkeit macht sich breit. Ist das nicht das pure Gift, so roh?

Nana beruhigt die Männer: »Ein perfektes Frühstück und auch noch gesund. Wenn man schwanger werden möchte, ist es die beste Nahrung, und wenn man nicht schwanger werden möchte oder es noch nicht einmal kann, Messieurs, auch.«

Pierre de Brach nickt anerkennend und zieht einen kleinen goldenen Wecker in Form einer Muschel an einer feinen Kette aus seiner Jacke. »Ich habe noch mehr bestellt, gleich kommen die Pasteten, die Affineurs für den Käse und die Bewerber um den Obstauftrag – alles zum Probieren. Micheau, würdest du uns etwas Wein dazu gönnen? Einfach um zu prüfen, wie es sich verträgt?«

Niemand hört noch so richtig hin, außer Denise. Empört verknotet sie ihre Hände in ihrem Kittel. »Navarre soll doch keine Leistungsschau des Handwerks von Bordeaux vorgesetzt bekommen, das kann er ja im Rathaus haben. Wenn er auf dem Schloss ist, gerade nicht in der

Stadt, soll er kosten, was es dort gibt, wie es in ganz Frankreich schmecken könnte, wenn er gemäß unserer, ich meine Euren Prinzipien einmal König ist.«

»Denise«, kichert Montaigne, »du meinst deine Prinzipien. Er isst deine Küche und konvertiert« – nun schauen alle entgeistert zu Montaigne, es ist das größte Tabu überhaupt –, »und er konvertiert zur Religion von Denise!«

Sie schüttelt in amüsierter Empörung ihren Kopf, richtet das Tuch und besieht sich die Blätter mit den Vorschlägen von Pierre de Brach. »Das ist gut, aber so etwas findet man überall. Wir suchen doch nach einem Mahl, an das Henri sich immer wieder erinnern wird, gerade wenn er den Faden verloren hat. Ein Mahl, dass nicht überbordend teuer wirken möchte, wie bei einer Hochzeit, aber auch nicht geizig oder gar nach Genfer Kargheit – das vielmehr nach Frankreich selbst schmeckt.«

Nana überlegt und beugt sich vor: »Es ist Trüffelzeit. Wir bestellen schwarze Trüffel aus den Eichenwäldern und lassen sie in das salzlose Brot backen, das Micheau bevorzugt. Wenn die Kompanie verfroren ankommt, erwarten wir sie mit lauwarmen Broten auf langen Brettern. Die Brote sind aber vorgeschnitten, wobei jedes Stück mit einer Portion Trüffel gefüllt ist. Dazu gibt es, noch im Stehen, noch in den Stiefeln, einen Becher warmen Wein! Nein, besser noch: Armagnac!«

Florimond spielt gedankenverloren mit seinem Löffel, hebt dann seine Schultern. »Hugenotten sind ein seltsames, stures Volk. Am Ende erfreut sie eine Scheibe warmen deutschen Schinkens mehr, dazu ein Bier, wie es ihr Bruder Martin schätzen würde?«

Montaigne widerspricht. »Macht es euch nicht so einfach. In der Schweiz und in Deutschland kann man schon ziemlich gut essen. Hechte und Forellen zum Beispiel. Und einen leichten Wein machen sie dort auch, den muss man gar nicht erst mit Wasser mischen. Aber wisst Ihr was? Ich glaube, Françoise ist heute früh aufgebrochen, um all diese Fragen zu regeln. Bald kehrt sie zurück, gut beladen, und dann müssen wir uns um diese Dinge nicht mehr kümmern.« Er räkelt sich in Aussicht dieser ehelichen Entlastung und bemerkt dabei, dass er seit seinem nächtlichen Anfall keine Gelegenheit hatte, sich anzuziehen. Immer noch ist er nackt unter Hemd und Decken. Aber wie soll er das ändern, der winzige Raum ist schon voller Menschen?

Abermals kommt der Mann aus dem großen Lager im Erdgeschoss die schmale Treppe empor, als müsse er nun alle warnen. »Madame kehrt zurück und ist schwer beladen. Sie schickt, dass man ihr helfen soll.« Montaigne nickt befriedigt, hat er das nicht gerade prognostiziert?

Nicolas, Pierre und Florimond stürzen als Erste zum Geländer des steilen Treppenhauses, dicht gefolgt von der Baronin de Lestonnac. Sie blicken die Stiegen hinab und sehen Gestalten, die den Körperbau von Kindern haben, aber das Gesicht von Greisen und sogar in diesem Winter nur barfuß gehen. Sie schreiten wie beladen von einer unsichtbaren Last, bestimmt vier oder fünf, der Schädel kahl und nicht bestimmbaren Geschlechts. Françoise folgt ihnen, beladen nicht mit Lebensmitteln, sondern mit einem leichten Körper, der auf ihren beiden Unterarmen ruht.

»Micheau, ich war heute im Waisenhaus von Saint-James und bringe ein halbes Dutzend Kinder mit. Sie sind sonst bis zum Sonntag verhungert, schau es dir an.«

Die Kinder starren ins Feuer, reagieren nicht auf Ansprache oder Angebote. Der schwächste Junge wird von Denise auf eine Matte neben dem Kamin gebettet, also nicht isoliert, weil er die Geräusche vermissen würde. Sie füttert ihn auch erst nur mit Brühe, um seinen Körper nicht zu überfordern.

Françoise geht sich frischmachen, auch ihre Wut kühlen, mit mäßigem Erfolg. Durch das ganze Haus hört man ihre empörten Rufe: »Ich frage mich, wer wohl der Bürgermeister dieser reichen Stadt ist, in deren Obhut Kinder verhungern?«

Die mageren Kinder kauern sich dicht zusammen vor das Feuer, schaukeln vor und zurück, ihre Hände fest um die Knie geschlungen und in Todesangst.

Françoise betritt nun die schmale Kammer und achtet gar nicht auf die vielen dort versammelten Menschen, auf die Pläne und Listen auf den Tischen oder die Körbe mit Austern und Platten mit Pasteten. Sie nimmt Platz und hält einen Becher mit Wein in den Händen, den Denise ihr zur Beruhigung gereicht hat.

»Fanchon«, krächzt Montaigne ratlos, »ich dachte, du gehst etwas einkaufen für den Besuch.« Und er murmelt etwas von seinem Blasenstein. Niemand hört ihm zu, denn Françoise hat Luft geholt und beginnt ihren Bericht:

»Wir sind heute zu dem Verwalter des Waisenhauses von Saint-James gefahren, nachdem ich von vielen guten Frauen aus der Nachbarschaft gewarnt worden bin. Ich habe mir Zutritt verschafft und einige Register eingesteckt. Der Verwalter war gar nicht anwesend, die Kinder waren mehr oder weniger sich selbst überlassen.« Sie reicht das Register und andere Mappen Nicolas. »Schau mal, was machen diese Papiere auf dich für einen Eindruck?«

Montaigne dreht sich, so gut es geht, um, möchte ebenfalls die Register prüfen. Nicolas blättert und fährt mit dem Finger am Rücken des Bandes entlang: »Hier fehlen ja Seiten! Jemand hat sie recht eilig mit einer nicht sehr scharfen Klinge herausgetrennt. Und über mehrere Jahre wurden Einträge in derselben Handschrift mit derselben Tinte, derselben Feder vorgenommen, das ist ein Hinweis auf Fälschung. Jemand wollte etwas verbergen.«

Nana strahlt ihn an. »So eine Gemeinheit! Arme Kinder.«

Montaigne meldet sich zu Wort, er war unter den Vorhaltungen seiner engagierten Ehefrau in Deckung gegangen. »Sagt mal, Freunde, lieber Pierrot und lieber Flori, würdet Ihr für mich zum Rathaus reiten und zum Parlament und eilig einen Haftbefehl gegen diesen Lefévre erlassen?«

Nicolas hat sich in die Papiere vertieft und murmelt schon vorläufige Erkenntnisse. »Ich fürchte, hier wurde nur die Hälfte des Geldes, das von der Stadt Bordeaux und den Jesuiten bereitgestellt wurde, an die Ammen und Kinder ausgezahlt. Zahlreiche Eingaben künden von diesem Missstand, und wenn ich die Summen nur rasch im Kopf überschlage, kommt dabei ein Fehlbetrag von etwa der Hälfte heraus.«

Françoise verarbeitet diese neue Information: »Wurden hier Kinder dorthin gegeben, damit sie sterben? Hätte Lefévre den Tod dieser armen Kreaturen herbeiführen wollen, er hätte es nicht besser anstellen können.«

Die aus dem Heim mitgenommenen Kinder wimmern in Angst vor den Stimmen, dem Licht, den Katzen. Ihre Haut ist mit dunklen Flecken gesprenkelt, sie sehen aus wie Leoparden. Pierre de Brach reicht ihnen etwas von seinen Platten, aber sie weichen geschickt zurück. Sie akzeptieren nur trockenes, hartes Brot in der instinktiven Annahme, so nicht vergiftet zu werden.

Montaigne nutzt die Verwirrung und den Umstand, dass die halb verhungerten Kinder alle Aufmerksamkeit und Fürsorge auf sich ziehen, um Nana zu sich zu winken. Die Baronin hüpft zu ihrem Lieblingsonkel und beugt sich mit dem Ohr zu seinem Mund. Ihr kompliziert komponierter Duft aus Vetiver und Moschus raubt ihm kurz seine Konzentration, denn er transportiert ihn in frühere Zeiten, zu anderen Frauen in anderen Zimmern – dann besinnt er sich wieder: »Du musst jetzt diesen Raum verlassen, die Treppe nach oben hinaufklettern und dort bei meinen Leuten nach meinen Kleidern für heute fragen« – Nana kichert schon –, »ich bin in der Nacht wach geworden, brauche eine Strumpfhose und meine kurze Hose, dann einfach einen Wams oder kurzen Mantel und meinen Schal. Dann wird es schon gut aussehen. Aber nun kommt der schwierige Teil: Das alles musst du mir hierherbringen und so legen, dass ich hineinschlüpfe, ohne dass alle etwas davon merken. Es ist viel verlangt, ich weiß.«

Nana überlegt kurz: »Ich schlinge Strümpfe und Hose ineinander und das alles in den Mantel, den halte ich direkt vor meinem Bauch. In dem heutigen Dämmerlicht wird man es für einen modischen Spleen halten, und überhaupt haben ja alle gerade andere Sorgen. Aber wie steht es mit deinen Schuhen? Wer weiß, wie sich dieser Tag noch entwickelt?«

»Heute früh dachte ich, ich sterbe. Dann ging es nur um Henri und seinen Besuch, der ja noch gar nicht richtig ausgearbeitet ist. Und nun haben wir hier diverse neue, arme Kinder sitzen. Das ist, liebe Nana, einer der Tage, an denen ich gerne eine kleine List anwende.«

Sie kommt neugierig näher.

»Ich kann durch eine schmale hintere Treppe direkt unter den von meinem Vater angelegten Toiletten hinab zum Lagerraum gelangen, ohne an Denise, meiner Frau oder sonst wem vorbeizumüssen. Unten stehen immer gute Pferde, die schnell gesattelt werden können. Je nach Lage der Dinge reite ich mit Ihnen zum Rathaus, auf das Schloss oder eben auf ein Boot, das uns über das Meer und bis nach Paris bringt.«

»Oder zu Henri, nach Pau oder wo auch immer er gerade stecken mag?«

Montaigne seufzt. »Er hat alle Möglichkeiten, aber ich weiß noch nicht, wie sich die einzelnen Teile zu einem Ganzen fügen können. Und ehe ich das nicht genau weiß, hat es keinen Sinn, ihn bei mir zu empfangen.«

Er wickelt sich trotzig in seine Decken.

»Vielleicht warten wir dann besser, lieber Micheau?«

»Ich weiß ohnehin nicht, was es zu essen geben könnte, das ist immer ein schlechtes Zeichen, wenn man keine Vorstellung davon hat, wie der Besuch aussehen soll, wie er verlaufen mag. Ich hatte gehofft, Françoise würde mir helfen oder wenigstens Denise oder Nicolas, aber nun – diese armen Kinder …«

In diesem Moment werden sie unterbrochen durch die gemeinsamen Alarmrufe aus dem Lager im Erdgeschoss und von Pierre de Brach und Florimond, die alle zusammen Montaigne auf etwas aufmerksam machen möchten. Der ignoriert den Lärm und fährt sich mit der Handfläche über das Gesicht. Plötzlich streckt er seinen Rücken durch wie ein Mann, der eine Entscheidung getroffen hat. »Nana, bitte schließ die Tür, ich bin mir nun im Klaren darüber, wie wir hier verfahren. Wir sagen das ab. Es steht mir unter einem zu schlechten Stern. Und Françoise zeigt auch wenig Neigung, es mit mir vorzubereiten. Ich kann sie verstehen. Nicolas, bist du noch da? Wir könnten nun Botschaften zur Absage dieses elenden Besuches aufsetzen, ich diktiere« –

Doch er kommt nicht weit, da Pierrot, Flori und der Mann aus dem Lager darum drängeln, wer sich zuerst in den Raum drücken kann. Montaigne erteilt dem trotz Dezemberkälte schwitzenden Lageristen das Wort: »Léonard, ich kenne Sie schon mein ganzes Leben lang und habe Sie noch nie so außer sich gesehen. Was möchten Sie mir denn mitteilen?«

Der Mann bewegt seine Pupillen in die obere rechte Ecke und sagt auf, was ihm auf dem Herzen liegt: »Bürgermeister Micheau, Soldaten haben Eingang und Ausgang unserer Straße besetzt. Nicht einmal die Fässer mit den Fischen konnten noch durch. Auf den Dächern der Nachbarn haben Bogenschützen und Männer mit Hakenbüchsen Stellung bezogen. Mitten auf der Straße stehen mehrere Karren mit weiteren gepanzerten Schützen. Und eben kam so ein Bote, ein halbwüchsiger Junge eigentlich, aber in einer feinen Uniform, und hatte nicht, wie ich erwartet habe, einen Brief oder einen kleinen Zettel dabei, sondern wollte nur flüstern: Er ist unterwegs zu Euch. Der Kleine sagt nur diesen Satz, ohne anzufügen, wer, wann, warum? Ich dachte, Ihr, Chef, wisst schon, was da gemeint sein könnte?«

Montaigne wird in seinem halb arrangierten Kleiderberg unruhig. Er schaut zu Pierrot und Flori, die sich beratschlagen. »Macht er das manchmal? Unangekündigte Hausbesuche?«

Schon hören sie spitze Schreie aus dem engen Treppenhaus, ein Gesamtecho der Schocks und der Überraschung. Das ganze große Haus wird durch Stiefel und Befehle erschüttert, plötzlich ist jede Treppenstufe, jeder Absatz und jeder Winkel mit einem Soldaten der königlichen Armee dekoriert. Montaigne winkt seine Nichte rasch zu sich: »Vergiss nun meine Kleidersorgen. Ich brauche jetzt die Baronin de Lestonnac, die ihn am Absatz hier empfängt – aber nicht übertreiben.«

»Ich kann das gerne übernehmen, aber du kannst ihn schlecht im Nachthemd empfangen. Nein, Micheau, auch nicht, wenn es frisch ist.«

Der Marschall von Matignon geht langsam, prüfend die enge Treppe hinauf. An seiner linken Seite wippt bei jedem Schritt seine furchterregende Waffe. Halb findet er es unpassend, in ein ziviles Wohnhaus zu stürzen, halb gefällt ihm sein Einfall, den Bürgermeister privat aufzusuchen und noch dazu im königlichen Auftrag. Matignon kennt zwei Arten von Unterkünften, einmal die Zelte und Baracken auf dem Feld, dann die Schlösser und Paläste der Krone. In so einem engen, hohen Haus, das viele Zwecke für viele Menschen erfüllt, ist er zum ersten Mal seit langer Zeit. Er nickt den Bediensteten zu, besieht sich Ein- und Ausgänge und bedeutet seiner Wache, sich zu entspannen. Oben angekommen, etwas außer Puste, betrachtet er die ihm völlig unbekannte junge Frau, die hinter der obersten Stufe steht und ihn offenbar empfangen möchte. Nicolas ist spontan in die Rolle des Protokollmeisters geschlüpft und verkündet in seiner tiefsten Stimme die adlige Qualität seiner Freundin: »Begrüßen Sie die Baronin de Lestonnac!«

Umgekehrt benötigt er keinen Ausrufer, sondern blickt sich nur um. Nana bewegt sich nicht zu ihm, verharrt in der Majestät ihres Kleids und nickt nur leicht. »Matignon, seien Sie herzlich willkommen. Ihm geht es diese Nacht nicht besonders gut.«

»Liegt er denn noch im Bett?«

»Nein, das nicht, aber ... «

Matignon lässt sie nicht ausreden. »Finde ich ihn dann hier? Es müsste diese kleine Tür sein?«

Der erfahrene Soldat hat den Eingang schnell erkannt, betritt, ohne zu zögern, den schmalen Raum, in dem sich immer noch eine beträchtliche Anzahl von Personen aufhält. Doch er wird von seinen Personenschützern überholt, die zuerst jedes Zimmer betreten und freigeben müssen. Matignon fragt sie, ob der Bürgermeister in diesem Raum sei. Aber sie können es weder bestätigen noch dementieren.

Er muss seine massive Gestalt durch die schmale Tür drehen. Ihm kommt der Dunst des Feuers, der vielen Menschen und der Duft der Speisen entgegen wie ein Schock. Daran gewöhnt, dass Protokollbeamte oder Soldaten für Aufmerksamkeit und Ruhe sorgen, fällt es ihm schwer, sich Gehör zu verschaffen. Jemand reicht ihm eine Auster, und Pierre de Brach erläutert ihm, wie Frankreich noch zu retten sei. Plötzlich hat er eine Schale Brei in der Hand und spürt, wie eine Katze an seinem Strumpf kratzt. Am Ende des Raums glaubt er, Montaigne zu erspähen, der aber mit Stiefeln oder gar der Hose beschäftigt scheint, und weil es so laut ist, kann er ihm nichts zurufen. Es wirkt auf Matignon wie ein verwirrender Traum. Kurz muss er die Augen schließen und sich sammeln, denn er ist heute nicht zu einem Freundschaftsbesuch gekommen.

»Monsieur le Maire!« Er räuspert sich und findet endlich zu seiner Befehlsstimme: »Ich müsste Euch kurz unter vier Augen sprechen, also unter sechs Augen vielmehr, denn Eure Ehefrau soll auch an der Unterredung teilnehmen.«

Montaigne nickt und bittet Nana, alle hinauszubegleiten, dann Françoise zu holen.

Denise huscht, während alle hinausgehen, in entgegengesetzter Richtung hinein, um den Tisch in dem kleinen Zimmer abzudecken, stellt einen Krug mit Milch, Wasser und einige Becher ab. Unauffällig rollt sie ein Bündel mit Kleidung zum Sitz Montaignes. Als Françoise erscheint und den Marschall begrüßt, sie wechselseitig Höflichkeitsformeln aufsagen, nutzt Montaigne diesen kurzen Moment der Ablenkung, um in seine Hose zu steigen, in der auch schon die Strümpfe eingewickelt und befestigt sind. Er kann sogar noch das Wams zuknöpfen und den Gürtel schließen, so dass er fast amtlich gewandet zum Gespräch mit dem Marschall erscheint, wenn auch ohne Waffe an der Seite und auf gemütlichen Socken.

Matignon sucht eine Pose, die dem kleinen Raum und der Natur seines Besuchs entsprechen könnte. Er stellt sich vor dem Tisch auf, legt seine Hände auf die Platte und atmet tief ein, als würde er seinen Offizieren einen Schlachtplan erläutern wollen. Aber da er bei Fanchon und Micheau so formlos empfangen wird, sie beide auch ausgesprochen gelöst und gelassen neben ihrer Küche abwarten, was er wohl sagen möchte, kommt ihm seine Haltung komisch vor. Er zieht seinen schweren Mantel aus, lässt sich auf der Bank nieder, stützt sich auf seinen Armen ab und sucht nach Worten, die weder nach Verhör noch Befehl klingen. Denise kommt erneut herein und bittet ihn um seine Waffe, die sei hier nicht notwendig. Montaigne und Françoise lachen – Denise würde noch den Kriegsgott Mars selbst entwaffnen und mit Brei versorgen.

Matignon schnallt seinen ganzen Gürtel ab und reicht ihn Denise unter Warnungen vor dem Gewicht der ganzen Ausstattung. Dann entspannt er sich unter dem Gelächter, atmet aus und seufzt.

»Ich hielt den Besuch des obersten Protestanten auf dem Schloss meines Bürgermeisters immer für eine verrückte Idee in jeder Hinsicht: die Logistik, die Symbolik und nicht zu vergessen das Risiko. Euer Schloss ist schlecht gesichert, schlecht bewacht und für alle radikalen Kräfte eine leichte Beute. Aber ich fürchte, es gibt nun keinen anderen Weg. Einmal sind alle anderen Versuche, mit Navarre ins Gespräch zu kommen, krachend gescheitert. Zweitens gibt es Grund zur Sorge, was die Gesundheit des Königs angeht – er zieht sich nun mit den Guise und anderen zurück in ein Kloster in der Nähe von Paris. Wer weiß, ob er je zurückkehrt? Und in welcher Verfassung? Seine Mutter, die Regentin, ist wieder oder immer noch krank vor Sorge.«

Matignon denkt nach, seine Hände ringen miteinander. Montaigne schiebt seine Mütze auf dem Schädel hin und her, vertieft in komplizierte Simulationen möglicher Entwicklungen.

»Ich bin stolz darauf«, fährt Matignon fort, »hier die Krone Frankreichs, die königliche Gewalt und die Armee zu repräsentieren, aber manchmal fühle ich mich damit allein. Im Louvre werden alle möglichen Ambitionen gehegt, aber einfach regieren, das machen die da kaum noch. Ich möchte mir gar nicht ausdenken, was geschieht, wenn der König nun kinderlos stirbt. Dann haben wir nur schlechte Möglichkeiten, aber Navarre ist die weniger schlechte, leider auch die unwahrscheinlichste. Wirklich, Bürgermeister, dieser Besuch muss stattfinden und mehr noch, er muss ein Erfolg werden.«

»Was wäre denn«, fragt Françoise, »ein Erfolg – nicht für sie, Marschall, nicht für Navarre oder die Krone, sondern für die Menschen, das Land? Doch wohl das Ende dieser Bürgerkriege? Dazu aber müsste Navarre konvertieren. Wie sollen wir es auch nur ansprechen, wo er doch mit einer« – sie hält die Liste der angemeldeten Begleiter hoch – »Entourage grimmiger protestantischer Militärführer anreisen wird?«

Matignon hebt beschwichtigend die Hand. »Das ist auch ein Glück, denn als Soldaten werden sie ihrem König selbst dann noch dienen, wenn er konvertiert. Ihr komischer Luther ist immerhin ein Mann, der die Ordnung des Staates und der irdischen Dinge respektiert. Nein, das Wichtigste ist es, mit ihm in eine Kommunikation zu treten.«

Montaigne nickt. »Das allein ist schon eine Kunst, ihn in

Ruhe zu sprechen, und zwar so, dass er hinhört. Aber ich muss mehr erreichen.«

Matignon stützt seinen Kopf ab. »Es wäre mir ein Leichtes, ihn irgendwo abzufangen und in einer Festung zu internieren, aber dann wird er nie König. Jedenfalls nicht der, den wir brauchen.«

Françoise fasst zusammen: »Wir suchen also jemanden, der einen unaufmerksamen, niedergeschlagenen, bankrotten protestantischen Provinzfürsten derart praktiziert, dass der daraufhin voller Elan daran geht, König von Frankreich zu werden – in einer Hauptstadt, in der ihm mehr als einer nach dem Leben trachten?« Matignon nickt ermattet. Dann wenden beide ihren Blick zu Montaigne. Der kann sich, einigermaßen angezogen, nun erheben. »Ich kann es zumindest versuchen, es bleibt mir ja kaum etwas anderes übrig. Aber ich werde Melonen brauchen.«

Françoise lacht. »Das ist so typisch mein Ehemann. Melonen sind eine Sommerfrucht, vor Juni ist gar nicht daran zu denken, und Navarre kommt noch in diesem Winter. Ich fürchte, da wird uns etwas anderes einfallen müssen.«

»Ohne Melone mache ich das nicht. Das Essen beginnt mit einer schönen Melone, dann reden wir über diese Melone, und daraus ergibt sich alles weitere. So wie immer.«

Françoise schüttelt den Kopf, Matignon schaut plötzlich ratlos. Beim Hinausgehen hört er Montaigne nach zwei Vertrauten rufen: »Nana, Nicolas – könnt Ihr vielleicht etwas für den Besuch besorgen?«

2

Melonen

Sie haben alles versucht, um an Melonen zu kommen, und sind immer wieder gescheitert. Sie haben die Früchte in Zucker gekocht, zu einem immensen Preis, aber das Ergebnis war widerlich: harte, klebrige orangefarbene Scheiben, wobei unklar bleibt, ob man hineinbeißen oder sie nur ablecken soll. Ein insgeheim hugenottischer Händler aus Bordeaux bot welche an, die er in den Niederlanden bezieht, wo sie in Glashäusern gedeihen – aber was er dann vorzuzeigen hatte, waren sehr teure, wässrige und weiche grüne Bälle, die man keinem guten Gast vorsetzen konnte. Irgendwann gingen ihnen die Ideen aus, wie sie Montaignes Vorstellungen von einem gelungenen Essen umsetzen sollten.

In jenen Tagen kündigte dann zum Glück Judith ihren Besuch an der Garonne an. Ein Kunde wollte Wein kaufen, also Anteile an einem noch zu erntenden, noch zu produzierenden Wein, und sie begleitet ihn. Nicolas trifft sie am Hafen und muss zweimal hinsehen, denn sie ist wegen des widrigen Wetters und der Schiffspassage ganz in dunkelbraunes Leder gewandet, nur ihr nasses und strahlendes Gesicht gibt Wärme und Freude ab. Sie muss lachen, als sie ihn erkennt: »Kleiner Bruder, nun ganz in Schwarz und Samt, wie ein Spanier, der aber friert!« Sie zieht ihn am Ohr und umarmt ihn fest. Dann schaut sie sich um, abenteuerlustig. »Es ist ewig her, dass ich hier an der Garonne war. Und ich habe einen Bärenhunger auf etwas Richtiges, am besten in einer Auberge, die auch Zimmer anbietet.«

Nicolas hat das schon arrangiert. Nana wusste gleich einen vertrauenswürdigen Mann, der Montaigne sehr zugetan war, hoffte, einmal auf das Schloss eingeladen zu werden und eine ganze Etage mit Heizung zur Verfügung stellte, direkt oberhalb einer seiner Rotisserien. Hier hat er Judith für einige Wochen eingemietet.

Am ersten Abend ist ihr nach einem warmen Bad, danach treffen sie sich unten, im Keller, auf Bänken mit warmen Felldecken und vor einem großen Kamin. Es gibt schon einen gut gemischten Becher Wein und warmes Brot, auf dem Entenleber mit Äpfeln angerichtet ist.

Judith hält sich nicht lange mit komplizierten Vorreden auf: »Bist du verliebt? Du wirkst so.«

Nicolas nickt, leugnen hat bei seiner großen Schwester wenig Sinn. »Aber sie ist verheiratet und hat Kinder.«

»Auch eine Schreiberin?«

»Nein, Baronin. Die Nichte Montaignes.«

»Hm, und weiß sie denn von ihrem Glück?«

»Wir arbeiten seit dem Spätsommer nahezu jeden Tag zusammen. Montaigne bereitet eine neue Ausgabe der *Essais* vor, und dazu werden Hunderte von neuen Zitaten benötigt, eine Riesenarbeit. Die haben wir aufgeteilt.«

Judith nickt konzentriert, widmet sich dem inzwischen servierten Brett mit gerösteten Hühnerbrüsten, die in Rocquefort geschwenkt wurden. Dazu hatte man ihnen warmes Brot und eine Schüssel Steinpilze gestellt.

»Arbeit schön und gut, Brüderchen, aber was hat die

Frau von dir? Ich kenne einige solcher jungen Mütter, die in den Adel hineingeheiratet haben, sie wird ihre Zeit nicht gestohlen haben. Habt ihr denn schon …?« Nicolas lacht auf, diese Frage kommt unerwartet: »Judith, bitte!«

»Ich hoffe, du hast mir keine Schande gemacht und ihr Verse des Vergils erläutert. Heiraten geht nicht, also seid ihr unerkannt, unbeschwert zusammen. Halb Frankreich lebt so.«

Nicolas seufzt in seinen Becher.

»Wie ist das denn bei dir, liebe Judith?« Diese Frage hatte sich Nicolas seit Jahren nicht zu stellen getraut, aber hier ging es plötzlich wunderbar leicht. Judith warf ihren Kopf zurück, so laut musste sie lachen.

»Sagen wir, ich mag nicht diese geringe Auswahl, nur Männer oder nur Frauen. Ich finde auch diese beschränkte Möglichkeit an Konfessionen bedauerlich. Warum gibt es nicht eine für jeden Tag im Kalender? Jedenfalls mag ich es nicht, mich verheiraten zu lassen, und schon gar nicht mag ich es, über Gefühle zu reden, dann schon lieber über Politik.«

»Was macht die Mühle? Unsere Mutter?«

Judith widmet sich wieder ihrem Essen. »Du, in der Mühle wird nun wirklich Mehl hergestellt. Du würdest dich wundern. Von morgens bis abends produzieren dort neueste Anlagen, denn die gesamte Anlage wurde an die Gobelins verkauft.«

»Und wo lebt sie nun?«

»Unsere Mutter ist umgezogen, ziemlich oft. Mittlerweile wohnt sie in Joinville, bei der Mutter der Guise.«

»Im Herzen der katholischen Liga, wo der Krieg gegen Navarre und den König von Frankreich vorbereitet wird?«

»Sie würde nun so lange auf uns einreden, bis wir verstehen, dass die Guise gar nicht soo katholisch sind und dass sie dort Schlimmeres verhindert. Oder eben, dass sie die Guise noch nie gesehen hat.«

»Was vermutest du, wie es überhaupt zu der Beziehung zu den Guise kam? Schon in Wassy?«

Judith lehnt sich zurück, tunkt ihr Brot in die Sauce und isst in Ruhe.

»Aber ja, daran habe ich oft gedacht. Ich war ja quasi schon dabei, denn Mama war ja eine der Schwangeren, die die Guise aus der brennenden Kirche herausgelassen haben. Es ist anzunehmen, dass mein Vater die Kirche nicht lebend verlassen hat, obwohl ich dazu von ihr kein klares Wort gehört habe. Aber bei dir ist das ja ganz anders, denn du bist zwei Jahre jünger als ich – in den zwei Jahren lebten Mama und ich auf den Anwesen der Guise, als deren – wie soll man das nennen, als deren Gäste oder Geiseln oder Garanten einer künftigen himmlischen Gnade, Ausweis ihrer christlichen Nächstenliebe und tätigen Reue?«

Sie nimmt noch einen Schluck Wein. »Hör mal, neblig und rätselhaft ist es hier, aber im Becher landet immer etwas, für das wir in Paris ein Vermögen opfern müssten.«

Nicolas stimmt ihr zu. »Der Wein von Bordeaux ist Fluch und Segen zugleich. Ganz egal, wie die Stadt regiert wird, wie sich die Bürgerschaft hier so entwickelt, der Wein spült zuverlässig Reichtum an. Montaigne ist ein reicher Mann, obwohl er kaum eine Traube von einer roten Pflaume unterscheiden kann. Jeden Herbst rücken Hunderte von Arbeitern an und ernten die Trauben, die zu seinem Wein verarbeitet werden. Überwacht und vertrieben wird er von seiner Mutter und von Françoise, seiner Frau. Das sichert ihm ein Einkommen, für das andere Adlige lange in Feldzüge ziehen müssten und sicher keine Zeit hätten, um Bücher zu schreiben.«

»Daher ist es hier nun politisch so wichtig? Weil Männer die Zeit finden, sich Gedanken zu machen und die bei einem Becher Wein auch noch im Gespräch zu prüfen?«

Nicolas muss kichern. »Schau nur zu den Tischen neben uns. Dort sitzt in der Runde der hiesige Chef der Liga, er macht Montaigne gerade einen Prozess wegen einer Mauer. Übrigens hat er mich eben freundlich gegrüßt. Aber mit ihm sitzen einige der Männer, die auch bei dem großen Besuch dabei sein werden. Sie können ewig hier miteinander reden und diskutieren, danach liegen sie sich weinend in den Armen oder schlagen mit Fäusten aufeinander ein ...«

Judith reibt sich mit den Handrücken die Augen. »Das war ein köstliches Essen, ich danke dir. Morgen muss ich etwas handeln und wandeln, aber ich freue mich, wenn wir uns wiedersehen, und natürlich, wenn ich dir, euch, irgendwie helfen kann. Ich kann als Frau, die allein lebt, allein arbeitet und viel Geld verdient, kein Interesse an einer Herrschaft der katholischen Liga haben, allerdings ebenso wenig an einem reformierten Gottesstaat. In dem würden wir kaum so zu Abend essen und Wein trinken, umgeben von herrlich zwielichtigen Gestalten.« Sie lacht leise.

»Wenn du und dein Chef einen kleinen Weg ...«, sie nimmt Schalen und Becher und arrangiert sie auf dem schweren Tisch wie Hindernisse eines Parcours und führt die Kuppe ihres Zeigefingers hindurch, »findet, dieses Land aus den Bürgerkriegen hinaus und in ein neues, friedliches und geeintes Reich zu führen, dann wird man sich noch in Jahrhunderten daran erinnern, dass eben nicht Armeen, nicht Priester dieses Glück herbeigeführt haben, sondern Politiker, also Anwälte, Schreiber und ihre Sekretäre, sowie natürlich wir Frauen – nicht allein Catherine und Marguerite, sondern auf allen Ebenen der Sache, wie François und deine Nana.«

Nicolas widerspricht. »Wenn Montaignes Plan aufgeht – ich kenne ihn nicht im Einzelnen, aber kann ihn mir ungefähr zusammenreimen –, dann hat er schon mitbedacht, dass der König allen Ruhm auf sich zieht. Dass der Weg zum Thron für einen allein nicht zu gehen ist – das weiß er ja schon, seit er ein junger Mann ist. Aber die vielen Helferinnen und Helfer sollen in der Legende dann nicht mehr erscheinen. Stell es dir vor wie ein besonders schönes Theaterstück.«

Judith wendet ein: »Ich war Urzeiten nicht mehr in einem, aber ich glaube, ich verstehe, was du meinst.«

»Die Künstler sagen ihren Text, oder singen und klagen, aber wir sehen nicht, wer die Bauten gemacht hat, wer das Stück geschrieben hat und sehen auch nicht die Musiker. Das alles würde uns ablenken, die Schönheit zerstreuen. Und mehr noch, es würde diese besondere Stimmung zerstören, die uns davon abhält, auf die Bühne zu stürmen und den Bösewicht zu verhauen, beispielsweise.« Sie lachen.

»So muss es auch um den neuen König einen Raum der Vorstellungskraft geben, ein Vertrauen, dass er es besser machen wird, etwas, das die religiösen Fanatiker bremst, ihn umzubringen.«

Judith wiegt bedenklich ihren Kopf. »In Paris wird schon ziemlich viel gehetzt. Und der Mord an Wilhelm von Oranien in den Niederlanden lässt nichts Gutes erahnen – also nicht, weil er ein Chef der Protestanten war, sondern einfach als Methode. Statt langer teurer Bürgerkriege, die die Länder ja völlig ruinieren und das Vertrauen zerstören, einfach Attentate auf Chefs, diese Idee könnte nun Schule machen.«

»O ja«, bestätigt Nicolas, »das tut sie längst, dauernd werden Attentatsversuche gemeldet. Bislang konnten alle verhindert werden zum Glück.«

Judith winkt dem Wirt diskret zu, ihnen noch einen Krug Wein zu bringen. Er stellt noch ein Brett mit Käse und Brot dazu.

Sie beugt sich dann vor. »Also, mein lieber kleiner Bruder, bisher hatten wir noch nicht viel miteinander zu tun. Nun aber sitzen wir hier gegen Ende des Jahres 1584, und das Schicksal des ganzen Landes kann sich bald entscheiden. Ich frage mich also, was ich tun kann, um die Dinge zum Guten zu bewegen? Ich kann recht gut schießen, stechen, schlagen oder rennen oder Leute beauftragen, Dinge bewegen, ohne Spuren zu hinterlassen. Sag es einfach.«

Nicolas wischt sich mit der Handfläche über den Schädel, wie sein Chef es auch immer macht. »Judith, da gibt es tatsächlich etwas, das nur du hinbekommst.«

»Den Mann von deiner Nana kaltmachen?« Sie lehnt sich vor, mit blitzenden Augen. »Soll es nach einem Unfall aussehen? Soll er dir zuvor alles vermachen, in einem Abschiedsbrief?« Sie überlegt noch einen Zug und beginnt, Spaß an der Entwicklung dieses Abends zu haben.

»Nein, es geht um eine Sache, bei der sowohl ich als auch Nana gescheitert sind, die aber sehr wichtig ist. Du weißt doch, woran wir seit Wochen arbeiten, Navarre auf dem Schloss von Montaigne zu beherbergen und ihn dort zu praktizieren?«

Judith nickt interessiert, isst und trinkt weiter.

»Nun hat mein Chef so weit mitgemacht und sich gefügt. Obwohl es nicht seine Lieblingsvorstellung ist, in seinem schönen Schloss auf dem Land Politik zu betreiben. Aber sei es drum. Bloß, ich weiß nicht, wie er darauf kommt, er hat da plötzlich eine Idee geäußert, von der er irgendwie nicht mehr lässt.«

Judith folgt dem Vortrag gespannt und versucht, die Pointe zu ahnen. »Möchte er Elefanten? Oder schlicht

Soldaten? Wir handeln in der Halle des Justizpalastes zu Paris mit allem, so etwas ist kein Problem.«

»Melonen, Judith.«

»Wenn du schon Judith sagst. Was?«

»Montaigne möchte seinen Gästen Melonen vorsetzen, gute Melonen – direkt vor den Vorspeisen, wie man das hier im Sommer macht.«

»Wann soll es denn stattfinden?«

»Am 19. Dezember startet es.«

»Und dann möchte dein Chef reife Melonen. Von der Natur und ihren Zeiten hat er keinen Schimmer, von Politik und den Menschen hoffentlich mehr?«

»Für ihn sind diese Melonen ein Schlüssel zum guten Leben – wenn es die geben kann, wird der ganze Rest folgen.«

»Und wenn er die ersetzt durch Äpfel oder irgendwas?«

»Dann sagt er alles ab. Niemand kann ihn zwingen, einen hugenottischen Prinzen zu beherbergen. Seine Weigerung würde ihn im Gegenteil« – Nicolas zeigt auf die ganze Schar der Gäste – »hier äußerst beliebt machen!«

»Melonen.« Judith sagt es und überlegt, was da zu machen ist.

»Die besten kommen ja aus Afrika. Dort gehen die Jahreszeiten anders, einmal gar nicht, dann entgegengesetzt. Hier in Bordeaux habt ihr jede Menge Seeleute, die regelmäßig hin und her fahren, auch Leute, die teils hier, teils dort leben. Mir fallen da schon zwei Männer ein, denen ich in Paris geholfen habe, ihren Wein zu einem mehr als guten Preis loszuschlagen, und die sicher für mich einige Kontakte knüpfen könnten.«

Nicolas mustert seine Schwester. »Männer, soso.«

»Es ist ein Spiel, wie jede Frau in meinem Beruf es kennt: Ich gebe mich süß genug, damit sie mich in ihrem Maul behalten, und bitter genug, damit sie mich nicht herunterschlucken.«

Beide lachen, dann kehrt Judith zu ihrem Thema zurück. »Du willst mir also sagen, dass das Schicksal Frankreichs an einer Kiste reifer Melonen hängt?«

Der Wirt serviert ihnen noch Armagnac. Sie hebt ihr Glas gegen die Flamme der Kerze und schüttelt den Kopf.

»Wenn man das jemandem erzählt, womit sich Männer an den Hebeln der Macht so beschäftigen – einfach grotesk. Ich bin froh, dass Catherine noch die Zügel in der Hand hat und Elisabeth in London. So kann jemand wie ich wenigstens noch Geschäfte machen.«

Nicolas ist nun hellwach. »Erstens, liebe Judith, wirst du dies niemandem erzählen, denn überhaupt niemand wird auch nur von dem Besuch Henris auf Montaigne erfahren, schon gar nicht von unserem Einsatz in der Menüfrage. Und zweitens.«

Judith hebt erwartungsvoll eine Augenbraue.

»Zweitens ist es nicht eine Kiste reifer Melonen, die wir brauchen, es sind zwei.«

3

Doppelgänger

Der 19. Dezember 1584 fällt auf einen Samstag. Die Vorbereitungen haben solche Ausmaße angenommen, dass Micheau noch in der Dunkelheit durch einen diskreten Seitenausgang den Weg zur kleinen Kirche des Dorfes genommen hat.

Micheau zündet eine Kerze an und hängt noch halb seinen Träumen der kurzen Nacht nach. Er spricht mit seinem Vater, der wie immer Besseres zu tun hat. Dann streitet er sich mit Étienne.

Heute wird ein Tag, über den anders zu urteilen sein wird, als ob er schön war oder misslungen. Wenn es schiefgeht, wird man ihn, wird man diese gesamte Zeit und das gesamte Land verfluchen, auch Michel de Montaigne und sein Buch. Wenn ihm hingegen gelingt, was er vorhat, sein Plan, der langsam im Morgennebel Gestalt annimmt, dann wird man diesen Tag völlig vergessen. Das Datum und seinen gesamten Einsatz heute. Das ist der beste Fall.

Auf dem kurzen Ritt zurück im Regen nehmen seine Sorgen eine konkrete Gestalt an.

Die Truppe, die das Gerüst mit dem Regendach und die Zelte für den Hof errichtet, wurden unter den besten

Handwerkern für solche Aufgaben empfohlen. Alle sind der Seite der Hugenotten zugetan, haben ihr Handwerk in der Schweiz gelernt. Sie arbeiten gewissenhaft und wissen, dass es sich um einen politisch sensiblen Auftrag handelt, dass sie wachsam sein müssen, damit das Gestell nicht über oder unter der Gesellschaft zusammenkracht, und auch, dass sich kein Attentäter Zutritt verschafft. Duplessis selbst hat diese Männer ausgewählt und instruiert. Als nun aus dem Nebel ein kleiner Mann auf kleinem Pferd anrückt, weckt dies ihren Argwohn.

Der Hof und die Baustelle sind heute selbstverständlich abgesperrt. Für den Fall, dass jemand Zutritt begehren und rechtmäßig beanspruchen sollte, wurde ein Passwort ausgegeben. Die Männer der königlichen Armee des Marschall von Matignon kennen es, und die Leute des Hofs von Navarre kennen es auch. Für den Haushalt Montaignes kennen es seine Nichte, die Baronin de Lestonnac, also Nana, und Nicolas. Sie haben es umgehend an Françoise, Denise und Tony de Louppes sowie die Bediensteten in Küche und Keller, an die Rittmeister und Wachen weitergeleitet, sowie an alle Mitglieder der großen Familie, an Thomas, Pierre und Bertrand und all ihre Kinder.

Der Einzige, der das heute gültige Passwort nicht kennt, ist Michel de Montaigne. Niemand konnte sich vorstellen, dass er es nicht kennt, also sagte es ihm niemand.

Obwohl er friert und heute noch viel vorhat, der ganze Zirkus genau genommen nur wegen ihm stattfindet, bleiben die kräftigen, mit langen Hämmern bewehrten Zimmerer stur. Als er insistiert und im Eingang des Hauses, in dem er zur Welt gekommen ist, seine Lage plausibel zu machen versucht, rufen sie nach der Wache.

In gewöhnlichen Zeiten gibt es auf Montaigne keine Wache, die diesen Namen verdient, der Pförtner verjagt manchmal irr laufende Kühe und Schweine, aber heute ist auch das ganz anders. Maskierte Scharfschützen reiten auf nervösen Pferden an, jederzeit bereit, den potenziellen Eindringling auszuschalten. Erst nach einigem Hin und Her erscheint sein jüngster Bruder Bertrand, der als professioneller Soldat auch für die Sicherheit heute zuständig ist. Er schaut sich seinen großen Bruder auf dem kleinen Pferd an und muss leise lachen. Endlich findet Montaigne den Weg zu Denise, kann seine Kleider trocknen, Eier aus der Pfanne einnehmen und sich fühlen wie als Schüler vor einer gewaltigen Prüfung.

Einige Stunden später steht er unter einem der am Morgen gezimmerten und mit teurem Stoff bespannten Vordächer und friert erneut. Es regnet. Links und rechts des Weges wurden Fackeln entzündet, so dass er seinen eigenen Hof kaum wiedererkennt. Mit dem ungewohnten Licht aus Schein und Widerschein wähnt er sich in einem seltsamen Traum. Neben ihm stehen seine Frau Françoise in einem eigens geschneiderten Ensemble in nachtblauem Brokat und Gold unter einem Ledercape und seine Tochter in einem bodenlangen, fließenden Kleid aus weißer Seide. Neben ihr wartet Jeanette, seine Schwester, in einem groben, aber eleganten Kleid und Stiefeln. Etwas weiter seine Mutter Tony und seine drei Brüder, Thomas, Pierre und Bertrand, jeweils in Waffen und blitzender Rüstung. Ganz vorn am Tor beschauen Nicolas und seine Nichte Nana die ankommenden Reiter, kündigen sie an und warnen vor.

Diese ganze Gesellschaft übt sich in der Kunst des Wartens. Pünktlichkeit ist nie die Stärke Henris und seiner Leute gewesen, manchmal nutzen sie diesen Ruf aber auch, um Verwirrung zu stiften und Attentatspläne zu durchkreuzen.

Dann, als schon längst Knechte durch die Reihen gehen, um die Gesellschaft mit eisernen Becken voller Glut aufzuwärmen, wird die erste Kutsche gemeldet.

Es ist ein wahrhaft königlicher Zug, der den Hügel von der Dordogne her hochstürmt, angeführt von mehreren Dutzend Reitern, einigen Kutschen, Lastwagen und gefolgt von einer gepanzerten Nachhut, die noch die grimmigsten Feinde abschrecken dürfte. Das letzte Gespann des Zuges ist ein gewöhnlicher Lastkarren, auf dem Hakenbüchsen und andere Geschütze befestigt wurden, um Verfolger abzuschrecken.

Den Hof erreichen erst einmal wundervolle Schimmel, von denen beeindruckende Gardisten absteigen, ihre Helme abschnallen und die Köpfe neigen. Sie bilden das Dekor für die Kutschen, denen die Pagen und Monseigneur de X entsteigen, der oberste Gendarm des Prinzen. Während Nicolas, Nana, und die restliche Familie nach dem König von Navarre Ausschau halten, muss Montaigne von einem Bein auf das andere wechseln. Er weiß, dass diese frühe Ankunft noch nicht ihr wichtigster Gast ist, sondern vielmehr dessen ehrgeiziger Verwandter, der Prinz von Condé.

Seine Pagen bringen die Trittstufen aus Eichenholz unter der Tür seiner Kutsche an, aber Montaigne ist dieses Mal schneller. Er breitet seine Arme so weit aus, wie es geht, und ruft: »An mein Herz, Majestät, endlich seid Ihr zu Hause!«

Diese Formel ist ihm eben erst eingefallen, als er sich den Prinzen genauer besah: verfroren, unbehaust und misstrauisch in einer zu großen, abgeschlossenen Kutsche. Condé lässt sich wie ein Kind zu Boden gleiten, beide Männer müssen auf dem vom Regen weichen Boden um Halt ringen. Dann führt Montaigne seinen Gast – Zweiter in der Rangfolge der Protestanten, aber Erster im Willen, eine Entscheidung militärisch zu suchen – in sein Schloss. Es sind nur wenige Stufen, dann stehen sie vor einem herrschaftlichen Kamin, in dem gewaltige Eichenstämme glühen. Eine beachtliche Schar dienstbarer Geister verneigt den Kopf vor Condé, der vor Genugtuung mit den Augenlidern klappert. Dann hakt er sich bei seinem Gastgeber unter.

»Bürgermeister Micheau, es könnte nicht besser laufen! Jetzt läuft die Thronfolge auf unser Lager zu. Frankreich wird wie England, die Niederlande und die guten Teile Deutschlands, wie die Schweiz, endlich vernünftig und protestantisch. Wir überwinden die Folklore des auf seinen Gütern lebenden katholischen Adels und vernichten die durch Spanien korrumpierte Liga, die sich Paris geschnappt hat. Der Plan ist einfach: Wir befreien erst den Südwesten, dann die Hauptstadt, dann ganz Frankreich.«

Er nickt zufrieden dem schönen Feuer zu und spaziert zu seiner Gastgeberin, die sich vor dem Prinzen verbeugt.

»Françoise, ehrlich, wann konvertiert Ihr, wann verführt Ihr unseren Micheau endlich dazu, zum wahren Glauben überzutreten?«

»Nicht mehr vor dem Essen, fürchte ich«, spottet sie.

Condé nickt amüsiert. »Essen, das ist die neue Religion! Seelenheil ist egal, solange es nur hier auf der Erde schmeckt! Und alles wegen Henri, nicht wahr? Dass er angeblich so viel isst, so viele Frauen hat, das sind die Legenden, mit denen er sich auf dem Land bei den Bauern und bei den Katholiken beliebt machen möchte. Das wirkt menschlich, männlich! So sinnenfreudig!« Er lacht hell. »Dabei kennen wir die Wahrheit – die meiste Zeit sitzt er einfach im Sattel herum und hängt schwarzen Gedanken nach!«

Dann zieht er seinen Gastgeber in eine diskretere Ecke.

»Montaigne, morgen besprechen wir mal meinen Schlachtplan. Wir verheiraten Henri mit Elisabeth von England und greifen die Katholiken von der See her an. Über La Rochelle. Ich bin dort sehr bekannt. Könnt Ihr meinem Cousin etwas raten? Er sucht einen Lieutenant General für den Languedoc, und das würde ich gerne machen, es ist doch so gut bezahlt. Aber er hat natürlich diesen Turenne im Blick, ein ganz komischer Vogel ist das. Henri muss gewarnt werden, er ist so gutgläubig!«

Montaigne bedeutet seiner Schwester Jeannette, sich zu nähern und sich um die Nummer zwei in der reformierten Welt, den Prinzen, zu kümmern. Dann geht er unauffällig zu Nana und Nicolas und informiert sie über die Erfahrungen und Probleme der Gäste: Viele der Männer, die heute an Henris Seite hier erscheinen werden, waren noch kleine Jungen, als sie in der Bartholomäusnacht in Paris plötzlich um ihr Leben fürchten mussten, nur weil sie in einer anderen Konfession erzogen worden waren. »Condé war früh eine Waise, dasselbe gilt für X und Y. Sie krochen buchstäblich unter die Laken von Navarre und haben sie bis heute nicht verlassen. Wenn Ihr mit denen nicht weiterkommt, ruft Ihr bitte Tony, meine Mutter.«

Die schreitet, als hätte sie auf das Stichwort nur gewartet, den langen Flur entlang und auf den Prinzen zu. »Majestät, Ihr habt eine schöne Suite hier auf Schloss Montaigne, ja die schönste des ganzen Hauses, wenn man mich fragt.« Condé nickt zufrieden. »Aber es gibt auch die Möglichkeit, das Protokoll anzupassen, es uns gemütlich zu machen, denn ich bewohne selbst ein sehr schönes Appartement unter den Dächern und gewähre reinen Seelen gerne Obhut, ganz gleich, welcher Konfession. Man ist dort oben dem Lärm und dem Betrieb des Alltags eines Schlosses enthoben. Aber Ihr müsst wissen: Ich erzähle gerne Gruselgeschichten vor dem Schlafen und einen recht süßen Grießbrei gibt es dort auch noch.«

Sie lacht ihn einladend an, als die Boten am Tor die Kutsche des Königs melden und alle ihre Position einzunehmen haben. Montaigne eilt wieder im Regen hinaus, seine nun fluchende Frau an seiner Seite, den Prinzen von Condé mit seiner Mutter protokollarisch improvisierend aufgestellt.

Nun hetzen hugenottische Krieger in ledernen Masken ihre Reitpferde durch das Dorf und das Tor, dicht gefolgt von einer flachen, schnellen Kutsche und danach, auf einem Schimmel und mit dem berühmten weißen Federbusch am Helm, der König von Navarra, der den rechten Arm schwenkt und Kusshände verteilt. Er hat so gar nichts mehr von dem schweren, unbeweglichen Mann, den Montaigne vor einigen Tagen getroffen hat. Im Überschwang des Jubels, der ihn in dem Hof des Schlosses von allen Bediensteten und den Bewohnern entgegenbrandet, zieht er das goldene Schwert an seiner Seite und bewegt das prächtige Paradepferd dazu, sich auf die Hinterbeine stellen. Jeannette wirft ihrem König unter lauten Vivat-Rufen ein von ihr selbst gewebtes Tuch entgegen, das er mit der Spitze seiner Waffe empfängt, ohne es zu durchbohren. Dann zwinkert er ihr zu, während sein Hengst laut wiehert.

Françoise klammert sich fester an den Arm ihres Ehemannes.

»Micheau, was ist das denn bitte? Ich war auf einen Ihrer Politikerfreunde gefasst, aber nun sehe ich einen Unterhalter und Akrobaten in meinem Hof? Ihr hattet mir einen traurigen und nachdenklichen Mann geschildert, aber was ich hier sehe, ist das Gegenteil davon, ein exzellenter Reiter, dem die Herzen zufliegen, vor allem von den Menschen aus dem Dorf und denen, die uns auf dem Schloss helfen.«

Es ist ein gewaltiger Jubel und ohrenbetäubender Lärm, so dass Françoise die Antwort ihres Mannes unter dem Vordach gar nicht richtig versteht. Sie spürt wohl, dass sein Leib sich versteift, sein Bein zuckt und er sich hinfort wünscht, aber was er dazu sagt, kann sie nicht hören. Sie beugt ihr Ohr an seinen Mund und bittet um eine Wiederholung, während um sie herum alle mit den Armen wedeln, auf den Zehenspitzen hüpfen und nach Herzenslust schreien und jubeln. »Was sagst du da?«

»Fanchon, er ist es nicht. Der Mann dort auf dem Schimmel ist nicht Henri de Navarre.«

Doch sie können ihren Standort nicht augenblicklich verlassen, um diese Sache aufzuklären, denn im Gefolge der königlichen Kutsche drängeln sich dicht hintereinander die Männer und das Personal seines reisenden Hofstaats.

Montaigne verlässt seinen erhöhten Holzsteg, um einige der Männer im Gefolge Navarres persönlich zu begrüßen und zu umarmen, als seien es Brüder. Einer von ihnen ist ein gewisser Max, der sich um die Finanzen und die Unternehmungen Henris kümmert und ihm treu ergeben ist. Immer mit dem König ist sein persönlicher Leibwächter, ein Offizier, der noch auf der Schwelle des königlichen Bettes schlafen wird, dessen breite Hände seine beste Waffe sind.

Dann folgen, in prächtigen Gespannen, Männer aus Bordeaux, die ihren immensen Reichtum unter anderem dazu verwendet haben, Landsitze und die dazugehörigen Titel zu kaufen, ganz so, wie es die Großeltern von Montaigne einst gehalten haben.

Heute aber erscheinen sie als Pioniere, als Abgesandte der katholischen Bürgerschaft von Bordeaux, die eine Verbindung zum möglichen zukünftigen König suchen. Sie blicken halb verblüfft, halb misstrauisch auf das ganze Theater heute. Nicolas und Nana eilen von der einen Kutsche zur anderen, teilen die Quartiere ein und versuchen auf Listen den Überblick zu behalten, ohne die Männer und ihre Begleitung unfreundlich anzusprechen. Noch nie war der Hof derartig beansprucht von Rädern, Hufen und Schritten. Der Dezemberregen tut ein Übriges, und bald schon ist der ganze ruhige Schlosshof ein einziger Matsch. Aber der Zug der ankommenden Gäste endet nicht einfach, sondern scheint im Gegenteil immer noch länger zu werden: Die Dorfstraße hinunter und sogar bis zur Dordogne reichen der Versorgungszug und die Nachhut. Allein der Lärm, der das Tal erfüllt, ist hier seit dem Hundertjährigen Krieg unerhört. Henri wird nicht nur von Hunderten von Reit-, Last und Zugpferden begleitet, sondern auch von Eseln, Maultieren und Hundemeuten. Zwar ist sein Narr Chicot heute nicht mit dabei, aber dafür seine Menagerie mit dem Affen, den Papageien und den dressierten Pudeln. Sie gehören zur Bande, die immer dann eingesetzt wird, wenn Henri sich allzu deutlich seiner Melancholie hingibt, denn die reist immer mit.

Obwohl alle eingeübt sind in solchen protokollarischen Einfahrten, dauert es lang. Die Versorgungswagen und begleitenden Reiter werden schon vor dem Hoftor umgeleitet und von ortskundigen Jungen zu ihren Unterkünften begleitet. Aber auch wenn nur die wichtigsten Gäste einreiten, angekündigt werden und unmittelbar an der Treppe unter einem Vordach absteigen, entsteht eine Parade von mehreren Stunden. Alle Gäste werden dann noch einmal ausführlich begrüßt, mit warmer Brühe oder Wein versorgt und zu einem Raum geführt, in dem sie ihre Waffen und Stiefel ablegen können, die dann getrocknet und gereinigt werden. Die Klingen werden geschärft, das Pulver getrocknet und die Feuersteine ersetzt.

Anschließend werden sie zu ihren Zimmern geführt, die schon seit Stunden beheizt werden. Einige der Männer sind von den langen Reisen durch die Winterlandschaft so erschöpft, dass sie sich noch in den Kleidern hinlegen und einschlafen.

Die Chefs der einzelnen Abteilungen des Hofes werden von Nicolas auf die Zimmer und Suiten des Schlosses verteilt, die sie begleitenden Männer und Frauen kommen in den Häusern der Nachbarschaft unter.

Vier Stufen führen zum Eingang des Schlosses Montaigne, eine Kutsche kann davor halten, und die Passagiere können ohne Trittleiter trockenen Fußes in das Haupthaus schreiten. In dem beeindruckend breiten Kamin brennen mehrere Eichenstämme, jede Kleidung, die auf der zugigen Fahrt mitten im Winter gerade eben ausreichte, ist dann zu viel und muss den Armen der jungen Frauen und Männer aus den Dörfern überantwortet werden.

Micheau und Fanchon stehen dort wie angewurzelt, plaudern mit allen ankommenden Gästen, die zwar alle eine ähnliche, doch niemals die genau gleiche Lebensgeschichte teilen. Viele waren noch Kinder, als sie in der Bartholomäusnacht zum Tode verurteilt schienen, oder haben d'Alençon auf seinen Abenteuern in Flandern begleitet, um nun mit Henri zu ziehen.

Sie gehen vom einen zu den anderen, reichen Gläser mit warmem Wein und umarmen und küssen, wo es eben geht. Endlich, nachdem er schon länger nach ihr Ausschau gehalten hat, nähert sich Nana ihrem Onkel und zieht ihn elegant zur Seite.

»Micheau, Ihr solltet einmal nach Eurer Tochter sehen!«

Montaigne nickt. »Ich war vorhin schon bei ihr, und nun sollte ihr Kindermädchen bei ihr sein, warum? Sie ist ja kein Säugling mehr.«

Nana zögert auf eine eigenartige Weise. »Nein, Onkel Micheau, Ihr seht bitte jetzt nach ihr.«

Montaigne stutzt. »Nana, aber hier steht der halbe Hof von Navarre in meinem Flur, gleich gehen wir zu Tisch. Ich kann doch später meine Tochter besuchen, oder?«

Nana sucht nach den passenden Worten. »Es ist nicht der ganze Hof hier, nicht wahr? Sagen wir, sie hat da – ein neues Pony, und das solltet Ihr Euch ansehen.«

Montaigne nickt und folgt ihr halb beunruhigt, halb neugierig, fragt sich, ob er es hier mit einem Geschenk oder einem Streich zu tun haben wird, kommt aber nicht auf den Gedanken, dass es sich hier um nichts von beidem handelt.

Als er das Kinderzimmer einsieht, das ganz am Ende der langen Zimmerflucht im ersten Obergeschoß liegt, erkennt er das juchzende Gesicht seiner Tochter, deren Zöpfe in die Luft fliegen. Mit seinem schweren, schwarzen Anzug kann er sich nicht so schnell bewegen, wie er es möchte, aber er nähert sich zunehmend amüsiert. »Nana, was ist denn hier eigentlich los? Sie spielt doch friedlich. Wer ist das überhaupt, der dort mit ihr Reiterhof spielt?«

Nun erst erkennt Montaigne in dem großen, bärtigen Mann, der wiehernd und auf allen vieren auf dem Boden des Kinderzimmers herumturnt, seine Lederkluft von der Reise noch gar nicht abgelegt hat und immer wieder begeistert den Po in die Höhe bockt, um das Kind in die Luft zu befördern, auch an dem Duft, der in keinem Pferdestall unangemessen wäre, die Gestalt und das Gesicht von Henri, dem König von Navarra, Gast des heutigen Abends und Thronfolger Frankreichs. Er tut so, als sei er ein Pony, das erst lieb wirkt, dann aber zur Unzeit bockt und sich aufbäumt. Léonore ist zu Recht empört über das freche Viech und freut sich zugleich über den Regelverstoß ihres Ponys, der sie der Decke näher bringt.

Irgendwann hat sich Montaigne diese Szene ausführlich genug betrachtet und findet den Mut, angesichts des Zirkus, der nun hier in dem Schloss seiner Eltern Platz gefunden hat, leise, aber deutlich vernehmbar zu flüstern: »Henri?«

Henri setzt das Kind mit seinen großen Händen sanft ab, küsst es auf die Stirn und wendet sich dann seinem Vater zu. »Ach ja, Montaigne. Hier sind wir.« Er wirkt, als habe er völlig vergessen, dass er nicht zum Spielen hier ist. Er reibt sich die Handflächen an der Lederfront seines Wamses ab und geht einige Schritte herum.

»Ja, sehr schön. Verzeiht wegen des Doppelgängers. Aber erstens ist es sicherer, zweitens mag ich diese Einsätze in Paraden immer weniger. Nichts gegen Euch, aber ich habe so meine – Schrullen.« Er zuckt mit den Schultern.

Montaigne tritt näher und beginnt, seine Hände auf den Hals und die Wangen des Königs zu legen, ihn an den Ohren zu ziehen und den Nacken zu massieren, wie er es bei einem Pferd tun würde, das in Panik geraten ist und unter Schock steht.

»Jetzt essen wir erst mal was, dann besprechen wir, wie es weitergeht. Wenn Ihr abreitet, seht Ihr klarer.«

Henri schlurft aus dem Kinderzimmer in den Flur, seinen Dienern entgegen, die schon mit dem Kostüm und den Insignien für das Abendessen warten. Er senkt den Blick und macht, ohne sich umzudrehen, eine müde Geste mit der Hand, so wie das nur Männer tun, die wissen, dass alle Blicke ihnen jederzeit folgen.

Montaigne ist längst zu spät und muss sich nun in Ruhe irgendwo sammeln, seine Kleidung richten und vielleicht mit Étienne de la Boëtie beraten. Doch seine Ehefrau eilt den Gang im ersten Stock in seine Richtung und macht Handzeichen.

»Fanchon, was ist denn? Ist etwas vorgefallen?«

Sie zieht ihn in ein kleines Zimmer, in dem sonst seine Schwester schläft, wenn sie länger auf dem Schloss ist. Es ist ganz in Blau gehalten mit einem schmalen Bett und blauen Vorhängen. Sie lässt sich lachend auf das glatt gemachte Bett fallen. »Jetzt komm schon.«

»Fanchon, das ist jetzt ganz unmöglich, ich werde hier, dort überall erwartet. Ich kann mich jetzt nicht hinlegen, ich bin schon angezogen – meine Kleidung lässt es gar nicht zu.«

»Von Ausziehen hat niemand etwas gesagt, mein Freund, das dauert doch viel zu lange, so viel wie ihr Männer immer gezurrt, geknöpft und geschnallt habt. Zumindest … nicht vollständig. Nein, wir machen das wie ihr Politiker, wir suchen einen anderen Ausweg.« Sie zieht ihn näher und löst zugleich mit einer Hand die Vorhänge, die das Bett von vier Seiten umgeben.

Nicolas und Nana haben kleine Tafeln vorbereiten lassen, auf denen Karten stecken, die jedem seinen Platz anzeigen. Die Funktionäre des Hofes werden von den Brüdern Montaignes an einem Tisch bewirtet, die wirtschaftsfreundlichen Hugenotten wie Sully sitzen mit den Bürgern aus Bordeaux an einem Tisch, und die Krieger, die unter Weineinfluss zum Überschwang neigen könnten, sitzen in der Nachbarschaft von Tony. Jeannette, die Mutter von Nana und Schwester Montaignes, kümmert sich um den Prinzen von Condé.

Montaigne eilt, nach seinem ungeplanten Stopp im blauen Zimmer etwas außer Atem, in die Küchen, um mit Nicolas alles noch einmal durchzugehen. Denise und seine Köche haben eine Folge von Eindrücken komponiert, die seine Umgebung und die Jahreszeit transportieren. Er sieht Moos, Pilze, Steine aus dem Bach, und es riecht wie in seinem Wald.

Montaigne nickt zufrieden, wirkt aber eigentümlich blass, als wolle er jeden Moment umkippen. Sie gehen weiter zum Wein. Montaigne erkundigt sich nach der Mischung: Wie lang ist es her, dass das Wasser untergerührt wurde? Wie konnte er atmen, wie kühl ist er noch? Er sucht einen kleinen Löffel, füllt sich etwas in einen Becher und schmeckt vorsichtig.

»Denise, eine andere Frage: Ist es denn auch genug von allem?«

Seine unerschütterliche Haushälterin nickt beruhigend. »Schon im ersten Durchgang ist es mehr als genug, solche Hugenotten sind ja mit wenig zufrieden. Aber ich habe genügend Reserve bestellt, und dann haben wir ja noch die Geheimwaffe von Tony.«

Sie zeigt auf einen beeindruckend voluminösen Kessel voller Grießbrei.

Montaigne schwitzt in dieser Hitze, aber er friert auch.

»Micheau, du siehst aus wie vor deinen Prüfungen. Setz dich, wir machen das wie damals.« Montaigne nimmt ohne Widerspruch Platz und folgt ihren Anweisungen.

Sie reicht ihm einen Becher mit handwarmem Wein, den er ihr nun wieder hinhalten muss. Dann öffnet sie ein Hühnerei am Rand des Bechers, lässt den Inhalt in den Wein gleiten und rührt mit der Spitze ihres Messers um. Dazu gibt sie etwas Salz und Honig. »Nun trink es, bevor sich das Ei gesetzt hat.«

Montaigne leert das Ganze in einem kräftigen Zug und atmet tief ein.

Er bedankt sich, richtet seine sorgsam komponierte, etwas zerzauste Kleidung, die Orden und die Tücher, dann macht er sich wieder auf den Weg in den großen Saal. Seine Abwesenheit ist gar nicht bemerkt worden.

Noch während alle stehen, hebt Navarre beide Hände auf die Höhe seiner Schultern, die Handflächen zum Saal und bittet um Ruhe. Er ist nun erfrischt und wurde in sein weißes Gewand gekleidet, das bei seiner hugenottischen Gefolgschaft immer gut ankommt, aber auf Reisen so unpraktisch ist, weil es direkt schmutzt. Nur der Prinz von Condé trägt noch ein festlicheres, weißes Kleid und geht auf feinen Sandalen.

Montaigne seufzt und flüstert Françoise zu: »Ich hätte Nana sagen sollen, dass die Harangue heute entfällt. Das ist immer der Teil des Abends, der alle langweilt und zugleich beschwert. Wir sind ja nicht vor einer Schlacht, wo er die Truppen anheizen muss.«

Henri fuchtelt mit den Zetteln herum, von denen er ablesen soll. Er zieht Grimassen und trinkt etwas, winkt und wirkt insgesamt, als sei er nicht ganz bei sich. Dann findet er seine Stimme, die den Saal und das gesamte Schloss erfüllt, als hätten die alten Mauern nur darauf gewartet.

»Madame de Montaigne, Françoise, Micheau – ich werde mich kurzfassen, soldatisch und wie ein Mann der Gascogne. Dies ist das Haus von Pierre Eyquem, Eurem Ehemann, Vater und Schwiegervater, dem Bürgermeister von Bordeaux und Soldaten für unsere gute Sache. Er gründete die Familie, mit Thomas, Pierre und Bertrand, auf die er so stolz war. Nicht zu vergessen seine einzigartige Tochter Jeanne, eine Gelehrte, wie sie das moderne Frankreich so nötig braucht und doch so selten hat.

Dass wir heute hier zu Gast sein dürfen, zeugt von einer verkehrten Welt: Es sollte doch der König sein, der Frauen und Männer dieser Qualität bei Hofe empfängt, und nicht umgekehrt, dass der Hof bei ihnen Asyl bekommt. Aber wir brauchen diese Zuflucht beim Turm, bei der Bibliothek und allen guten Geistern, um einen Weg hinauszufinden aus den Bürgerkriegen, dem Ekel, den wir vor unserer eigenen Zeit empfinden. Denn man soll uns einmal als jene Franzosen erinnern, die aus der miesen Zeit herausgefunden haben.«

Er nimmt einen Schluck und fährt fort.

»Dies ist ein katholisches Haus. Ein katholisches Haus, in dem nicht nur Katholiken leben und in dem nicht nur Katholiken willkommen sind, denn diese Familie sieht aus wie ganz Frankreich: gemischt, verschieden, aber doch vereint. Das beeindruckt mich. Und ganz nebenbei, wenn hier nur Katholiken willkommen wären, würde hier kein Bett auf mich warten.« Der Saal lacht!

»Aber es geht hier nicht um mich. Ein früherer Gast in diesem Hause, heute guter Geist, ist Étienne de la Boëtie, ein Mann, den ich nicht persönlich, aber durch die Schriften und Erzählungen seines Freundes Micheau kennenlernen durfte. Er verwahrte sich schon in jungen Jahren dagegen, dass ein ganzes Reich sich einem einzelnen Mann zu unterwerfen habe. Damit legte er dieselbe Widerspenstigkeit an den Tag, die mir oft vorgeworfen wird, auch darum bin ich heute so gerne hier, wegen de la Boëtie – er hebt nun seinen Becher!«

Direkt hinter dem König von Navarra hüpft Étienne auf

und ab, hebt die Hände und lacht. Montaigne nickt und muss leise weinen. Françoise zischt: »Diese Harangue hat ihm noch Marguerite geschrieben, nie und nimmer bringt der Henri, den wir kennen, so etwas fertig.«

Henri fährt fort:

»Aber vor allem bin ich heute hier, um zu sehen, wie wir dieses Land aus der Vergangenheit in die Zukunft, aus der Finsternis ans Licht führen! Und was uns hier den Weg weist, das sind seine *Essais*. Es war vor vielen Jahren in Bar le Duc, schon damals pflegte Montaigne die fragwürdige Gesellschaft gekrönter Häupter, als er Zeuge wurde, wie unserem damaligen König eine Zeichnung geschenkt wurde. Es war ein Selbstporträt des alten Königs René von Sizilien, der Alte hatte sich selbst gemalt. Na, eine Schönheit war er nicht gerade« – alle lachen –, »aber unser Freund hier kam auf eine recht gewagte Idee: Wie wäre es, wenn ich so etwas auch mache. Nur, dass er nicht zeichnen kann. Nur, dass er kein König ist!« Erneutes Gelächter. Er nimmt einen Schluck.

»Jedenfalls hat er es dennoch unternommen, und alle, die es gelesen haben, waren danach mit ihm befreundet. Es gibt in diesem Buch keine theologischen Spitzfindigkeiten, keine Bibelexegese, es geht um uns, wie wir hier auf dieser Erde leben, lieben und uns versuchen. Hier auf Schloss Montaigne an dem Ort zu sein, an dem er sie geschrieben hat, wo er sich zurückziehen wollte aus den Dingen des öffentlichen Lebens und der Politik – na, dieser Teil hat nun nicht besonders geklappt, oder? Besser mal beichten gehen, mein Freund.« Er zwinkert Montaigne zu.

»Aber die *Essais* haben viele im ganzen Reich, an den unterschiedlichsten Positionen und in Städten von Nord bis Süd zum Nachdenken gebracht, mit seiner Ablehnung der Grausamkeit, des Helotentums, der Übertreibungen aller

Art. Und nun wartet die Welt auf einen dritten Band, aber einstweilen halten wir Euch hier vom Schreiben ab. Über manches, was wir dieser Tage erleben, kannst du dann schreiben, über das meiste« – er senkt den Kopf – »aber nicht.«

Dann atmet er ein und fährt fort:

»Den ganzen Tag werde ich militärisch beraten, nicht wahr, Turenne, werde ich theologisch beraten von meinem lieben Cousin Condé, und ich werde auch finanziell beraten – aber wer berät mich, was Frankreich, was das Leben angeht? Wie ich besser werde als Mann und König?

Lassen Sie mich also herzlich danken für diese Gastfreundschaft und unser Glas erheben auf diesen schönen Moment, auf Madame de Montaigne, Françoise und Michel de Montaigne – und Léonore!«

Montaigne fällt es schwer, sich zu sammeln, die Rührung hat ihn, wie seine gesamte bunte Familie, durch und durch ergriffen. Henri rollt seine Zettel zusammen und schiebt sie sich in den linken Ärmel. Im selben Moment schaut er erwartungsfroh auf den Tisch und in Richtung der Türen. Er hat Hunger.

Montaigne umarmt seinen Gast, und Nana rafft ihr Kleid zusammen, um rasch zu Nicolas zu eilen.

»Das entwickelt sich ganz komisch hier. Wir brauchen jetzt schnell ... Was macht die Sache? Geh schnell zu den Lieferantentoren.«

Nicolas entfernt sich rückwärts, um keine Aufmerksamkeit zu erregen, rennt dann, so schnell er kann, den langen Flur entlang zum Küchentrakt und von dort zu den Toren, an denen die Waren und Lebensmittel in Empfang genommen werden.

»Freunde, kommt hier etwas an?«

»Monsieur le Secrétaire, wir haben hier heute Kolonnen

von Lieferanten abgefertigt, die letzten waren die mit den Singvögeln, aber sonst ...«

Im allerletzten Augenblick findet eine Kutsche ihren Weg durch die Winternacht den Hügel hinauf. Nicolas blinzelt, um schärfer zu sehen. Sie rast ohne Umwege an das Tor für die Lieferungen und hält präzise davor. Dann springt der Kutscher ab, schüttelt seinen ledernen Reisemantel aus, wirft die Kapuze zurück und packt den festen Zopf, um ihn auszuwringen.

»Bin ich zu spät, Bruderherz?«

Judith steht neben ihrem Fahrzeug und macht schon die Seile locker, mit denen die Kisten festgezurrt wurden. »Ich konnte in einem Viertel etwas abseits des Hafens überhören, dass Schiffe aus Afrika erwartet werden, dann war es nicht besonders schwierig nachzufragen, ob nicht eines davon Melonen an Bord führt. Ich habe für solche Fälle immer einige feine Sachen aus der Halle des Justizpalasts dabei, seien es Perlen, Messer oder schöne Steine. Jedenfalls gelang es mir, die Anlegestelle herauszufinden und mich nach gewissen Meldungen und Direktiven auch gleich dort aufzustellen, wo die Zölle zu entrichten waren. Ich hatte meine strenge Tracht an, und in der Dunkelheit wussten die Ankommenden noch gar nicht, wie ihnen geschieht. Ich hatte zwei Wachen überreden können, mich zu begleiten, so dass ich ziemlich amtlich aussah. Ich wedelte dann mit einigen der Papiere, die du mir überlassen hast, und fragte immer wieder nach Melonen, bis der Kommandant des Schiffes mir schließlich seine Reserve überließ – nicht weniger als vier Kisten duftender, weicher Melonen, die noch in Afrika zu reifen begonnen haben.«

Sie lässt die Küchenhilfen abladen. »Ich habe allerdings noch keine davon versucht, ich weiß nicht, wie das gehen soll.«

Nicolas besieht sich die grünen, wie von einem Netz überzogenen Bälle, schnuppert, drückt und fühlt und zuckt dann überfordert mit den Schultern. »Wir können nur beten!«

In den Küchen werden die Bälle halbiert, dann geviertelt, und das Kerngehäuse entfernt – eine Melonenoperation, sagen alle.

Für eine weitere Prüfung bleibt keine Zeit. Nana drängelt schon.

Die Teile der Melone werden auf Serviertabletts gelegt, dann im Laufschritt vor den Speisesaal gebracht. Nicolas gibt Montaigne ein Zeichen, der sich erhebt und sagt, heute Abend gebe es nur solche Speisen, die er selbst auch mag, ganz ungeachtet der höfischen Moden und Üblichkeiten.

Und dann ist es so weit: Vor jedem der Winterkrieger, vor Henri, dem Prinzen von Condé und dem ganzen Hof von Navarra werden kleine Schalen serviert, in denen Teile einer gold und orange schimmernden Melone strahlen, wie im heißesten Sommer.

Im Saal erheben sich Stimmen, werden Fragen laut, selbst Henri schaut sich ratlos um, woher nun diese Sommerfrüchte kommen. Er tut also erst einmal nichts, sondern lächelt und blickt fragend zu Montaigne und Françoise.

Montaigne hingegen hat Hunger, zieht sein Messer zwischen Schale und Fruchtfleisch, teilt das dann in vier Stücke und führt eines mit der Spitze seines Messers zum Mund. Der gesamte Saal sieht ihm zu, er nimmt gleich ein zweites und nickt und sucht nach Worten –

»Freunde, es ist möglich, eine Melone zu genießen mitten im Winter – wenn Katholiken und Hugenotten zusammen tafeln!«

Françoise ruft: »In einem katholischen Haus werden

eben Wunder gewirkt, seien die Gäste auch schlimme Abtrünnige!«

Ein lautes Gelächter brandet auf, dann stürzen sich alle, durstig und verfroren, auf das Obst vor ihren Tellern und versuchen, sich selbst ein Urteil zu bilden.

Henri wägt seinen Kopf. »Wo habt Ihr die denn her?«

Bei diesen Worten eilt ein korpulenter, älterer Mann zum Platz des Königs. Er hatte sich schon die ganze Zeit in der Küche herumgetrieben und geht nun blitzschnell neben Henri in die Hocke und umfasst dessen rechtes Handgelenk. Er trägt das banale Schwarz der Höflinge und zieht aus seiner Tasche ein kurzes Messer, das er zur Melone führt. Henri legt ihm die Hand auf die Schulter und verneint sanft mit dem Kopf. »Mon ami – hier auf Montaigne müsst Ihr nichts vorkosten. Und meine Melone möchte ich auch nicht teilen!« Er lacht sein warmes, sein volkstümliches Lachen. Allgemeiner Applaus.

»Nicht aus Cavaillon, das schmecke ich. Sie ist noch recht zart, wie ganz früh im Sommer, das ist eine späte Mai- oder Junimelone. Wunderbar.«

Béthune betrachtet sich die Schale, die Konsistenz und befindet, sie habe unmöglich in Frankreich wachsen können. Aber die meisten hängen einfach Erinnerungen an Sommertage nach, während sie diese unerwartete Vorspeise genießen.

»Majestät«, führt Montaigne nun aus, »ich konnte mir keine Mahlzeit hier vorstellen, die ohne Melone beginnt. Sehen Sie es wie einen Sonnenaufgang, einen Sonnenaufgang über Frankreich.« Und er spürt, wie sich Étienne, gierig wie immer, an ihn drängelt, über den Teller beugt und den Duft einatmet.

Dann beginnt die rasche Folge der von Denise imaginierten Speisen. Bretter werden in die Mitte der Tische gelegt, auf denen zunächst nur warme, lange Brote liegen. Erst wenn man davon kostet, ist zu bemerken, dass sie zum Teil mit Trüffeln, zum Teil mit Pasteten gefüllt sind. Sie liegen in einem Bett aus Moos auf festen Eichenbrettern, man kann das mit den Händen essen. Die Männer greifen dennoch zu ihren Messern und entspannen sich zusehends mit fortschreitendem Mahl.

Recht schnell lässt Denise vor dem Feuer gebratenes Schweinefleisch servieren, dazu Apfelkompott und Kastanien, um jene zu beruhigen, die sich fragen, ob es hier auch noch etwas Richtiges zu essen gibt. Dann werden Kessel gebracht, in denen Neunaugen, diese schwarzen, fetten Flussfische, in schwerem Wein mit Karotten und Zwiebeln gegart wurden. Sie werden in tiefen Tellern serviert.

Dann folgt der Montaigne so wichtige Zwischengang mit Eiern und frisch geernteten Pilzen. Immer wieder wird Wein nachgefüllt, der gut gelüftet, gut mit Wasser vermischt wurde und bei der schweren Hitze aus den Eichenstämmen im Kamin so bekömmlich wirkt.

Nun kommen die Vögel verschiedenster Größe und Zubereitung, von der Gans über die Flugente zu Fasanen, Tauben, Wachteln und Singvögeln, allerdings nicht die klassische ganze Form, sondern nur kunstvoll tranchierte Stücke davon, damit jeder Gast auch von vielen etwas probieren kann. Das alles in rascher Folge, wie der routinierte Gottesdienst in der Kathedrale einer großen Stadt.

Alle reden unterdessen vom Coup mit der Melone, fragen, ob noch etwas übrig ist, eine sanfte Schläfrigkeit erfasst die kriegerische Gesellschaft.

Die Brigade bringt unter dem gnadenlosen Takt von Denise erst noch eine klare Suppe, dann Nüsse, Obst und

Käse und schließlich Konfitüre und Kompott – dann erheben sich Henri und Montaigne und geben das Zeichen, sich von Tisch zu entfernen, um zu spielen, singen oder tanzen zu gehen.

Das militärische Gefolge von Navarre schaut sich schon um, welche Schnäpse im Angebot sind und wie man hier noch etwas derben Spaß anstellen könnte, während Condé durch die Reihen geht und fragt, wer mit ihm ein improvisiertes Abendgedenken beten möchte.

Nun schlägt die Stunde von Montaignes Mutter Tony, die sich gezielt die jüngsten unter den Höflingen Navarres herausschaut und leise fragt, wem nach Grießbrei mit Honig und einer Gruselgeschichte wäre?

So zieht sie die fürchterlichsten Krieger, schließlich sogar den Prinzen von Condé, mit sich in den zweiten Stock, um bei einem knisternden Feuer Geschichten zu hören und das Dessert zu löffeln.

Nach den Tagen im Sattel, dem Wetter und der Anspannung schlafen die Männer – in ihren festlichen Kleidern – ein, noch bevor Tony die wirklich gruseligen Stellen erzählen kann.

Montaigne kann sich vor lauter Müdigkeit kaum noch das Wams selbst aufknöpfen. Er hat sich von seiner Frau verabschiedet, morgen würden sie alles bereden, und ist mit der Katze in das weite Herrenschlafzimmer gegangen, dann in das Kabinett daneben, um sich ausziehen zu lassen. Nicolas hat sich noch erkundigt, ob es etwas zu erledigen gäbe, Montaigne hat ihm gedankt, insbesondere für die guten Melonen, und sich auf morgen früh verabredet.

Während ihn seine Diener aus den Schichten seiner

Amtswürde, seines Status schälen, alles beiseitelegen oder aufhängen für den kommenden Tag, den Tag der ersten Verhandlungen, zankt sich Montaigne mit jemandem, den nur er sieht: Étienne de la Boëtie ist einerseits gerührt, andererseits besorgt über den Zustand seines Freundes, dessen gemütliches Haus als spontaner Königshof verkleidet wurde.

Montaigne wird mit Essigwasser abgewaschen, mit duftenden Lavendelessenzen erfrischt, die Zähne und das Zahnfleisch mit Korallenpaste gereinigt, dann werden Haar und Kopfhaut massiert, schließlich bringt der jüngere Diener ein frisches, festes Hemd aus Leinen, das ihm über die Hände, Arme und den Kopf gerollt wird. Dann werden ihm angewärmte Socken über die Füße gestreift und ein Hasenfell wird um seinen Bauch geschnallt. Die Mütze für die Nacht zieht er sich selbst auf den Kopf, dann betritt er auf besohlten Strümpfen sein Schlafzimmer, in dem die Reste eines Kaminfeuers glimmen und alles in ein orangefarbenes Licht tauchen. Er rollt sich auf das Bett, lehnt sich an feste Kissen, zieht die Knie an und lässt sich zudecken, dann werden die Vorhänge an drei Seiten gelöst und entfalten sich mit beruhigendem, wohligem Geflatter.

Wenn er die Augen schließt, sieht er die endlose Reihe an Reitern und Kutschen, die den Hügel hinauf in einer Schlange stehen, sieht die Melonen im Winter und hört die nach Marguerite klingenden Worte aus dem Mund des Königs. Seine Katze schnurrt und spaziert über seinen Bauch, sucht die beste Stelle, um geschützt und störungsfrei an der schönen Kaminwärme teilhaben zu können.

Dann streckt er die Beine etwas aus, bewegt seine Zehen und gähnt. Es waren schon in der Vorbereitung elend lange Tage, und die Zeit allein mit Büchern und Schreibzeug, die er so braucht, ist ihm zu knapp. Sein Plan hat sich noch nicht entfaltet, nur er weiß davon, genau genommen. Aber durchkreuzt wurde er auch noch nicht, und das muss am Ende solch eines Tages genügen.

Dann wehen die Vorhänge um das Bett, kaum merklich. Montaigne bemerkt ihn gar nicht, als er sich, in einem weißen Hemd und nach Lavendel duftend, in das Bett einrollt wie ein Tier.

Montaigne rutscht auf den Kissen nach oben und zieht die Knie wieder an.

»Danke für diese Harangue.«

Henri gähnt. »Ich lasse sie dir hier. Hat Marguerite mir geschrieben. Ich dachte mir, dass dir das gefällt. Gut – ich hatte noch eine längere von Duplessis, aber ...«

»Da wären immerhin alle früher eingeschlafen.«

»In der stand immer nur sein Name, da nahm ich doch die andere.«

»Sollen wir gleich schlafen oder ...?«

»Nichts da. Ich schlafe wenig, das hat mir mal das Leben gerettet. Du weißt, was ich hören möchte.«

»Frankreich!« Montaigne hebt spaßeshalber übertrieben die Hände! »Lieber König von Navarra, hier, wo wir nur zu zweit sind, werde ich dir endlich mitteilen, was ich in Paris hochgeheim erfahren habe ...«

»Hör auf.« Er stupst ihn an. »Aber ja, lass uns etwas lachen. Ich möchte mehr über diese Geschenke erfahren, die du manchmal machst, Medaillons zum Beispiel. Also wie war das ... in dieser Hochzeitsnacht des Grafen von Gurson?«

Montaigne muss schon kichern. »O Gott, König von Navarra, erster Prinz des Blutes, Thronfolger Frankreichs und dann so ein Kindskopf. Katze, was sagst du dazu?«

»Mmh, sie schläft, offenbar wenig beunruhigt.«

»Wen hast du denn mitgebracht?«

»Hier neben mir liegt Citron, mein Spaniel, und vor der Schwelle hat sich mein Gendarm eingerollt, ich kann ihn nicht davon abhalten.«

»Und eine Kompanie hier auf unseren Fluren?«

»Mach keine Scherze, ich habe zig Attentate überlebt, aber hier fühle ich mich sicher, sogar vor den Frauen. Aber nun zurück zum Thema, Herr Bürgermeister. Also, da war dieser Freund von dir?«

»Nach dem Tod von Étienne war ich froh um alles, was mich auf die Seite des Lebens zurückzieht. Und als ich dann von diesem jungen Grafen gebeten wurde, bei seiner Hochzeit dabei zu sein, hat es mich gefreut, einige Stunden Ferien von meinen düsteren Gedanken nehmen zu können.«

Henri nickt und kuschelt sich tiefer in seine Seite der frisch gefüllten Daunenkissen.

»Aber die Hochzeit fand auf dem Schloss seiner betagten Tante statt, einer abergläubischen Dame. Sie redete sich und ihm ein, dass ihm jemand einen Schadenszauber zufügen könnte und dass er dann in der Hochzeitsnacht eben nicht kann. Gurson war besonders unerfahren, seine Frau auch. Sie steigerten sich beide dermaßen in diese Vorstellung, dass ich fürchten musste, dass dieses Hirngespinst ihnen alles verdirbt. Mein junger Freund war dann an dem Punkt, dass er vorschlug, die Nacht mit seiner Braut im gemeinsamen Gebet zu verbringen, um die bösen Geister fernzuhalten.«

Henri strampelt mit den Beinen. »Das erfindest du jetzt!«

»Aber nein! Ich musste also arg improvisieren, um die ganze Hochzeit nicht zu einem bitteren Ende verkommen zu lassen. Da fiel mir so eine alberne Goldmünze ein, die ich zufällig dabeihatte, ein komischer Gelehrter hatte sie mir geschenkt.«

»Was denn, zu demselben Zweck?« Henri richtet sich ungläubig von seinen Kissen auf.

»Woher denn, das war ein Freund meines Vaters, ein Gelehrter, aber auch ein Heiler. Er drückte mir diese flache Goldmünze in die Hand gegen Kopfweh. Das Band schnallt man sich unter das Kinn, die Münze aus Metall auf den Schädel, das lindert dann die Schmerzen, sagte er. Ich habe es natürlich nie benutzt, schleppte es mit mir rum, es hat ja kaum Gewicht. Jedenfalls fiel mir das Ding spontan ein, als die Hochzeit so zu kippen drohte. Aber wie, fragte ich mich, sollte ich es zu ihm schmuggeln?«

»In was hast du dich da nur hineinbegeben? Das klingt ja abenteuerlich.«

»Ich habe mit ihm geflüstert und einen kleinen Plan ausgeheckt. Gegen Mitternacht würden die Freunde, auch ich, ihm und seiner Braut einen Mitternachtsimbiss servieren. Er würde uns selbstverständlich verjagen und in diesem Moment der Konfusion würde ich ihm mein gefaltetes, frisches Nachthemd in den Arm drücken – wir haben beide dieselbe Größe! Allerdings war dann in meinem Hemd das Medaillon an seinem Band eingefaltet. – Er musste nur noch vorgeben, pinkeln zu müssen um, von der Braut unbemerkt, sein Hemd gegen meines zu tauschen und das Band des Medaillons – also nicht unter sein Kinn, sondern wesentlich tiefer festzubinden.«

Henri weint schon Tränen vor Lachen. »An die Eier? Und das hat er wirklich gemacht, all diese Akrobatik in seiner Hochzeitsnacht?«

»O ja, ich habe ihm auch noch aufgetragen, diverse Sprüche und Gesten zu vollziehen, so dreimal dies, dreimal das, Hände hoch, Zauberspruch, Hände zu einer Welle, Zauberspruch.« Er macht es selbstvergessen vor.

»Aber woher kanntest du all das denn?«

»Also, das habe ich spontan erfunden, ich dachte einfach, das wird ihn so ablenken, dass er die Gefahr des Fluchs vergisst und seine Sache macht, na, und da habe ich mir das eben überlegt.«

»Und wie hat es denn ... gewirkt?«

»Also, ich war dann ja nicht mehr dabei, aber ...«

Henri kichert erwartungsfroh.

»Aber am nächsten Morgen sind beide, seine Frau und er, wie ausgehungert zum Frühstück erschienen.«

»Oh, dann hatte das also Wirkung gezeigt?« Er streckt sich nun ganz aus. »Was für eine verrückte Geschichte. Wie doch der Zauber uns, unseren Körper durch die Vorstellungskraft bindet.«

»Das ist vielleicht auch unser Thema, wenn wir über diese Sache, also Paris reden«, flüstert Montaigne. »Was sich die Leute so vorstellen, was sie sich aber auch unter einem König vorstellen?« Er sagt es, wie man eine Flaschenpost in die Dordogne wirft ...

Henri hört regungslos zu. »Ich wünschte, ich könnte ewig hier liegen, auf deinem Bett, deinen Geschichten lauschen, und falls nichts mehr hilft, koste ich den Brei deiner Mutter?«

Montaigne lacht heiser. »Ja, der hat schon so manchen kühnen Krieger besänftigt. Allerdings wäre sie die Erste, die Euch wieder auf das Pferd setzt, glaubt mir.«

Montaigne schläft zu lang. Seit seiner Jugend ist das ein Problem: Oft, wenn er wach wird, sind alle anderen weg, und er verbringt den halben Tag damit nachzuforschen, was er da eigentlich verpasst hat.

Heute war es nicht anders. Henri hat sein Bett längst verlassen, seine Seite ist schon kühl und ordentlich hergerichtet. Nichts weist mehr auf den Aufenthalt des Thronfolgers hin. Dafür dringt aus dem Hof des Schlosses ein gewaltiger Lärm, offenbar werden dort schon Spiele veranstaltet, trotz des winterlichen Regens.

Seine Brüder Pierre und Bertrand veranstalten Zielschießen, Wettrennen und Ringkämpfe, vergleichen Pferde und machen inmitten von hugenottischen Kämpfern und Höflingen Übungen. Montaigne lässt sich anziehen, zu seiner Frau führen und nimmt mit ihr ein schnelles Frühstück ein. In der Nacht ist auch Corisande angekommen und versammelt an ihrem Bett die gesamte weibliche Belegschaft seines Schlosses, allen voran Jeanette, Nana, seine Frau Françoise, Léonore und selbst Tony.

Françoise kommt aus dem blauen Zimmer zurück und amüsiert sich immer noch. »Oh, was für eine Person. Sie ist selbst ein ganzer Reisezirkus. Heute früh um zwei Uhr wurde nach Larven, Apfelschalen und hartgekochten Eiern gerufen für die Menagerie, mit der sie immer reist.«

Sie nehmen in einer Kammer Platz, in der schon zwei Schalen mit Brühe gedeckt wurden, dazu gibt es warme Milch.

»Was machen wir heute, Micheau? Wie geht nun dein Plan?«

»Ich glaube, es ist etwas im Turm verabredet, aber ob es dazu kommt?«

Sie blicken in den Hof, wo schon eine lange Schlange in Richtung Turm zu sehen ist.

Montaigne steht dann seufzend auf, reinigt sich die Zähne mit einer frischen Leinenserviette, küsst seine Frau und macht sich auf ins Ankleidezimmer. Zwei Diener helfen ihm, sich in den Gastgeber zu verwandeln, dann geht er los, schnallt sich noch im Gehen den Gürtel mit dem alten

Schwert seines Vaters um, obwohl das schwere stumpfe Ding ihn nur noch behindert.

Schon im Hof hat er Mühe voranzukommen, so dicht ist das Gedränge derer, die endlich einmal den berühmten Philosophenturm mit Bibliothek besuchen möchten. Eintritt sollte ich nehmen, richtig viel, denkt sich Montaigne und schlängelt sich durch Gruppen von Offizieren und Höflingen des Hofs von Navarra.

Er findet weder Nana noch Nicolas, niemand ist da, der ihm den Weg freimacht oder auch nur die Agenda des Tages mitteilt. Irgendwie hofft er darauf, dass ihn jemand erkennt und einlässt, irgendwie gelingt es ihm dann doch durchzukommen, weil er so klein und wendig ist. Schließlich steht er zwischen zwei Garden von Henri und blickt in seine eigene Bibliothek. An seinem Schreibtisch thront Henri und schaut durch die kleinen Fenster in die Weite Frankreichs. Seine Männer stöbern in den Bücherregalen, und Condé hält große Vorträge, wie ein reformiertes Frankreich sich in ein reformiertes Europa fügen könnte. Es war entsetzlich.

Montaigne muss fast durch die Beine der Wachen hindurchkrabbeln, um überhaupt hineinzukommen und die ganze Szene zu ändern. Er war davon überzeugt, dass solche Konstellationen nicht unschuldig sind, dass man es nicht dulden darf, wenn sich Männer in solche Vorstellungen hineinsteigern.

Er schreitet in seine Bibliothek mit gespielter Freude, als würde er das alles zum ersten Mal sehen. »Meine Herren, schön, dass sie den Weg hierher gefunden haben.«

Seine einzige Chance, denkt er, liegt nun darin, diese Gesellschaft unter Spannung zu halten. Sie müssen alle zu ihm schauen.

»Messieurs, wenn das Schicksal es möchte, dann verweilen wir bald nicht länger auf kleinen Schlössern und in solchen Bibliotheken. Sondern dann regiert Ihr Frankreich und habt mit den Königen der Nachbarländer zu tun.«

Hierzu haben alle eine Meinung. Condé beginnt, aber Béthune fällt ihm ins Wort, Henri lacht aus voller Kehle und legt seine Füße auf den Tisch.

»Und das sind nur die weltlichen Herrscher – wie aber ist es, wenn Ihr den Papst trefft? Darf ich fragen, wer von Ihnen schon einmal den Papst zur Audienz getroffen hat?«

Ein Schweigen breitet sich aus, es ist halb feindselig, denn diese ausgewiesenen Protestanten verachten den Papst, aber halb auch beschämt, denn wirklich viel herumgekommen ist keiner von ihnen, nur in Briefen halten sie Verbindungen zur Welt.

Montaigne wartet eine Kunstpause ab. »Ja, dann bin das wohl ich. Ich war zu Besuch beim Heiligen Vater und würde vorschlagen, dass wir so eine Audienz hier einmal proben.«

Die Männer lachen oder schauen verlegen, schütteln den Kopf. Unbemerkt hat sich eine weitere Person den Zugang zur Bibliothek im obersten Stockwerk des Turms verschafft. In der Tür steht nun, gewandet in erhabenes Blau, die rotblonden Haare streng in ein Netz aus mit Perlen besetztem Silber gelegt und mit einer kleinen Entourage von nur drei bunt gewandeten Dienern, Corisande. Sie nickt freundlich in den kleinen Raum.

Montaigne verteilt nun die Rollen. »Condé, Sie sind natürlich als Führer der Konfession dazu prädestiniert, diese Rolle einzunehmen, Sie nehmen dort hinten Platz, auf dem Sessel mit der hohen Lehne. Dann brauchen wir einen Kardinal Zeremonienmeister – da dachte ich an meinen Bruder Bertrand, wenn ihn bitte jemand rufen könnte, ein Sekretär muss anwesend sein – Nicolas, bitte, und als Gast meine liebe Nana. Wo stecken die eigentlich?«

Sie eilen nun in den kleinen Raum, außer Atem und kurios angezogen. Montaigne tut so, als sei alles Teil seines Plans.

»Henri, Ihr besucht also den Papst, Condé in unserem Fall.« Henri hebt seine Augenbrauen zu Halbkreisen über den Augen und schaut von rechts nach links.

»Als Führer des reformierten Frankreichs macht Ihr das nicht, aber als König von Frankreich.«

Condé ist schon ganz in seine Rolle geschlüpft und nickt huldvoll.

»Nun klingelt der Zeremonienmeister, und Ihr geht bis zum ersten Drittel des Raums – da zählt Ihr flink die Reihen am Boden –, und dort kniet Ihr dann nieder.«

Henri hält sich beide Hände auf seinen grünen Festtagswams.

»Bitte, Freunde, ich mag es hier, aber ich werde doch nicht auf die Knie gehen vor einem Papst oder vor, Pardon, Cousin, vor Condé, auch wenn wir hier nur spielen ...«

Corisande gleitet nun, ohne ihre Beine merklich zu bewegen, über die roten Fliesen zu ihrem Geliebten.

»Petiot«, sie krault ihm den Nacken, »ich finde das eine sehr schöne Idee, so etwas mal zu üben. Einfach zum Spaß, und nützen kann es doch auch noch. Außerdem«, sie küsst ihn, »geht Ihr ja doch zu weit frivoleren Zwecken auf die Knie.«

Henri seufzt und fügt sich in die Rolle des Rombesuchers und murmelt leise katholische Gebete. Als Condé erneut mit seinem Glöckchen bimmelt, muss er schon wieder auf die Knie, beten und den Kopf senken, er hasst es. Condé verzieht keine Miene, geht ganz in seiner Rolle des Bischofs von Rom und Nachfahre auf dem Stuhle des Petrus auf.

Dann kommt der dritte Teil der Prozession, in dem sie sich dem Heiligen Vater nähern. Sein Fuß muss auf einem Kissen ruhen. Der Besucher senkt den Kopf dorthin und küsst den Pantoffel. Bei besonders wertgeschätzten Personen hebt der Papst seinen Fuß leicht an, aber Condé lässt es in diesem Moment sein, so dass Henri sich ganz hinunterbeugen muss.

Alle jubeln, Montaigne lacht befreit. »So, das war schon ganz gut, Sire.«

»In Wahrheit«, sagt Condé, der sich erhebt und langsam wieder in die Gegenwart zurückfindet, »würden wir ja nicht mit dem Papst reden, sondern ihn bitten, sich aus Frankreich herauszuhalten und ihn ansonsten weitgehend ignorieren. Seine verrückten Anhänger hier, die Guise und die Liga und ihre spanischen Söldner, das ganze Volk werden wir hingegen entwaffnen und bekehren. Mit der Hilfe der Brüder und Schwestern aus England und Deutschland drehen wir den Spieß um und erlösen die Völker von diesem ganzen katholischen Quatsch.«

Henri lacht nur verlegen. »Mein Cousin, immer so kühn in allen Dingen. Wirklich wie so ein Papst, das steht Euch gut.«

Corisande mischt sich auch ein. »Mein Prinz, ich geize ja nicht mit meinem Vermögen, um Euch und Eurer Sache zu helfen, allerdings bin ich auch katholisch, also wollen wir ja auch künftig miteinander auskommen. Micheau hat das hier sehr schön gemacht, finde ich. Aber Freunde, es ist der Tag des Herrn, und nun ist die Zeit der Messe. Im Dorf ist eine sehr schöne geräumige Kirche, in der Euer Gottesdienst stattfindet.«

Montaigne ergänzt: »Für die eher langweiligen katholischen Menschen unter uns findet er gleich hier im Erdgeschoss des Turms statt, und wer zugleich lesen möchte oder nicht runterwill, der kann den Gottesdienst über eine kleine Schallröhre neben der Treppe verfolgen, sie endet gleich hier neben dem Tagesbett.«

Nun zerstreut sich die Gesellschaft für die Dauer der Messe. Condé wird den Gottesdienst in der Kirche im Dorf abhalten, unten im Turm hingegen ist es der Dorfpfarrer.

Der kurze Weg aus dem Schloss zur Kirche ist von Leibwächtern und Publikum gesäumt, manche applaudieren dem langen Zug. Montaignes Schwester Jeannette, seine Brüder Thomas und Pierre führen die Gäste dorthin. Der ganze Hof bewegt sich, angeführt von dem zu Fuß schreitenden, ganz in Weiß gekleideten und bestens gelaunten Doppelgänger des Königs von Navarra.

Unten im Turm versammeln sich Françoise, Nana, Corisande und Madame Tony mit all den anderen Bediensteten und Mitarbeitern auf Schloss Montaigne. Um am heutigen Tag keine Unklarheiten entstehen zu lassen, begibt sich auch der Hausherr selbst aus seiner Bibliothek die beiden Stockwerke tiefer, um persönlich der Messe beizuwohnen. Beim Gang hinunter fragt er Nicolas beiläufig, welche Messe er eigentlich besucht. Und der schaut, als habe ihn der Gedanke das erste Mal beschäftigt.

Nicolas zögert – dann entdeckt er in dem kleinen Saal seine Nana und entschließt sich, sich zu ihr zu gesellen. Sie macht ihn auf das Gewölbe aufmerksam, ein blauer Nachthimmel mit vielen, verheißungsvollen goldenen Sternen, und er stellt sich dicht daneben. Bald hüllt sie das vertraute Ritual eines Provinzgottesdienstes ein. Montaigne gähnt. Dann verlässt er rückwärts leise seinen Turm und macht sich auf die Suche nach dem künftigen König von Frankreich.

4

Die Jagd

Henri sitzt auf der rückwärtigen Terrasse, die von den Sälen des Schlosses auf eine weite Landschaft geht. Obwohl es nass und kalt ist, lässt er seine Beine von der Mauer baumeln und schaut schweigend in die grüne Ferne. Montaigne nähert sich entschlossen und fragt, ob er ihm etwas bringen lassen soll oder ob er sonst irgendetwas braucht.

Henri verneint, fragt dann seinen Gastgeber, welches die nächste Stadt in jene Richtung ist – wenn man von hier aus, wie ein Vogel immer geradeaus nach Norden fliegen würde? Montaigne muss überlegen, es sind nicht viele. Bis zur Loire – vielleicht Angoulême? Jedenfalls keine große Stadt.

Henri nickt. »In Paris, im Süden und im Osten toben die Leidenschaften, mischen sich die Völker und Konfessionen, aber was ist hier los, in der weiten Fläche von Frankreich? Was möchten die? Das frage ich mich oft. Ein Hof hört die Nachrichten von einem anderen Hof, und meine Offiziere haben Kontakt zu anderen Offizieren. Gut, ich reite viel über Land und begegne da schon den Menschen, die sich um meine Pferde und um mich kümmern. Manchmal sind wir ja auch tagelang irgendwo festgesetzt wegen des Regens, aber dennoch bleibt mir Frankreich ein Rätsel.«

Montaigne nickt. »Ganz dort unten«, er zeigt auf einen Punkt inmitten der ländlichen Wüste, »wurde ich als Kind gestillt. Drei Jahre blieb ich da, dann holten mich meine Eltern wieder auf das Schloss. Aber dieses winzige Dorf, das ist wirklich das Herz dieses Landes und meines Lebens.«

Ihr Gespräch wird bald gestört. Die Kammerdiener des Königs spüren ihn auf und erinnern ihn daran, dass es Zeit ist, sich für die Jagd umzuziehen. Montaigne begleitet ihn zum Schloss zurück. Henri schlurft eher, als dass er daherschreiten würde wie ein Prinz. Er flüstert: »Nächstes Kostüm, nächster Akt in diesem Theater, das mein Leben ist«, und zwinkert Montaigne zugleich zu, wie um die Melancholie des Satzes leichter zu machen.

Sie nehmen den kleinen Eingang, der zum Spielzimmer führt, und gehen weiter in den Flur und die Treppen hoch zu den Schlafzimmern. Dort trennen sich ihre Wege. Beide werden von ihren Dienern und Zofen in Empfang genommen, dabei begegnet ihnen auf dem oberen Flur schon ein Tross fertig in Leder und grobes Tuch gerüsteter Männer, die Handschuhe in der Hand, aber ohne Stiefel, noch in ihren leisen Hausschlappen. Angeführt von Madame Tony, die selbstbewusst zur Jagd schreitet. Sie ist ganz in einen Umhang aus dunkelgrünem Leder gehüllt und trägt einen breiten Gürtel, an dem ein beeindruckender Dolch befestigt ist.

»Micheau, schau, mein Jagdzeug passt mir noch. Es ist ja ewig her, dass hier mal so etwas Festliches veranstaltet wurde. Meine Herren, mein Sohn hier ist kein großer Jäger, fürchte ich. Sein Vater war zum Glück ganz anders ...«

Den Rest ihrer Erzählung überhört Montaigne, der sich nun geduldig in der Kammer umkleiden lässt. Dabei ist er zunehmend auf eine andere Frage konzentriert, nämlich, wie er Henri so erreicht, dass es ihn auch berührt. Je näher er seinem Körper ist, desto entfernter scheinen sein Geist und sein Gefühl. Er braucht aber eine Konstellation, in der alle drei bereit sind. Und die Zeit eilt ihm davon.

Weil alle anderen schon fertig sind, machen sich gleich drei Männer an ihm zu schaffen. Er bekommt Unterwäsche aus Filz umgewickelt, und an die Nieren und den Bauch ein Fell. Darüber kommt das Kettenhemd gegen irr fliegende Geschosse. Die Beine werden mit Schienen aus festem Leder geschützt, ebenso die Ellenbogen. Als er in diesen Sachen etwa zur Hälfte eingerüstet in der Kleiderkammer steht und wartet, schleicht er sich zu dem kleinen, runden Fenster, das auf den Hof hinausgeht. Er ist so voll und geschäftig, wie er ihn nur selten in seinem Leben gesehen hat. Und immer noch kommen neue Adlige aus der Umgebung oder dienstbare Geister oder einfach nur Zuschauer in den Hof, ebenso alle Kinder des Dorfes. Françoise und seine Tochter stehen mit Condé um einen Kessel voller Glut und lachen. Montaigne vermutet, dass sie gemeinschaftlich über Corisande lästern, die der Jagdgesellschaft mit ihrer Kutsche und Entourage folgen möchte. Es hält sich das Gerücht, dass sie einen Scharfschützen unter ihren Leuten hat, der ihren Henri stets im Auge behält und alles erlegt, was ihn bedroht.

Montaigne sieht, wie Nicolas und Nana ihre liebe Not damit haben, jedem der Reiter den Ablauf der Jagd zu vermitteln. Was heute gejagt wird, hat er noch niemandem verraten. Vor Jahren hat er mit der Vorbereitung begonnen, ohne zu wissen, wann es so weit sein würde. Seine beiden Brüder gehen von Gast zu Gast, reichen warme Brühe oder Wein, fachsimpeln und prüfen die Waffen.

Dann blickt er wieder zur sich öffnenden Tür und zuckt vor Schock zusammen. Er hat das schon ewig nicht mehr gemacht, aber nun bekreuzigt er sich, denn es steht sein verstorbener Vater Pierre in der kleinen Kammer. Montaigne fürchtet, dass es ein Fiebertraum ist, dass ihm sein Geist einen Streich spielt. Er zittert und schwitzt, es darf nicht wahr sein, diese Heimsuchung an solch einem Tag. Der Alte wird ihm aus dem Jenseits Vorhaltungen machen, sich selbst rühmen und das vom Sohn Erreichte mit seltsamen Witzen schmähen. Françoise muss das sofort erfahren, sie kann es ihm erklären, ihn beruhigen – aber wie soll er sie hier hinlotsen?

Dann bemerkt er, dass Pierre Senior in der hellen Stimme seines Kammerdieners zu ihm spricht. »Diesen Jagdanzug haben wir auf Wunsch Ihrer Frau Mutter aufgearbeitet. Wir dachten, dass es eine gute Gelegenheit ist, ihn wieder einmal zu nutzen, statt einen neuen anzuschaffen, wo Ihr doch nur selten zur Jagd geht. Euer Vater hatte ihn kurz vor seinem Tod noch anfertigen lassen und selten genutzt.«

Montaigne setzt sich auf einen kleinen Hocker, sein Herz klopft noch. Er nickt.

»Es wäre nicht verkehrt, mich wenigstens manchmal zu fragen, bevor in diesem Haus etwas entschieden wird.« Eine Wahl hat er nun allerdings auch nicht. Jagden sind gefährliche Unternehmungen, und das Letzte, was er riskieren möchte, ist eine Verletzung heute, schließlich hat er eine völlig andere Mission zu erfüllen. Es dauert, bis sie ihm das Wams, die Ärmel und die Hose seines Vaters anlegen können und so zurechtzurren, dass alles einigermaßen sitzt, ohne zu rutschen, zu scheuern oder zu große Lücken klaffen zu lassen. Aber irgendwann ist es tatsächlich geschafft. Während Pierre aber auch in solch einer schweren Tracht noch leichtfüßig die Treppen hinunter und das Pferd hinaufklettern konnte, fällt ihm das schwer. Nie würde er so etwas freiwillig anziehen, mit jeder Schicht wird diese Kluft schwerer. Er kommt sich vor wie der sagenhafte Golem. Wie ein Albatros, der über dem Meer so elegant seine Kreise zieht, an Land aber nur lächerlich watschelt.

Der Bürgermeister, der Berater, der Bücherschreiber sind weit weg, als er verkleidet als eigener Vater den Hof seines Schlosses betritt. Zum Glück ist es hier laut, voller Leben und Trubel, und er hört nicht, was seine Mutter kommentiert oder was sonst so gesagt und gemurmelt wird. Er nickt Nicolas zu, nun könnte es losgehen. Schon beginnen die Signale. Montaigne schützt seine Ohren mit etwas Gaze, denn in einem Punkt gleichen sich Jagd und Feldzug wie Zwillinge: Es sind beides Gelegenheiten, so viel Lärm wie nur möglich zu machen.

Der Weg führt die Gesellschaft erst hinaus ins Dorf und dann nicht links, zur Dordogne und zur Hauptstraße hinunter, sondern rechtsherum, in Richtung des weiten Hinterlands.

Die meisten Bäume sind kahl, aber doch so mächtig, dass sie den Weg beschatten. Seine Jäger eröffnen den Zug, der so langsam vorankommt, dass die Kinder mühelos nebenherlaufen, sie sogar frech überholen können. An jeder Ecke stehen Nachbarn, um zu schauen und Scherze zu machen. Manche bieten selbstgebackenen Kuchen an oder warme Milch, um ihre Gastfreundschaft zu beweisen. Montaigne fragt sich, ob sie auch gegen arme Fremde so freigiebig wären, er ist wirklich missgünstiger Stimmung heute. Seine Mutter hatte bemerkt, dass er sich mehr bewegen müsste, sonst werde er im Alter seines Vaters noch ganz gebrechlich, diese Jagdkleidung hänge an ihm wie ein Sack, der selbst bei Flaute die Windrichtung anzeigt. Seine Schwester, die gar nicht zur Jagd mitkommt, hat ihm zugeflüstert, sie möchte ihn und ihren ältesten Bruder Thomas einmal sprechen, wenn der Zirkus vorüber ist – das ist genau die Art von unangenehmer Bitte, die dazu angetan ist, ihn den ganzen Tag in einer Grübelei versinken zu lassen –, was möchte sie nur von ihm?

Je mehr er heute in dieser ehrenvollen Rolle des Gastgebers und geheimen Mittlers gefordert ist, desto exponierter und auch schutzloser, schwankender fühlt er sich. Die unerwartete Wahrnehmung der Gestalt seines Vaters war ein Zeichen – nun vermutet er, während er auf seinem besten Pferd den Zug der Jagdgesellschaft mit den höchsten Prinzen anführt, hinter jeder Biegung des Wegs eine unangenehme Begegnung mit einer Person aus der Vergangenheit, die ihm hier, heute vor all diesen Leuten mit irgendwelchen alten Geschichten konfrontiert. Wie war das eigentlich mit der Alten ausgegangen, der er ihren von Mücken verseuchten Sumpf abgekauft hat, um so zu tun, als seien damit ihre Schulden getilgt?

Hinter ihm reiten nebeneinander der König von Navarra und der Prinz von Condé. Sie agieren wie ein adliges Brautpaar, das den Jubel der Gäste empfängt, mit den Gedanken und Gefühlen aber woanders ist. Die Schaulustigen haben manchmal Mühe, den König von seinem Cousin zu unterscheiden, denn Condé ist heute wieder ausgesprochen aufwendig ausgestattet und ist wie ein Jäger im Auftrag des Herrn in hellen Farben und einem sehr langen, ganz goldenen Schal erschienen. Navarre ist selbst aufgestiegen, nicht das Double, aber er kann auch seinen eigenen Doppelgänger spielen. Wo immer etwas Publikum zusammensteht, verkündet Henri in kurzen Abständen, dass ihm die Jagd die liebste Beschäftigung auf Erden ist – nur eine einzige gäbe es, die ihm noch dringender sei –, und dann macht er immer eine kleine Pause, rollt mit den Augen und donnert: »Das Gejagte auch zu verputzen – ja, was habt ihr denn gedacht?« Dann löst sich alles in heftigem Gelächter auf. Diesen Witz auf Kosten des hohen Adels, der jagt, aber das Wild nicht zubereitet, macht er bei jeder sich bietenden Gelegenheit, und das sind heute viele.

Der lange, laute und bunte Zug sucht sich seinen Weg zu einer Lichtung, die sich am Fuß des kleinen Hügels befindet, dem Montaigne erst den Namen gegeben hat. Manche feuern schon in die Büsche, wenn eine Maus knistert. Seine Brüder versuchen, alles im Rahmen zu halten.

»Das, Montaigne«, sagt der Prinz von Condé, als sie sich der Lichtung nähern, »weißt du, wie wir Jäger es nennen?« Er deutet auf das kleine, aber geschäftige Provisorium des Jagdlagers. »Das ist die Assemblée – hier kommen alle Gewerke zusammen, um die Jagd vorzubereiten, und hier wird dann auch das erlegte Wild wieder hingebracht. Assemblée, der Ausdruck hat mir immer gefallen. Auch den Wolf müssen wir ja jagen, denn er ist wie die Katholiken, verräterisch und grausam, aber den Hirschen, das hat etwas Festliches.«

Montaigne, dem das Jagen zuwider ist, nickt und lächelt als guter Gastgeber. Aus den Augenwinkeln sieht er, wie Henri sich mit einer attraktiven Nachbarin unterhält. Alle drei spielen wir unsere Rollen, murmelt er und fasst den Entschluss, Nicolas heute noch zu diktieren.

Unten sind Bänke und Zelte aufgestellt, es gibt schon Suppe, Musik wird gespielt. Fast wirkt es wie ein kleines Feldlager, nicht umsonst gilt die Hirschjagd als beste Vorbereitung auf einen Feldzug. Die Männer von Navarre nehmen routiniert ihre Positionen ein, studieren die eigens angefertigte Karte und betrachten Wetter, Windrichtung und Beschaffenheit des Waldes. Es ist ein verwunschener, weiter, besonders dichter Wald aus alten Eichen, Kastanien und Apfelbäumen. Wenn sie keinen Hirsch erwischen, dann sicher jede Menge anderes Getier. Brétanord ist ein Paradies für alles, was auf vier Pfoten lebt, und auch für Zweibeiner gar nicht schlecht.

Hier unten haben sich die Männer schon seit dem Morgengrauen versammelt und sich, so gut es geht, durch Feuer und Arbeit warm gehalten.

Nicolas läuft zwischen den Hütten und Zelten hin und her und versucht zu überblicken, ob alles beisammen ist und die Jagd nun wirklich starten kann. Der Hof von Navarra hatte zwar einige Jäger und Treiber geschickt, aber längst nicht genug, um das weite Waldgebiet angemessen zu bejagen. Daher waren sie auf die entsprechende Abteilung im Rathaus von Bordeaux zugegangen, wo man früher mal Erfahrungen mit solchen protokollarischen Jagden hatte oder wenigstens Männer kannte, die es können. Wie immer war versprochen worden, alles Nötige zu veranlassen, aber dann zog sich die Konkretisierung in die Länge. Wochen um Wochen vergingen, bevor sich mal jemand im Schloss von Montaigne blicken ließ oder die Pläne sehen wollte.

Aus dem Umfeld des Maréchal de Matignon war die Frage formuliert worden, ob sich unter die Jäger nicht auch einige gute Soldaten mischen sollten – falls die Hugenotten auf dumme Gedanken kommen sollten oder aber, um den Thronfolger vor einem allzu kühnen Hirsch zu beschützen. Navarre bei einem Jagdunfall auf Schloss Montaigne verstorben – das würde zwar die Guise und unzählige Ehemänner freuen, aber mit Sicherheit in einen weiteren Bürgerkrieg führen. Nicolas hatte das abgelehnt und auch Montaigne dazu gebracht, es zu verbieten, aber beide waren sich nicht ganz sicher, ob mancher der vierschrötigen städtischen Arbeiter, Treiber und Jäger nicht in Wahrheit einer jener absolut treffsicheren Bogenschützen war, mit denen Matignon so viele Schlachten gewonnen hat. Und daher auch nicht restlos sicher, dass einer von ihnen nicht den Versuch machen würde, die Karriere des Thronfolgers zu beenden, bevor sie begonnen hat.

Nicolas erkennt zu seiner Erleichterung gleich eine Gruppe städtischer Arbeiter unter einer der mächtigen Eichen. »Messieurs, schön, dass Ihr den Weg gefunden habt. Steht alles bereit? Der König und seine Männer sowie der Bürgermeister treffen jeden Moment ein.«

»Monsieur le Secrétaire, wir haben die Schilder anfertigen lassen, wie sie auch der Louvre vorrätig hat, wenn Majestät zur Jagd geht. Einer der Meister von dort wohnt nun in Bordeaux, er hat es für uns genau ausgeführt, wie er es auch für Seine Majestät macht.« Nicolas folgt ihm zu einer improvisierten Werkshütte, wo die Schilder gestapelt worden sind, bis sie heute früh ausgepackt und aufgestellt wurden.

Nicolas hat noch nie einer Hirschjagd beigewohnt, geschweige denn eine selbst organisiert. »Und was ist der Sinn dieser berühmten Schilder?«

»Das ist, damit sich Jäger dahinter verschanzen können. Müssen recht stabil sein, denn wie heißt es so schön: *sanglier barbier, cerf bière* – mit dem Wildschwein schafft man es noch zum Sanitäter, mit dem Hirschen höchstens auf die Leichenbahre.« Nicolas nickt, er hatte diesen Spruch allein heute schon drei Mal gehört. Allerdings zeigen die Schilder das verspielte, vernetzte Grün eines romantischen Mischwaldes im Sommer, nun aber war alles kahl, und die Dinger fielen schon aus meilenweiter Entfernung auf.

»Und Netze brauchten wir doch auch noch?« Er sieht seine schon arg zerknitterte Liste an, es waren noch alle möglichen Dinge zu berücksichtigen, so eine Hirschjagd war aufwendiger durchzuführen als ein Umzug oder ein Staatsbesuch.

Die guten Männer und Frauen aus dem Rathaus von Bordeaux haben Netz gehört und sogleich einige Rollen in der städtischen Fischflotte beschlagnahmt. Damit hatten sie erst mal ihr kleines Lager gesichert, was eine gute Idee war, denn sie waren ja, im Unterschied zu den Männern der Jagdgesellschaft, weder geschützt noch gepolstert. Ein panisch durch die Zelte tobender Hirsch würde Tote fordern. Das war allen klar, auch wenn keiner hier jemals so einen Hirsch gesehen hatte. In den Beschreibungen nahm er sich wie ein Wolf und Bär aus, bloß mit Flügeln und einem Feueratem wie ein Drache. Weitere Bahnen wurden an den Wegen entlanggezogen, aber auch mal zwischendrin. Einen Plan konnte Nicolas nicht erkennen, aber den hatte der Hirsch ja auch nicht.

In der Mitte der Assemblée warten die ranghöchsten Reiter auf das Signal. Dabei stärken sie sich mit Wein und einem Frühstück, das auch zu Pferd eingenommen werden kann – in Brot gebackene Pilze oder Wachteln.

Der erfahrenste Hirschjäger war Béthune, der Henri begleitet, seit er mit dreizehn in der Bartholomäusnacht von Navarre gerettet wurde. Im letzten Jahr erst konnte er eine äußerst gute Partie machen und erläutert nun in seinem doppelt gesicherten Status als altem Weggefährten von Henri und vermögendem Ehemann die Dinge des Lebens oder so einer Jagd.

»Niemand weiß, wie alt ein Hirsch wird. Den ältesten Hirschen der Welt, den hat man noch nicht erlegt, und mit jedem Jahr werden sie schlauer. Darum nennt man sie auch die Könige des Waldes. Wölfe, Bären – vergesst die! Die sind zwar unsere direkten Feinde, aber der Hirsch, das ist noch mal etwas völlig anderes.« Er nimmt einen Schluck aus einem Becher mit warmer Brühe.

»Ich habe es ja selbst gesehen«, mit einem Blick in das Halbrund seiner Zuhörer hält er die Spannung aufrecht, »wenn ein Hirsch einmal viele Jahre gelebt hat, sein mächtiges Geweih das auch anzeigt, ja, und er so langsam müde und schwer wird, dann legt sich dieses Tier nicht etwa zur Ruhe« – Béthune wird lauter – »dann sucht es sich mit seiner phänomenalen Nase eine Viper oder sonst eine Giftschlange, tötet sie mit einem Hufschlag und frisst die Schlange dann ganz auf. Und schon haben wir da wieder einen jungen Hirsch! Ich habe es oft genug selbst gesehen.«

Henri ruft, »es lohnt sich eben, sich diese ganzen Vipern einzuverleiben – lernt man auch im Louvre«, und lacht.

Béthune nickt ihm zu. »Aber das Wertvollste an so einem Hirsch ist der sagenhafte Kreuzknochen. Ja, als einziges bekanntes Lebewesen«, belehrt Béthune die Gesellschaft, »hat so ein Hirsch im Herzen einen Knochen in der Form des Marterinstruments unseres Herrn. Den brauchen wir! Gemahlen und in Wein verrührt kann er die unglaublichsten Kräfte entfalten!«

Montaigne sieht dabei immerzu in Richtung von Henri, der sein Gesicht verzieht und immer wieder donnernd lacht, aber gar nicht zuhört.

»Aber was rede ich denn«, beendet Béthune seinen kleinen Vortrag. »Hier kommen doch schon unsere Spurensucher und Inspektoren, die seit heute früh im Wald sind, um Informationen über das Tier zu sammeln.« Er beginnt noch im Sattel eine Besprechung. Henri gähnt und lässt den Blick schweifen, wirft dann einer der Frauen, die die Pferde versorgen, eine Kusshand zu. Es ergibt sich eine Wartezeit.

»Montaigne«, fragt Henri von Sattel zu Sattel, »könnt Ihr

eigentlich Englisch?« Montaigne verneint amüsiert. »Ich habe als Kind Latein gelernt, etwas Griechisch, dann das Okzitanische von hier und irgendwann Französisch, später einigermaßen Italienisch. Warum?«

»Ich weiß ja nicht, ob es stimmt ... als König weiß man übrigens vieles nicht. Was Béthune da etwa über Hirsche erzählt. Aber egal. Jedenfalls, in Nérac, ja, in der guten Zeit, als du auch das erste Mal kamst ...«

Montaigne nickt geistesabwesend, fühlt sich plötzlich schon viel leichter, in jene schöne Zeit versetzt. »Da hatten wir doch immer diese Engländer herumschnurren, ich hoffte ja auf die Hilfe von Elisabeth, und sie hat sie ja auch immer wieder gewährt, nichts gegen Elisabeth! Aber ich wollte etwas anderes erzählen.«

»Was beschäftigt Euch?«

»Na, ich hatte damals diese kleine Geschichte mit – du wirst sie nicht kennen, eine Fleurette ...«

Montaigne lacht auf. »Jeder Mann, der damals dabei war und sich zu Frauen hingezogen fühlt, erinnert sich an die! Was für eine Schönheit!«

»Der Name auch so zauberhaft. Diese Engländer haben ihn dann so seltsam ausgesprochen und ...«

»In England kennt man jetzt Fleurette?«

»Nicht als Namen, aber als Tätigkeit – *to flirt*. Hat mir einer erzählt. Ich finde es seltsam, aber wer weiß?«

Montaigne hebt die Hand, denn Béthune hat den Bericht der Fährtenleser studiert und fasst ihn nun zusammen:

»Verehrte Assemblée! Wir jagen nun einen Hirschen von völlig außergewöhnlicher Größe, obwohl er nicht wirklich alt ist, aber schwer wie ein Zehnender. Ich habe solche Informationen noch nie über ein Tier vernommen, es passt eher zu einem Stier, aber mit den Fähigkeiten eines Pferdes und der Kraft eines Bären.«

Henri schüttelt seine Hand anerkennend aus, als hätte er sich verbrannt. »Montaigne, wo hast du denn dieses Viech her?«

Der zuckt nur mit den Schultern. »Weiß man immer, wozu man etwas unternimmt? Ich habe vor Jahren diesen Wald gekauft. Und irgendwann fiel mir auf, dass es der Wald für eine königliche Jagd sein könnte, aber dazu würde ich einen Hirsch brauchen. Ich lasse hier, wie mein Vater, Pferde züchten. Unter den Eichen, auf den Wiesen ist es ein magisches Land für sie. Ich bat also meinen Züchter, auch einen Hirsch aufzuziehen, genauso wie seine wilden, klugen Pferde. Und den haben wir dann losgelassen, vor einigen Tagen schon.«

Henri führt seine rechte Hand an seinen Hinterkopf: »Dann werden wir diese Assemblée wohl etwas länger beanspruchen müssen.«

Die Hundemeuten treffen endlich ein. Ihre Ankunft hat sich um viele Stunden verzögert. Nicolas eilt ihnen entgegen und versucht, sich darüber klarzuwerden, welche Meute zu wem gehört. Es werden drei benötigt, die erste heißt schlicht »die Meute«, wenn die müde ist, kommt die »vieille meute«, die alte Meute, die aber nicht älter ist als die vorige, und dann zum Finale noch die »six chiens«, die entgegen ihres Namens aus einem Dutzend frischer Hunde besteht. Die Führer und einige der Männer von Navarre besuchen die Tiere, die springen und knurren sollten, aber eher müde zusammenstehen, um sich gegen die Frische dieses Dezembertages zu wappnen. Es sind lange, weiße Hunde, mit denen ihre Meutenführer und die Jäger unzufrieden sind. In England gäbe es noch richtige Hunde, aber hier, in diesem gemütlichen katholischen Hinterland, was wolle man erwarten?

Während er die Listen abgleicht, um nicht zu viel für die drei Meuten bezahlen zu müssen, wankt ein bleicher, älterer Mann in die Assemblée. Er kommt aus dem Wald, hält in der einen Hand einen Stock und in der anderen einen groben Sack, Tränen laufen ihm über die Wangen, und er zittert. Nicolas erkennt ihn als einen der Männer, die im Vorzimmer des Bürgermeisters die Akten parat halten, hat ihn aber noch nie dermaßen außer Kräften gesehen.

»Monsieur le Secrétaire, ich war die ganze Nacht auf Jagd nach dem Dahut, leider ohne Erfolg.« Nicolas versucht, diesem Satz einen Sinn zu entlocken, aber es gelingt ihm nicht. Erst als die übrige Gesellschaft der aus dem Rathaus entsandten Männer in dröhnendes Gelächter ausbricht, dämmert ihm, dass hier so ein südwestfranzösischer Streich der eigenen Art dahinterstecken könnte. Bald verbreitet sich die Geschichte in der gesamten Assemblée. Einer war zur Jagd auf den Dahut geschickt worden und hat wirklich ausgeharrt.

Der unterkühlte Beamte schildert Nicolas, während er sich bei etwas Haferbrei stärkt, dass er die Nacht an einem Hang verbracht hat, um das Tier mit seinen Sack einzufangen. Der Dahut, erklärt er treuherzig, hat ja nur drei Beine, darum muss er immer am Hang entlangrennen und dort ist es dann ja nicht schwer, ihn zu fangen. Nicolas protokolliert die Aussage schon mal mit, am Ende einer solchen Jagd wird es ja eine Akte geben, aber eine Frage ist ihm dabei noch nicht ganz klar, als Madame Tony angeritten kommt. »Ihr solltet Euch schämen, den guten Mann hier so zum Dahut zu schicken. Seid Ihr Kinder, oder was? Ich hätte solche Streiche eher von dummen Bauernjungen erwartet. Na, mein Mann hätte Euch mal gezeigt, wo es hinausgeht in den Winterwald, durchtriebene Bande!«

Sie regt sich so auf, dass einige der Männer aus dem

Rathaus von Bordeaux kurz vor den Tränen stehen. Wenn sie es ihrem Sohn erzählt!»Ihr könnt froh sein, dass mein Micheau und Nicolas hier solche Geschichten höchstens aufschreiben, statt Euch auspeitschen zu lassen.«

Sie nickt Nicolas zu und wendet mit ihrem schweren Reitpferd. »Madame, kurz noch«, er muss ihr fast hinterherrennen. Sie seufzt ungeduldig, als würde sie seine Frage schon ahnen.

»Madame, der Dahut, jagen wir da ein Huftier oder eines mit Klauen, ein Raubtier oder ein Nutztier? Mehr Schwein oder mehr Hund?«

Statt einer Antwort hört er von Tony nur einen Schrei aus der Tiefe ihrer Lungen: »Ich werde hier noch verrückt!« Dann reitet sie ab, in Richtung der erfahreneren Männer des Hofes von Navarra, die sich gerade mit ihren teuren, aber groben Wildlederhandschuhen die Augen trocknen, weil sie sonst blind wären vor lauter Lachtränen.

Während der sehr langen Wartezeit, in der alles vorbereitet wird, reitet auch der Pferdezüchter in der Assemblée herum, schaut nach seinen Reitpferden und macht sich unauffällig bemerkbar. Montaigne winkt ihn heran.

»Mein Rittmeister, komme er zu uns, hier gibt es Fachfragen.« Der einfache Mann lacht amüsiert auf und prüft im Vorbeigehen die Reittiere. Henri klopft ihm auf die Schulter. »Was ich hier reiten darf, kommt auch aus Ihrem Stall? Diese Verbindung von Araber und Zugpferd ist mir noch nie untergekommen, das muss eine besondere Kreuzung sein.«

»Dieser Wald, Sire. Brétanord.«

Béthune kommt hinzu, sorgenvoll. »Freunde, bei all den Berichten und Spuren, die ich nun über diesen sagenhaften Hirsch habe und der nun schon so lange dort im Weiten herumturnt, habt Ihr ihm etwas beigebracht? Vielleicht eine falsche Fährte zu nutzen oder sogar ein Hourvari?« Alle blicken zu dem Züchter, der mit den Schultern zuckt und Mühe hat, seine Gedanken deutlich auszusprechen. »Es ist ... man wird sehen, also ...«

Dann ertönt auf ein diskretes Zeichen von Henri hin das Signal – es ist, als würden der Wald, das Schloss und das ganze Land aufheulen, um sich gegen die Tricks eines einzelnen Hirsches zu wappnen. Was auch immer in diesem Wald gewohnt hat, denkt Montaigne, ist unterdessen schon kurz vor der Loire, so laut ist das hier.

Die Assemblée wird zum Stützpunkt, wie ein Hafen, von dem aus eine Kriegsflotte in See sticht: Erst wird die Meute losgelassen, dann die erste, zweite und dritte Welle der berittenen Jäger. Eine ganze Wolke aus Staub und Schlamm steigt über der Lichtung auf wie ein brauner Nebel, schon jetzt ist kaum noch etwas von der Welt zu erkennen, lange bevor es wirklich in den tiefen Wald geht. Montaigne verliert in diesem Lärm, dem Gedränge und der Jagdlust sofort den Anschluss an den Hof von Navarra, so eifrig sind diese Männer losgestürmt. Er versucht, mit seinem Bruder Pierre die Wege zu sichern und zu schauen, damit sich niemand verirrt oder verletzt in Brétanord zurückbleibt.

Fast ist es dann friedlich im Wald, sie wechseln einige Worte und versuchen, während sie zur Ruhe kommen und ihre Pferde verschnaufen, das Jagdgeschehen, so gut es geht, mitzubekommen. Der Lärm der Truppe ist durch die Bäume und Büsche etwas gemildert, aber immer noch laut genug.

»Meine Güte«, seufzt Pierre, »du kannst ja glauben, dass hier in unserem Wald die Entscheidungsschlacht um die Seele von Frankreich tobt!«

»Na, ein wenig ist es schon so, wenn auch auf einer völlig anderen Ebene«, stellt Montaigne fest.

»Konntest du ihn denn schon unter vier Augen treffen?«

Montaigne atmet lange aus und sieht den Wolken seines Atems nach. »Schon. Aber ob ich vorgedrungen bin?«

Pierre lacht auf. »Du, wenn die Melone ihn nicht überzeugt hat, dann weiß ich auch nicht!«

In diesem Augenblick hören sie ein anschwellendes Geheul und einen dumpfen Lärm wie von umstürzenden Bäumen. Sie reiten zurück zur Lichtung und müssen die Pferde fordern, um vor dieser Welle aus Geschrei und Menschen dort zu sein und nicht unter die Hufe zu kommen. Sie befehlen allen im Lager, hinter den Schilden Schutz zu suchen und Waffen aufzunehmen, lassen auch die Notglocke läuten. Was da kommt, das klingt nicht gut, vielleicht ein Angriff der Spanier, eine Springflut oder entfesselte Katholiken von der Liga?

Montaigne behält den Waldrand im Blick, dann rollt es an wie eine Gewitterfront – erst die mit Trommeln und Tröten ausgerüsteten Treiber, dann ein Durcheinander von Jägern mit Lanzen und anderen Waffen, ihnen dicht auf den Fersen die Männer vom Hof von Navarra, mittendrin im Getümmel seine Mutter, Condé und Béthune.

Pierre versucht, sich einen Reim zu machen: »Micheau, sag mal, wovor fliehen die denn alle? Doch nicht vor dem schmächtigen Hirschlein, dass da immer aufgepäppelt wurde, wo wir die Pferde abholen?«

Montaigne wiegt sorgenvoll den Kopf, kann sein Amüsement aber nicht ganz verbergen. »Dem Gebell nach zu urteilen wird unsere Jagdgesellschaft gerade von zwei Meuten ausgehungerter Hunde verfolgt, mit denen ist nicht gut spaßen.«

Nicolas erreicht mit Mühe seinen Chef, das Pferd völlig

nass vor Schweiß, seine schwarze Dienstkleidung schon mächtig mit Schlamm bedeckt und zerrissen, er blutet auch am Schenkel, wo ihn Turenne in der Panik des Rückzugs mit seinem Degen streifte.

»Monsieur, ich weiß nicht, was genau da geschehen ist. Ging alles so plötzlich.«

Auch Béthune reitet auf ihrer Höhe, das Gesicht ganz errötet und erkennbar am Ende vor lauter Schreck und Anstrengung: »Montaigne, was habt Ihr da für einen Teufelshirschen gezüchtet, der – «

Nun fällt ihm Condé ins Wort: »Montaigne, das Viech hat einen Hourvari gemacht, das hat noch keiner von uns je erlebt.«

Nicolas schaut fragend und sucht instinktiv nach Bleistift und Zettel für seinen Bericht. »Was hat der Hirsch bitte gemacht?«

Pierre nimmt ihn beiseite. »Du, das ist so ein Manöver, das sie offenbar machen, wenn es eng wird, und das von Jägern besonders gefürchtet ist. Ich habe auch nur davon gehört, es mal erzählt bekommen, aber heute haben wir vielleicht einen besseren Beweis. Beim Hourvari dreht sich der Hirsch, statt zu fliehen, auf den hinteren Hufen um und rast mit immenser Geschwindigkeit auf demselben Kurs in die entgegengesetzte Richtung. Geweih unten – dass ist ein gewagter Trick, der aber wirkt, denn die Meute verfolgt erfolgreich ein schwächer werdendes Tier, aber sie flieht, wenn sich das Blatt wendet. So konnte unser junger Hirsch erst die beiden Meuten umdrehen, die wiederum in ihrem Hunger und ihrer Wut, ihrer Angst die Pferde der Jäger und der reitenden Jagdgesellschaft ängstigten, die daraufhin umkehrten und die Fußtruppen, die Männer mit der Musik und die mit den Seilen und Schildern verscheuchten. Alle flohen, ohne nachzudenken, wieder zurück zur

Assemblée, es war ja gar nicht weit weg eigentlich, aber doch verwirrend. Der Plan war ja, den Hirsch hierherzuschleifen, auf einem Schlitten aus Eichenästen, nicht aber, von ihm ausgetrickst zu werden und sich in Todesangst in die Hose zu machen.«

Die etwas beleidigte und leicht zerzauste Jagdgesellschaft versammelt sich um eine improvisierte Mahlzeit an langen Tischen, die Denise und Nana arrangiert haben. Die Hunde müssen beruhigt oder ersetzt, die Pferde gewechselt und die Treiber ermutigt werden. Montaigne geht von Gruppe zu Gruppe und achtet, dass keiner zu kurz kommt. Françoise und Léonore besuchen die Mitwirkenden aus Bordeaux und den umliegenden Dörfern, reichen ihnen Wein oder hören einfach nur zu. Es ist die Stunde der Arbeiter aus dem Rathaus und ihrer unerschöpflichen Rollen mit Fischernetzen: Sie eilen los und umwickeln die Assemblée mit Netzen, damit kein Hirsch hindurchkommt. Wegen des Fischgeruchs würde er ohnehin Meilen davor umkehren. Nur Möwen würden hier noch angelockt.

Nachdem der Schock des Hourvari einigermaßen verkraftet ist, findet Françoise einen Moment, ihren Mann beiseitezunehmen. »Micheau, es ist niemand zu Schaden gekommen – schon gar nicht der Hirsch!« Sie lachen beide etwas ermattet. »Aber sag mal, ich habe eben den Hof überblickt und es auch mit Nana und Nicolas noch einmal besprochen – also ... «

Montaigne hört nun genauer zu.

»Ich meine, gleich werden sie ja einen zweiten Anlauf nehmen und den Hirsch noch weiterverfolgen, aber eines ist seltsam: Ich habe Condé gesehen, Béthune, Turenne, selbst Corisande und ihr Panzerwagen sind in Sicherheit, aber ... «

Montaigne beendet ihren Satz schon im Geiste und beginnt, mit zunehmender Unruhe das Lager mit den Augen abzusuchen, und erkennt, dass auch Nicolas schon Anzeichen der Sorge manifestiert, in suchender Absicht durch die Zelte der Großen des Hofes von Navarra streift ...

»Micheau«, sie berührt ihn nun an Wange und Ohr, er seufzt etwas auf. »Wo ist Henri?«

Montaigne sieht nun, wie seine Mutter auf sie zukommt, voller Fragen, Vorhaltungen und Zorn. Wie soll er ihr erklären, dass sein Hirsch sich nicht jagen lassen wollte? Wie soll er erklären, dass er den König von Navarra, Thronfolger nach dem salischen Gesetz, den er im Auftrag der Regentin Catherine von Medici und des Königs von Frankreich hier und heute praktizieren sollte, im unendlichen Wald seiner Kindheit verloren hat wie ein Kind seine Katze?

5

Brétanord

Montaigne wartet nicht lange, bis sich eine Erklärung findet. Er geht ruhig zu seinem Streckenpferd und nimmt erst den Weg, der zurück zum Schloss führt, um kein Aufsehen zu erregen. Als der Wald dicht genug ist, führt er es in die Tiefe des Landes und sucht nach Spuren. Langsam wird es dunkler, und an den sumpfigen Stellen ist dichter Nebel aufgezogen. Jeder Baum hat zu dieser Stunde eine Menschengestalt, also kann er sich nur am Boden orientieren, um zu sehen, wo einer entlanggeritten ist. Er hätte einen der Hunde mitführen sollen, die hätten ihn schnell gefunden. Henri ist nicht gerade für seinen Wohlgeruch bekannt. Es geht an sanften Hügeln entlang und dann über die steinerne Brücke, die sein Vater erbauen ließ.

Dann schließt er lautlos auf und reitet neben ihm.

»Dumme Lage.«

»Du hast mir heute noch gefehlt.«

»Freust du dich nicht über meine Gesellschaft? Ich kann auch wieder gehen, ich habe genug zu tun.«

»Klar, die vollen Tage unserer Toten, wer kennt sie nicht? Ich dagegen reite hier zum Vergnügen im Nebel durch den Sumpf, um den Thronfolger zu suchen.«

»Das ist die erste Aktion, die mir an ihm gefällt. Einfach abzuhauen, mitten auf der Hirschjagd. So was ist auch wirklich grässlich.«

»Ich bin deiner Meinung. Ein blutiger Zirkus, auf den ich gut verzichten könnte.«

»Wie die Tiere quieken und leiden, es ist einfach nur grausam, und da waren wir uns doch immer einig – Grausamkeit ist das Allerletzte.«

»Nur, dass du schon die tyrannische staatliche Grausamkeit angeprangert hast, als dir eine Wache im Louvre mal die Hellebarde auf den Fuß gestellt hat.«

»Hör mal, das hat vielleicht weh getan! War ja nicht dein Fuß!«

»Da war eben kein Zutritt, gilt selbst für Étienne de la Boëtie.«

»Du hast wie immer Verständnis für die Dinge des Staates. Und wie dankt er es dir? Apropos. Du kommst gerade nicht so gut voran, oder?«

»Danke, lieber Freund, ohne dich hätte ich das ja gar nicht bemerkt! Kannst du ihn nicht von deiner himmlischen Warte aus erspähen? Oder wohnst du eigentlich in der Hölle? Bei deinem Lebenswandel dürfte es unentschieden stehen, bestenfalls.«

»Oben ist das Licht schöner, unten ist das Essen besser. Aber dein Henri kann sich nicht in Luft aufgelöst haben, wir sollten ihn finden können. Warte – so wie ich ihn kenne, wird er jetzt nicht ewig reiten wollen, sondern ein gemütliches Haus zum Einkehren suchen.«

»Schon, aber hier ist nichts, außer ... «

»Dieser Hof, wo du groß geworden bist. Warum haben dich deine Eltern eigentlich so lange weggegeben? Diese Frage könnten wir doch erörtern, so ungestört, wie wir hier sind.«

»Étienne, Gnade.«

»Ich meine, deine beiden Brüder Thomas und Pierre, die wurden doch nicht jahrelang zur Amme gegeben, hier unten in diesem Sumpf? Bei den Mücken. Ob deine Eltern wollten, dass du am Fieber stirbst? Ich hätte es längst mal mit Tony erörtert, aber sie ist ja soo fromm, ruft noch einen Exorzisten!«

Beide lachen.

»Schau, wenigstens heitere ich dich auf, wenn du schon als Mann in die Geschichte eingehen wirst, der erst die *Essais* geschrieben und dann den König im Wald verloren hat!«

»Mit deinem Unsinn vertreibst du einem wenigstens die Zeit, auch wenn du selbst gar nicht mehr darin lebst.«

»Und auch nicht in Sorge, Feuchtigkeit oder Schmerzen, also kann alle Energie ins Plaudern fließen, freu dich doch. Wir wissen schließlich beide, wie sehr und womit du deine Energie verschwendet hast, jahrelang. Geredet wurde nicht viel, jedenfalls.«

»Hm, das wäre mir jetzt im Moment ehrlich gesagt lieber, als mit einem Toten durch den kalten Wald zu reiten, aber lenk nicht ab, wir sind fast da, und dann sollte ich besser leise sein.«

»Hier kennst du dich ja aus. Schon verrückt, wie dieses Abenteuer begann, in Paris, im Louvre, große Politik und so, geheime Mission, und was weiß ich – und nun musst du die Lösung für Frankreich hier im Wald deiner ersten Tage suchen.«

Montaigne zuckt mit den Schultern. »Ich habe ihn ja schon vor Jahren gekauft. Wer weiß, wozu es gut sein würde?«

Er nähert sich dem einfachen, länglichen Bau und steigt schon ein gutes Stück vorher ab, sein Pferd folgt ihm und biegt dann von selbst in Richtung der Stallungen. Er muss, obwohl er nicht der Längste ist, hier immer den Kopf einziehen, um nicht an den Türbalken zu stoßen.

»Bonsoir, Mamie.«

Eine dünne, gebeugte, aber alerte Frau im hohen Alter eilt ihm entgegen und umarmt ihn. »War das ein Lärm vorhin im Wald. Ich dachte, eine fremde Truppe verwüstet alles.« Ihr folgen ihre Katzen, im Hof sind noch Leute bei der Arbeit. Ihre Kinder, beide in Montaignes Alter, machen schon Feierabend, heizen ein und flicken und schnitzen. Alle haben ihr Leben im Wald von Brétanord verbracht, und es gibt Momente, an denen Montaigne sie darum beneidet.

»Ich muss mich mal kurz ausruhen, ich bin, na ja, in was reingeraten.«

Er tritt vorsichtig ein und zieht sich in der Diele die Stiefel aus. Hier hat er seine ersten Schritte getan, aber viel weiter ist er seitdem auch nicht gekommen, denkt er plötzlich.

»Micheau«, erzählt seine Amme begeistert, »du bist heute schon mein zweiter Besucher. Ein etwas größerer Reiter kam heute schon mal vorbei. Nie gesehen den Mann. Mir schien er wie einer, der auf der Flucht ist, aber wir nehmen ja alle auf. Ob er was mit deiner Sache auf dem Schloss zu tun hatte?«

»Mami, wann und wo ist er hin? Ich muss diesen einsamen Reiter finden. Sag mir nur die grobe Richtung und die Zeit, wann er weg ist, dann finde ich ihn schon, allerdings könnte ich ein frisches Pferd gebrauchen und etwas Licht und Wegzehrung, falls sich meine Suche hinzieht. Und vielleicht könnte dein Sohn Jacquot mich begleiten? Es muss schnell gehen, und niemand wird je davon erfahren.«

Mamie betrachtet ihren verirrten Ziehsohn und schüttelt

verneinend ihren Kopf. »Nichts davon wird geschehen. Ihr eiligen Männer immer.«

Montaigne lacht wie unter Schock. »Mamie, das ist keine Bitte, sondern ...«

»Jetzt komm erst mal rein, gib mir diese Stiefel und leg die alberne Jagdmontur von Pierre ab. Die steht dir ja gar nicht. Dein Freund sitzt schon seit Sunden hier in der Stube und plaudert, dann schweigt er wieder. Er wollte etwas ›über Frankreich‹ wissen, aber ich habe ihm erklärt, dass ich noch nie dort im Norden war. Setz dich zu ihm, ich serviere euch etwas zu essen.«

Montaigne klopft kurz an und betritt mit Herzklopfen die niedrige Wohnküche. Die Fliesen sind warm von dem gewaltigen Kaminfeuer. Henri steht überrascht auf: »Montaigne, so ein Zufall. Was verschlägt dich denn hierher in diesen gottverlassenen Urwald? Ich habe auf dem Weg hierher so viele Tiere gesehen wie seit der Menagerie der Tuilerien nicht mehr. Außerdem so einen Hirsch, der ist mir einfach gefolgt.«

Alle lachen, Henri unterhält den ganzen Hof.

Montaigne setzt sich zu ihm und leert erst mal einen Becher Wein, den er zuvor zur Hälfte mit Brunnenwasser aufgefüllt hat: »Es gibt kein köstlicheres Wasser als das von Papessus.«

Henri macht plötzlich ein besorgtes Gesicht. »Ich finde es schön, dass wir uns hier treffen, aber eine Sorge treibt mich um, und vielleicht fand ich es darum nötig, der Jagd zu entkommen.«

Montaigne blickt ihn ruhig an. »Was denn?«

»Lasst es mich in Eurer Manier, also ganz direkt fragen: Wollt Ihr mich hier eigentlich praktizieren?« Dann schweigt er lange genug, dass Montaigne rot wird und tatsächlich erst einmal keine Worte findet. Henri fährt fort:

»Ich könnte mir nämlich vorstellen, dass nicht nur meine Ex, für die Ihr alles tun würdet, keine Widerrede, sondern auch meine Schwiegermutter Euch nach allen Regeln ihrer immensen Kunst so bearbeitet haben, dass Ihr mich, einen hugenottischen Prinzen, auf Euer katholisches Schloss eingeladen habt, um eine Hirschjagd zu veranstalten, die weder Ihr noch ich leiden könnt. Und apropos Hirschjagd, hier vom Fenster aus sehe ich das Tier gerade das Abendlicht genießen.«

Montaigne kommt dieser Hinweis ganz gelegen, er tut, als schaue er hinaus, und nutzt den Moment, um sich eine Antwort zu überlegen.

»Hat es Euch die Sprache verschlagen? Ihr könnt Sätze so lang wie Buchseiten in drei lebenden und zwei toten Sprachen formulieren, und nun sitzt Ihr vor mir und werdet einfach nur rot?«

»Ja.«

»Ja – Ihr werdet rot? Das sehe ich allerdings, mein Freund!«

»Ja, Ihr habt recht. Ich bekam den Auftrag, Euch zu praktizieren, aber es ist ja gar nicht möglich. Man kommt nicht an Euch heran.«

»Na, ein Glück. Wäre das also geklärt. Warum ruft die nicht ihre Leute herbei, und wir machen es uns gemütlich, erzählen uns Geschichten?«

Nun nimmt Étienne de la Boëtie in seiner feinen Jagdtracht auf einem der leeren Strohstühle Platz, ohne eine Miene zu verziehen, legt seine langen Handschuhe auf den Tisch und nickt seinem Freund zu. Montaigne erkennt so die Sekunde, in der er noch etwas wenden kann.

»Henri, welche Geschichte soll man sich einmal von dir erzählen?«

Der König von Navarra hebt seine Schultern, atmet aus.

»Ja, ich bin Henri, Enkel eines Königs, ein Mann des Glaubens, ein Mann des Südwestens, bin unglücklich verheiratet und jetzt König von Navarra, Thronfolger in Paris.«

»Ist das nicht etwas kompliziert? Ich fände eine kürzere Geschichte besser. Mamie hat lange Abende Zeit, sich alles anzuhören, aber wie ist das mit anderen Leuten und wie wird es später sein?«

»Montaigne, ich verstehe nicht, was Ihr von mir wollt.«

»Das wundert mich nicht. Lassen Sie es mich einmal anders sagen: Wer war der letzte gute Herrscher, an den Ihr Euch erinnert?«

Henri wägt seine Antwort genau ab. »Bei den Valois ist das schwer, man muss zurückgehen, und dann habe ich sie nicht selbst erlebt. In der Geschichte ... ich schätze, ja, Elisabeth von England, aber an Männern?«

Montaigne stimmt ihm zu. »Ich meine, die Antwort ist schlicht, dass wir beide noch nie einen guten König erlebt haben.«

»Wollt Ihr mir jetzt nahebringen, dass ich ein guter König werden könnte? Oh, wenn« – er äfft ihn nach –, »wenn Ihr nur einfach abermals konvertiert! Montaigne, das höre ich mehrfach jeden Tag. So ein Argument wird Eurem Ruf nicht gerecht.« Er leert sein Glas. »Immer wenn ich zornig werde, werde ich auch hungrig.«

Mamie verzieht sich in die Küche, ohnehin wird ihr die Luft in ihrer Stube zum Atmen zu dünn.

Étienne kichert, dass er lange keinen Hirschbraten mehr hatte und so, wie es aussieht, auch noch wird warten müssen.

Montaigne bleibt seelenruhig sitzen. »Das ist mir völlig egal, Henri.«

»Ob ich katholisch werde? Da wärst du der Erste.«

»Du wirst ohnehin konvertieren, ich weiß es, und du

weißt es auch. Ich wollte etwas anderes sagen – mir ist egal, ob du ein guter König wirst. Ich war bei Henri Valois, auch er möchte ein guter König sein, hält sich für einen. Jeder, der sich dem Thron nähert, möchte ein guter König sein, selbst Charles wollte es. Ich sprach neulich erst mit seinem Arzt.«

Henri muss lachen. »Ach was. Charlie wusste kaum, dass er der König ist, sein Gehirn war schwach. Und nicht mal Valois ist so verrückt anzunehmen, dass er es gut macht. Er ist pleite und hat Feinde an allen Fronten, nicht zu vergessen seine eigene Mama. Wie kommt er darauf?«

»Er hat doch das Protokoll im Louvre reformiert. Man darf nun nicht mehr auf seiner Lehne sitzen, und es gibt Absperrungen zwischen seinem Stuhl und dem Volk im Louvre.«

Henri nickt. »Es ist keine Kleinigkeit, das Protokoll zu verändern. Wir sitzen hier gemütlich und können Pläne schmieden, aber in Paris auch nur eine Kleinigkeit zu ändern ist schwer.«

Montaigne spürt, dass er Henris Vorstellungskraft in Bewegung versetzt hat. Aber er braucht noch etwas anderes, einen weiteren Antrieb.

»Henri, ich habe kein Interesse daran, jemanden zu praktizieren. Nie gehabt und keine Ambitionen in dieser Richtung. Wenn wir dennoch hier sitzen, im Haus meiner Amme und im Wald meiner Kindheit, dann, weil ich einen ganz anderen Plan habe.«

Henri nickt. »Plan ist gut. Möchtest du erst meinen hören? Duplessis hat ihn mir geschrieben.«

Montaigne hebt beide Hände mit den Flächen nach außen. »Gnade, den Plan von Duplessis kann ich im Schlaf aufsagen, und er wirkt wie ein brennender Pfeil, den du dir ins eigene Heusilo schießt – nämlich ins Verderben.«

Henri hebt seine Augenbrauen und bearbeitet in gespielter Gleichgültigkeit seine große Tischserviette. »Müssen wir nicht mal zurück? Ich glaube, lieber Montaigne, erst mal müssen wir einige Schlachten gewinnen und da brauche ich nun mal eher die Duplessis dieser Welt und all meine anderen tapferen hugenottischen Soldaten und weniger einen katholischen Schreiber von gelehrten Versuchen. Ich brauche Siege, keine *Essais*! Und nach dem Sieg kann ich immer noch nachdenken, was für eine Art König ich sein möchte!«

Étienne macht eine rasche Bewegung mit den Händen: Er dreht seine beiden Zeigefinger an einer imaginären Achse umeinander, wie eine Walze. Montaigne sieht hin, nickt und widerspricht Henri. »Nein. Es ist umgekehrt!«

»Wie? Ich muss gar nicht gewinnen? Na, dann spare ich wenigstens Geld, diese Soldaten kosten ein Vermögen!«

»Du denkst nach, und dann gewinnst du. Das ist die Reihenfolge. Schau, ich bin zweimal Bürgermeister und habe zwei Bücher geschrieben. Ich war in Rom und das Letzte, was ich nun möchte, ist eine späte Karriere als Höfling. Wenn ich das alles hier auf mich nehme, mich in die Politik begebe, dann für einen Zweck. Nicht, dass Ihr König werdet, auch nicht ein guter König, nein« – er legt eine Pause ein, die lang genug ist, um die Aufmerksamkeit des nach Kurzweil süchtigen Navarre zu fesseln – »ich möchte, dass Ihr Euch in den Gedanken verliebt, der beste zu werden.«

»Der beste?« Niemand hat ihm je etwas zugetraut. Henri strahlt über sein ganzes, großes Gesicht, und es ist, als würde in diesem Wintereichenwald die Sonne eines neuen Frühlings aufgehen. Dann überlegt er wieder. »Wie kann man das beurteilen? Mit wem soll sich der König von Frankreich denn messen lassen?«

»Mit anderen Königen von Frankreich. Ich möchte, dass

in vielen Jahren, wenn man nach dem besten König fragt, die Leute nicht wie wir heute –«

»Ja, Saint Louis nennen, selbstverständlich, wen sonst?«

»Eben nicht mehr nur Saint Louis sagen, sondern Henri Quatre!«

»Komm, Montaigne, mach mal halblang. Ich meine, Louis, er hat seine Kreuzzüge verloren, starb sogar auf einem. Was verehren die Leute eigentlich an ihm?«

Montaigne antwortet blitzschnell: »Seinen Kreuzzug gegen die Armut. Er kümmerte sich um den Kampf gegen ein armes Leben. Das hatte er sich vorgenommen, und das wurde ihm nicht vergessen. Der beste König wirst du, wenn du dich um das gute Leben kümmerst, um die, die heute nichts haben und wegen der Bürgerkriege und Plündrer zu nichts kommen, ja ganz einfach um das tägliche und sonntägliche Essen. Statt für die Reinheit des Glaubens oder die Schönheit von Grenzen in endlose Kriege zu ziehen. Statt auszuforschen, zu gängeln und zu foltern!« Montaigne gerät in einen für ihn untypischen Zorn.

Henri nickt. »Aber gewinnen muss man irgendwann schon, und die anderen sind nicht gerade zimperlich.«

Montaigne überlegt. »Es muss ja nicht immer ein ganzes Heer sein, das kämpft.«

Henri stutzt. »Um zu sparen? Meinst du nur kleine Eliteeinheiten? Die sind doch noch teurer …«

Montaigne verneint: »Du hattest doch diesen Einfall, in Pau, mit dem Zweikampf?«

Henri nickt: »Duplessis kam auf die Idee. Ich meine, warum nicht.«

Montaigne sammelt sich. »Ich weiß gar nicht, ob ich selbst dafür bin, Marguerite hat mir da eine Idee nahegebracht. Und ich habe ihr versprochen, sie dir zu unterbreiten, wenn wir je so weit kommen sollten.«

Henri schüttelt sich angewidert. »Ich bin jetzt schon dagegen. Diese Frau ist unser aller Unglück!«

»Sieh sie als deine politische Beraterin, da hat sie dir schon einige Male den Kopf gerettet. Jedenfalls wurde ihr doch das Theaterstück gewidmet, von unserem Freund du Bartas.«

»Ja, meine Mama hatte es doch schon bei ihm bestellt, über die Geschichte der Judith.«

Montaigne nickt. »Sie möchte auch Frieden, auch dich als König, aber nicht schon wieder diese ewigen Landkriege. Da liegt doch dieser Gedanke nahe ...«

»Dass nur einige Tyrannen sterben müssen, und nicht ihre ganze Armee? Danke, mein Freund. Dafür, dass ich heute wieder meinen haarigen Kopf auf Euer Kissen betten darf, habt Ihr eine wahrhaft beruhigende Gutenachtgeschichte – nicht, dass in der Nacht eine Judith meinen Hals verkürzt! Und wisst Ihr was? Richtet ihr vielen Dank für diesen Hinweis aus, sie wäre die Erste, die ich loswerden würde.«

Montaigne stimmt ihm zu. »Oh, das sagte sie mir auch, darum hat sie sich – verflüchtigt!«

Mamie kommt nun mit einem Korb Brot, Schalen mit Brühe und Platten mit Geflügel.

Henri zieht seinen Dolch, Montaigne sein Jagdmesser, und beide binden sich die weißen Servietten um den Hals, jede davon so groß wie ein halbes Laken.

»Eure tolle Methode könnte sich eines Tages ja auch gegen mich wenden. Schau doch, wie es Wilhelm von Oranien ergangen ist. – Keiner möchte mehr Bürgerkriege, also werden einfach wir Politiker erdolcht, so wird es doch kommen. Also, Mamie, bekomme ich noch etwas vom Eintopf? Das ist mir wesentlich lieber, als in Paris zu verbluten!«

Montaigne schaut hinaus, es ist stockdunkel.

»Mamie, kannst du Jacquot losschicken, um zu melden, dass wir erst später zum Schloss zurückkommen? Falls man mich dort überhaupt vermisst.«

Sie bringt nun Käse mit Nüssen und Birnen. »Das habe ich schon vor Stunden veranlasst, er ist längst wieder hier. Ich wollte keine Suchtrupps von diversen Seiten in meinem stillen Tal, danke.«

»Mamie, setz dich doch zu uns und erzähl meinem Bekannten, wie das so ist, der Bürgerkrieg hier für dich.«

Sie beugt sich vor, faltet ihre Hände und berichtet ruhig und eindringlich.

»Ein Tal weiter wurden Teile der spanischen Truppe einquartiert, im Hof einer Verwandten. Der Kommandant wurde zudringlich, sie war auch wirklich anziehend. Als er es immer wieder versuchte, griff sie zum Küchenmesser und schnitt ihm die Schlagader auf, wie sie es bei den Schafen macht. Er verblutete in wenigen Augenblicken, vor den Augen seiner Männer. Die nahmen sie fest, banden sie an einen Baum und benutzten die Frau als Zielscheibe, bis sie starb.«

Henri nickt, legt Mamie die Hand auf den Unterarm. »Ich habe dieselbe Geschichte in Libourne, in Périgeux und Bazas gehört und noch an unzähligen anderen Orten. Mal brennt sie ihm die Augen aus, verbrüht ihn oder kastriert ihn sogar und wird dann mit Armbrust, Hakenbüchse und einfachen Pfeilen ermordet. Übrigens gibt es die Version mit englischen Truppen, deutschen Reitern und der königlichen Armee, sogar mit meinen Leuten.« Er nimmt einen Schluck Wein.

Mamie überlegt kurz: »Henri, all diese Versionen können stimmen. Bürgerkriege sind die schlimmsten Kriege.«

Montaigne wischt mit seiner Serviette die Scheibe.

»Hirsch sehe ich jetzt keinen mehr. Aber ich will dich wie gesagt nicht praktizieren, um König von Frankreich zu werden, das musst du schon selbst wollen. Im Gegensatz zu den vorigen bist du es nicht von Geburt an. Und wenn du es selbst möchtest, großzügig bist und Wohlwollen zeigst, wird die Zuneigung der Menschen dich aufgreifen und befördern. Stell es dir wie bei einer Welle vor, sie trägt dich bis ganz an den Strand. Nur, was du vergessen musst, sind die Ratschläge unserer lieben Jagdgenossen, der Condé und Duplessis und wie sie alle heißen. Mit Rache und Reinheit des Glaubens verengst du deinen Anspruch, deine Freunde und dein Gebiet. Sie erlegen keinen Hirsch und machen keinen König von Frankreich.«

Henri betrachtet seine Fingerkuppen.

Montaigne redet auf ihn ein: »Jetzt mit einer frommen, reformierten Militärmacht der Liga und ihren spanischen Freunden ein Gegengewicht bieten zu wollen, Frankreich mit Waffengewalt zu erobern, um dann die Bartholomäusnacht nur umgekehrt zu veranstalten – das ist dein Weg in eine immer schmalere Gasse, deren Enge nicht vom Zuspruch deiner Anhänger ausgeglichen wird. Die Beschränkung auf den Jubel derer, die ohnehin schon auf deiner Seite sind, schwächt dich mehr als die Ausweitung deiner Güte, deines Charmes auf all jene, die noch nicht auf deiner Seite sind. Es ist eine einfache Rechnung. Möchtest du ein guter, aber beliebiger König in einem beschränkten Gebiet sein, dann werde der Champion der Hugenotten. Möchtest du mehr, möchtest du der beste sein, dann gewinne auch die Herzen der Katholiken und entwickle die Gedanken der Prosperität und der Toleranz.«

»So abstrakt lässt sich das leicht sagen, aber ich brauche konkrete Situationen.«

Étienne nickt seinem Freund kurz, aber deutlich zu.

Montaigne sieht den Moment gekommen, legt die weite, grobe Serviette auf dem Tisch aus und schiebt sie dann so zusammen, dass eine hohe Falte entsteht. »Ich bin hier drin, du belagerst mich. Soll ich herauskommen, um zu verhandeln?«

»Also, wenn du aufgeben möchtest, oder wie?«

»Nein, wenn nichts vor und zurück geht? Zwei Lager gleicher Kraft stehen sich unversöhnlich gegenüber. Sollen sie immer und immer wieder versuchen, es auszufechten?«

Henri nickt. »Das sind elende Zustände und sehr gefährlich.« Dann ist es ihm plötzlich zu viel, und er erinnert sich an seine Rolle als Unterhalter und Frohnatur und ruft, so dass es die ganze Stube hören kann: »He – das erinnert mich an die Geschichte vom Hauptmann, der alle Kriege und Schlachten unversehrt überstand, dann aber bei so einer ewigen Belagerung dabei war! Und wie das so ist, guter Wein, Langeweile – ja, er muss pinkeln!« Schon bebt sein kleines Publikum aus Mamie und ihren Söhnen, einigen neugierigen Knechten vor Gelächter! »Nicht wahr, Freunde, auch im Krieg muss man mal, und gerade bei so einer Belagerung, elende Sache! Jedenfalls fädelt er sich umständlich den Latz ab, entfernt diese Nadeln, erleichtert sich und ist glücklich und dann?« Henri hat diese Geschichte schon unendlich oft erzählt und beherrscht routiniert ihre Effekte. Seine breite Hand klatscht überraschend heftig auf die Tischplatte, alle zucken zusammen! »Ja, dann erwischt ihn das Geschoss einer Hakenbüchse mit runtergelassener Hose, den Schwanz in der Hand! Den Arsch an der frischen Luft, dass alle dachten, es ist wohl der Mond!« Er hat Tränen vor Lachen in den Augen, auch sein Publikum kann nicht mehr vor Irr- und Frohsinn. »So muss er dann vor den heiligen Petrus an die Himmelspforte!«

Montaigne wiegt den Kopf. Er flüstert nun mehr, als dass er spricht.

»Du sagst ihnen nicht, dass du von deinem Vater sprichst?«

Henri hebt gleichzeitig seine Schultern und Augenbrauen. »Ich habe ihn nicht gekannt. Und die Geschichte erfreut jedes Mal. Dieser Zusatz würde sie nur traurig machen.«

»Jedenfalls, jemand muss die Situation auflösen. Geht er raus?«

Henri zögert. »Mir wird davon immer abgeraten.«

Montaigne nickt, glättet seine Serviette wieder. »Ja, du gehst raus. Und du überlebst und siegst mit einem Trick, der nichts mit Militär oder Strategie zu tun hat.«

Henri blickt in sein Weinglas. »Meinst du?«

»Du zeigst, dass du bereits gewonnen hast. Alle sind müde, wünschen sich einen Sieger – und den gibst du ihnen. Dann bist du nicht rachsüchtig, sondern freundlich, behandelst sie besser, als ihre einstigen Herren sie behandelt haben. Und schon trägt dich ihre Zuneigung wie eine Welle!« Er bewegt die Serviette nun kunstvoll, so dass die Falte zu rollen scheint.

Henri wägt ab: »Angenommen, ich gehe diesen Weg. Ich muss mich dann viel um Menschen kümmern, die derzeit noch meinen Tod und meine Verbannung in die Hölle wünschen, fein. Ich muss schon wieder konvertieren, meine Freunde damit befremden und das Andenken meiner Mutter strapazieren. Ich werde lange Krieg führen müssen, das alles, ohne Geld oder Ruhm erwarten zu dürfen. Jede Nacht in einem anderen nicht mal Bett, eher Lager schlafen. Aber Montaigne, mein Freund, ganz unter uns: wozu? Schau dir mein Leben an, hier ist meine Liebe, hier geht es mir gut, hier jage ich ...«

Étienne lacht los. »Er hasst die Jagd und langweilt sich zu Tode! Micheau, das ist dein Einsatz!« Montaigne greift es dankbar auf.

»Henri, du bist in keiner guten Lage. Du hast die Jagd, und was die Liebe angeht – Corisande ist großartig, eine Katholikin und im Übrigen völlig meiner Meinung: Du vergeudest hier deine Zeit, wenn du auf die Gelegenheit wartest, die wenigen zum Licht zu führen. Man kann Gefangener seiner Freiheit sein.«

»Amen, ein Spruch wie von einem echten Essayisten!«

»Einer Frau, in diesem Fall! Henri, du weißt, ich halte zu dir, auch wenn ich das Sonntag für Sonntag bei der Beichte erklären muss. Aber denke auch an das Urteil über unsere Zeit, blicke weiter. Alle werden wissen, dass wir in einer elenden Zeit geboren wurden, mit den Seuchen, dem religiösen Wahn, all den Kriegen und der Gewalt selbst unter Nachbarn. Aber es ist möglich, dass sie sich eines fernen Tages auch daran erinnern, wie wir Männer und Frauen aus dieser verfluchten Lage selbst hinausgefunden haben. Noch geht es hier nicht gerecht und gut zu, aber das muss doch nicht so bleiben.«

»Aber wie, Montaigne? Manchmal sehe ich kaum, wo ich hinlaufe, und stoße mir die Stirn am Türbalken.«

Étienne macht eine rasche Geste mit den Händen zur Decke: empor.

Montaigne nickt zu dem leeren Stuhl hin, selten fühlte er sich so lebendig! Sein Blick sucht die Augen des Königs. Das ist sein Moment. Alle Spannung entweicht, er spricht nun wie beiläufig. »Ich war übrigens vor einigen Monaten in Paris, im Louvre.«

Henri horcht auf. »Na, mein Beileid.«

»Sie haben ziemlich viel umgebaut dort in dem alten Kasten, und da gibt es eine Sache, die war echt witzig.«

»Hat der König sich endlich sein Kloster gebaut?«

»Nein, das Gegenteil. Du kennst doch die Galerie und die Salle du Conseil?«

Henri nickt müde.

»Jetzt haben sie einen Pavillon draufgesetzt. Es ist der höchste Saal der Stadt, auf der Höhe von Notre-Dame. Und dann haben sie dort auch noch Fenster einbauen lassen, deren Scheiben so groß, sie gehen von Wand zu Wand. Man kann alles, was sich in Paris ereignet, auf einen Blick erfassen. Und wenn es sonnig ist, scheint hier, an diesem kurzen Stück der Seine, diesem Flecken Frankreichs, auf einmal alles möglich, scheint sich die Zukunft in einem Versprechen aufzulösen. So viel Licht, Henri. Wenn man mit dem richtigen Blick schaut, dann ist alles eins, dann läuft hier alles zusammen: das tiefe Land, in dem wir sind, die Flüsse und die Küsten, die Fernstraßen nach Deutschland und zu den Häfen, die uns nach England und sonst wohin bringen. Dann spürst du die Energie, die zu Frieden, Glück und Wohlstand führt. Und wer weiß, wenn du nur oft genug von dort oben hinunterschaust, dann Brücken baust über die Seine und zwischen den Glaubensgemeinschaften, dann, ich ahne es, bekommst du eine Statue wie im alten Rom: Henri auf einem schönen Pferd, mitten auf einer Brücke über der Seine.«

Henri hängt dem Gedanken nach.

»Ja. Das muss ein wunderbarer Blick sein.«

»Stell es dir vor: ein Tag im Mai und du beginnst am ganz frühen Tag deine Arbeit mit so einem Blick.«

Henri nickt.

»So, Majestät, wir sollten jetzt zurückreiten. Diese Pferde finden den Weg zum Schloss auch, wenn wir im Sattel schlafen. Mamie wird uns Decken geben, aber es dauert nicht lange, in einer Stunde liegen wir wieder im Bett.«

Henri schleicht zu einer schon recht müden Mamie, um sich zu bedanken, zu verabschieden.

»Ich stehe mit dem Licht auf, zum Glück kommt es im Dezember erst spät.«

»Mamie, was ist für Euch das gute Leben?«

Sie muss keine Sekunde nachdenken. »Keine Soldaten mehr in meinem Feld, keine Beerdigung Jüngerer als ich und jeden Sonntag ein Huhn im Topf.« Dann dreht sie sich um und kehrt zurück in ihre Stube.

Henri weiß nicht, was er ihr antworten soll. Bedankt sich und läuft zu den Pferden. Montaigne wartet und stößt seinen Atem in kleinen Wolken gegen das Licht des Mondes. Henri sitzt schweigend auf. »Weißt du, was wir als Erstes schließen? Dieses verfluchte Montfaucon.« Dann besieht er sich Montaigne: »Los, alter Mann. Wir haben so viel vor.«

6

Fin

Ihre Pferde saufen an der flachen Stelle, wo sie gut an die Lidoire kommen. Gegen die Kälte des Januars sind Micheau und Fanchon in Ledermäntel und dicke Handschuhe gepackt. Sie blinzeln eine Weile schweigend in die Wintersonne, hören dem kleinen Fluss zu und den Geräuschen ihrer Pferde.

Françoise atmet durch. »Ehrlich, es tut gut, mal das Haus zu verlassen. Seit dem Besuch sind deine Brüder, die gute Nana und ihre Kinder und dein Nicolas gar nicht mehr von unserer Seite gewichen. Langsam fühle ich mich dort wie ein Herdentier ohne eigenen Namen.«

Montaigne stimmt ihr nickend zu. »Lange können wir aber nicht ausreiten. Matignon hat wieder gemeldet, dass sich die Liga wieder in der Gegend herumtreibt. Und auch die andere Seite macht mir Sorgen.«

»Dabei wird es militärisch keinen Sieg geben, für keinen.«

»Das wissen alle, aber die Berufssoldaten werden die Zeit nutzen wollen, bis die Politik wieder mächtig genug ist, durch Gesetze zu herrschen.«

»Micheau, das kann doch noch Jahre dauern. Was macht eigentlich dein königlicher Ausreißer?«

»Sorgen wir uns lieber um Paris. Wie Henri und Catherine sich dort winden und Pläne schmieden, ist wieder einmal legendär. Bald organisieren sie ein Komplott gegen sich selbst und lassen sich als Verräter in die Bastille überführen, um alle restlos zu verwirren.«

Françoise muss lachen. »So wie die Katze, die ihrem Schwanz nachgejagt ist, als sie klein war.«

Micheau schaut den Hügel hinauf. Weil die Bäume so dicht stehen und so hochgewachsen sind, kann man selbst im Winter nur mit Mühe die Umrisse seines Schlosses erkennen. »Es war doch vor einem Jahr ungefähr, als der Grison uns beim Kartenspiel gestört hat. Er muss genau hier entlanggeritten sein. Heute wäre das zu gefährlich, ohne Schutz.«

Françoise überlegt einen Augenblick. »Eigentlich hat die von ihm begonnene Vermittlung einen politischen Prozess gestartet, der kurzfristig zu mehr Gewalt führt, langfristig aber in den Frieden. Vielleicht ...«

Montaigne lacht. »So treffend hätte ich das jetzt gar nicht sagen können, auf unserem schönen Ausritt. Und schau mal da oben: Denise hat schon einheizen lassen. Oder es wird schon gekocht? Die Sonne geht auch bald unter. Heute ist Sonntag, sie hat sicher eine ganze Reihe Hühner am Spieß über der Glut.«

»Nur ein einziges, mein lieber Ehemann. Ich habe Nicolas gebeten, unsere schöne, große Familie heute nach Bordeaux auszuführen. Da sind wieder irgendwelche Messen und Bankette, das wird sie mal ablenken.«

»Oh, das muss ich vergessen haben. Dann sind wir heute Abend allein zu Hause?«

Françoise antwortet nicht, sondern führt ihr Pferd wieder zum Weg und rasch den Hügel hinauf. »Ab nach Hause, alter Mann. Wir haben noch so viel vor.«